GESAMTWERK
DEUTSCHER WEIN

Winfrid Heinen

Rheinpfalz

Verlag Heinen

Für dieses Werk . . .

. . . waren als Fotografen im Anbaugebiet unterwegs: Armin Faber, der für den überwiegenden Teil der Aufnahmen verantwortlich ist und auch das große Bild des Schutzumschlages lieferte, Detlef Moog, Bobby Caspers, Ingrid Heinen, Winfrid Heinen. Mit Archivfotos halfen: siehe Seite 260.

. . . zeichnete die Karikaturen der „Jahrhundertpost": Joachim Kluth. – Weitere Illustrationen siehe Seite 260.

. . . fertigte die Karten: Ingrid Heinen.

. . . gestalteten: Winfrid Heinen, Ingrid Heinen.

. . . stellte das Papier her: Koninklijke Nederlandse Papierfabrieken N.V., Maastricht/Holland.

. . . lieferte die Lithographien: teamwork klischee und fotolitho, Essen.

. . . druckte: Offset-Gerhard Kaiser, Essen.

. . . arbeitete als Buchbinder: Hunke und Schröder, Iserlohn.

Erstes Erscheinen zur Weinlese 1980

ISBN 3 – 922369 – 02 – 2

Ohne die gute Zusammenarbeit mit allen Verbandsgemeinden und Städten, ohne Unterlagenmaterial, das von Ortsbürgermeistern der Weinbaugemeinden zur Verfügung gestellt wurde, wäre dieses Buch nicht möglich gewesen.

Dank auch den Verantwortlichen der Organisationen „Rheinpfalz-Weinpfalz", „Mittelhaardt/Deutsche Weinstraße" und „Südliche Weinstraße" für ihr Engagement bei der Vorbereitungsarbeit.

Dank den Winzern, den Verantwortlichen berühmter Weingüter und vielen anderen, die sich für das Anbaugebiet einsetzen – und mit Rat und Tat, mit Erinnerungen und fachlichen Hinweisen geholfen haben.

Winfrid Heinen

Hinweise

Das Inhaltsverzeichnis dieses Buches ist aufgegliedert. Informationen sind nach verschiedenen Gesichtspunkten auf den Seiten 251 bis 259 zusammengefaßt. Siehe auch Seite 250.

Die Fotografen dieses Buches haben sich bemüht, „Postkartenaufnahmen" der allzu sterilen und langweiligen Art zu vermeiden und vielmehr Eindrücke dieser Weinlandschaft bei unterschiedlichen Stimmungen in den vier Jahreszeiten zu jeder Zeit und bei jedem Wetter festzuhalten.

Die Etiketten gehören zum Wein, sie sind Teil der Weinkultur des Anbaugebietes. In diesem Buch ist deshalb eine Etiketten-Auswahl wiedergegeben. Sie ist jedoch kein Wertmaßstab für die Qualität der Weine. Die große Zahl der Etiketten soll Vielfalt und Gestaltungsmöglichkeiten, Trends und regionale Unterschiede deutlich machen. Winzern bietet sie möglicherweise Anregungen.

Die Lagengrößen sind hier mit der Zahl des maximal bebaubaren Reblandes angegeben. In vielen Fällen ist ein Teil der ausgewiesenen Fläche zur Zeit noch nicht mit Reben bestockt.

Die Winzerbetriebe, die jeweils unter dem Stichwort „Der Wein" bei den einzelnen Ortsbesichtigungen genannt werden, sind nach „Vollerwerbsbetrieben" und „Nebenerwerbsbetrieben" aufgegliedert. Für den Weinbau sind diese Zahlen wichtige Indikatoren, die etwas über die örtliche Weinbaustruktur aussagen. In den Vollerwerbsbetrieben leben die Familien ausschließlich vom Weinbau, während in den Neben- oder Zuerwerbsbetrieben ein Teil des Familieneinkommens aus anderen Quellen kommen muß. (Zimmervermietung ist nicht erfaßt.)

Die Lagenkarten zeigen immer die ausgewiesene Weinbergsfläche. In vielen Fällen ist die tatsächlich bebaute Fläche kleiner. –

Die vier Teile dieses Buches

Teil I: Rheinpfalz allgemein – Teil II: „Jahrhundertpost“ mit Geschichte und Geschichten aus der Region – Teil III: Weinorte und Weinlagen mit Lagenkarten – Teil IV: Genossenschaften und Weinwirtschaftliches

11

Auf Seite 11 beginnt der Teil des Buches, in dem die Rebsorten vorgestellt werden. (Bitte lesen Sie dazu den Beitrag über den Anbautrend auf Seite 249.) Die Bewertung der Jahrgänge soll einerseits zeigen, daß auch die Winzer der Rheinpfalz mit dem Klima zu rechnen haben, und auch diese Region abwechslungsreichen Jahrgangscharakter hat, andererseits soll sie Ihnen als Orientierungshilfe dienen. Die Berichte über das „neue Pfälzer Festessen“ (ein Beispiel leichterer Küche mit Landesmaterialien) und das Käseessen können zu eigenen Kombinationsversuchen anregen und sind Beispiele für die Möglichkeiten, Essen und Trinken bestens zu verbinden. Die Vielfalt der Rheinpfälzer Weine bietet gerade auf diesem Gebiet ein weites Feld eigenen Entdeckens.

68

Auf Seite 68 beginnt der Buchteil, der die Geschichte des Anbaugebietes in Geschichten lebendig machen soll. Die „Jahrhundertpost“ ist eine fiktive Zeitung, die nur in der Reihe GESAMTWERK DEUTSCHER WEIN erscheint. Ihre Beiträge sind neu geschrieben, aber nicht – gewissermaßen als gigantische Zeitungsente – erdacht. Sie beruhen vielmehr auf dem Material, das der Autor bei seinen Recherchen im Anbaugebiet, in Archiven und aus Ortschroniken verwenden konnte. Auch alte Zeitungsbände der „Kollegen“ haben gute Dienste geleistet. Natürlich ist es in diesem Rahmen nur möglich, einige sprachliche „Momentaufnahmen“ wiederzugeben, aber der gefürchtete endlose „Zeilenfriedhof“ ist so vermieden. Geschichte kann in dieser Form wohl eher nacherlebbar sein.

101

Auf Seite 101 beginnt der Hauptteil des Buches, in dem alle Weinbauorte des Anbaugebietes vorgestellt werden. Sowohl die unter „Der Wein" angegebenen Lagengrößen als auch die zu Anfang des zweiten Buchteiles abgebildeten Lagenkarten erfassen jeweils die im Kataster ausgewiesene Rebfläche. Die tatsächlich mit Reben bestockte Fläche ist, vor allem bei einigen Weinbauorten am Rande des Anbaugebietes, wesentlich kleiner. Die Entwicklung der vergangenen Jahrzehnte hat gelehrt, daß sich der Weinbau sehr schnell ausdehnen kann. – „Gewürztraminer" und „Traminer" sind hier grundsätzlich als „Traminer" angegeben. Nach verbreiteter Ansicht (auch nach der Überzeugung des Autors) handelt es sich hier um zwei Namen für eine Rebsorte.

229

Auf Seite 229 beginnt der Teil des Buches, in dem die Genossenschaften des Anbaugebietes vorgestellt werden. Sie haben zum Teil eine lange Geschichte und sind insgesamt zu einem wichtigen Wirtschaftsfaktor sowohl für den Weinbau als auch für die Wirtschaft der Rheinpfalz überhaupt geworden. Ihre kurzen Portraits machen die Unterschiede deutlich, sie zeigen, daß Genossenschaft nicht gleich Genossenschaft ist. – Außerdem beleuchtet dieser letzte Buchteil einige wirtschaftliche Gesichtspunkte im Rheinpfalz-Weinbau heute und morgen. Hier finden Sie auch die Inhaltsverzeichnisse, das Register, einige zusätzliche Anmerkungen und das Verzeichnis der „Geschichten", die über das ganze Buch verstreut sind – wahre Geschichten zumeist!

Karl Fuhrmann, Präsident des Weinbauverbandes Rheinpfalz:

„Die zauberhafte Schönheit der paradiesischen Landschaft der Rheinpfalz und den selbstbewußten Leistungswillen im Qualitätsstreben ihrer Winzer vermag dieses außergewöhnlich schöne und sehr wertvolle Buch in einer Weise darzustellen, wie wohl kein anderes vorher."

Otto Meyer, Minister für Landwirtschaft, Weinbau und Forsten des Landes Rheinland-Pfalz:

„Als Weinbauminister des größten weinbautreibenden Bundeslandes begrüße ich die Initiative des Verlages Heinen, mit dem GESAMTWERK DEUTSCHER WEIN der Öffentlichkeit eine umfassende Darstellung der Weinbaugebiete in der Bundesrepublik Deutschland an die Hand zu geben. Der nun vorliegende 2. Band über das größte Anbaugebiet des Landes Rheinland-Pfalz, die Rheinpfalz, wird diesem Vorhaben vollauf gerecht."

Teil I

Allgemeines über das Anbaugebiet Rheinpfalz – Rebsorten – Jahrgänge – die Herkunft der Lagennamen – traditionelles Rheinpfalz-Essen – ein Menü der neuen Küche mit dazu ausgesuchten Weinen des Anbaugebietes – Pfälzer beim Wein – Gutsschänken – schöne Dächer – Fotostudien aus modernen Kellereien und unter anderem auch einige wahre Weingeschichten . . .

So bleibt die Rheinpfalz vielen in Erinnerung: Blick von der „Kleinen Kalmit" auf die Haardtberge

Frühling, Sommer, Herbst und Winter

In Gleisweiler hat ein Gastwirt einen dicken Punkt an sein Haus gemalt und dazu geschrieben, dies sei der wärmste Punkt Deutschlands. Ob Gleisweiler oder ein anderer Ort diesen in unseren Breiten sehr begehrten Rekord halten kann – sicher ist, daß die Weinorte am Gebirgszug der Haardt ein außerordentlich angenehmes, mildes und ausgeglichenes Klima genießen. Dabei erreichen auch Orte mit einigem Abstand zum Gebirge sehr gute Werte. So ist zum Beispiel das langjährige Jahresmittel der Lufttemperatur für Dirmstein mit 10,1 Grad genauso hoch wie das von Neustadt.

Dirmstein gehört zudem auch in den Kreis der „Niederschlags-Rekordler" im angenehmen Sinne: 494 mm Niederschlag mittlerer Jahressumme, das ist weit unter dem bundesdeutschen Durchschnitt, der über 700 mm liegt und auch noch eindeutig unter dem Pfalzdurchschnitt von mehr als 600 Millimetern.

In der Temperatur liegen die Orte der Rheinpfalz so dicht beisammen, daß nur eine Unterscheidung nach Bruchteilen von Grad Celsius möglich ist: Rund 10 Grad gilt als Jahresmittel für die „Weinpfalz" – bei etwa 1800 Sonnenstunden. Die mittlere Sommertemperatur erreicht einen Wert nahe 20 Grad Celsius, und die Wintertemperatur sinkt im langjährigen Durchschnitt nicht unter Null Grad. Und die Zahl der trüben Tage schwankt zwischen 130 und 140.

Frühling

Während in einigen Gebieten Deutschlands der Übergang zwischen Winter und Sommer im Einerlei grauer und kühler Tage kaum merklich ist, genießt die Rheinpfalz einen ausgeprägten Frühling mit meist mildem Wetter und eindeutigen Vegetationsboten. Anfang März beginnt meistens die Mandelblüte. (Mandelbäume, die keine Frucht tragen, blühen früher als die fruchttragenden Mandelbäume.) In der ersten Aprilhälfte folgt die Kirschblüte, in der zweiten Aprilhälfte die Apfelblüte und Anfang Juni die Weinblüte. (Im Super-Weinjahr 1811 blühten die ersten Reben bereits am 7. Mai.) Das Bild der Blüten und der Duft der Blüten bestimmen sehr stark den Frühling der „Weinpfalz".

Sommer

Bei einer Sommertemperatur im Gesamtdurchschnitt und im langjährigen Mittel von nahe 20 Grad kann die Pfalz durchaus mit wesentlich südlicher gelegenen Reisezielen deutscher Touristen konkurrieren. Die Haardt-geschützte Weinlandschaft bietet ihren weinfreudigen Besuchern im Sommer zudem derart milde Nächte, daß die langen Weinabende im Freien als pfalztypisch gelten können. Und was den Menschen bekommt, bekommt hier auch den Reben: In der Rheinpfalz gibt es weniger Reifeprobleme als in anderen deutschen Weinbaugebieten. Wiederum ein Blick auf die extrem guten Jahre der Vergangenheit: 1921 gab es – ohne die Mostgewicht-Neuzüchtungen unserer Tage – keine Trauben, die weniger als 100 Grad Öchsle erreichten. 1865 waren alle Trauben am 15. August reif, und 1811 konnten die ersten reifen Trauben bereits am 24. Juni gepflückt werden!

Herbst

Der Herbst ist heute nicht nur die große Zeit der Weinlese, sondern auch die große Zeit der Weinreisen in die Pfalz. Daß das Winzerleben bei aller Klimabegünstigung der Pfalz auch für die hiesigen Weinbauern recht hart ist, wird manchmal gerade in dieser Jahreszeit deutlich vor Augen geführt, wenn die Besucher zum Beispiel Lesetage bei kaltem oder feuchtem Wetter oder die Verzweiflung bei geringer Ernte erleben. Der Kampf gegen Schädlinge und Feuchtigkeit kann in bestimmten Jahren für die Winzer zu einem Kampf um die Existenzgrundlage werden. – Der Herbst ist hier natürlich auch die große Zeit des Obstes, der vielerlei Erzeugnisse der Landwirtschaft und – nicht zu vergessen – auch die Zeit der Nüsse.

Winter

Auf Klimakartierungskarten wird die Wahrscheinlichkeit des Eintretens von Frösten mit Temperaturen von mindestens minus 4 Grad lokal auch auf kleinsten Flächen je nach der Häufigkeit ihres Auftretens mit Farben markiert. Ein Blick auf die Pfalzkarte entlang der Haardt zeigt, wie wenig Frost hier zu erwarten ist. Schnee fällt in diesem Gebiet außerordentlich selten, und wenn sich im Weinberg einmal eine Schneedecke gebildet hat, dann schmilzt sie meist nach kurzer Zeit.

Frühjahr: Mandelblüte bei Gimmeldingen

Sommer: Reben und Sonnenblumen bei Kirrweiler

Herbst: Nebel in den Bergen bei Albersweiler

Winter: Seltener Schnee bei Großkarlbach

Die ersten 10

Meistverbreitete Rebsorten der Rheinpfalz

Der Trend

Der unproblematische Müller-Thurgau hat sich auch in der Rheinpfalz durchgesetzt. Vor 15 Jahren hatte er nur die Hälfte des Silvaner-Anbauanteils, vor zehn Jahren etwa zog er mit diesem gleich, und liegt nun mit gutem Abstand an der Spitze der Anbau-Statistik. 1976 erreichte er die größte Verbreitung, seitdem zeigt sich ein winziges Minus.

Der Silvaner ist dagegen der große Verlierer der Rheinpfalz, seine Anbaufläche schrumpft weiterhin von Jahr zu Jahr.

Eine wahre Sensation hat der Kerner geschafft: Vor zehn Jahren nur in wenigen Weinbergen vertreten, ist er heute auf Platz 5 der Statistik, seit er 1979 den im Anbau rückläufigen Morio-Muskat überholte.

Mit einem leichten Plus hat die Edelsorte Riesling weiterhin gute Zukunftschancen. Gleiches gilt für den Spätburgunder, der zur Zeit jedoch noch auf Platz 16 der Rheinpfalz-Statistik steht, während der weitverbreitete Portugieser im wahrsten Sinne langsam „Boden verliert". (Siehe auch Einzelheiten im Teil IV dieses Buches.)

1

Müller-Thurgau

Eine Züchtung aus dem Jahre 1882. Wegen fehlender genauer Aufzeichnungen wurde in der Fachwelt darüber gestritten, welche Rebsorten die Kreuzungseltern dieser sowohl in Deutschland als auch in der Rheinpfalz meistverbreiteten Rebsorte sind. Man geht heute aber davon aus, daß es sich um Riesling und Silvaner handelt. Die Rebe bringt zuverlässig gute Erträge und reift in geringen Jahren besser aus als der Riesling. Der reife Müller-Thurgau hat einen milden Muskatton. Er ist ein idealer Verschnittpartner und guter Konsumwein.

Anbauanteil: 24,2 Prozent

2

Silvaner

Der Silvaner stellt geringere Lagenansprüche als der Riesling und garantiert höhere Erträge. Seine Säure liegt niedriger als die Riesling-Säure. Bei unreifen Trauben präsentiert sie sich äußerst grasig. Spät gelesene Silvaner sind dagegen sehr neutrale Weine, die sich ideal als Verschnittpartner eignen. Auch als trockener Wein für jeden Tag hat sich der Silvaner bewährt, und gelegentlich erbringt er auch interessante Weine des Auslese-Bereichs.

Anbauanteil: 17 Prozent

3

Riesling

Der Riesling gilt unumstritten als beste Weißweinsorte Deutschlands und in bezug auf Feinheit und Eleganz auch als beste der Welt. Sie erbringt säurebetonte und bei vergleichsweise niedrigen Mostgewichten bereits vollwertige Weine. Sie stellt hohe Ansprüche an Boden und Lage und hat nur einen recht niedrigen Ertrag. Die Herkunft der Edelrebe ist bis heute nicht geklärt. Ihre früheste Erwähnung im deutschen Sprachraum ist aus dem 15. Jahrhundert überliefert.

Anbauanteil: 13,6 Prozent

4

Portugieser

Der Portugieser ist der rote Schoppenwein schlechthin und seine Rebe entspricht in idealer Weise diesem Anspruch. Sie ist mit bescheidenen Böden und den weniger hochwertigen Lagen zufrieden, reift früh und trägt sehr viele der typischen tiefblauen Beeren. Die hellroten Weine des „Blauen Portugieser" (so der vollständige Sortenname) sind zudem recht säurearm, so daß sie bei später Lese als mild empfunden werden. Der Portugieser wird in der Rheinpfalz häufig auch als Weißherbst gekeltert.

Anbauanteil: 8,9 Prozent

5

Kerner

Diese Neuzüchtung gehört jetzt schon in den Kreis der Standardrebsorten. Ihren großen Deutschland-Durchbruch hat sie in der Rheinpfalz erzielt, wo heute fast 50 Prozent aller Kernerreben wachsen. Kreuzungseltern waren die Rotweinsorte Trollinger und der Riesling. Der Wein ist frisch und insgesamt rieslingähnlich. Im Durchschnitt gerät er etwas stoffiger als der Müller-Thurgau und hat einen noch feineren Muskatton als dieser. Die Kernerrebe liefert gute Erträge bei einem Mostgewicht, das mindestens zehn Grad Öchsle über dem des Riesling liegt.

Anbauanteil: 7,3 Prozent

6

Morio-Muskat

Der Morio-Muskat ist eine Neuzüchtung aus Silvaner und Weißer Burgunder. Er hat im Anbaugebiet Rheinpfalz eine starke Verbreitung gefunden. Diese Rebsorte erbringt sehr bukettreiche Weine und ist außerordentlich ertragstreu. Gegenüber anderen Neuzüchtungen hat sie ein recht niedriges Mostgewicht und braucht andererseits eine hohe Reife, um ansprechende, selbständige Weine mit kräftigem Muskatbukett hervorzubringen.

Anbauanteil: 7,3 Prozent

7

Scheurebe

Eine Kreuzung aus Silvaner und Riesling mit guten Anbauerfolgen in mehreren deutschen Weinbaugebieten. Auch in der Rheinpfalz läßt sie hochwertige Weine nach Rieslingart aber mit stärkerem Bukett wachsen. Ihr Vorteil ist dabei, daß sie auch in mittleren Lagen und auf geringeren Böden noch gut gedeiht. Sie hat ein höheres Mostgewicht als der Riesling, hohe Säure und muß spät gelesen werden.

Anbauanteil: 4,7 Prozent

8

Ruländer

Diese alte Standardrebsorte wird auch Grauer Burgunder genannt, und im Sommer sind ihre Reben kaum von denen des Blauen Burgunder und des Weißen Burgunder zu unterscheiden. Der Mann, der in Deutschland den Anstoß zur Verbreitung dieser Sorte gab, war ein Rheinpfälzer, der Kaufmann Ruland aus Speyer. Die nach ihm benannte Rebsorte stellt hohe Lageansprüche. Ihr Wein gehört zu den deutschen Spitzenweinen. Er hat ein sortentypisches, volles Bukett und wird fast durchweg sortenrein ausgebaut.

Anbauanteil: 2,9 Prozent

9

Huxelrebe

Kreuzung aus den Rebsorten Weißer Gutedel und Courtillier musqué mit guten Erträgen bei einem Reifezeitpunkt, der mit dem des Müller-Thurgau zusammenfällt. Diese Rebe erreicht außerordentlich hohe Mostgewichte, und es ist vergleichsweise einfach, Auslesen und sogar Beerenauslesen zu erzielen. Der Wein hat ein Muskatbukett, das stärker ist, als das des Müller-Thurgau, aber nicht so kräftig wird, wie das des Morio-Muskat.

Anbauanteil: 2,2 Prozent

10

Traminer

Die Rheinpfalz ist Deutschlands bedeutendstes Traminer-Anbaugebiet. Die Rebsorte heißt eigentlich Roter Traminer, und die Fachleute gehen heute davon aus, daß der Gewürztraminer mit dem Roten Traminer entweder ganz oder weitgehend identisch ist. Der Traminer erzielt in guten Lagen und mit recht später Reife hohe Mostgewichte. Seine Weine mit viel Spiel und Würze (und ausreichender Säure!) gehören zu den deutschen Spitzengewächsen.

Anbauanteil: 1,8 Prozent

Von 0 bis 10

Jahrgangsbeurteilung für den Durchschnitt des Anbaugebietes in einem 10-Punkte-System

Die Rheinpfalz hat in einem Jahrzehnt eine außerordentliche Entwicklung ihres Weinbaus in Richtung Flaschenwein-Verkauf und höhere Weinqualität erlebt. Damit ist auch hier die Jahrgangs-Art auf wesentlich breiterer Ebene zu einem sehr wichtigen Faktor geworden.

Auch in diesem Anbaugebiet hat eine gute Zahl von Weingütern bereits jahrzehntelange Erfahrungen mit jahrgangsreinen Flaschenweinen – in einigen Ausnahmefällen ist diese Erfahrung sogar mehr als ein Jahrhundert alt. Einige dieser Betriebe haben mitgeholfen, die nebenstehende Jahrgangsbewertung zu erarbeiten.

Diese Aufstellung soll weitgehend die Ergebnisse für den Durchschnitt des Anbaugebietes wiedergeben. Qualitäts- oder Ertragsschwankungen sind wiedergegeben, soweit sie auf größeren Flächen auftraten. Örtliche Besonderheiten auf kleinstem Raum sind nicht berücksichtigt.

Als „Leitrebe“ wurde für die Beurteilung wiederum der Riesling gewählt.

Die 10 bedeutet in dieser Tabelle, daß Winzer mit sehr guten Lagen in einem solchen Jahr hochfeine Auslesen und Beerenauslesen mit dem Riesling erzielen konnten.

Die 5 steht für das durchschnittliche Jahr, in dem die Weingüter neben einem großen Anteil von Qualitätsweinen auch Prädikatsweine bis zur Spätlese erzielen konnten – wiederum mit dem Riesling. (Ausnahmen kleiner Menge oder mostgewichtsreicher Neuzüchtungen sind nicht berücksichtigt.)

Eine 1 erhalten solche Jahrgänge, in denen es gerade noch lohnt, die Trauben zu lesen. In früheren Jahren hätte gelegentlich auch die 0 vergeben werden müssen: Auch die Pfalz hatte Jahrgänge ohne Ernte!

Jahr	Punkte	Bemerkung
79	8	Sehr gute Menge, großes Rieslingjahr, auch gute Rotweine, die meisten Weine gerieten sehr sortentypisch.
78	5–6	Säurebetont, im allgemeinen gute Menge, viele Eisweine.
77	6–7	Durchweg guter Ertrag, zufriedenstellende Qualität.
76	10	Hervorragender Jahrgang mit guter Menge, geringe Säure. Wichtig für eigenen Vorrat: Alterungsbeständigkeit prüfen.
75	8	Gute Säure, langlebige Weine, häufig Botrytiston, überdurchschnittliche Beerenauslesen.
74	5–7	Herbe Weine, einige schöne Riesling-Spätlesen, geringe Menge, starke Qualitätsunterschiede nach Rebsorten und Gebietsteilen.
73	7–8	Ein sehr gutes Jahr für die gesamte Rheinpfalz mit sehr großer Menge und harmonischen Weinen besonders bei später Lese.
72	3–5	Säurebetonter, einfacher Jahrgang.
71	10	Sehr gute Weine mit sehr guter Menge – bei wenigen Ausfällen, hoher Anteil der höchsten Prädikatsstufen.
70	7–8	Rekordernte und ein guter Anteil Spitzenweine (Riesling-Beerenauslesen).
69	7	Harmonische Weine, einige Auslesen haben sich hervorragend entwickelt.
68	3–4	Viel Säure, unharmonisch.
67	8–9	Außerordentlich unterschiedliche Weinqualitäten, bei später Lese ausgezeichnete Ergebnisse.
66	7–8	In guten Lagen langlebige Spitzenweine.
65	3	Zusammen mit 1956 schlechtester Pfalz-Jahrgang nach 1945, letzte Lese im Schnee.
64	9	Hervorragend in Menge und Qualität, großartige Riesling-Auslesen.
63	7–8	Harmonische, elegante und langlebige Weine.
62	5–7	Ein Durchschnitts-Jahrgang mit einigen guten, sehr spät gelesenen Weinen und Eisweinen im Dezember.
61	5	Geringe Menge, sehr unterschiedliche Ergebnisse im unteren und mittleren Qualitätsbereich.
60	5	Riesige Menge, meist kleine Weine (einige deutliche Ausnahmen), sehr niedrige Preise.
59	10	Großartige Weine mit wenig Säure und geringer Alterungsbeständigkeit.
58	3–6	Kleine bis mittlere Weine, aber durchweg viel Säure.
57	4–7	Zum Teil geringe Ernte, säurereich.
56	3	Nach Winterfrost äußerst kleine Ernte.
55	5	Maifröste, fruchtige Weine.
54	5	Zum Teil im Oktober große Teile des Laubes erfroren.
53	10	Sehr viele Spitzenweine, auch mengenmäßig zufriedenstellend.
52	7	Zum Teil Hagelschlag drei Wochen vor Lesebeginn, gute Auslesequalitäten.
51	4–5	Große Menge geringer Weine.
50	4–8	Starke Qualitätsunterschiede, beste Ergebnisse beim Riesling, Botrytiston.
49	8–10	Gute Spitzenweine, mittlere Erntemenge.
48	6–7	Feine Säure, starke Nachfrage (DM ist eingeführt) bei geringer Menge.
47	6	Sehr kurzlebige Weine, sehr geringe Säure als Folge langer Trockenheit.
46	7	Eine kleine Ernte trifft auf starken „Nachkriegs-Weinhunger".
45	9–10	Sehr gute Qualitäten bei (kriegsbedingt) sehr kleiner Ernte.

Wie die Weine zu ihren Namen kamen

„Das Forster Ungeheuer schmeckt mir ganz ungeheuer." Bismarck soll das gesagt haben. Sicher ist, daß der eiserne Kanzler „Forst"-Fan war, dort seinen Wein bezog und sich schriftlich über die Qualität des „Ungeheuer" äußerte. Heinz Lucas, der Geschäftsführer des örtlichen Winzervereins, bewahrt ein Schreiben auf, in dem Bismarck den Forster Wein über die Konkurrenten aus der Umgebung stellt.

Mit einem verstümmelten „Ungeheuer gut" hat dieser Lagenname – Bismarcks Public-Relations-Hilfe in Ehren – nichts zu tun. Er ist auch nicht auf ein dort in früheren Zeitläufen residierendes Ungeheuer, auf Dinosaurier-Ausgrabungen oder auf einen mittelalterlichen Massenmörder zurückzuführen, sondern schlicht auf einen ehemaligen Besitzer mit dem Familiennamen Ungeheuer.

Das Entschlüsseln von Lagennamen ist mehr als Kreuzworträtseln. Da gilt es, Sagen und Anekdötchen zu verfolgen, alte Flurnamen zu berücksichtigen, Geländeformationen in die Überlegungen einzubeziehen, die Sprachschluderei früherer Generationen nicht zu vergessen – vor allem aber Kenntnisse des Mittelhochdeutschen einzubringen. „Rosengarten", „Sorgenbrecher" oder „Herrenberg" sind sicherlich keine große Aufgabe für Entschlüsseler.

Auch die in der Pfalz verbreiteten Lagennamen in Verbindung mit Tiernamen wie Deidesheimer „Maushöhle", Großniedesheimer „Schafberg", Maikammerer „Immengarten", der Gimmeldinger „Bienengarten" und schließlich die „Hasenzeile" in Weisenheim am Sand lassen sich leicht erklären.

Wenn man dann weiß, daß Böhl ein anderes Wort für Hügel ist und Gais (Geiß, Geis) Ziege heißt, sind auch „Lerchenböhl" in Lachen-Speyerdorf und „Gaisböhl" in Ruppertsberg gedeutet. Wer nun daraus schließt, daß die „Meeresspinne" in Gimmeldingen nach einem Tier benannt ist, das etwa so aussieht wie jene Spinne, die in vielfacher Vergrößerung auf Autoaufklebern für Gimmeldingen wirbt, der irrt. Zwar gibt es ein Tier dieses Namens als eßbare Krabbenart, und es mag auch ein urzeitlicher Vorläufer in einem urzeitlichen Meer über der Pfalz gelebt haben, aber der Name ist anders zu erklären.

Der berühmte Friedrich von Bassermann-Jordan hat die „Meerspinne" in seiner „Geschichte des Weinbaus" so zu deuten versucht: Von dieser Stelle an mußten Gespanne mehrspännig fahren, weil hier die Steigung begann. – Nun darf sicher bezweifelt werden, daß am langen Hang der Haardt, wo die Bauern ständig mit Fuhrwerken bergauf fahren mußten, irgendein Ort ausgerechnet als „Meerspänne" bezeichnet wurde. Es ist auch unwahrscheinlich, daß ein Bauer, der sein Tagewerk im Hang verrichten wollte, unterwegs umspannte.

Unter den Zweiflern war auch der Geometer Osiander, der 1942 in einem Aufsatz die Ergebnisse seiner Recherchen zu diesem Thema vorlegte: Unsere heutigen Meere wurden früher grundsätzlich als „See" bezeichnet. „Meer" stand dagegen für feuchten Boden und Sumpfgelände. Im Mittelhochdeutschen hieß das noch „mer", und „wünne" war damals „Weide" – „Merswünne" war also eine sumpfige Weide. Die angrenzenden Gemarkungsnamen „Teichwiese" und „Rohrgasse" bestätigen diese Erklärung.

Ein anderes Beispiel für das lautsprachliche Umformen eines Namens zu einer gänzlich anderen Bedeutung gibt es im nahen Bad Dürkheim. Dort hieß 1516 eine

Lage noch „In der nuwen Lynden" (neue Linde). Im Laufe der Jahrhunderte wurde vereinfachend umgeformt zu „Neulenn", um schließlich in unserer Zeit amtlich „Neuling" daraus zu machen. Das läßt natürlich auf einen neuen Weinberg schließen, ist aber nach den Unterlagen eindeutig falsch. Inzwischen gibt es auch den „Neuling" nicht mehr. Bad Dürkheim hat seit dem 71er Weingesetz drei eindeutige und gut zu vermarktende Markennamen: „Herrenmorgen", „Nonnengarten" und „Steinberg". Mit dem neuen Weingesetz sind viele unverwechselbare, mundartliche und gelegentlich auch deftige Namen verschwunden.

In Venningen blieb ein Name erhalten, der sich auch heute gut vermarkten läßt: Die Venninger hatten 1971 bei der Namensgebung nach dem neuen Weingesetz die Wahl unter mehreren alten Bezeichnungen. Sie entschieden sich dafür, das gesamte Rebland rund um den Ort nur noch mit einem Namen zu bezeichnen und wählten den „Doktor". So lautet die alte Katasterbezeichnung für ein bestimmtes Flurstück, das dem Dr. Florenzi, Freiher von und zu Venningen, gehört hat. Er wurde 1460 in Venningen geboren. 1499 vom Kurfürsten zum Professor in Heidelberg gemacht und 1508 zum Hofkanzler ernannt. Er besaß vier Hektar Weinland in einer Gemarkung, die als „Mulde" bezeichnet wurde. Es bürgerte sich aber ein, daß die Bevölkerung die Weinlage nach dem Titel ihres bekannten Mitbürgers einfach „Doktor" nannte, und 1587 wurde diese Bezeichnung als Flurname in einer Katastereintragung erstmals amtlich.

Namensgebung nach den Besitzern sind in allen deutschen Weinbaugebieten häufig – von allgemeiner Bezeichnung wie „Kirchenstück" (der Kirche gehörend) über „Maximiner Hof" (dem Kloster Maximin gehörend) bis zum Familiennamen Ungeheuer. Naheliegend wie die Namen der Besitzer waren bei der Namensgebung von Weinlagen auch die Geländeformen oder Bodenarten. Der Deidesheimer „Letten" heißt so, weil die Reben hier auf Letten wachsen, einem schweren tonhaltigen Boden. Und mit dem Edenkobener „Schwarze Letten" wird eine besondere Art der Letten, der sogenannte Kohle-Letten bezeichnet, ein Tonboden, der mit verkohlten Pflanzenresten durchsetzt ist.

Es gibt einige deutsche Weinberge mit dem „Hahnen" im Namen. Das hat nichts mit dem Federvieh zu tun, sondern kommt von Hagen, Hain, Hac. Das sind aus dem Mittelhochdeutschen ins Hochdeutsche sich wandelnde Formen der Bezeichnung für „Gebüsch". In Weisenheim am Sande gibt es eine Lage „Hahnen", in Bubenheim den „Hahnenkamm". Letzteres deutet demnach auf ein ursprünglich mit Buschwerk bedeckten Hügelrücken.

Auch die Bezeichnung „Hard" oder „Haardt" kommt oft in Weinlagennamen vor. „Haardt" heißt ein Hangabfall (ursprünglich bewaldet). Die Bezeichnung ist heute noch in der Pfälzer „Haardt" erhalten, dem weinbewachsenen Abfall des Pfälzerwaldes zur Rheinebene hin. Auch ein Weinort bei Neustadt trägt den Namen „Haardt".

Wer allerdings diese Haardt in der Lagenbezeichnung „Kobnert" (heute Großlagenbezeichnung) entdecken will, muß die Namensgebung mit viel Akribie über Jahrhunderte zurückverfolgen. 1270 gab es zwischen Kallstadt und Ungstein einen Berg namens „Coppenhart" (Kuppe und Hang, wie etwa Schneekoppe). 1511 wurde diese Lage – lautlich bereits umgebogen – als „Kobenort" bezeichnet. Von da war es bis zum „Kobnert" nur noch ein phonetisch kleiner Sprung.

Bleibt zu sagen, daß einige Orte an unveränderten Namen festgehalten haben. Die Billigheim-Ingelheimer sind zum Beispiel bei ihren alten, kräftig-deftigen Namen geblieben. Dort liegen unverändert seit Jahrhunderten nebeneinander: „Pfaffenberg", „Venusberg" und „Sauschwänzel".

Parzellierung und ein Ende

Erbteilung des Weinbergbesitzes und noch einmal Erbteilung und noch einmal . . . Lange sah es so aus, als könnte die Parzellierung des Weinbergbesitzes kein Ende nehmen. Die Karte zeigt einen Teil der Forster Flur nach dem Stande von 1872.

Da steht jeder dieser meist schmalen Streifen für ein Stück Weinbergbesitz, jede eingeschriebene Ziffer für eine Besitznummer. Solche Verhältnisse gelten in den noch nicht von der Flurbereinigung erfaßten Lagen bis in unsere Zeit. Zum Beispiel Forst: da gehörte einem Winzer eine Weinbergparzelle, in der mittendrin drei Rebzeilen fremden Eigentums lagen.

Solche mißlichen und unwirtschaftlichen Verhältnisse enden mit der Flurbereinigung. Da gibt es eine Aufbaugemeinschaft der betroffenen Winzer. Man wählt einen Vorstand, entscheidet über die für die Anpflanzung empfohlenen Rebsorten und versucht, den Neuanfang insgesamt zur Qualitätsverbesserung zu nutzen. Dabei hilft der Staat mit sanftem wirtschaftlichem Druck: Nur für die empfohlenen Rebsorten gibt es Zuschüsse.

Viele Weine und viele Gläser

Die Gläserformen der Rheinpfalz sind so vielfältig wie die Rebsorten. Ein überall verbreitetes nur für dieses Anbaugebiet typisches Glas gibt es nicht – mit der Einschränkung des großen Becherglases mit den Tupfen darauf. (Siehe auch Seite 53 „Tupfenglas und Trollschoppen".) Dieses Glas wird vor allem in den rustikalen Straußwirtschaften verwendet, und dort hat es auch seine besondere Funktion als Halbliter- oder Litergefäß, aus dem eine fröhliche Runde gemeinsam trinkt.

Daneben findet man bei den meisten Winzern und in vielen Gaststätten die kleinen Becher-Probiergläser, die in allen deutschen Weinbaugebieten verbreitet sind. Die Weinwerbung stellt auch ein leicht modifiziertes, handliches Becherglas vor, das sich nach oben leicht erweitert.

Natürlich gibt es auch feinere, elegantere Glasformen – eine logische Folge der Qualitätsentwicklung beim Pfalzwein. Grundgedanke: Weniger deftige Weine wollen weniger deftige Gläser. Eine Glasform, die ein wenig über solchen ästhetischen Überlegungen steht, ist der an römische Trinkschalen angelehnte etwas kugelige Trinkbecher. Diese bauchigen Gläser gibt es sowohl im Probierformat als auch in „Wirtshausgröße".

Traditionelle Pfälzer Küche

Pfälzer Küche ist meist deftig. Daß man mit den Materialien der Region jedoch auch leicht und schmackhaft kochen kann, zeigt der Bericht über ein neues „Pfälzer Festessen“ ab Seite 34. Hier sind dagegen einige Rezepte der traditionellen Pfälzer Küche wiedergegeben. Sie wurden – mit einer Ausnahme – in den „Schlemmerbrevieren“ der „Südlichen Weinstraße“ veröffentlicht.

Pfälzer Saumagen

Bestellen Sie sich beim Metzger einen kleinen, frischen Saumagen. Dazu gehören 750 g Schweine-Vorderschinken, 750 g magerer Schweinebauch (beides ohne Schwarte) und 750 g rohe Kartoffeln. Alles in 1 cm große Würfel schneiden (Kartoffelwürfel kurz aufkochen lassen und abgießen).

Mit 1 kg feiner Bratwurstfüllung, 2 – 3 eingeweichten und ausgedrückten Brötchen, 4 – 6 Eiern gut vermischen und mit Salz, Pfeffer, Muskat und reichlich Majoran abschmecken. Nicht zu prall in den Magen füllen (sonst platzt er beim Kochen) und die drei Magenöffnungen zubinden. In siedendem Salzwasser gut 3 Stunden ziehen lassen – nicht kochen. Abtropfen, servieren und am Tisch in Scheiben schneiden. Viele lieben ihn, wenn er nach dem Kochen in heißem Fett im Backofen knusprig nachgebacken wird. Zusammen mit frischem Bauernbrot, Weinkraut servieren.

Weinempfehlung – als Beispiele: Volle kräftige Weine. (Ruländer, Scheurebe, Silvaner Spätlese)

Metzelsupp’

Ihr Metzger wird staunen, wenn Sie ihn um Wurstbrühe bitten und gibt sie Ihnen gern umsonst. Vorausgesetzt, er hat am Vortag geschlachtet. Wurstbrühe ist das „Wasser“, in dem der Metzger Fleisch und Würste in ungeheuren Mengen kocht. Vielerlei Fleischsud, Kräuter und Füllsel von geplatzten Würsten geben einen unnachahmlichen, kräftigen Geschmack. In kaltem Zustand entfetten und vor dem Anrichten mit Fadennudeln anreichern. Frisches Bauchfleisch mit Meerrettich und frisches Bauernbrot dazu.

Weinempfehlung – als Beispiele: Silvaner, Weißer Burgunder – auch ein trockener Traminer paßt dazu.

Pfälzer Fläsch-Knepp

Je 250 g Fleisch vom Rind, Schwein und Kalb sowie 2 eingeweichte, ausgedrückte Brötchen zweimal durch den Wolf drehen. 2 ganze Eier darunterschlagen, mit Salz, Pfeffer, Muskat, zerstoßener Nelke, Thymian und gehackter Petersilie würzen. (Manche ziehen dem Thymian den Majoran – oder gar der Nelke den Kümmel vor.) Die Masse wird gut geschlagen und dann eine Zeitlang stehen gelassen.

Dann mit dem Löffel eigroße Klöße abstechen (oder mit nassen Händen formen) und in siedender Fleischbrühe garen. Meerrettich – am allerbesten frisch geriebener – gehört dazu. Sie können die Klöße in der Fleischbrühe essen oder zu zartem Kartoffelbrei. Auch zeigen sich die Knepp gern in Gesellschaft jungen, frischen Weinkrauts!

Weinempfehlung – als Beispiele: Portugieser, Spätburgunder, Müller-Thurgau Spätlese trocken, Scheurebe Spätlese trocken.

Pfälzer Zwiebelkuchen

Man legt ein Kuchenblech mit fertigem Blätterteig aus. Gut 700 g Zwiebeln zu Ringen und 200 g Räucherspeck zu feinen Würfeln schneiden. Im Topf glasig dünsten. Die Masse in einem Sieb abtropfen lassen und fingerdick auf den Teich streichen. Mit Pfeffer, Kümmel und Muskat würzen. Vorsicht mit Salz! Der Speck ist salzig, falls Sie ihn nicht in kochendem Wasser blanchiert haben. Den Kuchen in den vorgeheizten Backofen geben und, kurz bevor er gar ist, einen halben Liter süße Sahne, verquirlt mit 4 – 5 ganzen Eiern, auf dem Kuchen verteilen. Weiterbacken, bis die Eimasse gestockt ist und sich bräunlich färbt. Warm servieren! Übrigens, beim Pfälzer Zwiebelkuchen können Sie statt „guten Appetit“ ruhig „Prosit“ sagen . . .

Weinempfehlung – als Beispiele: Hier gehen die Meinungen stark auseinander. Frische, kernige Rieslinge werden von den einen, wuchtige Traminer von anderen bevorzugt.

Deftiges aus der Pfalz

Forellen in Rotwein

Einen halben Liter Rotwein (Portugieser) mit einem halben Lorbeerblatt, Salz, 3 Pfefferkörner, 3 Wacholderbeeren, 2 Zitronenscheiben, einer halben Zwiebel und etwas Petersilie zum Kochen bringen und 10 Minuten ziehen lassen. Dann die Forellen einlegen und ca. 15 Minuten – je nach Größe – sanft garen. Vorsichtig herausheben und warmhalten. Den Sud abseien, auf die Hälfte einkochen und mit etwas Mondamin oder Mehlbutter leicht binden. Abschmecken und eventuell mit Muskat und Zucker nachwürzen. (Merke: Mit einer Prise Zucker kann man nie etwas verderben – aber fast alles verbessern!) Die Forellen auf vorgewärmte Teller geben und mit der Soße übergießen. „Gequellte" (Pellkartoffeln) passen am besten dazu.

Weinempfehlung – als Beispiele: Frischer Riesling, Kerner mit guter Säure oder auch ein Portugieser-Weißherbst trocken und gut gekühlt.

Pfälzer „Weißer Käse"

Der „Weiße Käse" ist ein Standard-Angebot in vielen Gaststätten der Rheinpfalz. Er besteht in der Hauptsache aus Schichtkäse, wie er jetzt glücklicherweise auch wieder in nördlichen Gebieten der Bundesrepublik Deutschland angeboten wird. Er ist dem Liptauer verwandt und kann zur Not auch mit Quark angemacht werden. Dieses „Anmachen" ist der entscheidende Punkt für das Geschmackserlebnis. Es gibt da viele Möglichkeiten. Man hat früher den bekömmlichen Schichtkäse mit vielen Erzeugnissen aus eigenem Garten kombiniert. Zwiebeln sind eigentlich immer dabei.

Die hier wiedergegebene Anmach-Art ist die Lieblingsversion der Ehefrau des Autors:

Schichtkäse mit Sahne verrühren bis er gut streichfähig ist. Salzen, pfeffern und viel kleingehackten Dill unterziehen. Den in einer Schüssel so angemachten Käse dick mit dem in Röllchen geschnittenen Lauch von jungen Zwiebeln (es geht auch Schnittlauch) bestreuen und die in feine Ringe geschnittenen Jungzwiebeln extra dazureichen. Brot (Graubrot, Kümmelbrot).

Weinempfehlung – als Beispiele: Am besten passen harte, trockene Weine – auch neutrale Silvaner oder Weiße Burgunder – nicht jedoch volle, „cremige" (viel Glycerin). Die Säure des Weins kann das Geschmacksbild des „Weißen Käses" lebendiger machen. Der „Weiße Käse" mundet besser zu Weißweinen als zu Rotweinen.

Die Speisenfolge

Vorspeise

Dr. Hartmut Kümmerlein:
Warme Seibling-Pastete in Rieslingschaum

Suppe

Lutz-Rüdiger Kamp:
Kerner-Cremesuppe mit Kresse

Zwischengericht

Evelyn Faber:
Rosenkohl-Walnuß-Mus

Hauptgericht

Ingrid Heinen:
Rinderbraten in Spätburgunder mit Weinbeeren und einer Beilage von Kartoffelkrusteln und Vanilleapfel

Nachspeise

Lutz-Rüdiger Kamp:
Schaumeis von weißen Weintrauben mit einem Schuß Trester-Schnaps

★ ★ ★

Essen und Weintrinken am Beispiel eines neuen Pfälzer Festessens

Die traditionelle Küche der Rheinpfalz ist recht deftig, kräftig und schwer. Mit dem reichen Materialienangebot dieser Region und vor allem mit ihren Weinen läßt sich jedoch auch eine neue, leichtere Küche hervorragend verwirklichen. Ein Team des Verlages hat sich an einem solchen Essen versucht. Die Speisen werden auf diesen Seiten einschließlich der dazu gereichten Weine vorgestellt.

Welche Weine am besten zu den einzelnen Gängen passen, haben Feinschmecker und Weinkenner bei einem Testessen im Probierkeller der Südlichen Weinstraße in Edesheim (Foto auf der folgenden Doppelseite) herausgefunden. Es galt, aus mehreren „blind" servierten Weinen den jeweils geeigneten zu nennen. Auch die Weinauswahl mit den am höchsten bewerteten (also geeigneten) Weinen wird hier vollständig wiedergegeben.

Im Endergebnis zeichnete sich zwar jeweils ein deutlicher Trend ab, aber es gab auch das, was manchem Essen unter Kennern die Würze verleiht: gegensätzliche Meinungen.

Oben: Diese Aufnahme mit der Seibling-Pastete entstand bei einem der Probekochen – hier in der „Dorfschenke" in Großfischlingen.

Nächste Doppelseite: Der Probierkeller der Südlichen Weinstraße in Edesheim. In diesem Saal wurde das neue Rheinpfalz-Essen vorgestellt.

Interessant: Zur Pastete in Riesling-Schaum wurde nicht der bei dem Schaum verwendete Riesling bevorzugt. Er kam auf den zweiten Platz. Sieger wurde ein trockener Silvaner. Ebenso wurde der Kerner der Kerner-Cremesuppe zusammen mit einem Traminer auf Platz zwei gesetzt, während ein halbtrockener Riesling den meisten zur Suppe am besten mundete.

Zum kräftigen Mus bevorzugten die Testesser eindeutig kräftige Weine, und zum Hauptgericht punktgleich zwei Spätburgunder Kabinett trocken aus dem gleichen Jahrgang aber aus verschiedenen Lagen!

Als Apéritif setzte sich eine Scheurebe-Beerenauslese mit viel Restsüße aber auch mit guter Säure vor einer trockenen Riesling-Spätlese durch. Nach dem Essen schmeckte der Mehrzahl umgekehrt eine andere trockene Riesling-Spätlese besser als eine ebenfalls gereichte Ruländer-Beerenauslese, die im übrigen wegen ihrer hervorragenden Qualität hoch gelobt wurde.

Probierkeller in Edesheim

Die Weinauswahl

Die von den Teilnehmern des Testessens als am besten geeignet ausgewählten Weine sind mit einer durchgehenden Linie unterstrichen, die jeweils nachfolgend plazierten mit einer unterbrochenen. (Zwei gleichartige Linien: gleicher Rang.)

Vorspeise: Warme Seibling-Pastete in Riesling-Schaum

1. 1978 Riesling Kabinett trocken
2. 1976 Riesling Auslese trocken
3. 1977 Silvaner Kabinett trocken
4. 1978 Weißer Burgunder Kabinett trocken
5. 1978 Kerner Spätlese halbtrocken

Suppe: Kerner-Cremesuppe mit Kresse

1. 1977 Müller-Thurgau Kabinett trocken
2. 1978 Traminer Kabinett trocken
3. 1978 Kerner Kabinett trocken
4. 1977 Kerner Spätlese halbtrocken
5. 1978 Riesling Kabinett halbtrocken

Zwischengericht: Rosenkohl-Walnuß-Mus

1. 1978 Ruländer Spätlese trocken
2. 1976 Silvaner Auslese trocken
3. 1979 Scheurebe Kabinett halbtrocken
4. 1978 Weißer Burgunder Kabinett trocken
5. 1976 Weißer Burgunder Spätlese mild/süß

Hauptgericht: Rinderbraten in Spätburgunder mit Weinbeeren

1. 1977 Spätburgunder Kabinett trocken
2. 1978 St. Laurent Qualitätswein trocken
3. 1978 Spätburgunder Kabinett trocken
4. 1979 Dornfelder Jungwein (Abfüllung 15. 11.) trocken
5. 1978 Spätburgunder Kabinett trocken
6. 1978 Portugieser Qualitätswein trocken

Als Apéritif wurde aus einer offenen Weinauswahl eine säureintensive Scheurebe Beerenauslese aus dem Jahr 1974 bevorzugt. In der Zahl der Nennungen folgte auf Platz 2 der Beliebtheit eine trockene Riesling-Spätlese aus dem Jahr 1978.

Als Digestivum kam eine 76er Riesling-Spätlese vor einer Ruländer-Beerenauslese aus dem gleichen Jahr auf den ersten Platz.

Drei Rezepte eines „Festessens Rheinpfalz"

Angaben für 8 Personen

Seibling-Pastete

Für die Pastete:
5 Seiblinge (oder Forellen)
0,2 l Sahne
2 Eiweiß
frischer Estragon (ein gehäufter Eßlöffel voll Estragonblätter)
1 Bund Petersilie
Salz, Pfeffer
etwas Butter

Für den Fischfonds:
Köpfe, Gräten und Haut der Fische
1 Zwiebel
1 Lauchstange
1 Tomate
1 Handvoll Champignons
1 Knoblauchzehe
1 Lorbeerblatt
1 Zweig Thymian
½ Flasche trockener Riesling

Für die Soße:
Fischfonds
5 cl Noilly Prat
4 Eigelb
200 g Butter
einige Tropfen Zitrone
Salz, Pfeffer

Die Seiblinge filetieren und enthäuten. Die Filets kleinschneiden, jedoch ein Filet ganz lassen und lediglich einmal in Längsrichtung zerschneiden. Das Fischfleisch mit dem Eiweiß, der Sahne und Estragonblättern vermischen, etwas salzen und pfeffern. Die Masse im Mixer pürieren.

Eine kleine Pastetenform gut ausbuttern. Auf dem Boden der Form mit den Estragonblättern ein Muster legen (Zweig, Kreise o. ä.). Die Hälfte des Pürees einfüllen und glattstreichen. Mit der feingehackten Petersilie bestreuen, und zwar in der Weise, daß ein breiter Mittelstreifen gebildet wird. Auf die Petersilie die beiden zurückbehaltenen Filetstreifen legen und mit feingehackter Petersilie bedekken. Die zweite Hälfte des Pürees darübergeben und glattstreichen.

Die Pastete im gut vorgeheizten Backofen bei 200° im Wasserbad ca. ½ Stunde garziehen lassen. Während der halben Garzeit die Pastete mit Alufolie abdekken.

Wenn die Fische filetiert und enthäutet sind, zunächst einen Fischfonds wie folgt zubereiten:

Etwas Butter im Topf zergehen lassen, Köpfe, Gräten und Haut der Fische, das kleingeschnittene Gemüse, die feingehackte Knoblauchzehe, das Lorbeerblatt und den Thymianzweig hinzugeben und im gut verschlossenen Topf auf kleiner Flamme ca. 20 Minuten dünsten. Dann den Wein hinzugeben und ca. ½ Stunde bei mittlerer Hitze kochen lassen. Zum Schluß den Deckel entfernen und etwas einkochen lassen. Den Fonds durch ein Sieb passieren.

Während die Pastete im Ofen gart, die Soße „montieren".

Fischfonds und Noilly Prat fast ganz einkochen lassen. Dann die Eigelb hinzugeben und auf ganz schwacher Flamme möglichst schaumig schlagen. Unter ständigem Schlagen die zerlassene Butter nach und nach hinzugeben. Mit einem Schuß Riesling, einigen Tropfen Zitrone, Salz und Pfeffer abschmecken.

Die Soße auf gut vorgewärmte Teller gießen. Die fertige Pastete auf eine Porzellanplatte stürzen, in Scheiben schneiden und jeweils eine Scheibe auf den Teller mit der Soße legen. Mit einem Zweig Petersilie dekorieren und schnell servieren.

Rosenkohl-Walnuß-Mus

Rosenkohl-Mus

400 g Rosenkohl
50 g Walnüsse
¼ l Sahne
etwas Butter, evtl. 1 Eiweiß
1 kleine Zwiebel
50 g Speck
Pfeffer, Salz, Muskat, Petersilie

Rosenkohl in wenig Salzwasser 20 Minuten garen und anschließend pürieren. Speck und Zwiebel sehr klein würfeln und in etwas Butter anbraten, bis die Zwiebeln goldgelb sind. Walnüsse grob hacken. Mus würzen; Walnüsse, gehackte Petersilie und Sahne unterziehen. Vorsichtig erwärmen, evtl. 1 Eiweiß steif schlagen und zur Auflockerung vorsichtig unter das Mus heben.

Mus in kaltausgespülte Förmchen streichen (vorher die Förmchen einfetten), stürzen, mit etwas Crème fraiche und einer Walnußhälfte dekorieren. Dazu paßt kräftiges Roggenbrot oder Vollkornbrot.

Rinderbraten mit Weinbeeren

1600 – 2000 g Rinderbraten (Oberschale)
350 g durchwachsenen, geräucherten Speck
500 g Schalotten oder rote Zwiebel
1000 g rote oder weiße Trauben
Pfeffer, Salz, Öl, 1 Scheibe Pumpernickel oder Vollkornbrot, ½ – 1 Becher süße Sahne

Beize
1 Flasche kräftigen Rotwein
3 Zimtstangen
Wacholderbeeren
5 Lorbeerblätter
Nelken
Pimentkörner
Senfkörner

Den Braten 2 Tage in der Beize ziehen lassen; Braten herausnehmen, pfeffern, salzen. In etwas Öl den kleingewürfelten Speck auslassen, die kroßgewordenen Würfel aus dem Fett herausnehmen und den Braten rundum ½ Stunde lang im Fett bräunen. Dann die halbierten oder geviertelten Zwiebeln (Schalotten ganz) ¼ Stunde mitschmoren, nochmals nachwürzen, alles mit dem Beiz-Rotwein angießen, weiterschmoren, Zimtstange und Lorbeerblätter mitgaren, wieder aufgießen usw. Die letzte ½ Stunde die entkernten Weintrauben zugeben. Der Braten braucht etwa 2 – 2½ Stunden. Zuletzt die Scheibe Pumpernickel (Vollkornbrot) und die saure Sahne unter die Soße mischen und nochmals durchschmoren.

Backofen-Temperatur ca. 225 – 250 °C

Kartoffelkrusteln:
Rohe Kartoffeln in dünne Stifte reiben, auf einem Blech verteilen, mit Sahne knapp bedecken, salzen, pfeffern, mit etwas Muskat bestäuben und ½ Stunde im Ofen bräunen.

Vanilleäpfel:
Pro Person 1 Apfel (eher etwas weniger), Vanillestangen, Äpfel schälen, Kerngehäuse ausstechen, in mitteldicke Scheiben schneiden und in einem großen Topf flach schichten (Die Äpfel dürfen nicht in zu dicker Schicht übereinander liegen!), Äpfel mit Weißwein bedecken, wenig Zucker darüber streuen, die Vanillestangen (für 8 Äpfel 2 Stangen) halbieren, auskratzen, alles zusammen im Wein gardünsten. Die Äpfel müssen noch Biß haben, dürfen nicht zerfallen. Ausgekühlt zum Braten servieren.

Käse und Pfälzer Wein

Welche Weine passen zu welchen Käsen?

Käse und Wein gehen gut zusammen, das stand für viele Teilnehmer aus eigener Erfahrung schon fest, bevor das Testessen im „Rieslingkeller" zu Deidesheim begonnen hatte. Hier ging es jedoch darum, herauszufinden, welche Weine zu welchen deutschen Käsen am besten passen. Die Aktion gehörte zur Vorbereitungsarbeit des Rheinpfalz-Bandes im GESAMTWERK DEUTSCHER WEIN, und es standen 16 unterschiedliche Weine der Rheinpfalz zur Auswahl. Mit der Breite ihres Rebsortenangebotes und der Fülle ihrer Weine erschien die Rheinpfalz für die Käse- und Wein-Kombination besonders geeignet. 34 Weinfreunde und Feinschmecker, Fachjournalisten und Winzer beteiligten sich an der Endauswahl der Weine. Die in verschiedenen Publikationen aufgeworfene Frage, ob deutscher Wein und Käse überhaupt zusammenpassen, wurde nach drei Stunden Vergleichsprobierens nicht mehr diskutiert. – Man hatte inzwischen einige Idealkombinationen gefunden.

Die Testrunde im Rieslingkeller zu Deidesheim

Rudolf Hagelstange: Ein Loblied auf den Harzer

Wieviel Freude der Käse mit und ohne Wein bereiten kann, drückten zwei Gäste auf sehr unterschiedliche Art aus: Rudolf Hagelstange, der Schriftsteller und „Turmschreiber" von Deidesheim, las aus einem seiner Werke ein Loblied auf den Harzer Käse vor. Und Professor Kielwein, der Käsekundler von der Justus v. Liebig-Universität Gießen, bestätigte die Kombinationsergebnisse aus der langen Erfahrung eigener Versuche.

Vom Verlag Heinen zusammengestellte Gruppen aus Weinfreunden und Feinschmeckern hatten in Vorproben sieben Käsesorten ausgewählt: Pfälzer „Weißer Käse" (angemachter Schichtkäse), Sauermilchkäse (Harzer) in zwei Variationen, Weißschimmelkäse, Weinkäse in 50 und 60 Prozent, Allgäuer Emmentaler und Weiß-/Blauschimmel-Käse.

Das Ergebnis widerlegte die althergebrachte Meinung, daß die Rotweine besser zum Käse passen, als die Weißweine. Die „Weißen" wurden an diesem Abend eindeutig bevorzugt. Besonders ein Weißburgunder Kabinett trocken sowie zwei Rieslinge, Kabinett und Qualitätswein, halbtrocken und trocken, gefielen zu vielen Käsen.

Grundsätzlich wurden alle drei Geschmacksrichtungen (mild/süß, trocken und halbtrocken) zu bestimmten Käsen von den Teilnehmern genannt, das Schwergewicht der Nennungen lag jedoch bei den trockenen Weinen – eigentlich zwangsläufig, da hier engagierte „Vieltrinker" zusammengekommen waren. Auch bei den Rotweinen wurde „süß und trocken" gewählt, als am besten geeignet, jedoch ein trockener Portugieser Qualitätswein eingestuft. Er hatte seine besten Ergebnisse beim Harzer und Allgäuer, aber vor allem beim Weiß- und Blauschimmelkäse.

Zum „Weißen Käse" gefiel der halbtrockene Riesling vor dem trockenen Müller-Thurgau Qualitätswein und dem Weißburgunder Kabinett trocken. Eine trockene Scheurebe-Spätlese zeigte ihre Stärke besonders bei Romadur und dem Käse mit weißem und blauem Schimmel.

Zusammengefaßt: Deutscher Wein paßt ausgezeichnet zu deutschem Käse. Es gibt Käse, die sich mit vielen Weinen nicht vertragen, aber auch für diese Käsesorten (Harzer zum Beispiel) lassen sich mit einiger Sachkenntnis geeignete Weine finden. (Beim Harzer in diesem Fall ein trockener Riesling-Qualitätswein.)

Eine sehr breite Weineignung hat vor allem der Allgäuer Emmentaler, aber auch die sogenannten Weinkäse schmecken gut zu vielen Weinen. Dabei ist eine Beobachtung aus den Vorproben zu beachten, bei denen die Käsesorten ausgesucht wurden: Wein- und Käsefreunde sollten unbedingt immer gute Weine mit guten Käsen kombinieren. Wie sehr hier die Geschmackserlebnisse von „hervorragend" bis „uninteressant" schwanken können, hat sich besonders beim einfachen Beispiel des Allgäuer Emmentaler gezeigt. Die schlechteren Käse dieses Typs wollten bei dieser Vorauswahl auch mit guten Weinen nicht recht munden.

Als Partner der Aktion wirkten auf der „Weinseite" die „Rheinpfalz/Weinpfalz" sowie die „Mittelhaardt/Deutsche Weinstraße" mit. Die ausgewählten Käse kamen von folgenden Unternehmen: Pfälzer „Weißer Käse" von der Molkereizentrale Südwest, Karlsruhe – Sauermilchkäse von Zitzke & Mascher, Bodenfelde – „Kasimir"-Weinkäse von Meggle Milchindustrie, Reitmehring – Allgäuer Emmentaler von den Vereinigten Käsereien Dürren/Allgäu, Wangen – „Bavaria Blue" vom Bergader Käsewerk Basil Weixler, Waging am See.

Einige Ergebnisse zusammengefaßt

1. Grundsätzlich gilt, daß alle vorgestellten Weine – unabhängig von ihrer Restsüße – zu irgendeinem Käse von irgendeinem Teilnehmer als geeignet befunden wurden. Zwei Weine jedoch wurden als weitgehend ungeeignet eingestuft: Süße Spätlesen von Morio-Muskat und Spätburgunder. (Zu sehr würzigen Blauschimmelkäsen passen jedoch sehr schwere Weine mit viel Restsüße.)

2. In dieser Runde wurden ein trockener und ein halbtrockener Riesling, ein trockener Weißburgunder und ein trockener Portugieser – auch eine trockene Scheurebe als für die leichteren Käse besonders gut geeignet eingestuft. Diese Weine kamen aus dem Bereich Q. b. A. bis Spätlese.

3. Während zu den Sauermilchkäsen (Harzer) nur wenige Weine als geeignet empfunden wurden, ist die für alle anderen Käse angegebene Weinauswahl sehr breit.

4. Entsprechend dem Pfälzer Weinangebot wurden mehr Weißweine als Rotweine zur Auswahl gestellt. Das Ergebnis der Weinprobe sagt aus: Die Pfälzer Weißweine passen zu den Käsen besser noch als die Rotweine.

Anmerkung: Der „Weiße Käse" war aus Schichtkäse und unbehandelter Milch mit Zwiebeln angemacht. Er konnte nachgesalzen werden. (Siehe auch Rezepts. 33.)

Gutsschänken in Gleiszellen

In Pleisweiler-Oberhofen

Vorhergehende Doppelseite: Die „Straße der Gutsschenken“ in Gleiszellen ist inzwischen zu einem bekannten Anziehungspunkt geworden. Einmal jährlich zum Weinfest fließt hier der Wein nicht nur in den gemütlichen Räumen, sondern straßauf straßab, an Tischen und Ständen, aus Fässern und Flaschen.

Wo der Winzer Wein ausschenkt

Lange Tische und gemütliche Ecken, Menschen, die zusammenrücken, um „Neuen" Platz zu machen, Schoppen, die in der Runde kreisen, Winzer, die nur den eigenen Wein ausschenken – die Gutsschenken oder Winzerschenken oder Straußwirtschaften sind so typisch für die Rheinpfalz, wie die Geselligkeit der Weinfreunde, die dort an den Tischen zusammensitzen. Manchmal werden aus solchen Gutsschenken Gaststätten – die ihren Charakter behalten.

Weinorte gibt es hier, da sind zwei, drei oder vier solcher Schenken in einer Straße nahe beieinander. Und die Winzer besuchen sich gelegentlich gegenseitig zum Schoppen – und weinselige Touristen erkosten drei an einem Abend oder an drei Abenden nacheinander.

Saumagen bietet der eine als Spezialität, Zwiebelkuchen der andere, Fläsch-Knepp der dritte und „weißen Käse" bereiten wohl alle drei. Gemeinsam haben sie auch, daß ihre Preise vergleichsweise niedrig sind.

Hinweis für Pfalz-Unerfahrene: Auch wenn die Schenke noch nicht ganz besetzt ist, „Dazusetzen" ist immer erwünscht.

In Gimmeldingen

In Kleinkarlbach

In Schweigen

Die Geschichte vom Eber, vom blinden Pferd und der Glocke Susann

1866 zersprang im Kirchturm von Dirmstein eine Glocke, die folgende Aufschrift trug: „Susann werd ich genannt, da mich ein Eber fand. Zwischen Erl' und Weiden, wo sich die Gewitter scheiden."

Zu dieser Glocke gibt es eine Geschichte, die zugleich mit der Historie eines untergegangenen Ortes namens Lindesheim verbunden ist. Dieser erscheint 771 zum ersten Mal in der geschriebenen Geschichte (als Landrichsheim) und später noch recht häufig unter verschiedenen Namen. Wahrscheinlich haben dann die Pest, Kriege und vielleicht auch das Erdbeben von 1350 zum Veröden des Dorfes geführt. Jedenfalls wurde seine gesamte Gemarkung um 1400 unter die Nachbardörfer Offstein, Obrigheim, Golgenstein und Dirmstein zu je einem Viertel geteilt.

Als dann 350 Jahre später ein Eber im ehemaligen Lindesheimer Gemarkungsteil Saubach eine Glocke freiwühlte, war guter Rat in Besitzerfragen teuer. Offenbar hatten die früheren Lindesheimer ihre Glocke vor irgendeinem Feind und damit vor dem Einschmelzen zu bewahren versucht. In welchem Kirchturm der vier Rechtsnachfolger sollte sie nun aufgehängt werden? Der Schultheiß von Golgenstein machte den Vorschlag, daß man ein blindes Pferd nehmen und an der Fundstelle vor einen Wagen mit der aufgeladenen Glocke spannen solle. Das Dorf, dem das Pferd dann zustrebe, solle die Glocke erhalten.

Das brave Pferd trottete in Richtung Dirmstein. Dort wurde die Glocke dem vorhandenen Geläut einverleibt. – Bleibt nachzutragen, daß der alte Ackergaul aus einem Dirmsteiner Stall kam und sein bewährtes Richtungsempfinden offenbar auch in diesem Fall nicht versagte.

Die Geschichte vom Zusammenhang zwischen den Rebläusen in Weyher und Rhodt und dem lieben Gott

Daß es ganz sicher wahr sei, wird behauptet: 1926 wurde in Rhodt ein erster Reblausherd entdeckt. Der Pfarrer im benachbarten Weyher war den Rhodtern nicht recht grün und kommentierte bissig, der Herr strafe halt die Sünder.

Es wurden dann weitere Reblausherde entdeckt, einer der größten schon am nächsten Tag – im Pfarrgarten von Weyer. Der Pfarrer ließ sich jedoch nicht erschüttern. Sein Kommentar in diesem Fall: „Wen Gott liebt, den züchtigt er."

In Schaidt

Schmiede-eisen

In Kallstadt

In Meckenheim

Dächer

Die Geschichte von der Compagnie, die keine war

Wir schreiben den 8. Februar 1871. Auf dem Frenschburger Hofe bei Dahn ist es still. Man wohnt hier nahe der französischen Grenze, und in einer Nacht wie dieser und in diesen kriegsbewegten Zeiten haben die Menschen auf dem einsamen Hofe allen Grund, ängstlich zu sein. Und so schrecken die braven Bauern angsterfüllt aus den Betten, als sie plötzlich französische Kommandos vernehmen.

„Sergeant, lassen Sie die Compagnie hier rasten", brüllt da jemand. Und eine andere Stimme antwortet: „Zu Befehl, Herr Oberstleutnant!"

Plötzlich klopft es an der Tür. Der Bauer öffnet vorsichtig. Ein Junge steht da. Der Bursche sei er und gekommen, um für das Militär eine Flasche Schnaps und Brot zu requirieren. – Der Bauer gibt erleichtert.

Darauf Stille. Dann hört man wieder die Befehlskette vom Oberstleutnant über den Sergeanten und einen Corporal diesmal zum Burschen: Schwarzfleisch solle er holen. Klopfen, Öffnen, Schwarzfleisch hat der Bauer nicht, aber noch einmal Brot, Schnaps und Äpfel obendrauf. Und wie nebenbei sagt der Junge, das ganze Tal sei voll Militär – und verschwindet.

Im Nachhinein meint dann die Magd, den Jungen schon einmal in der Gegend gesehen zu haben. – Einige Tage später sorgt ein Lehrer für die endgültige Entlarvung: Sein Schüler Peter, so stellt sich heraus, war der Bursche, und zwei ältere Freunde stellten die ganze Compagnie samt aller Chargen dar. Das Ende der Geschichte: 14 Tage Arrest für den „Oberstleutnant", 4 Tage für seinen „Sergeanten/Corporal" und einen Tag für Peter, den jüngsten aus der „Grande Armée", die das kleine Tal besetzt hatte.

Tupfenglas und Trollschoppen Die Pfälzer beim Wein

Es gibt Weinbaugebiete, da sieht man in den Gutsschänken der Winzer Touristen. In der Rheinpfalz dagegen treffen sich die Pfälzer gern zum gemütlichen Schoppen in diesen Straußwirtschaften, in denen manchmal über's Jahr die gesamte Weinernte des Besitzers getrunken wird.

Selbst andere Winzer aus dem gleichen Ort, letztlich also Mitbewerber, kommen zum abendlichen Gespräch solcher Weinrunden. Da kreist dann gelegentlich das traditionelle Halbliter-Becherglas mit den Tupfen. Natürlich heißt dieses Glas in der Mundart anders. Da es aber für die Ausdrücke des Platt keine verbindliche Schreibweise gibt, wage ich hier nur Formen wiederzugeben, die ich in verschiedenen Orten gehört habe, ohne mich auf eine als „Leitform" festzulegen: „Duppeglas", „Dubbeglas" – auch „Duppenglas".

Eindeutig ist dagegen die Schreibweise der „Trollschoppen", des letzten Glases, das man – schon im Stehen meist und häufig auch am Ausgang – vor dem Weggehen trinkt, wenn man sich „trollt" also. Auch hierzu wird weitgehend das Halbliter-Becherglas genutzt, in einigen Fällen jedoch auch ein Liter-Becherglas.

Es soll vorkommen, daß es nach dem Trollschoppen noch einen Extra-Trollschoppen gibt – und so weiter ... Aus dem Gesagten erhellt bereits die enge Verbindung der Pfälzer Menschen zu Wein und Geselligkeit. Die Aufnahmen der folgenden Seiten können zur weiteren Verdeutlichung beitragen.

Folgende Doppelseite: Weinkeller in Deidesheim, der Ursprung aller Pfälzer Weingemütlichkeit. Einige solcher prachtvollen Keller, die durch bloßes Ansehen dieses gewisse Etwas der Weinatmosphäre vermitteln, sind heute noch als große Holzfaßkeller „in Betrieb". Auch in den abgebildeten Fässern reift der Wein.

Keller in Deidesheim

Die Pfälzer und der Wein

„Der Pfälzer ist bieder, munter, aufgeweckt, leichtbeweglich und warmblütig, rasch zum Entschluß und zur That. Er hält viel auf äußeren Anstand, auf Sauberkeit und Nettigkeit, wie sie sich in den schönen Dörfern und Städten auf den ersten Blick zeigt. Er ist in der Rede gewandter als seine östlichen deutschen Nachbarn und sein Dialect enthält manche Eigenthümlichkeiten."

Diese Zeilen schrieb Heinrich Mayer 1857 in seinem Büchlein „Bad Dürkheim nebst Umgebung".

„Stolz und selbstbewußt, starrköpfig und unbeugsam sind sie. Aber dann auch tolerant, weltoffen, aufgeschlossen und mit wachen Sinnen und feinem Instinkt begabt. Derb dazu, laut, fröhlich und vor allem gastfreundlich. Und durstig!“

Diese Charakteristik ist aus unserer Zeit – von Hjalmar Hartenfels geschrieben und im „Schlemmer-Brevier“ der Südlichen Weinstraße veröffentlicht. Beide Darstellungen sind natürlich werblich gemeint und zeigen, wie weit das Feld der Beurteilung des Pfälzer Menschen ist. – Ich beschränke mich deshalb auf das herausragend Offensichtliche: Die Bewohner der Rheinpfalz sind sichtlich für die gemütliche Geselligkeit bei Wein und Speise und ausgiebiger, ruhiger Unterhaltung.

Eugen Schneider OHG
Weingut · Weinkellerei · Albersweiler Weinstraße
RHEINPFALZ
1977er
Kerner Kabinett
Albersweiler Königsgarten
Qualitätswein mit Prädikat
0,7 l e
Rheinpfalz · Qualitätswein mit Prädikat
Altdorfer Hochgericht
Ruländer Kabinett
Abfüller Eugen Litty · Weinbau
Weingut Helmut Günther
6731 Altdorf
RHEINPFALZ
Altdorfer Gottesacker
Kerner Auslese
Qualitätswein mit Prädikat
RHEINPFALZ
1978er Altdorfer Gottesacker
Huxelrebe trocken
RHEINPFALZ
Edenkobener Schloß Ludwigshöhe
Müller-Thurgau Spätlese
Dieter Mathieu Weinbau
RHEINPFALZ
Edesheimer Ordensgut
Bacchus Kabinett
Qualitätswein mit Prädikat
Weingut Franz Josef Kuhn
BEREICH SÜDLICHE WEINSTRASSE
RHEINPFALZ
QUALITÄTSWEIN MIT PRÄDIKAT
1978er
Edesheimer Rosengarten
Ruländer Kabinett
RHEINPFALZ
1978er
Edesheimer Rosengarten
Müller-Thurgau-Kabinett
Weingut Werner Anselmann
QUALITÄTSWEIN MIT PRÄDIKAT
1976er Edesheimer Forst
Scheurebe Beerenauslese
RHEINPFALZ
RHEINPFALZ
Edesheimer Rosengarten
Kerner
Spätlese
Weingut Rebenhof Kellerei
RHEIN PFALZ
Edesheimer Rosengarten
Faber Auslese
QUALITÄTSWEIN MIT PRÄDIKAT
RHEINPFALZ
Flemlinger Herrenbuckel
Scheurebe Spätlese
Qualitätswein mit Prädikat
Franz Weber
Weinbau-Weinkellerei
RHEIN PFALZ
QUALITÄTSWEIN MIT PRÄDIKAT
Flemlinger Vogelsprung
Huxelrebe Spätlese
Weingut Sonnenhof Ernst Bieth & Sohn
RHEINPFALZ
1978er Flemlinger Zechpeter
Kerner
QUALITÄTSWEIN
Weingut Thomingis
FLEMLINGEN A.D. WEINSTRASSE
Rheinpfalz
1978er Flemlinger Bischofskreuz
Gewürztraminer Spätlese
RHEINPFALZ
Flemlinger Herrenbuckel
Kerner Kabinett
Erzeuger-Abfüllung
Weingut Walter Hertel
GLEISWEILER WEINSTRASSE
RHEIN PFALZ
1975er Sylvaner
Gleisweiler Hölle
Qualitätswein
Weingut Klaus Nicklis
Gleisweiler/Weinstr.
QUALITÄTSWEIN MIT PRÄDIKAT
Gleisweiler Hölle
Ruländer Spätlese
0,7 l e
RHEINPFALZ
RHEINPFALZ
Gleisweiler Bischofskreuz
Kerner Kabinett
halbtrocken
QUALITÄTSWEIN MIT PRÄDIKAT
0,7 l e
Georg Argus
GLEISWEILER/WEINSTR.
RHEINPFALZ
1978er
Gleisweiler
Riesling
trocken
QUALITÄTSWEIN
RHEIN PFALZ
1976er Gleiszeller Kirchberg
Ruländer Auslese
Erzeugerabfüllung
Weingut Eugen u. Rich. Schönlaub
RHEINPFALZ
1975er Gleiszeller Kirchberg
Weißburgunder Spätlese
Qualitätswein mit Prädikat
RHEINPFALZ
1978er Gleiszeller Frühmeß
Scheurebe
Qualitätswein
Hugo Wendel Weinbau
In Vino Veritas
RHEIN 1975er PFALZ
Gleiszeller Kloster Liebfrauenberg
Kerner Auslese
RHEIN-PFALZ
Weingut Wolff Rhodt unter Rietburg
WEINBAU
QUALITÄTSWEIN
Rhodter Klosterpfad
Morio-Muskat
WEINGUT SEITZ SCHREINER
RHODT UNTER RIETBURG
RHEINPFALZ
1978er
Müller-Thurgau Kabinett
Rhodter Klosterpfad
Qualitätswein mit Prädikat
RHEIN PFALZ
Gewürztraminer Spätlese
Rhodter Rosengarten
Abfüller: Richard Bechtold, Weinbau, Rhodt u. Rietburg
RHEINPFALZ
QUALITÄTSWEIN MIT PRÄDIKAT
Rhodter Schloßberg
Riesling Spätlese
RHEINPFALZ
Qualitätswein mit Prädikat
Rhodter Rosengarten
Norbert Retzer · Weinbau · Weinversand
RHEINPFALZ
Roschbacher Bischofskreuz
Scheurebe
QUALITÄTSWEIN
Qualitätswein mit Prädikat
RHEINPFALZ
Bereich Südliche Weinstraße
Roschbacher Simonsgarten
Kerner Kabinett
Rheinpfalz · Qualitätswein mit Prädikat
Roschbacher Bischofskreuz
Kerner Kabinett
RHEINPFALZ
Roschbacher Bischofskreuz
Bacchus u. Huxelrebe Spätlese
Qualitätswein mit Prädikat
VINUM BONUM
RHEINPFALZ
1977er
Roschbacher Bischofskreuz
Riesling
QUALITÄTSWEIN
RHEINPFALZ
Schweigener Sonnenberg
Gewürztraminer Kabinett
Venninger Trappenberg Rh. Pf.
Riesling
WEINGUT WEINKELLEREI HEINZ SPIEGEL
Fridolin Rohr WINZERMEISTER
RHEINPFALZ
1977er
1977er Venninger Doktor
Müller-Thurgau Kabinett
Qualitätswein mit Prädikat
Erzeuger-Abfüllung
RHEINPFALZ
1977er
Venninger Weißherbst Portugieser
Weingut Marienhof
RHEINPFALZ
1976er Venninger Doktor
Sylvaner Auslese
Qualitätswein mit Prädikat
QUALITÄTSWEIN MIT PRÄDIKAT
RHEINPFALZ
Walsheimer Bischofskreuz
Bacchus Auslese
Weingut Karl Reich
WALSHEIM/SÜDL. WEINSTR.
RHEINPFALZ
QUALITÄTSWEIN MIT PRÄDIKAT
1978er
Walsheimer Bischofskreuz
Huxelrebe Kabinett
Friedel Brecht
WEINBAU
Weyher in der Pfalz
QUALITÄTSWEIN
1978er
Weyherer Michelsberg
Silvaner
RHEINPFALZ
RHEINPFALZ
Weyherer Michelsberg
Gewürztraminer, Beerenauslese
Qualitätswein mit Prädikat
Heiner Ziegler, Weinbau, Weyher i.d. Pfalz
Weingut Spitz-Möwes
QUALITÄTSWEIN MIT PRÄDIKAT
Weyherer Michelsberg
Spätburgunder Weißherbst Spätlese
Weinbau-Werner Graf
WEYHER/PFALZ
RHEINPFALZ
1978er Weyherer Michelsberg
Riesling
QUALITÄTSWEIN

Die großen Weinbaubetriebe . . .

. . . sind heute zu einem guten Teil an einer Wende ihrer Entwicklung. Vor wenigen Jahren galt es noch, möglichst viel Wein billig zu erzeugen und dabei das „Drum und Dran“ weniger zu beachten. Heute schicken sich viele dagegen an, Weinkultur nicht nur in der offensichtlich gestiegenen Qualität ihrer Erzeugnisse zu verwirklichen, sondern auch in der Weindarbietung, in der Einrichtung von Probierstuben, der Gestaltung von Kellern, in Atmosphäre, Ambiente – kurz: im „Drum und Dran“ eben. Das zeigt sich in dem Bemühen, auch Großanlagen, wie hier bei Ilbesheim, in die Weinlandschaft einzupassen . . .

... oder gar eine neue Stahlromantik mit weichem Farbton auf prallen Tanks wie in diesem Edenkobener Keller auf dem großen Foto unten ...

... und auch in der sichereren Beherrschung des nunmehr am meisten verwendeten Werkstoffes Stahl. Da wird der Wandel besonders deutlich. So machen nun hochwertige, nicht rostende Stähle symmetrisch strenge, sehr klare Bilder wie das obere (bei Laumersheim) möglich ...

. . . der ebenso vor Sauberkeit strahlt, wie sein Gegenstück in Rhodt auf dem Bild links. Diese Sauberkeit im Keller haben die Winzer auch in ihren „Holzkellern“ gepflegt (pflegen sie noch). Und an diese Tradition knüpft nun mancher Großbetrieb . . .

... mit prachtvollen Holzfässern zum Beispiel (nebenstehend in Bad Dürkheim), während mit den ausrangierten Riesen oben zwischen Bad Bergzabern und Kapellen-Drusweiler gewissermaßen ein Weindenkmal vor einen Großbetrieb in die Natur gesetzt wurde. „Weinige" Umweltverschönerung im Großen und ...

... im Kleinen. Immer mehr Winzergenossenschaften und andere große Kellereien haben inzwischen Probierstuben eingerichtet oder sind gerade dabei oder planen entsprechend – Probierstuben, die zweierlei gemeinsam haben: gutes Aussehen und beste Materialien – Schönheit und Gediegenheit (unten in Ungstein).

Die Geschichte von Otto und dem phantastischen Wein

Seinen Familiennamen kennt kaum einer. Sie wissen alle nur, daß er Winzer ist, allein im Wald haust, ehrliche Weine macht, diese an Ort und Stelle ausschenkt, nach wie vor den Wein, den Gesang und vor allem die Frauen liebt – und Otto heißt. Jeder sagt Otto zu ihm, einfach Otto.

Als diese Geschichte niedergeschrieben wurde, war Otto 84 Jahre alt. Das Geschehen datierte jedoch noch einige Jahre zurück. Damals lebte seine Frau noch und half beim Weinausschank.

Weinausschank, das heiß hier: Man sitzt auf langen Bänken und an langen Tischen im Freien, das Haus im Rücken und dahinter den Wald, eine Wiese vor sich und dahinter Weinberge. Der Wein wird in großen Glaskrügen aus dem Haus geholt und draußen in große Bechergläser gefüllt. Viele essen dazu mitgebrachtes Brot mit Wurst oder Käse. So also.

An diese Tische und in diese Umgebung kommt nun eines Tages eine Touristen-Runde. Da ist einer dabei, der die anderen nach ihrer bevorzugten Wein-Geschmacksrichtung fragt. Ob sie es lieber herb oder süß, leicht oder wuchtig, neutral oder würzig mögen. Das fragt er hier, im Wald und an deftig-einfachen Tischen nach Jugendherbergs-Art.

Der Mann überlegt kurz, und dann fragt er noch, ob man denn Traminer da habe? Doch ja, Traminer werde angebaut. Und einen neutralen Müller-Thurgau? Auch! Und Riesling? Natürlich! Der Mann addiert im Kopf und bestellt dann unter dem Staunen der Umsitzenden: Zwei Glas Riesling, vier Müller-Thurgau, einen Traminer . . .

Wie immer bringt Otto's Frau den Wein im großen Krug nach draußen. Und schenkt dann aus dem Krug in die Gläser. „Aber . . .", sagt der Mann. „Keine Aufregung!", ist die Antwort auf die unausgesprochene Frage, „in diesem Wein ist alles drin: Riesling und Traminer, Müller-Thurgau und noch einiges andere. Wir haben so wenig Wein, da keltern wir eben alle Rebsorten zusammen, und jeder kann sich die rausschmecken, die ihm besonders liegen.

Qualitätsstreben Anno 1752

Kein Zucker, kein Wasser und Wahrheit bei der Jahrgangsangabe

Zur Herrschaft des Markgrafen Karl Friedrich von Baden gehörte auch der Weinort Rhodt. Der Markgraf hielt recht viel vom Rhodter Wein und bemühte sich, dessen Qualität zu erhalten oder noch zu steigern. Und so erließ er eine Verordnung, die nur für den Wein aus Rhodt galt und in dem Bemühen um die Wahrheit im Wein – aber auch an Strenge – ihresgleichen suchte. Weil hier ein Beweis für vielseitiges Qualitätsstreben beim Wein auf Gebieten vorliegt, die auch heute noch „beackert" werden, ist die Verordnung nachstehend vollständig wiedergegeben:

„WIR Carl Friedrich, von Gottes Gnaden Marggrav zu Baden und Hochberg, Landgrav zu Sausenberg, Grav zu Sponheim und Eberstein, Herr zu Röteln, Badenweiler und Mahlberg usw. usw. entbieten hiermit unsern Beamten, wie auch Schultheißen und Gericht, nebst gesammter Burger- und Einwohnerschaft des Fleckens Rhod unter Rippurg Unsere Gnade und alles Gute.

Nachdem vor wenigen Wochen wir den Flecken Rhod vermöge eines mit denen von Zyllenhard geschlossenen Contractes gänzlich an Uns und Unser fürstliches Haus gebracht haben, lassen Wir uns das Aufnehmen und Wohlergehen desselben, sowie aller unserer geliebten Unterthanen auf das sorgfältigste anlegen seyn. Wie nun GOtt der HErr diesen Flekken, wie fast durchgendts bekanndt ist, mit einem ganz vortrefflichen und reichen Weinbau gesegnet hat, durchwelchen demselben von auswärtigen Orten her ansehnliche Geld-Summen zufließen; So richten Wir unser Augenmerk dahin, daß der Weinhandel immer mehr emporgebracht und durch die schärfsten Gesetze, Jedermann, und besonders die Ausländere die zuverlässigste Sicherheit von der Aufrichtig- und Redlichkeit des Weinhandels erlangen mögen. Wir setzen und wollen demnach, daß alle und jede Vermisch- und Verfälschung des Weines lediglich und ohne alle Ausnahme verboten seyn sollen. Und ob wir gleich nicht in Erfahrung haben bringen können, das jemalen zu Rhod die Verfälschung des Weines mit Spiesglas, Silberlött und andere Mineralien geschehen wäre; so wollen Wir doch dasselbe hiermit dargestellt verboten haben, daß alle Diejenigen, welches solches etwan verüben sollten, ohne alle Gnade mit dem Strange von dem Leben zu deren Tode gebracht werden sollen. – Wir untersagen auch hiermit alle Verfälschungen, so mit Zucker, Rosinen oder anderen dem menschlichen Leibe unschädlichen Dingen geschiehet, ingleichen das Schönen mit Haussenblasen oder anderen Dingen mit der Verwarnung, daß diejenige, so sich dasselbe zu Schulden kommen lassen, nebst ihren Helfers-Helfern mit dreyjähriger Zuchthausstrafe belegt, und der Wein, oder wann derselbe schon außer Landes gebracht wäre, das davor eingezogene Geld Unserm Waisenhause zu Pforzheim verfallen sein solle. –

Ferner verbieten wir, daß Niemand Wein von zweyen Jahrgängen unter einander mischen, und denselben unter dem Namen des besseren Jahrgangs verkauffen solle; und wer darwider handelt, soll ebenfalls den also verkauften Wein, oder das davor bezogene Geld zum besten gedachten Unseres Waisenhauses verwürket haben. – Bey eben solcher Strafe gebieten Wir auch, daß jedem Weinkäufer der wahre Jahrgang, und ob der Wein noch pur oder mit Wein von einem anderen Jahrgang vermischt seye, auf Befragen angezeigt werden, besonders diejenige, so Weine in Commission versenden, hierbey mit aller nur ersinnlichen Redlich- und Aufrichtigkeit zu Werke gehen sollen; Allermassen dann, wann deren einer sich hierinnen falsch würde finden lassen, nicht nur die bekannte Strafe an ihme vollzogen, sondern sein Verbrechen noch daneben durch die öffentliche Zeitungen bekannt gemachet werden soll, damit Jedermann sich vor einem dergleichen Betrüger zu hüten vermöge.

Ebenmäsig verbieten Wir, daß Niemand, wer der auch seye, und unter was vor einem Vorwande es auch geschehe, Wein von fremden Orten zu Rhod einführen, und widrigenfalls derselbe, oder, wann der nicht mehr vorhanden, der Werth davon obgemeldetem Waisenhause verfallen seyn solle. Anbe-

nebst auch setzen und wollen Wir, daß Jedermann, der von einem gegen diese Verordnung begangenen Vergehen Nachricht erhält, dasselbe unverzüglich anzeigen, und widrigenfalles er auf die nehmliche Art bestraft werden solle, als gegen denjenigen, so das Verbrechen selbst begangen hat, hierbey ist verordnet worden. Damit jedoch desfalls denenjenigen so herunter ihre Pflichten getreulich beobachten, gar kein Ungemach oder Verdrus zuwachse, befehlen Wir, daß der Name des Anzeigers verschwiegen gehalten, nicht einmal dem Protokoll einverleibt, sondern nur die Untersuchung nach denenjenigen Umständen, welche der Anzeiger an Handen giebet, angestellt, und mit einer nur möglichen Aufmercksamkeit fortgesetzt werden solle, welche Untersuchung dann auch allerdings in denenjenigen Fällen geschehen muß, wo außer einer solchen Anzeige, sich ein gegründeter Verdacht gegen Jemand hervorthun sollte.

Schlieslichen gehet Unser Wille und Meinung dahin, daß denen Fremden, welche sich zu Rhod des Weinhandels wegen einfinden, alle nur mögliche Beförderung geschehen solle; Wannenhero dann unserem jeweiligen Beamten daselbst auf das nachdrücksamste eingebunden wird, alles Fleisses dahin zu sehen, daß besonders die Weinsticherer sich der ihnen gegebenen Vorschrift gemäß betragen und denen Fremden bey ihren Händelen allenthalben an die Hand gehen, die Wirthe auch in Anrechnung deren Zöhrungen keine Übermaß brauchen, sondern sich mit demjenigen, was billig ist begnügen lassen; Wie dann auch, wann Fremde Strittigkeit mit anderen Fremden oder mit unseren Unterthanen überkommen sollten, kein weitläufiges Verfahren veranlasset, sondern alles auf das geschwindeste, und wann es möglich ist, noch an dem Tage, da geklagt wird, untersuchet und erledigt werden soll. – Wir befehlen demnach diese Unsere Verordnung durch den Druck bekannt zu machen, wie auch dieselbe zu Rhod an öffentlichen Orten und in allen Wirthshäusern anzuschlagen, und solche Verkündigung alle Jahre auf den nächsten Sonntag nach Martinstag zu wiederholen. Hieran geschiehet Unser Wille.“

Ortsbeschreibungen aus dem Jahr 1833

Überlegungen zur Frage: Gibt es zwei Traminersorten?

Johann Philipp Bronner schrieb 1833 ein gut recherchiertes Buch über den „Weinbau am Haardtgebirge". Vieles daraus ist auch heute noch interessant, und einige seiner Diskussionsbeiträge sind sogar unverändert aktuell. Das Buch ist inzwischen in der alten Form als Faksimile-Druck in Neustadt neu aufgelegt worden. Wir zitieren hier einige Ortsbeschreibungen Bronners und seine Schlußfolgerungen zur Frage Gewürztraminer und Traminer. Er kam damals zu dem heute weitgehend bestätigten Ergebnis, daß es sich um eine Sorte handele und die Unterschiede lediglich durch unterschiedliche Böden, auf denen diese Rebsorte wächst, zu erklären sind. (Einige Auszüge über Kelterbau und Bodenbearbeitung unter anderem in der „Jahrhundertpost", Ausgabe Nr. 11 – 1800 bis 1900 – Seite 90 und 91.)

In neuerer Zeit legt man in Edenkoben besonderen Werth auf die Pflanzung des Traminers, und fast alle neuere Anlagen, besonders von bemittelten Weinbergsbesitzern, werden mit Traminern bepflanzt, weil der Traminerwein mehr gesucht ist, und viel besser bezahlt wird. Bey der ungeheuren Masse Wein, die hier und in der Umgegend gewonnen wird, und bey den jetzigen Conjunkturen ist es ganz an seinem Platze, wenn man mehr auf Qualität sieht, als auf Quantität, welche in gesegneten Jahrgängen gar zu oft als Ballast liegen bleibt, und am Ende dem Besitzer mehr Sorge macht, bis er aus dem Keller kommt, als er ihm Sorge und Mühe machte, bis er in den Keller kam.

Man will hier zweierley Traminer haben, den alten Traminer, und den Sandtraminer (s. Metzger's Weinb. pag. 116). Ersterer soll etwas längliche Beeren haben, weniger tragbar seyn, erst im 6ten 7ten Jahre tragbar werden, und dann sehr alte Stöcke geben. Letzterer soll etwas mehr runde Beeren haben, die Traube dichter seyn und schon im 4ten Jahre Früchte tragen; dagegen soll der Stock nicht so alt werden.

Sehr oft soll er sich aber ausarten, und nach 10 Jahren in den alten Traminer übergehen. Dieß sind die übereinstimmenden Aussagen vieler Weinbergsleute. Diese Angaben genauer zu ergründen, d. h. zu erforschen, ob es wirklich zweierley Traminer gäbe, machte ich mir zur besondern Aufgabe, um so mehr, da ich weder im Blatte noch in der Frucht einen entscheidenden Karakter finden konnte. Ich gieng daher in viele Weinberge, erkundigte mich bey vielen alten und jungen Weinbergsleuten, ob es zweierley Traminer gäbe, und erhielte immer die Antwort ja; dagegen alle Weinbergsleute, denen ich aufgab, mir doch im Weinberge die zweierley Sorten zu zeigen, kamen in sichtbare Verlegenheit, suchten, und gaben am Ende auf Geradewohl an, dieser und jener müsse ein Sandtraminer seyn; forderte ich sie zum Beweise auf, worauf sie ihre Angaben stützten, so konnten sie keinen liefern, als daß er lieber trage, wie der alte Traminer. Ich sah junge 4 und 5jährige Weinberge, die ganz mit „ächten Sandtraminern" angelegt seyn sollten, und konnte mit aller Anstrengung nichts unterscheidendes finden, obschon ich diese Beobachtungen anfangs September machte, wo die Beeren sich schon zu färben anfiengen. Ich konnte mir gar nicht begreiflich machen, wie sich die Sache verhalten möchte, bis ich erfuhr, daß der größte Theil der Wurzelreben von Mußbach bezogen würden, indem man nur von da reinen Satz von Sandtraminern bekäme. Nun bekam ich auf einmal Licht in die Sache; ich dachte mir gleich, hier spielt gewiß die Verpflanzung von einem Boden in den andern die Hauptrolle, und es möchte hier derselbe Fall statt finden, wie bey Körnerfrüchten, wo der Wechsel so evidenten Erfolg zeigt. Ich sprach meine Ansicht gegen sehr unterrichtete Weinpflanzer aus, sie wurde aber bestritten. Nach mehreren Tägen kam ich nach Mußbach, wo ich Herrn Bürgermeister Völker, einen der unterrichtesten Weinpflanzer der Umgegend (der durch Preißertheilung im Fache des Weinbaues von der Regierung schon ausgezeichnet wurde), deshalb befragte, und ihm meine Meinung mittheilte. Dieser sagte mir sogleich, daß meine Ansicht schon lange die seinige gewesen wäre; er habe dieß den Leuten der dortigen Gegend schon oft gesagt, allein sie wären nicht zur richtigen Ansicht zu bringen; die ganze Sache beruhe einzig darauf: sie hätten in Mußbach leichten Sandboden; wenn nun die Reben aus diesem in einen schweren fruchtbaren Boden kämen, so entwickeln sie sich schneller, und würden daher früher tragbar, gerade wie wenn man einen Baum aus magerem Boden in gute Gartenerde setze.

Zum Schluß noch kurze Abschnitte mit der Lagenbeurteilung des Autors in einigen Orten und Angaben über die Vorherrschende Bepflanzung der Weinberge.

Deidesheim:

Hinter dem Grein flächt sich ein ungeheures Weinfeld in der Richtung gegen Forst hin rein östlich in schwacher Neigung ab, so daß es fast eben zu liegen scheint. Diese Lage ist größtentheils mit Sylvanern bepflanzt, dagegen die Weinlage gegen Niederkirchen, die ebenfalls flach liegt, ist größtentheils mit Traminern bepflanzt, und hat viel Aehnlichkeit mit der Ruppertsberger Lage. Da die Deidesheimer einen großen Theil der Weinberge auf der Niederkircher Gemarkung besitzen, so kann man dieß als zu Deidesheim gehörend betrachten.

Die beste Lage von Deidesheim ist unstreitig der Grein; nach ihm kommt Gränzler, Kalkofen und Mausöhl.

Forst:

An diesem Kirchenbuckel und dessen Nähe haben die Weinberge einen hohen Preiß, so daß nicht selten 25 Ruthen 600 bis 1000 fl. kosten.

Der dominierende Satz ist hier fast durchgehends Riesling, selten sieht man Oestreicher, die hier wenig geachtet sind, und etwas Traminer; auch sind einige Anlagen mit Orleans und Ruländer vorhanden.

Die Zeitigung der Trauben war hier im Vergleiche gegen andere um acht Täge vorgerückt, welches ein Beweis eines klimatischen Vortheils ist, der hier statt findet. Der Ruf des Ortes selbst nebst den hohen Güterpreißen stehen natürlich hier im Einklange mit dem ausgezeichneten Produkte.

Der Schnitt, Sommerbehandlung, Bodenbehandlung und Beholzung sind gerade wie zu Deidesheim und Ruppertsberg.

Wachenheim:

Der Rebsatz ist durchgehends Rießling; auch findet man ziemlich Oestreicher, die aber in neuerer Zeit weniger Aufnahme mehr finden; die Traminer sind jetzt an der Tagesordnung, und wer hier Weinberge anlegt, versäumt gewiß nicht Traminer dazu zu wählen. Ob diese so allenthalben anwendbar sind, wird die Zukunft lehren.

Die Preiße des Bodens stehen hier denen von Forst

wenig nach, so daß auch hier 100 Ruthen bester Lage mit 2000 fl. bezahlt werden, was immer als Maasstab für das Produkt zu betrachten ist, das in Betracht der vorgerückten Zeitigung auch allerdings was Gutes verspricht.

Dürkheim:

Der dominirende Rebsatz ist hier der Oestreicher, dann Traminer und etwas Gutedel, der hier zu Ende geht, und weiter unten nicht mehr als Rebsatz vorkommt. In den vorzüglichsten Lagen im Kalkboden, z. B. Michelsberg und Spiegelberg, werden Rießlinge gepflanzt, welche da vorzüglich gedeihen, denn ich sah nirgends fast so reife Rießlinge wie hier auf der westlichen Seite des Michelsberges.

Ungstein:

Die besten Lagen sind rein südlich, und werden Koppner, Weilberg und Langsteeg genannt, deren Boden aus Kieß und Letten besteht. Eine rein östliche, an den Grobkalk sich lehnende Lage, die Rotherde genannt, welche ganz dunkelrothen Boden hat, soll einen besonders süßen und milden Wein geben.

Der Rebsatz ist fast durchgehends Oestreicher und Traminer, welche in den Weinbergen immer gemengt vorkommen, auch habe ich öfters den großen Gutedel angetroffen. In den neueren Anlagen werden blos Traminer gepflanzt. In den westlich liegenden, gegen Dürkheim sich hinziehenden Kalkweinbergen, wird auf guten Expositionen größtentheils Rießling gepflanzt, der aber hier, wie am Spiegel- und Michelsberge, das Nachtheilige gegen sich hat, daß er in nassen Jahrgängen, besonders wo die Kalktrümmer vorherrschend im Boden sind, gar zu gerne gelb wird, was seine Fertilität sehr beschränkt.

Kallstadt:

Die besten Weinlagen sind Hiebbaum und Steinacker mit nur 4 Grad Abdachung. Beide haben starken Kiesboden und Thonmergel, sind südlich; ferner Horn, mit Abdachung von 8 Grad, ist Grobkalkgebilde, südöstlich.

Der Rebsatz ist größtentheils gemengt aus Rießling, Traminer und Sylvaner, auch etwas Gutedel; indessen giebt es auch viele Weinberge mit einzelnem Rießlingsatze, desgleichen viele mit Sylvanern, besonders im Sandboden. Daß auch hier die neueren Anlagen blos mit Traminern angelegt werden, ist natürlich, denn es gehört zur jetzigen Mode der Gegend. Nebst diesen wird auch hier Burgunder gepflanzt, und manches Fuder rother Wein erzogen, der in gutem Rufe steht. Herr von Verschaffelt, der bedeutenste Gutsbesitzer hier, kann aus seinem großen umfassenden Weinlager vortreffliche Proben abgeben. Diese Traube wird hier allgemein mit dem Namen „Möhrchen" bezeichnet, und ist wahrscheinlich der kleine Burgunder (Morillon noir).

Herxheim:

Herxheim, das so nahe bey Kallstadt liegt, hat ganz dieselbe Erziehungsmethode. Früher war die Beholzung etwas höher, aber in neuerer Zeit ist sie ebenfalls so viel wie möglich heruntergebracht.

Der Rebsatz ist ebenfalls derselbe, nur fehlen hier die Burgunder und Gutedel; der dominirende Satz ist Rießling. In neuerer Zeit greift aber der Sylvaner hier ziemlich ein, und wird besonders auf Grobkalkboden angelegt, wo er besser zu gedeihen scheint; überhaupt sollte man nirgends Rießlinge pflanzen, wo nicht geschützte Lage ist, denn die streichenden Winde vermag er nicht wohl zu vertragen; er bleibt da so lange grün, daß es einem noch kurz vor der Herbstzeit bangt, ob er nun auch bis zur Lese reif werde.

Teil II

Geschichte lebendig nacherzählt in Reportagen und Kommentaren – die ersten Reben und die Römer – die Franken mit ihrer Achtung vor dem Winzer – Reberziehung um 500 – Siege und Niederlagen – Massenweine und edle Tropfen – Funde – alte Stiche – und in der letzten Ausgabe viele Fotos aus unserem Jahrhundert . . .

Teil II

Reportagen und Kommentare – die ersten Reben und die Römer – die Franken mit ihrer Achtung vor dem Winzer – Reberziehung um 500 – Siege und Niederlagen – Massenweine und edle Tropfen – Funde – alte Stiche – und in der letzten Ausgabe viele Fotos aus unserem Jahrhundert . . .

IN · VITE · VITA · IN · VINO · VERITAS

Jahrhundertpost

„Jahrhundertpost“ – diese Zeitung ist Teil der Buchreihe GESAMTWERK DEUTSCHER WEIN und der Versuch, Geschichte in Geschichten aufzulösen, der Vergangenheit das „Geschichtliche“, das Abstrakte zu nehmen und sie nacherlebbar zu machen. Im Stil einer Tageszeitung und in der Sprache unserer Zeit ist hier Historie in bunter Mischung aufbereitet. Nach Jahrhunderten geordnet (siehe Angaben im jeweiligen „Zeitungskopf“) sollen die folgenden Seiten ein lebendiges Bild früheren Lebens im hier beschriebenen Anbaugebiet vermitteln: Wein- und Weltgeschichte vom Jahre Null bis heute.

Weinverbunden | Ausgabe 0 – 500 | Meinungsfreudig

Entscheidung ist gefallen:

Römer bauen Weinstraße

Rom/Trier/Rheinpfalz. Die römische Verwaltung hat sich endlich entschließen können, die Fernstraße Straßburg/Bingen auszubauen. Diese wichtige Verkehrsader führt durch das gesamte rheinpfälzische Weinbaugebiet, ist also gewissermaßen unsere „Weinstraße“. Sie wird der Region mit Sicherheit wirtschaftlichen Aufschwung geben.

Dies ist eine der Fragen, in der sich Römer und Kelten einig sind: Eine bessere Verbindungsstraße zu den rheinischen Umschlagzentren im Norden und Süden wird die Wirtschaftskraft der Region heben. Aus diesem Grunde handelte die regionale römische Administration durchaus im Interesse aller, als sie auf den Ausbau der Straße von Schweigen über Neustadt bis Grünstadt drängte.

Glücklicherweise konnte man schließlich bei den Verantwortlichen in Trier und Rom Gehör finden.

Die Straße soll nun im Zuge der Fernverbindung Straßburg/Bingen ausgebaut werden. Daß diese Straße nach ihrem Ausbau allen Anliegern regeren Handel bescheren wird, ist sehr wahrscheinlich, daß die Winzer am Wege ihre Weinumsätze steigern können, ist absolut sicher. Schon jetzt wird die Eröffnung einiger zusätzlicher Straußwirtschaften geplant, und Werbesprüche an den Weinstationen, wie „Pack den Weingeist in dein Fäßchen“, erscheinen im zu erwartenden Kampf um Marktanteile nicht mehr ausgeschlossen.

Eine unserer ersten römischen Säulen aus Gajus Julius' Zeiten – mit einer Weinlese-Allegorie.

Kommentar

Unser erster „Landesfürst“

Speyer. In dem Streit, wer denn nun unser erster Landesfürst sei, also derjenige, dem erstmals die ganze Rheinpfalz untertan war, haben sich jetzt einige Historiker für Gajus Julius Caesar ausgesprochen.

Sie entschieden nach dem Leitgedanken „wenn schon denn schon“ – wenn schon die ganze Pfalz, dann schon derjenige, der dieses Land als erster in einem geordneten Gemeinwesen beherrschte – unabhängig davon, wie er zu dieser Herrschaft gekommen ist. Und diese Frage mußte zugunsten Caesars entschieden werden.

In den Jahren 57 bis 51 vor Christus „kassierte“ er für Rom in mehreren Heerzügen die Pfalz. Also erster Landesfürst: ein Römer namens Caesar.

Preisdiktat!

6 As für ein Glas Wein mit Brot und Mädchen

Rom. Wie wir von unserem Korrespondenten in Rom erfahren, hat Kaiser Diokletian dem Preiswirrwarr in den Schänken der römischen Garnisonen unseres Landes und benachbarter Länder ein Ende setzen wollen. In Kürze gibt es für die Standardwünsche der römischen Legionäre bei ihrem Freizeitvergnügen Regelsätze. So wird ein Glas Wein künftig ein As kosten. Ein Glas Wein mit Brot soll mit zwei As berechnet werden. Für ein Glas Wein mit Brot und einem Mädchen dazu hat der Legionär nunmehr sechs As zu zahlen.

In zwei Sätzen

- **Das Burgunderreich um Worms existiert nicht mehr. Bis zum Zerfall im Jahre 437 hat es nur 23 Jahre bestanden.**
- **Immer mehr Alemannen kommen über den Rhein und siedeln diesseits des Stroms. Ein großer Teil der Neusiedler zeigt sich durchaus weinfreudig.**

Kammertbau und:

Jetzt haben wir die Kastanien!

Rheinpfalz. Die „unpädagogischen Zustände“ des Wildwachstums der Reben sind vorbei. Es lebe die geordnete Rebenerziehung! Der Kammertbau bringt mehr Ertrag! Ebenso neu: Die Kastanien breiten sich aus!

Wir haben es von den Römern, aber die haben es von den Griechen, und wenn man einen der „dienstverpflichteten“ Griechen aus den römischen Legionen hier bei uns in den Weinbergen arbeiten sieht, dann weiß man, woher der Wind dieser neuen Agrartechnologie weht: aus Griechenland. Da haben die Römer diese Art der Rebenerziehung gesehen, die verhindert, daß die Trauben im Dreck liegen und schnell faulen.

Aber das ist nicht der einzige Vorteil dieser neuen Rebenerziehung, die bei uns jetzt allgemein als „Kammert“ oder „Kammertbau“ bezeichnet wird. Die Trauben sind bei der Lese jetzt besser zu greifen, das Laub ist besser zu bearbeiten, und es ist gut der Sonne zugewandt. Ertrag und Qualität können steigen.

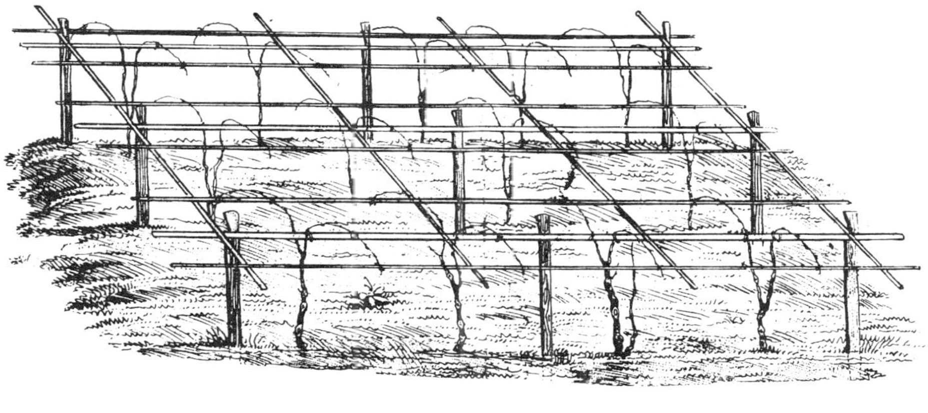

Die Skizze verdeutlicht die Technik des Kammertbaues.

Die Technik des Kammertbaues ist recht einfach. Latten werden im Geviert auf Pflöcke gelegt.

Jeweils drei Rebzeilen zu vier bis fünf Stöcken stehen meist in einem solchen Geviert und ranken an den aufgelegten „Querträgern“. Das Holz der Edelkastanien hat sich für diese Konstruktion als besonders geeignet erwiesen:

Der zweite Austrieb der Edelkastanie ist schön gerade und außerdem recht hart. Da nun sehr viel Holz für den Kammertbau gebraucht wird, sind sehr viele solcher Bäume angepflanzt worden. Und das ist nicht schlecht. Die „Jahrhundertpost“ wagt die Voraussage, daß bei der langen Lebensdauer dieser Bäume und den zu erwartenden Nachpflanzungen auch die Rheinpfälzer des nächsten Jahrtausends noch ihre Freude an Edelkastanien haben werden.

Zu: „6 As für ein Glas Wein mit Brot und Mädchen“

Sitten

Rheinpfalz. Die römische Sitte, Trinkgefäße mit Weinsprüchen zu verzieren, findet nun auch bei uns immer mehr Anklang – wie ja die Römer hier überhaupt zu Trendsettern geworden sind, ohne sich darum zu bemühen. – So auch bei den Krügen und Schalen und Gläsern: Neben ornamentalen Verzierungen trugen solche Gefäße aus Rom schon seit einiger Zeit immer häufiger freundliche, nachdenkliche oder einfach trinkfreudige Sprüche. Die werden nun auch von unseren Handwerksbetrieben verwendet – selbstverständlich in der Sprache der Römer; schließlich sind die Gefäße ja für eine finanzstarke Oberschicht gedacht. Und die spricht nun einmal lateinisch.

Das geht vom schlichten „Trinkt!“ über die medizinisch-psychologische Feststellung „Wein gibt Kraft“ bis zum euphorischen „Wein ist Leben“.

Schlußbemerkung der Redaktion: Daß die Römer auch unsere Alltagssprache allmählich beeinflussen, ist nun nicht mehr zu überhören, wenn der biedere Faßmacher sich selbst „Cuparius“ nennt und sagt, er wolle doch einmal im „cellarium“ nach dem Wein schauen. – Nun ja, vielleicht belebt und erweitert diese Romanisierung unsere Sprache.

Glasflaschen wie auf dem Bild links benutzen die Römer jetzt mehr und mehr zur Aufbewahrung von Wein.

Unten: Keramik der einfachen Art – bald auch mit Sprüchen?

Nr. 2
Ausgabe
500 – 1000

IN VITE VITA ... IN VINO VERITAS

Jahrhundertpost

Meinungsfreudig
Weinverbunden
Das erste Blatt
der Weinpfalz

Welche Weine für die Gäste?

Karl der Große fördert die Straußwirtschaften

Rheinpfalz. Der weltläufige Karl der Große hat ein Herz für die Straußwirtschaften (oder einen Blick für diesen Zusatzverdienst). Er hat angeordnet, daß auf allen königlichen Gütern, auf denen die entsprechenden Möglichkeiten gegeben sind, Straußwirtschaften für den Verzehr von Gutsweinen eingerichtet werden.

„Der Himmel steht Dir offen, mein Sohn, aber vielleicht solltest Du Dich noch ein wenig von irdischen Gütern entlasten, vor allem von Weingütern. – Und bei uns Klosterbrüdern ist der Weinbau ja in besten Händen, wie Du weißt ...“ (Zu: Kommentar „Weinsee“ auf der nebenstehenden Seite.)

Auf einigen der Güter bestehen solche Schänken schon, und sie haben sich offenbar bewährt. Karl der Große hat nun angeordnet, daß einheitlich zum Zeichen des Weinausschanks der vielerorts bereits gebräuchliche Kranz ausgehängt wird.

Einen Haken hat die Schankgeschichte für den Verbraucher jedoch immer noch: Über die Qualität des ausgeschenkten Weins gibt es keine Richtlinien. Es bleibt weiterhin dabei, daß der geringere Wein ausgeschenkt und der gute bei Hofe getrunken wird.

Kurzkommentar der „Jahrhundertpost“: Diese Art der Weinverteilung bei den Konsumentengruppen scheint so etwas wie ein Naturgesetz zu sein. Ob sich das je ändern wird?

Die Winzer stehen bei den Franken hoch im Kurs

Rheinpfalz. Die Alemannen haben unsere Römer verdrängt, die Franken wiederum die Alemannen. Weinbauern sind sie beide nicht, weder die Franken noch die Alemannen. Die Franken haben jedoch recht viel Achtung vor den Winzern. So freut es uns zu hören, daß sie in ihrem besonderen Kodex einen unfreien Winzer genauso hoch einstufen, wie sonst einen Teil der freien Bürger.

In diesem Zusammenhang soll auch nicht vergessen werden, daß einige der Franken schon als Weintrinker zu uns kamen, daß andere hier angesichts der reichen Weinberge sehr schnell den Weg zum Wein fanden und daß schließlich auch eine wachsende Anzahl der fränkischen Bauern auch zum Weinbau übergingen. Sie handelten dabei gewissermaßen nach dem Wahlspruch „Von der Rübe zur Rebe“.

Weinparagraphen

Rheinpfalz. Das neue „Lex Burgundionum“ kann für den Weinbau in Europa wegweisend sein. Neben vielen anderen Bereichen befaßt es sich mit dem Weinbau und legt in zahlreichen Paragraphen fest, was hier rechtens ist. Welches Recht zum Beispiel bei Neuanlagen gilt und wie Weinbergfrevel geahndet wird, ist jetzt im Geltungsbereich dieses Gesetzes nicht mehr allein dem Gutdünken kommunaler oder regionaler Instanzen überlassen.

Rheinpfalz. Glaswaren von der Qualität der oben abgebildeten römischen Schale werden zunehmend teurer. Ohne die endgültig zurückgedrängten Römer (mit denen die Bevölkerung unseres Raumes eigentlich ganz ersprießlich zusammengelebt hat), wird es wohl noch einige Zeit dauern, bis wir wieder einen derartigen hohen Stand im feinen Handwerk erreichen. Deshalb sind solche Produkte heute recht selten.

Leserservice

Männernamen

Rheinpfalz. Die „Jahrhundertpost" hat eine Auswahl der Männernamen zusammengestellt, die zur Zeit bei uns „in" sind. Wenn Sie, lieber Leser, also gerade nach einen Namen für Ihren männlichen Nachwuchs suchen, vielleicht wählen Sie einen der hier vorgestellten:

Agilolfus
Arnulph
Bernher
Berthgart
Berwart
Bobbo
Chrodegang
Egilolf
Egino
Egisbertus
Falcuin
Folcradus
Gebhard
Gunthrecht
Isinarius
Lindhardus
Luduin
Macterus
Managold
Rifridus
Rubertus
Rupertus
Salaman
Teuthard
Theotfrido
Trudlinus
Wacko
Walgerus
Wibertus

Kommentar

„Weinsee"

Speyer. Nach 16 Jahren Herrschaft bis zum Tode im Amt ist König Dagobert I. als der großzügige Weinberg-Verschenker in die Geschichte der Rheinpfalz eingegangen. – König Siegbert scheint ihn nun übertreffen zu wollen: Ab 653 gehören dem Bischof Principus und damit der beschöflichen Kirche zu Speyer alle königlichen Einnahmen aus dem Zehnten im Speyergau. Da dazu auch große Mengen Wein gehören, verfügt der Bischof neben den Erträgen eigener Güter nun zusätzlich über einen jährlich sich neu füllenden Weinsee. – Ein Prosit nach Speyer!

Soweit so weinfröhlich, die Sache hat jedoch auch eine Kehrseite: Es ist abzusehen wie die wirtschaftliche Struktur des Weinbaus in der Zukunft sein wird, wenn Schenkungen dieser Art und Teilung durch Vererben weitergehen. Die Winzer werden immer ärmer an Rebland, das sich bei den „Großen" konzentriert.

Otto kassiert und Weißenburg verliert

Herzog raubt dem Kloster in mehreren Orten 68 Höfe

Albersweiler. Herzog Otto von Kärnten hat die Unmündigkeit des Thronfolgers zu einem Streich in eigener Sache – und für die eigene Kasse – genutzt: Er raubte dem Kloster Weißenburg durch Federstrich 68 Höfe und verteilte sie an seine eigenen Leute.

Wenn Kaiser Otto II. nicht so früh gestorben oder der Thronfolger erwachsen gewesen wäre, dann hätte dieses Unrecht wohl nicht geschehen können. So aber ist Otto III. noch ein Kind, der Kaiser seit 983 tot und Otto von Kärnten, der auch Otto von Worms genannt wird, in seiner Machtfülle ungebremst.

Diese Macht hat er nun genutzt, um dem zweifellos reichen Kloster Weißenburg ohne Rechtsgrundlage 68 Höfe wegzunehmen. Die Höfe hat er weitgehend an Familien weitergegeben, die ihm genehm sind und ihm in Sachen Macht und Geld helfen. Viele Orte des Weinbaugebietes Rheinpfalz sind davon betroffen.

In Kanskirchen wechselte zum Beispiel der Herrenhof des Klosters in die Hände der dem Herzog nahestehenden Salier. Für die bedeutet das eine zusätzliche Einnahme von jährlich 4 Fudern Wein und 40 Wagen Heu neben dem zusätzlichen Besitz von Eigenwald, der zur Mast von 40 Schweinen ausreicht, neben Landbesitz und neben verschiedenen Abgaben. Die Aufstellung des Klosters zählt 13 von 16 Familien im Ort auf, die an drei Wochentagen Frondienst leisten mußten. Ein Teil der Familien mußte Ostern jeweils einen Frischling liefern. Weitere Abgaben waren in Form von Hennen und Eiern zu leisten, aber auch in Form von Dienstleistungen bei Fahr- und Spanndiensten. Schließlich führt die Abgabenliste auch noch die Schweinemast, Geldabgaben und eine Verpflichtung für die Frauen auf, ohne Entgelt Tücher zu weben.

Bei dem Weißenburger Besitz in Leinsweiler, Ottersheim und Herxheim ist das nicht viel anders, und auch dort müssen sich nun einige Einwohner auf den Besitzwechsel der Höfe einstellen, auf denen sie ihr tägliches Brot erwerben.

Tatsächlich ist dem Kloster jedoch nach diesem sicher illegalen Raub noch eine große Grundfläche geblieben. Als Beispiel wiederum Kanskirchen, wo nach der „entschädigungslosen Enteignung" noch fast die Hälfte des ursprünglich vom Kloster besessenen oder beherrschten Grundbesitzes mit einer Gesamtfläche von etwa 150 Hektar übriggeblieben ist.

Nr. 3
Ausgabe
1000 – 1100

IN · VITE · VITA ... IN · VINO · VERITAS

Jahrhundertpost

Meinungsfreudig
Weinverbunden
Das erste Blatt
der Weinpfalz

„So finden wir nie heraus, welches Sesel das beste ist!“

Aller Anfang ist – roden!

Zwar sind bei uns viele Weinberge seit Römerzeiten urbar gemacht und werden seit Jahrhunderten bebaut, aber noch immer heißt es roden, wenn es gilt, einen neuen Weinberg am Hang der Haardt anzulegen. Da sind dann Hacke und Spaten die wichtigsten Hilfsmittel dieser schweißtreibenden Arbeit. Unsere zeitgenössische Darstellung (unten) zeigt eine solche Arbeit.

Info-Service der Jahrhundertpost

Ein Pfund Schilling ist gleich 2880 Pfennig

Rheinpfalz. Auch bei uns gilt weitgehend die Münzeinteilung Karls des Großen. Sein Münzsystem hat sich über Jahrhunderte erhalten, obwohl auch nach anderen Systemen abgerechnet wird und andere Geldsorten aus anderen Reichen durchaus Verkehrswert haben.

In diesem Zusammenhang weist die Jahrhundertpost ausdrücklich darauf hin, daß die Naturalien nach wie vor hoch im Kurs sind und viele Geschäfte ausschließlich auf der Basis Naturalie gegen Naturalie abgeschlossen werden. Das gilt zum Beispiel für die Entlohnung von Untergebenen ebenso wie für die Honorare kurzfristiger Dienstleistungen. (Arbeit im Weinberg gegen Wein.)

In einigen Bereichen aber, wie etwa im Ausschankwesen, hat sich Münzgeld als Bezahlung durchgesetzt. Die Jahrhundertpost veröffentlicht hier deshalb die Einteilung des genannten Münzsystems:

Ein Pfund Schilling besteht aus 20 Schillingen. 20 Schillinge haben den Wert von 240 Denaren. 240 Denare sind wiederum gleich 2880 Pfennig.

Vom Schilling ausgehend: 1 Schilling ist gleich 12 Denare oder 240 Pfennig (gleich eine Mark).

In zwei Sätzen

- **Kaiser Heinrich V. verleiht „seinem“ Speyer herausragende „kaiserliche Vorrechte“. Die Stadt will sie in goldenen Lettern am Münstertor für jedermann sichtbar machen.**
- **Es ist beschlossen: In Speyer wird mit dem Bau des mächtigen Doms begonnen.**
- **Heinrich VI. beginnt eine lange Reise mit ernstem Hintergrund. Von der Pfalz will er über die Alpen nach Canossa gehen!**

Nr. 4
Ausgabe
1100 – 1200

IN VITE VITA ... IN VINO VERITAS

Jahrhundertpost

Meinungsfreudig
Weinverbunden
Das erste Blatt
der Weinpfalz

Jetzt sind die Welfen am Ruder

Was wird aus der Kurpfalz?

Neustadt. Friedrich Barbarossa hatte die Pfalzgrafenwürde seinem Halbbruder Konrad übertragen. Mit diesem Jahr 1156 wurde die politische Konstruktion des Kurpfalz-Gebildes solider. Nun, 1196, treten die Welfen das Erbe des Konrad an. Angesichts des Fleckenteppichs an Einflußgebiet in unserem Lande bleibt für sie noch viel zu tun.

Angefangen hat alles mit der lothringischen Pfalzgrafenschaft, die ursprünglich zur Königspfalz Aachen gehörte. Ihr wesentlicher Teil lag am Nordrand der Eifel. Durch die Macht der rheinischen Erzbischöfe wurde die Pfalz jedoch immer weiter nach Süden abgedrängt – bis Friedrich Barbarossa eingriff und den tüchtigen Konrad an die Spitze stellte.
Damit kam dann die Verbindung der bescheidenen Reste alter Pfalzgrafenschaft mit anderen Besitztümern, und schließlich entstand so ein neuer ernsthafter Machtfaktor am Rhein.

Neben den Zentren pfalzgräflicher Herrschaft in Waldeck, Kaub, Stromberg, Alzey, Heidelberg und auch Pforzheim sowie Pfeffingen bei Dürkheim, die zum großen Teil ein sehr wechselvolles Auf und Ab in Sachen Macht und Bedeutung erlebt haben oder noch erleben, entwikkelt sich Neustadt nun eindeutig als einer der Schwerpunkte nach oben.

In zwei Sätzen

- **Der Geilweilerhof geht aus dem Besitz der Herren von Rieth in den des Klosters Eußerthal über. Nach der Übernahme 1184 sind Erweiterungen vorgesehen.**
- **Die Pfalz ist zum „Herz“ des Deutschen Reiches geworden. Die Reichskleinodien werden auf der Burg Trifels bei Annweiler aufbewahrt.**

Domstift hat Zuwachs in Hambach und in Neustadt

Speyer/Hambach. Der 6. Januar des gerade begonnenen neuen Jahrhunderts ist für das Domstift zu Speyer zu einem wichtigen Datum geworden: Das Stift erhielt an diesem Tage neben anderen Schlössern und Burgen auch die Kästenburg über Hambach und einen Teil Neustadts.

... und so schiebt man sich ganze Dörfer zu. (Bericht unten)

Rechts: Christus, der in der Kelter Trauben mit den Füßen auspreßt, ein kirchlicher Würdenträger, der mit dem Sesel eine Traube teilt, Menschen, die neue Trauben bringen, und schließlich die technisch saubere Darstellung einer einfachen Kelter, an deren Holzspindel symbolisch ein Mann dreht – diese schöne Darstellung, die ornamental von den Trieben eines Weinstokkes zusammengehalten wird, entnehmen wir dem „Hortus deliciarum“. Und diese wunderbare Publikation verdanken wir wiederum der Herrad von Landsberg.

Dörfer machen Wirtschaftsgeschichte

Tauschgeschäfte

Eußerthal. Manchmal können auch kleinste Dörfer ein wenig Wirtschaftsgeschichte machen. So jetzt Mühlhofen zum Beispiel: Hier sind seit längerer Zeit einige Klöster begütert – selbstverständlich ist auch das berühmte Weißenburg darunter. Nun hat das kaum weniger berühmte Kloster Eußerthal hier für eine kleine Sensation gesorgt: Der gesamte Besitz in Mühlhofen ist im Tausch dem Bischof von Straßburg übertragen worden. Auch Besitz in Rohrbach wurde in diesen Tausch eingeschlossen.

Der Bischof gab seinerseits Besitz in Spethesbach, Dernbach, Grevenhausen, Mettenbach und Rothenbach an das Kloster. Nach Vorverhandlungen kam der Vertrag im Jahre 1189 zustande. Im gleichen Jahr reichte der Bischof seinen neuen Besitz seinem Kaiser Friedrich I. zu Lehen weiter. Die Verantwortlichen des Klosters zu Weißenburg ließen – unbeeindruckt vom Tauschgeschäft – wissen, daß sie in Mühlhofen den Bau einer Burg planen, die sie einem Ritter zu Lehen geben wollen.

Nr. 5
Ausgabe
1200 – 1300

IN VITE VITA ... IN VINO VERITAS

Jahrhundertpost

Meinungsfreudig
Weinverbunden
Das erste Blatt
der Weinpfalz

Das Reich verpfändet Billigheim für nur 4000 Goldgulden

Zehn weitere Orte der Umgebung sind ebenfalls betroffen

Billigheim. Billigheim und zehn Orte der Umgebung sind nun nicht mehr „reichsunmittelbar", sondern gehören fürderhin dem Emich von Leiningen. Grund: Das Reich hat viele Schulden und sah sich gezwungen, seine Orte zu verpfänden.

Der Zustand ist chronisch: Geldknappheit beim Reich und viel Geld bei einigen Landesfürsten. Das Geschlecht derer von Leiningen gehört seit langer Zeit zu den wohlhabenden Adelsgeschlechtern. Ein neuerlicher Beweis dafür ist nun erbracht.

Mit dem Jahr 1350 hört damit der für Billigheim so angenehme Zustand auf, daß hier das Reich und nicht örtlicher Adel verantwortlich für die Dorfgeschicke ist. Leider haben andere Orte die böse Erfahrung gemacht, daß der Ortsadel häufig recht willkürlich regiert – und auf Kosten der Bürger ein angenehmes Leben lebt.

Ausnahmen bestätigen auch hier die Regel: Es gibt ganze Landstriche, die mit guten örtlichen oder regionalen Herren tatsächlich besser fahren, als andere mit der unmittelbaren Anbindung an das Reich. Insgesamt aber gilt heute die Reichsunmittelbarkeit als erstrebenswert. Erfahrungsgemäß wächst bei dieser politischen Konstruktion die Bürgerfreiheit – vor allem in Sachen Selbstverwaltung.

„Her mit dem Edelmetall! Das heißt ‚Billigheim' aber nicht ‚Verschenkheim', und ich gehe nicht einen Gulden mehr unter die viertausend!"

Segensquell?

Ranschbach. Der „Kaltenbrunnen" wird jetzt wohl einen noch stärkeren Besucherstrom erleben, nachdem die neue Kapelle neben dem Brunnen fertiggestellt worden ist. Was die Menschen ursprünglich zu diesem Born getrieben hat, ist jetzt nicht mehr auszumachen. Vermutlich haben schon unsere keltischen Vorfahren hier eine Kultstätte gehabt. Ihre Siedlung ist ja nachgewiesen.

In zwei Sätzen

- **Graf Friedrich III. von Leiningen läßt in Dürkheim eine starke Burg anlegen. Sie soll nach etwa zehn Jahren Bauzeit 1270 vollendet sein.**
- **Die Wittelsbacher lösen die Welfen in der Pfalzgrafenherrschaft ab. Durch die vorausgegangene Erbteilung hat die Kurpfalz unter anderem Pforzheim an den Markgrafen von Baden verloren.**
- **Die Rietburg bei Rhodt ist nur 50 Jahre nach ihrer Erbauung bereits Ruine. 1255 ging sie in Flammen auf.**
- **Bei Edenkoben wird ein neues Kloster gebaut. Es soll „Heilsbruck" heißen.**

Geburtstag für Zabern

Bergzabern. Der 21. April 1286 kann für Bergzabern (Zabern) so etwas wie ein Geburtstag sein: König Rudolf von Habsburg hat an diesem Tag die Stadtrechtsprivilegien verliehen. Der Ort kann nun einen eigenen Markt abhalten. Darüber hinaus sind zahlreiche Rechte langfristig festgelegt worden.

Nr. 6
Ausgabe
1300 – 1400

IN · VITE · VITA ··· IN · VINO · VERITAS

Jahrhundertpost

Meinungsfreudig
Weinverbunden
Das erste Blatt
der Weinpfalz

Kommentar

Halbiert!

Rheinpfalz. Die unselige Halbierung von Gemeinden unserer Region geht weiter. Jüngstes Beispiel ist Ingenheim, das durch seine Herren von Ochsenstein hälftig an Konrad Landschad von Steinach und das Bistum Speyer verpfändet beziehungsweise verkauft worden ist.

Für die Gemeinden bedeutet das unterschiedliches Recht in einem Ort, unterschiedliche Abgaben, Bußen, Strafen, Bräuche – unterschiedliches Maß an Freiheit (oder eben Unfreiheit). Für alle zusammen bedeutet eine Grenze, die mitten durch das Gemeinwesen geht, ständige Last und in Kriegszeiten, wenn die Herren in unterschiedlichen Lagern sind, auch eine ständige Bedrohung.

Es gibt Beispiele dafür, daß Nachbarn plötzlich Nachbarn plündern, nur weil ein sinnloser Krieg solche unmenschlichen Zustände möglich gemacht hat. Und es gibt in Friedenszeiten Beispiele dafür, daß junge Liebende nicht zusammen kommen können, weil ein unmenschliches Recht sie trennt. Da werden ihnen Zuzugs- und Wegzugsgebühren und viele andere Schwierigkeiten in den Weg gelegt, nur weil sie zufällig in zwei Hälften eines Dorfes wohnen, das durch die Willkür seines Besitzers geteilt – und samt seinen Menschen verkauft oder verpfändet wurde.

In zwei Sätzen

✳ Dörrenbach ist durch die Zerstörung der zunächst gelegenen Burg in Oberotterbach schutzlos geworden. Mit diesem Argument erhielten die Dörrenbacher die königliche Genehmigung, eine eigene Befestigung um ihren Kirchhof anzulegen.

✳ König Wenzel gibt die Geisburg den Rittern von Dahn zu Lehen. Die Dörfer Burrweiler, Flemlingen und Wernersberg gehören dazu.

✳ Das erst vor 77 Jahren gebaute Kloster Heilsbruck bei Edenkoben hat sehr an Bedeutung gewonnen. Ab 1339 übernimmt nun der Pfalzgraf selbst die Schirmherrschaft über das Kloster.

✳ In Edenkoben macht ein neuer Markt Furore. Er heißt nach seinem Veranstaltungstermin „Lätaremarkt".

✳ Die Judenverfolgung von 1349 war hier in der Pfalz weniger blutig als anderswo. Insbesondere in Speyer (Speyerdorf) haben besonnene verantwortliche Christen Schlimmeres zu verhüten gewußt.

Der Trend zum Zweitnamen hält an

Braucht der Mensch einen Familiennamen?

Rheinpfalz. Die Sitte, neben dem Rufnamen einen zweiten Namen (Familiennamen) zu führen, verbreitet sich auch bei uns. Das hat so um 1200 angefangen und heute, zwei Jahrhunderte später, ist der Zeitpunkt abzusehen, daß nur noch die Dorfdeppen lediglich einen Namen tragen.

Die „Jahrhundertpost" gibt hier einen ersten Überblick über heute gebräuchliche und auch ungewöhnliche Familiennamen:

Arbczhemmer, Brant, Bodam, Buman, Keleknecht, Kyrchberg, Kornhartz, Danchgreden, Dolchins, Doringers, Drischling, Druhalber, Eberhart, Engelberg, Flerßheimer, Forsters, Fullimel, Ginthers, Hamschen, Hermans, Hucks, Ymplinger, Johelman, Junge, Leisin, Lemgrube, Linse, Mytwoch, Oleyer, Philips, Seltenrich, Wisemennen.

„Von Weingartens" machen Karriere

Weingarten. Die „Junker von Weingarten", eine Familie des Dorfadels (mit der Ritterwürde), gehören zu den Strebsamen im Lande. Familienmitglieder machen in bedeutenden Positionen mehr und mehr von sich reden. Ritter Erpho war als leitender Beamter (Reichspfleger zu Trifels und Annweiler) ein leuchtendes Beispiel seiner Sippe.

Erpho brachte es schon Ende des vergangenen Jahrhunderts so weit, daß er ob seiner untadeligen Persönlichkeit häufig als Schiedsmann in wichtigen Sachen gerufen wurde.

Nun, zum Ende dieses Jahrhunderts läßt sich folgender Auszug der vielfältigen Aufgaben und Güter nennen: Neben dem Besitz von Weingarten, Kleinfischlingen und Freimersheim, in dem ihnen große Teile der herrschaftlichen Rechte zustehen, sind die Junker als Burgmannen des Bischofs von Speyer für die Kestenburg aufgeführt. Ebenso für Deidesheim und darüber hinaus kann sich die Familie der Teilhaberschaft an weiteren Burgen erfreuen – und vor allem Geld und Ansehen aus vielen Ämtern genießen. Die von Weingarten sind als Räte und Beamte vieler Art in vielen Bereichen sowohl beim Kurfürsten wie auch beim Bischof von Speyer aktiv.

Und so geschah es, daß Kuno und Bobo – siehe auch Jugendbildnis mit Papa an der Stirnwand – ihren adeligen Zunamen bekamen, so wie sie immer in's fürstliche Speisezimmer traten: „Kuno von Links" und „Bobo von Rechts".

Nr. 7
Ausgabe
1400 – 1500

IN · VITE · VITA ··· IN · VINO · VERITAS

Jahrhundertpost

Meinungsfreudig
Weinverbunden
Das erste Blatt
der Weinpfalz

Kommentar

Streit um eine Erbschaft

Der Krieg zwischen Kurfürst Friedrich I. von der Pfalz und Graf Emich VII. aus Dürkheim ist beendet. Der Kurfürst siegte zuletzt in Dürkheim, nachdem er die Festung vorher acht Tage lang beschossen hatte. Alle anderen Burgen des Grafen waren schon vorher erobert worden.

Nun können die Toten beerdigt werden – rund 300 allein aus dem letzten Gefecht. – Die Männer starben, weil sich ihre Herren nicht auf eine vernünftige Erbschaftsteilung einigen konnten, als deren Verwandter, der kinderlose Landgraf Hesso von Leiningen gestorben war.

Weil er mehr wollte, als ihm der Kurfürst zugestehen wollte, hat Graf Emich diesen Krieg begonnen. Nun muß er die Zeche bezahlen – bleibt aber ein wohlhabender Mann. Die wirklichen Leidtragenden sind jene Bürger, deren Häuser zerschossen wurden oder in Flammen aufgingen und nicht zuletzt jene Männer, die in diesem Kampf um noch mehr Geld und Macht ihr Leben lassen mußten oder zu Krüppeln wurden, Männer, die im wahren Sinne für das Ringen um Reichtum ihrer Herren bluten mußten.

Für Wallfahrer

Annweiler/Speyer. Mit vielen prominenten Besuchern wurde gestern, am 3. April 1429, die neue „Kapelle zu unserer lieben Frau" in Annweiler eingeweiht. Die Gäste des Ereignisses waren vor allem von den über 30 schönen Fresken beeindruckt, die diese Kapelle vom Sockel bis zur Decke zieren. Kommentar eines Besuchers: „Wie ein schönes Bilderbuch!"

130 Bauern verteidigen Festung Dörrenbach

Tapfere Verteidiger werden durch Wortbruch betrogen

Dörrenbach. Der Kriegsgrund ist eigentlich unwichtig. Es geht um einen Erbschaftsstreit, den zur Zeit einige Adelige miteinander austragen, es geht also um Geld. (Siehe auch Kommentar.) Wichtig dagegen war für die Dörrenbacher nur, daß eines Tages, am ersten April 1460, Truppen der Kurpfalz vor dem Ort aufzogen und sich zum Sturm aufstellten. Sie waren gekommen, um für Friedrich I. von der Pfalz zu kassieren.

1800 Mann Fußvolk, 300 Reiter und 300 Wagen standen da vor dem Ort, und ganz Dörrenbach konnte zu seiner Verteidigung nur 130 Bauern und Winzer aufbringen, die sich vor allem in der Dorffestung verschanzt hatten, einem Mauergeviert mit vier Türmen an den Ecken, das den Friedhof umgab. Umgab – die Vergangenheit ist hier richtig, warum, das geht aus dem weiteren Verlauf der Geschehnisse hervor.

Die 2100 stürmten also, und die Bauern wichen nicht. Fünfmal wurde die Armee zurückgeschlagen und geradezu aus dem Dorfe herausgeprügelt.

Dann zog die Soldateska ab. Sie hinterließ sechs brennende Häuser außerhalb des Festungsgeländes.

Am 26. August kamen sie zurück. Elf Orte der näheren Umgebung waren inzwischen in Flammen aufgegangen, Häuser von braven Bürgern, die nichts mit diesem Krieg zu schaffen, die nichts zu gewinnen, nur zu verlieren hatten.

Der erste Sturm war wiederum vergeblich. Doch drei Tage später rückte der Vogt des Kurfürsten, Götz von Germersheim, mit Geschützen an. Die Verteidiger erkannten, daß sie auf Dauer keine Chance hatten und boten Verhandlungen an.

Man einigte sich darauf, daß die Dörrenbacher freien Abzug erhielten, daß sie den Eid auf den Kurfürsten leisten mußten und daß Kirche und Kirchhoffeste unangetastet bleiben sollten.

Die Dörrenbacher hielten sich an die Abrede, die sieglosen Sieger jedoch nicht. Sie zerstörten die Befestigung und stahlen den gesamten Weinvorrat.

Bischof kämpft gegen die Schlamperei

Speyer. Natürlich ist es eine Sache, als freier Winzer seinen Weinberg zu bearbeiten, und eine andere Sache, als unfreier Mann den Weinberg eines fremden Besitzers zu bearbeiten. Das gilt um so mehr, als für gute Weinbergsarbeit nur selten eine Lohnaufbesserung winkt.

Je weiter der Besitzer entfernt ist, je weniger er sich bei der Arbeit selbst engagiert, um so schlechter ist im Durchschnitt das Ergebnis. Die am besten aussehenden Weinberge und die besten Erträge sowie hochwertige Weine können die großen Weingutsbesitzer vorweisen, bei denen der Chef sich häufig selbst im Weinberg und Keller sehen läßt und mit Hand anlegt.

Bei der heute üblichen Besitzstruktur ist das jedoch nur selten der Fall. Meist sitzen die Besitzer „weit vom Schuß". Man denke nur an den Besitz der Klöster, sowie vieler Adeliger. Da können manchmal in einem Besitzstandsregister Weinberg-Parzellen in 30 und mehr Orten aufgezählt werden.

Betroffener in dieser Sache ist offenbar auch Bischof Mathis in Speyer, der sich mit einem Schreiben (datiert 1470) an seine Amtsleute und an alle gewandt hat, die im Weinberg arbeiten (auch im Acker): Man solle doch darauf sehen, daß zur rechten Zeit alle Arbeiten wie Bodenbearbeitung, Düngen, Unkrautbeseitigung und ähnliche gemacht werden. Daß die Weinberge auch in gutem Zustand gehalten werden sollen und nicht durch Unachtsamkeit oder Mutwillen verwüstet werden. – Ob's hilft?

Erbschaftsstreit: „So, und jetzt streiten wir noch darum, wem diese Blume gehören soll."

Nr. 8
Ausgabe
1500 – 1600

IN VITE VITA ... IN VINO VERITAS

Jahrhundertpost

Meinungsfreudig
Weinverbunden
Das erste Blatt
der Weinpfalz

Lob von vielen Seiten

Pfalzwein ist „in"

Neustadt. Die neuere Literatur befaßt sich zunehmend mit dem Pfalzwein, und nach einem ersten Überblick der Publikationen läßt sich sagen: Der Pfalzwein ist zur Zeit „in". Er wird hoch gelobt.

Autor Hieronymus Bock spricht von den „köstlichen Weinen", die „von der Haardt" kommen. Er nennt den „edelnen" Gänsfüßer und den Muskateller. (Bei ihm im Original „Genßfüssel" und „Moschateller").

Petrus Lotichius, der berühmte Heidelberger Professor, lobt ebenfalls den Pfalzwein und gleichzeitig die Schönheit der Pfalz.

Anders dagegen die Texte von Weinautor Bacci aus Rom, der eine internationale Kapazität ist. Er spendet dem Pfalzwein ohne Einschränkung hohes Lob.

Sebastian Münster, ein deutscher Fachmann, kommt nach seiner Untersuchung ebenfalls zu einem positiven Schluß in Sachen Wein, vergißt aber auch nicht die Mandeln zu erwähnen, die gegenwärtig ein wichtiger Wirtschaftsfaktor für unser Gebiet sind. Versorgt doch die Pfalz heute einen großen Teil Deutschlands mit den begehrten flachen Nüssen.

In diesem Zusammenhang sollte J. M. Heberer nicht vergessen werden. Er kommt zwar wie Lotichius aus der Pfalz, ist aber ein so eindeutig weitgereister Weltmann, daß man seinem Urteil vertrauen kann. Er nennt den Pfalzwein „delikat" und vergleicht ihn mit dem kalabrischen Wein.

Der Traminer aus Rhodt hat ein besonders dickes Lob bekommen. Pfalzgraf Georg Gustav erhielt einen Brief von Renovator Christoph Wagner, dem wir folgende Zeilen entnehmen: „Der Rodaner Wein, sonderlich der von lauter Tramunder, so in der Haselhecken gewachsen, übertrifft und hat das Lob vor allem Wein, so an dem itzt erzählten langen Gebürg von Basel bis gein Cölln wächst."

Wolfsplage

Rheinpfalz. Die Wolfsplage wird Ende dieses Jahrhunderts zu einem Problem für viele Dörfer der Rheinpfalz. Die Tiere stillen ihren Hunger immer dreister und reißen immer wieder unbewachtes Vieh – und stehen natürlich in ständiger Kokurrenz mit unseren Jägern. In den meisten Orten unseres Landes wird deshalb den Wolfsjägern (meist Fallenstellern) eine Fangprämie von rund zwei Schillingen bezahlt. Sie müssen dafür das Fell des erlegten Tieres vorweisen.

Die Pfalz ist Anfang des Jahrhunderts ein ungeheures Rebenmeer. Der Weinbau hat die größte Ausdehnung erreicht, seit die Römer hier mit der Rebpflanzung begannen. Der „Gänsfüßer" (Abbildung oben) ist eine der weitverbreiteten Sorten.

Wie bereite ich Wein? Wie halte ich mich mit Wein gesund?

Rheinpfalz. Auf die oben gestellten Fragen versucht Arnoldus von Villanova in seinem gerade erschienenen Buch Antwort zu geben. Er erklärt in einer auch dem Laien verständlichen Sprache, wie der Weinbau betrieben wird. Einige seiner Darstellungen weichen allerdings stark von der in der Pfalz geübten Praxis ab, so daß die Angaben nicht unbedingt auf unser Weinbaugebiet zu übertragen sind.

Wie sehr der Wein – in Maßen genossen – die Gesundheit fördere, wird ebenso gesagt, wie einige Anwendungen gegen bestimmte Krankheiten empfohlen sind. Das ist zudem gut und mit viel Phantasie illustriert. Als Beispiel hier die Darstellung einer Weinlaube mit der Herrenrunde am Tisch und dem weinlesenden jungen Mann nebenan, der mit dem Sesel die Trauben abschneidet (Abbildung oben).

Faßriesen

Landau. Faßgiganten sind eine große Attraktion für ihre Besitzer; sie haben jedoch auch einen durchaus praktischen Nutzen: Man kann 50000 oder 100000 Liter oder noch mehr Wein hineinschütten, der von den Winzern als Naturalabgabe abgeliefert worden ist. Aus diesem Faß werden dann die Beamten bedient, die ihren Wein als Teil der Entlohnung erhalten – und keiner kann sich über unterschiedliche Weinqualität beschweren.

Der in diesen Tagen wohl berühmteste und meistbeschäftigte Erbauer von Riesenfässern ist Michael Werner aus Landau. Nachdem er 1589 ein Riesenfaß für das Schloß in Heidelberg gebaut hat, errichtet er jetzt ein fast gleiches Riesengebinde für Fürstbischof Julius von Halberstadt.

„. . . und leider war die Ernte sehr klein." (Beitrag rechts)

Wer prominent und beliebt ist, bekommt viel Wein geschenkt

Landau. Wenn man eine Beliebtheitsskala unserer Prominenten aufstellen wollte, müßte man zusammenrechnen, wieviel Wein sie bei ihren zahlreichen Besuchen in den Weinstädten und Weindörfern erhalten haben. (Durchschnittl. Weinmenge/Besuch als Maßstab für Beliebtheit.)

Das Schenken von Wein hat sich überall im Lande als Sitte (Unsitte?) beim Besuch prominenter Gäste eingebürgert. Sicherlich läßt die dabei überreichte Menge gelegentlich auch Rückschlüsse darauf zu, wie sehr der Beschenkte beim Volke „ankommt". Leider spielen jedoch andere Überlegungen eine ebenso bedeutende Rolle: Da soll jemand für ein anschließend vorgebrachtes Anliegen günstig gestimmt werden. Auch möchte man häufig den Mächtigen ganz einfach gut in Erinnerung bleiben.

Häufig ist es einfach so, daß die Bürger gewissermaßen „mit einigen Flaschen nach dem ganzen Fuder werfen" – immer dann, wenn sie erwarten, daß der Beschenkte das ganze Dorf eventuell zum Freiwein einlädt.

Um einigermaßen vergleichen zu können, müssen wohl die Geschenke einer Gemeinde herangezogen werden. In Landau erhielten zum Beispiel Bischof Siegfried und Bischof Philipp im Abstand von rund 50 Jahren das gleiche Geschenk: ein Fuder Wein als Geschenk des Gastgebers. Bischof Georg wurde dagegen weitere 21 Jahre später nur noch mit 14 Flaschen Wein bedacht.

Zwischen Philipp und Georg machte ein noch mächtigerer Mann seinen Besuch in Landau. Als Kaiser Maximilian 1508 die Stadt betrat, wurde er mit zwei Fudern vom besten Wein geehrt.

Nicht die Story, die Traube hat hier einen Bart

Albersweiler. Von einem „unglaublichen" Fund, von einer „Traube mit Bart", wird uns aus Albersweiler berichtet. Eine Doppeltraube mit Bart sei dort gefunden worden – im Weinberg und am Stock. Welche natürliche Erklärung (Rankengewächs etc.) auch immer die Lösung dieses Rätsels bieten mag – die Geschichte ist ja nicht so ernst zu nehmen, obwohl sie bis in höchste Kreise Furore macht. Es gibt schon eine Zeichnung von einem Straßburger Maler dazu und ein Gedicht auch. Walter Bürkin hat jetzt für eine verständlichere Nachdichtung gesorgt, die wir hier veröffentlichen:

Die Wundertraube mit Bart

Zwei Träublein an dem Rebenast
im Frühjahr sich gleich angetast,
sie wurden groß und drangen
sogleich in sich zusammen.
Daraus ein roter Bart vorspann,
der wurde eine Elle lang.
Es hat ihn über Nacht
das alte Gestein hervorgebracht
und ward ein schönes Exemplar
mit seinem seiden-goldenen Haar.
Und als des Rebmann's Weib ihn fand
verwundert lange vor ihm stand.
Aus Neugier riß sie aus ein Haar
zuletzt das ganze Gebilde gar.
Er ward dem Kurfürst zugetragen,
der hat ihn sogleich unterschlagen.
Die Fürsten waren sichtlich platt,
als er in Heidelberg ihn vorgezeigt hat.
Auch auf dem Reichstag zu Speyer schien es klar,
daß dies Gebild' ein Wunder war.
So war dann auch der Pfalzgraf sehr gerührt,
als man die Traub' mit Bart ihm vorgeführt.

So soll die Sage uns erzählen,
gleich wenn ein Halm trägt fünfzehn Ähren,
oder Jungfrauen Gesichter haben,
wenn sie lange schon entsagen,
daß dieses Wunder in der Tat
eine wirkliche Bedeutung hat.

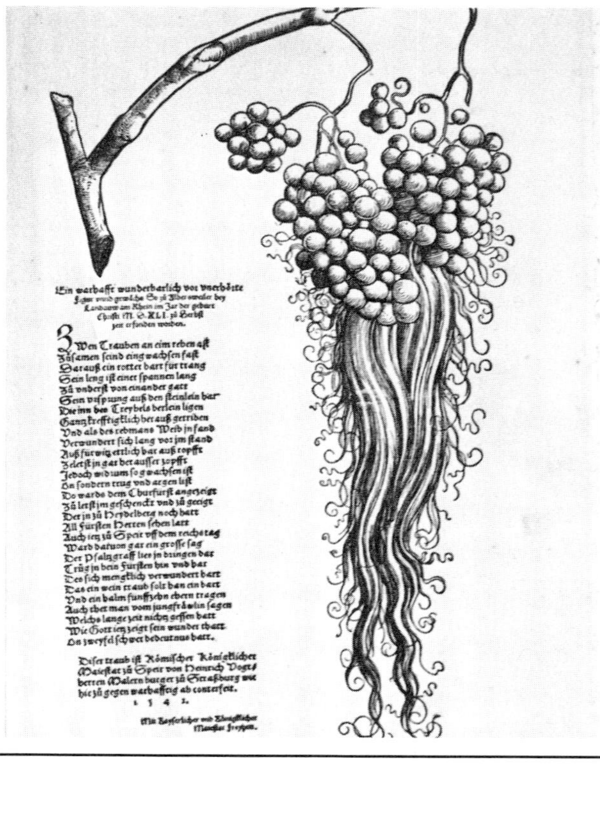

Nr. 9
Ausgabe
1600 – 1700

IN · VITE · VITA ··· IN · VINO · VERITAS

Jahrhundertpost

Meinungsfreudig
Weinverbunden
Das erste Blatt
der Weinpfalz

14000 bauen die Festung Landau

Französische Besatzungstruppen wollen Vorsorge treffen

Landau. 1680 sind die Franzosen in die Pfalz eingefallen. Jetzt, sechs Jahre später, gehen sie als Besatzungsmacht entschlossen daran, ihre Position zu festigen. Ihre wichtigste Entscheidung im Hinblick auf künftige kriegerische Auseinandersetzungen ist der Ausbau der Festung Landau.

Da mit dem Festungsbau auch der Kanal ausgebaut werden soll, wird ein riesiges Arbeiterheer benötigt. Schon jetzt strömen Tagelöhner aus allen deutschen Landen herbei, um hier ihr Brot zu verdienen. 14000 werden beim Bau insgesamt benötigt, und für die einheimische Bevölkerung bedeutet das sicherlich neue Impulse im Wirtschaftsleben. Es bedeutet aber auch eine ungeheuere soziale Belastung für Landau und die Dörfer der Umgebung.

Die Tagelöhner, die hier zuziehen, kommen zum großen Teil mit ihren Familien. Diese Menschen sind auf Lohnarbeit angewiesen. Raum haben sie heute schon nicht genug, bedenkt man, daß ein kleines Dorf wie Albersweiler zum Beispiel in einer einzigen Woche durch behördliche Zuweisung 58 Familien aufnehmen mußte.

Soziale Spannungen sind bei diesen Verhältnissen heute schon an der Tagesordnung.

Zwei Zahlen

Burrweiler. Eines der zahllosen Beispiele für die Schrecken dieses endlosen Krieges, der 1618 begonnen hat: Der Dorfschreiber meldete 1635 noch 39 Haushaltungen im Dorf. 1637 vermerken die Einwohner in einer Bittschrift an den Grafen Trautmannsdorff, daß nur noch 7 Männer am Leben sind. – Das Elend eines Dorfes zwischen zwei Zahlen im Abstand von zwei Jahren.

Sehr viel und gar nichts

Albersweiler. Die Weinjahre unserer Zeit sind so wendisch wie das Wetter. Winzerfreud und Winzerleid liegen da häufig dicht beisammen. Hier als Beispiel zehn aufeinanderfolgende Weinjahrgänge mit den Ernten, die in den Weinbergen des Grafen von Löwenstein im Ort Albersweiler eingebracht wurden (abgerundet):

1600:	**7 Fuder**
1601:	**2 Fuder**
1602:	**keine Ernte**
1603:	**13 Fuder**
1604:	**15 Fuder**
1605:	**13 Fuder**
1606:	**2 Fuder**
1607:	**4 Fuder**
1608:	**1 Fuder**
1609:	**6 Fuder**

Feuer und Wasser – Hobel und Messer

Wir möchten hier auf eine Neuerscheinung des Buchmarktes hinweisen, die auch unseren heimischen Handwerkern viel Unterweisung und Anregung geben kann: Die gerade von Johann Heinrich Gottlieb von Justi herausgegebene Sammlung „Schauplatz der Künste und Handwerke oder vollständige Beschreibung derselben, verfertigt und gebilliget von der Akademie der Wissenschaft zu Paris“ ist hervorragend getextet und gestaltet. Besonders anschaulich ist ein Beitrag, der für unser Weinbaugebiet große Bedeutung hat, das von Auguste Denis Fougeroux de Bandaroy verfaßte Kapitel „Die Böttcherkunst“. (Das Buch ist aus dem Französischen übertragen.)

Noch mehr Information zu noch besserer Arbeit des Nachwuchses für ein ohnehin schon erfolgreiches Handwerk. Ist es doch so, daß die Männer, die unsere Weinfässer herstellen, wirtschaftlichen Erfolg genießen: Ihr Handwerk blüht, ihre Zünfte gewinnen zunehmende Bedeutung. Die starke Nachfrage nach Stückfässern hält an. Allerdings konzentrieren sich die Aufträge immer noch auf die Monate August bis Oktober.

Was ebenfalls blüht in den deutschen Weinlanden, ist heutzutage die Namensvielfalt für diesen Beruf. Böttger, Böttcher, Büttner, Faßbinder, Tonnenmacher (Norddeutschland), Schäffler (Bayern) sind gängige Bezeichnungen. Der Begriff des Küfers beginnt sich jedoch mehr und mehr durchzusetzen, obwohl auch in der genannten Neuerscheinung das stark verbreitete Wort „Böttcher“ gebraucht wird.

Eine der Bildtafeln mit Küferwerkzeug, die den Beitrag von Fougeroux illustrieren (Abbildung unten).

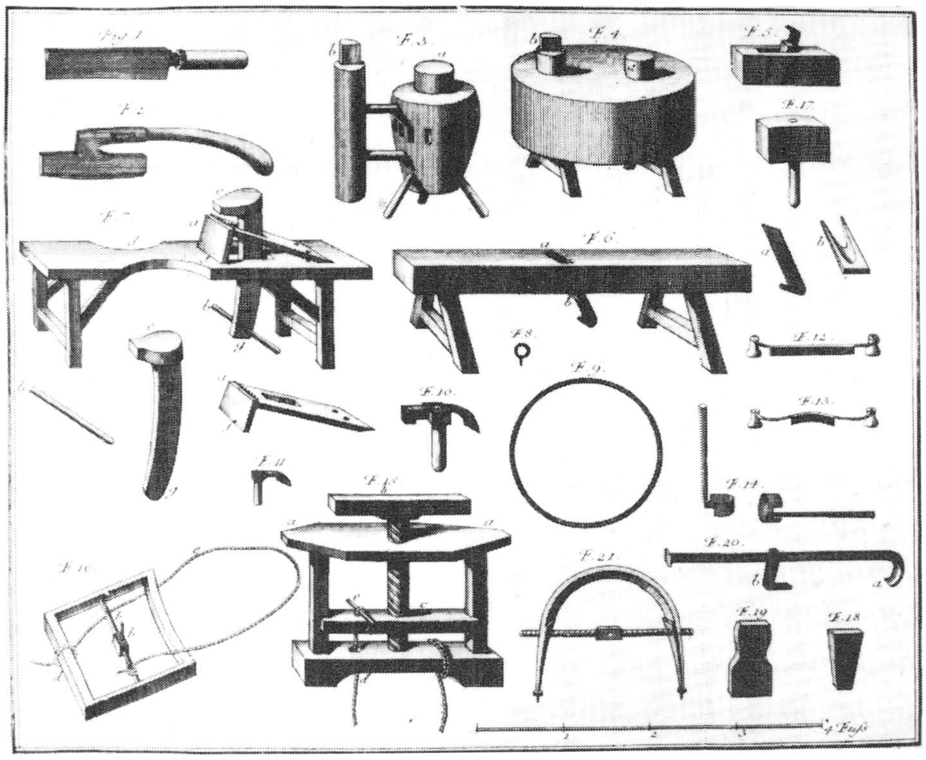

Do it yourself für Buchmacher

Halle. Das Buchbinder-Handwerk bekommt mit den jetzt wachsenden Buchauflagen der mechanischen Herstellung zunehmende Bedeutung. Johann Gottfried Zeidler, einer der großen deutschen Fachleute auf diesem Gebiet, will nun dieses Handwerk allgemein zugänglich machen.

Die Anleitung wird so ausführlich und klar sein, daß auch Heimbastler danach einfache Bücher fertigen können. Als Titel ist vorgesehen: „Buchbinder-Philosophie oder Einleitung in die Buchbinderkunst". Erscheinungstermin: Wenige Jahre nach der Jahrhundertwende.

Die „Jahrhundertpost" zeigt nebenstehend im Vorabdruck die Zeichnung einer Buchbinderpresse, die in diesem Werk wiedergegeben werden soll. Der begleitende Text dazu: Und weil der Buchbinder-Presse allhier zum ersten Mal gedacht wird, wollen wir ihre Form und Gestalt ein vor alle mal beschreiben, und selbige sowohl wenn sie beisammen, als wenn alle Stücke voneinander genommen, abbilden: Eine Presse besteht aus sechs Stücken, nemlich zween Bäumen, zwo Schrauben, zwo Hülsen oder Schrauben-Muttern.

Die Alpenländischen kommen

Neues Blut durch Schweizer und Österreicher

Rheinpfalz. Der Dreißigjährige Krieg hat auch bei uns ungeheuere Menschenopfer gekostet. Ganze Orte sind verwüstet und verwaist durch Krieg und Mord, Hunger und Seuchen, Brandschatzung und Auswanderung. Nun da der Krieg zu Ende ist, gilt es, aufzubauen. Wer aber soll die Kelle in die Hand nehmen, wer den Acker bearbeiten?

Vielleicht kommt Hilfe aus den Alpen. Immer mehr Österreicher und Schweizer, die durch Klima und fruchtbaren Boden angelockt sind, ziehen in die Rheinpfalz. Das ist eine Entwicklung, die offiziell gefördert wird, gilt es doch frische Arbeitskräfte und neues Blut für unser verödetes und ausgeblutetes Land zu gewinnen.

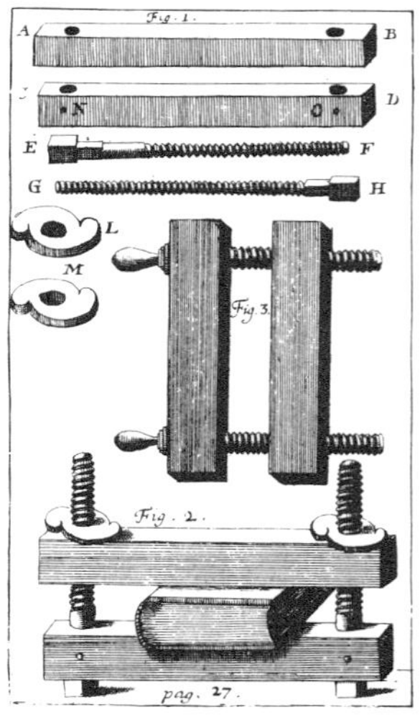

„Oh Mann, müssen die Wein haben in Bacharach! Ob die vielleicht sogar ihre Hausdächer damit bepflanzen?" (Zu: „Wortpantscherei")

Kommentar

Wortpantscherei

Rheinpfalz. Da ist jetzt mit dem Erscheinungsdatum 1672 ein Spezialwerk über die chemische Zusammensetzung des Bacharacher Weins auf den Markt gekommen; man bedenke: des weltberühmten Bacharacher Weins, der in Unmengen den europäischen Markt überschwemmt und dabei noch gute Preise erzielt. – Nicht ein Zehntel dieser Mengen kann in Bacharach gewachsen sein, vielleicht nicht einmal ein Hundertstel.

Bacharach ist Umladeplatz für die Rheinschiffahrt, ist Stapelplatz und malerisch dazu. Das macht schnell einen Namen, besonders, wenn sich immer mehr große Weinhandelshäuser dort ansiedeln. Selbstverständlich läßt sich der Wein unter einem so bekannten Namen gut vermarkten, und selbstverständlich werden die Verkaufsmöglichkeiten genutzt, wenn die im Ort erzeugte Weinmenge schon lange nicht mehr ausreicht, um die Nachfrage zu decken. Dann wird dazugekauft – zunächst in unmittelbarer Umgebung wie zum Beispiel in Steeg, das im Seitental des Rheins einen vorzüglichen Wein erzeugt, dann auch in der weiteren Umgebung.

Heute ist es unter Fachleuten kein Geheimnis, daß ein großer Teil des unter dem Namen „Bacharach" vermarkteten Weins aus der Rheinpfalz kommt. Also ist es auch kein Geheimnis, daß die chemische Zusammensetzung des Weins von Fuder zu Fuder arg schwanken kann. Ein Weinautor sollte über diese Hintergründe informiert sein. – Möglicherweise bezieht sich die „Bacharach-Analyse" unseres fleißigen Chemikers auf reinen Pfalzwein unter dem berühmten Etikett.

Ob man das den Verbrauchern einmal sagen sollte?

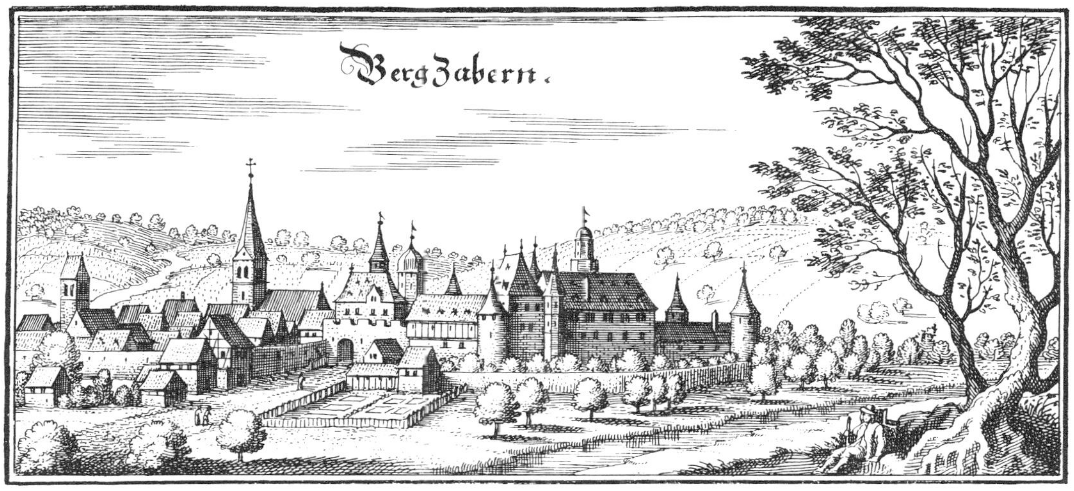

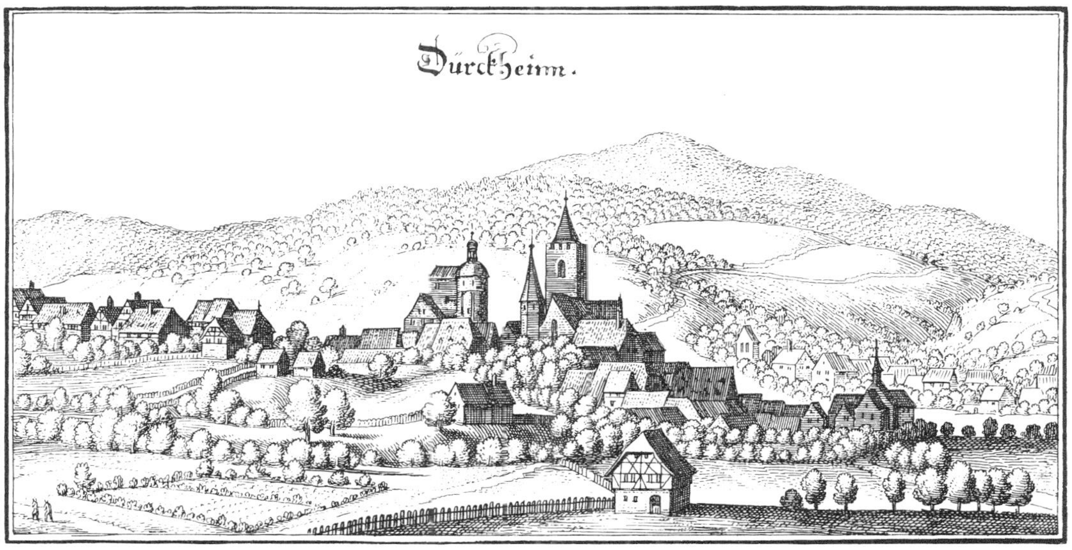

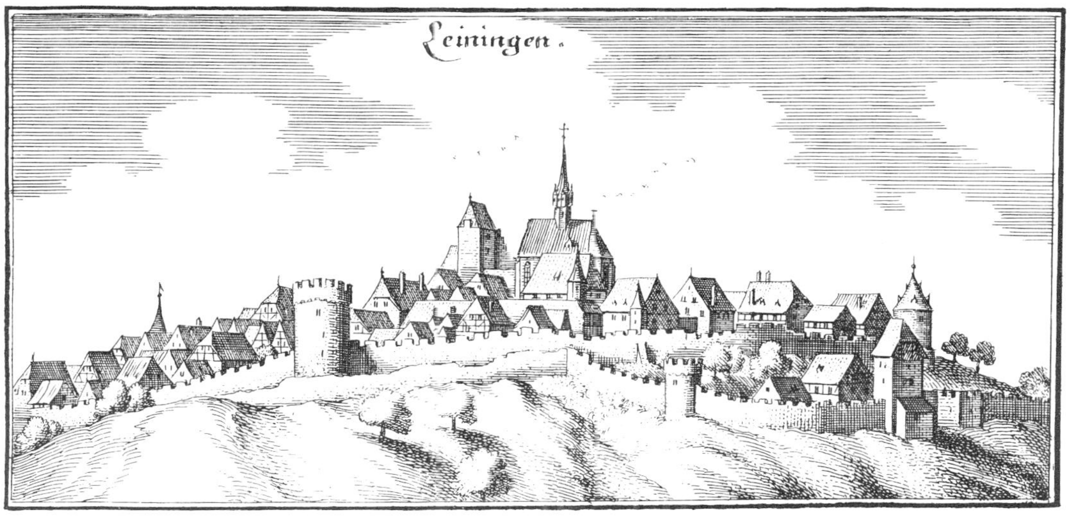

Bergzabern, Dürkheim und Leiningen sind drei von vielen Städtebildern, die wir dem vom Frankfurter Verleger und Kupferstecher (auch Radierer) Matthaeus Merian herausgegebenen Band „Topographia Palatinus Rheni" entnommen haben. Der Rheinpfalz-Band innerhalb der „Topographia Germaniae" enthält weit über 200 Ortsbeschreibungen und rund 100 Abbildungen.

An dieser Stelle will die Jahrhundertpost das Gesamtwerk von Vater und Sohn Merian („der Ältere" und „der Jüngere") würdigen: Die beiden haben in den Jahren 1642 bis 1688 insgesamt 30 Bände herausgebracht, die 2142 Abbildungen enthalten. 92 Landkarten sind in dieser Zeit entstanden und ebenfalls in die Bücher aufgenommen worden. Die meisten Texte schrieb Martin Zeiller aus der Steiermark. – Dem Merian-Team gehört unsere Hochachtung!

Nr. 10
Ausgabe
1700 – 1800

IN · VITE · VITA ··· IN · VINO · VERITAS

Jahrhundertpost

Meinungsfreudig
Weinverbunden
Das erste Blatt
der Weinpfalz

Neue Verordnung:

Wer Wein schmiert, muß künftig hängen

Rhodt. Markgraf Karl Friedrich von Baden hat mit dem Datum des Jahres 1752 eine neue Verordnung erlassen, die zu den strengsten Weingesetzgebungen gehört, die der Jahrhundertpost aus deutschen Landen bekannt sind. Dieses für den Ort Rhodt gültige neue Weingesetz dient der Qualitätsanhebung und sieht Strafen vor, die vom Einzug des erzielten Erlöses bis zum Tode durch den Strang reichen.

Die leichtesten Strafen haben diejenigen zu erwarten, die Wein eines guten Jahrgangs mit einem anderen Jahrgang vermischen und dies dem Käufer nicht anzeigen oder ihm verschweigen, daß dem Wein aus Rhodt solcher aus anderen Orten beigemischt sei. Wer derart gegen das Gesetz der Weinwahrheit verstößt, verliert im Falle der Entdeckung den Wein oder dessen Erlös. Das gilt auch für das Beimischen von Zucker oder Rosinen und das Schönen mit Hausenblasen.

Die Todesstrafe steht auf das Beimischen von Silberlot und verschiedenen Chemikalien, die andernorts gelegentlich verwendet werden sollen. In Rhodt ist ein solcher Fall bisher allerdings nicht bekannt geworden.

Die Verordnung verbietet Wirten, daß sie Fremden höhere Rechnungen ausstellen, als den Einheimischen. Überhaupt ist angeordnet, daß man im Ort für den Wein – vor allem bei den auswärtigen Weinkommissionären – in der freundlichsten Weise Öffentlichkeitsarbeit betreiben und die Käufer zuvorkommend behandeln soll.

Wir Carl Friderich, von Gottes Gnaden, Marggrav zu Baden und Hochberg, Landgrav zu Sausenberg, Grav zu Sponheim und Eberstein, Herr zu Röteln, Badenweiler, Lahr und Mahlberg rc. entbieten hiermit Unseren Beamten, wie auch Schultheissen und Gericht, nebst gesamter Burger- und Einwohnerschaft des Fleckens Rhod unter Rippurg Unsere Gnade und alles Gute. Nachdeme vor wenigen Wochen Wir den Flecken Rhod, vermöge eines mit denen von Zyllenhard geschlossenen Contractes gänzlich an Uns und Unser Fürstliches Haus gebracht haben, lassen Wir Uns das Aufnehmen und Wohlergehen desselben, so wie aller Unserer geliebten Unterthanen, auf das sorgfältigste angelegen seyn. Wie nun GOtt der HErr diesen Flecken, wie fast durchgehends bekandt ist, mit einem ganz vortreflichen und reichen Weinbau gesegnet hat, durch welchen demselben von auswärtigen Orten her ansehnliche Geld-Summen zufliesen; So richten Wir Unser Augenmerk dahin, daß der Weinhandel immer mehr empor gebracht, und durch die schärfeste Gesetze, Jederman, und besonders die Ausländere die zuverlässigste Sicherheit von der Aufrichtig- und Redlichkeit des Weinhandels erlangen mögen. Wir setzen und wollen demnach, daß alle und jede Vermisch- und Verfälschungen des Weines lediglich und ohne alle Ausnahme verboten seyn sollen. Und ob Wir gleich nicht in Erfahrung haben bringen können, daß jemalen zu Rhod die Verfälschung des Weines mit Spiesglas, Silberglött und anderen Mineralien geschehen wäre; So wollen Wir doch dasselbe hiermit dergestalt verboten haben, daß alle Diejenige, welche solches etwan verüben sollten, ohne alle Gnade mit dem Strange von dem Leben zu deren Tode gebracht werden sollen. Wir untersagen auch hiermit alle Verfälschung, so mit Zucker, Rosinen oder anderen dem menschlichen Leibe unschädlichen Dingen geschiehet, ingleichem das Schönen mit Haussenblasen, oder anderen dergleichen Dingen, mit der Verwarnung, daß diejenige, so sich dasselbe zu Schulden kommen lassen, nebst ihren Helfers-Helfern mit dreyjähriger Zuchthaus-Strafe beleget, und der Wein, oder, wann derselbe schon ausser Landes gebracht wäre, das davor eingezogene Geld Unserem Waisenhause zu Pforzheim verfallen seyn solle. Ferner verbieten Wir, daß Niemand Wein von zweyen Jahrgängen untereinander mischen, und demselben unter dem Namen des besseren Jahrgangs verkauffen solle; und wer darwider handelt, soll ebenfalls den also verkauften Wein, oder das davor bezogene Geld, zum besten gedachten Unseres Waisenhauses verwürket haben. Bey eben solcher Strafe gebieten Wir auch, daß jedem Weinkäufer der wahre Jahrgang, und ob der Wein noch pur oder mit Wein von einem anderen Jahrgange vermischet seye, auf Befragen angezeiget werden, und besonders diejenige, so Weine in Commission versenden, hierbey mit aller nur ersinnlichen Redlich- und Aufrichtigkeit zu Werke gehen sollen; Allermassen dann, wann deren einer sich hierinnen falsch würde finden lassen, nicht nur die benante Strafe an ihme vollenzogen, sondern sein Verbrechen noch dabeneben durch die öffentliche Zeitungen bekannt gemachet werden soll, damit Jederman sich vor einem dergleichen Betrüger zu hüten vermöge. Ebenmäsig verbieten Wir, daß Niemand, wer der auch seye, und unter was vor einem Vorwande es auch geschehe, Wein von fremden Orten zu Rhod einführen, und widrigenfalls derselbe, oder, wann er nicht mehr vorhanden, der Werth davon, obgemeldetem Waisenhause verfallen seyn solle. Anbenebst auch setzen und wollen Wir, daß Jederman, der von einem gegen diese Verordnung begangenem Vergehen Nachricht erhält, dasselbe unverzüglich anzeigen, und widrigenfalles er auf die nehmliche Art bestrafet werden solle, als gegen denjenigen, so das Verbrechen selbst begangen hat, hiebey ist verordnet worden. Damit jedoch desfalls denenjenigen, so hierunter ihre Pflichten getreulich beobachten, gar kein Ungemach oder Verdrus zuwachse, befehlen Wir, daß der Name des Anzeigers verschwiegen gehalten, nicht einmal dem Protocoll einverleibet, sondern nur die Untersuchung nach denenjenigen Umständen, welche der Anzeiger an Handen giebet, angestellet, und mit aller nur möglichen Aufmercksamkeit fortgesetzet werden solle, welche Untersuchung dann auch allerdings in denenjenigen Fällen geschehen muß, wo ausser einer solchen Anzeige, sich ein gegründeter Verdacht gegen Jemand hervor thun sollte. Schlieslichen gehet Unser Wille und Meinung dahin, daß denen Fremden, welche sich zu Rhod des Weinhandels wegen einfinden, alle nur mögliche Beförderung geschehen solle; Wannenhero dann Unserem jeweiligen Beamten daselbst auf das nachdrücksamste eingebunden wird, alles Fleisses dahin zu sehen, daß besonders die Weinstichere sich der ihnen gegebenen Vorschrift gemäs betragen, und denen Fremden bey ihren Händelen allenthalben an die Hand gehen, die Wirthe auch in Anrechnung derer Zöhrungen keine Uebermaaß brauchen, sondern sich mit demjenigen, was billig ist, begnügen lassen; Wie dann auch, wann Fremde Strittigkeit mit anderen Fremden oder mit Unseren Unterthanen überkommen sollten, kein weitläuffiges Verfahren veranlasset, sondern alles auf das geschwindeste, und wann es möglich ist, noch an dem Tage, da geklaget wird, untersuchet und erlediget werden soll. Wir befehlen demnach diese Unsere Verordnung durch den Druck bekannt zu machen, wie auch dieselbe zu Rhod an öffentlichen Orten und in allen Wirthshäusern anzuschlagen, auch von der Canzel zu verkünden, und solche Verkündigung alle Jahre auf den nächsten Sonntag nach Martinstag zu wiederhohlen. Hieran geschiehet Unser Wille. Gegeben Carlsruhe den 27. November 1752.

Politischer Flickenteppich

Rheinpfalz. Kaum zu glauben, aber wahr: Unser Gebiet ist laut einer Aufstellung im Jahre 1792 in 44 Landesherrschaften aufgesplittert. 15 Regionen oder Orte stehen unter zwei oder mehreren Herrschaften.

Kardinal gegen „Hammelhoden“

Speyer. Kardinal-Fürstbischof Franz Christoph von Hutten bemüht sich in seinem Bistum Speyer um Weinqualität. Sein Kampf gilt vor allem den Rebschädlingen und den minderwertigen aber vieltragenden Rebsorten. So hat er den Trollinger, der hier allgemein als ,,Hammelhoden" bezeichnet wird, als ,,geringwertig unter den Rebsorten" abqualifiziert: Es gäbe für die Pfalz bessere Rotweinsorten!

Bei der Schädlingsbekämpfung drängt von Hutten darauf, nicht in dumpfer Resignation auf den Erfolg von Bittgängen und Ähnlichem zu vertrauen, sondern der eigenen Vernunft und den eigenen Händen zu vertrauen.

In zwei Sätzen

✳ **Bei häufig nur einem Drittel Barzahlung und zwei Dritteln Entlohnung in Naturalien drängen viele Lehrer auf einen höheren Bargeldanteil. Typische Naturalienentlohnungen sind zur Zeit neben verschiedenen Getreidesorten vor allem die freie Wohnung, das Brennholz und natürlich Wein oder Weinbergnutzung.**

✳ **Die Wolfsplage, die nach dem Dreißigjährigen Krieg auftrat, ist vorbei. Anfang dieses Jahrhunderts sind die Wölfe weitgehend in unzulängliches Gebirge zurückgedrängt worden.**

✳ **Zum Schluß noch das Urteil des Weinfachmannes von Bock in Sachen Weinalter: „Je mehr die Pfalzweine an Alter zunehmen, um so besser werden sie."**

Freier Eintritt in's Theater

Dürkheim. Graf Friedrich Wilhelm, der als großer Musenfreund in ganz Deutschland bekannt ist, wird in seinem Schloß zu Dürkheim ein Theater einrichten lassen. Die Pläne sind fertig, die Premiere ist für 1780 vorgesehen. Der Graf hat die Öffentlichkeit in diesem Zusammenhang bereits mit zwei Sensationen überrascht: Er verpflichtet den berühmten Schauspieler Iffland zu mehreren Aufführungen, und er gewährt den Bürgern Dürkheims in seinem Theater freien Eintritt.

Gegen Preiswucher und für Qualität

Rheinpfalz. In allen Gaststätten der Rheinpfalz wird eine Verordnung angeschlagen, die mit Datum vom 22. August 1766 gegen den Preiswucher und für die Qualität des gastronomischen Angebots befragen soll. Eindeutige Preisangaben und klare Beschreibungen der Qualität von Weinen und Speisen werden damit zur Pflicht des Gastwirtes.

Winzerbitte abgeschmettert

Deidesheim/Niederkirchen. Winzer aus Deidesheim und Niederkirchen haben bei ihrem Fürstbischof die Aufhebung der Leibeigenschaft und Fronen erbeten. Die Beschwerde ging schließlich bis zum Kaiser Joseph II. Der entschied nun mit Datum vom 5. 10. 1789: Es bleibt alles beim alten. Die Erlasse mit diesem für die Winzer niederschmetternden Urteil werden öffentlich angeschlagen.

„Bacchus weiß, was in dem Wein war. Mehr als die zwei Fässer haben die Jungs ja wohl nicht leergemacht."
(Zu: „Wer Wein schmiert, muß künftig hängen" – nebenstehende Seite.)

Der Unfug mit dem „Weinkauf" und seine bösen Auswirkungen

Korruption – Regierung will energisch einschreiten

Mannheim. Die kurpfälzische Regierung will dem „Weinkauf"-Unwesen ein Ende machen. Mit Datum vom 15. November 1769 wird diese Unsitte des beim Weinhandel häufig zusätzlich festgelegten Handgeldes untersagt. Laut Verordnung darf bei solchen Anlässen künftig kein Trinkgeld gezahlt noch auch nur in Form von Geld oder Wein „freiwillig" und „spontan" geleistet werden. Zu viele ehrbare Winzer und Händler sind dadurch um ihr hart verdientes Geld gekommen. Zuviele Schlägereien waren die Folge ausgedehnter Zechgelage.

Es hat wohl harmlos begonnen – mit einem Glas Wein, das man gemeinsam trank, um den gerade abgeschlossenen Handel zu besiegeln. Winzer und Händler, Winzer und Kommissionär oder auch Kommissionär und Aufkäufer saßen da zusammen und genossen ihre Zufriedenheit nach anstrengendem Handel.

Die nächste Stufe war wohl, daß einer der Partner sagte: „Wenn wir handelseinig werden, zahl' ich eine ‚Runde'." Oder: „Gut, ich kaufe zu diesem Preis, aber du lädst mich dafür in's Gasthaus ein."

Inzwischen hat sich aber anderes eingebürgert: Viele Abschlüsse im Weingeschäft werden getätigt, indem vorher fest ausgemacht ist, wer wem wieviel zusätzlich zahlt. Da wechseln viel Geld und viel Wein den Besitzer, ohne daß davon etwas in offiziellen Abmachungen verlautbar wird. Und manche Weinkäufer (oder auch -verkäufer), die im Auftrag ihres Arbeitgebers handeln, werden zu günstigen Geschäften regelrecht bestochen: Da ist ein Einkäufer beispielsweise bereit, einen überhöhten Weinpreis für eine bestimmte größere Menge zu zahlen, weil vorher abgemacht war, daß eine erkleckliche Summe Geldes zusätzlich in seine private Tasche fließen soll. Das nennt man dann wohl schlicht Bestechung.

Mit diesem Unwesen, aber auch mit den unmäßigen Zechgelagen, die häufig nach der Aushändigung des „Weinkauf"-Trinkgeldes folgten, soll nun ein Ende sein. Die Regierung möchte vermeiden, daß der an sich gesunde Weinhandel auf diese Weise beeinträchtigt wird.

Schriftschönheit

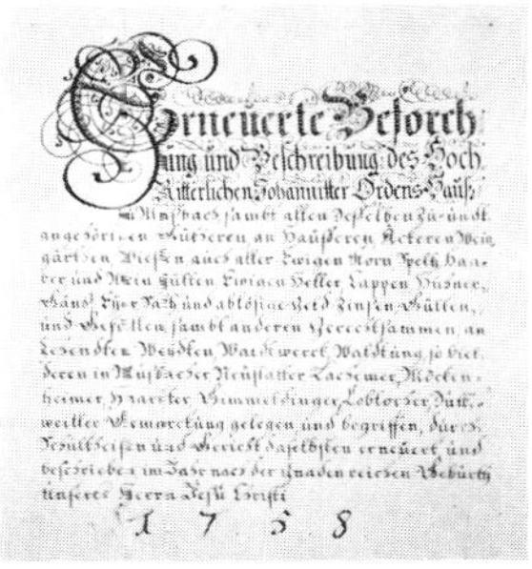

Selbst in der starken Verkleinerung der obigen Abbildung wird noch die Schönheit der Schrift des Mönches deutlich, der für das Johanniter-Ordenshaus 1758 Besitz- und Einnahmerechte im Weinort Mußbach niedergelegt hat. Mit dieser Urkunde, deren Titelseite wir hier abbilden, war verbindlich gesagt, wieviel das Kloster aus Mußbach zu erwarten hatte.

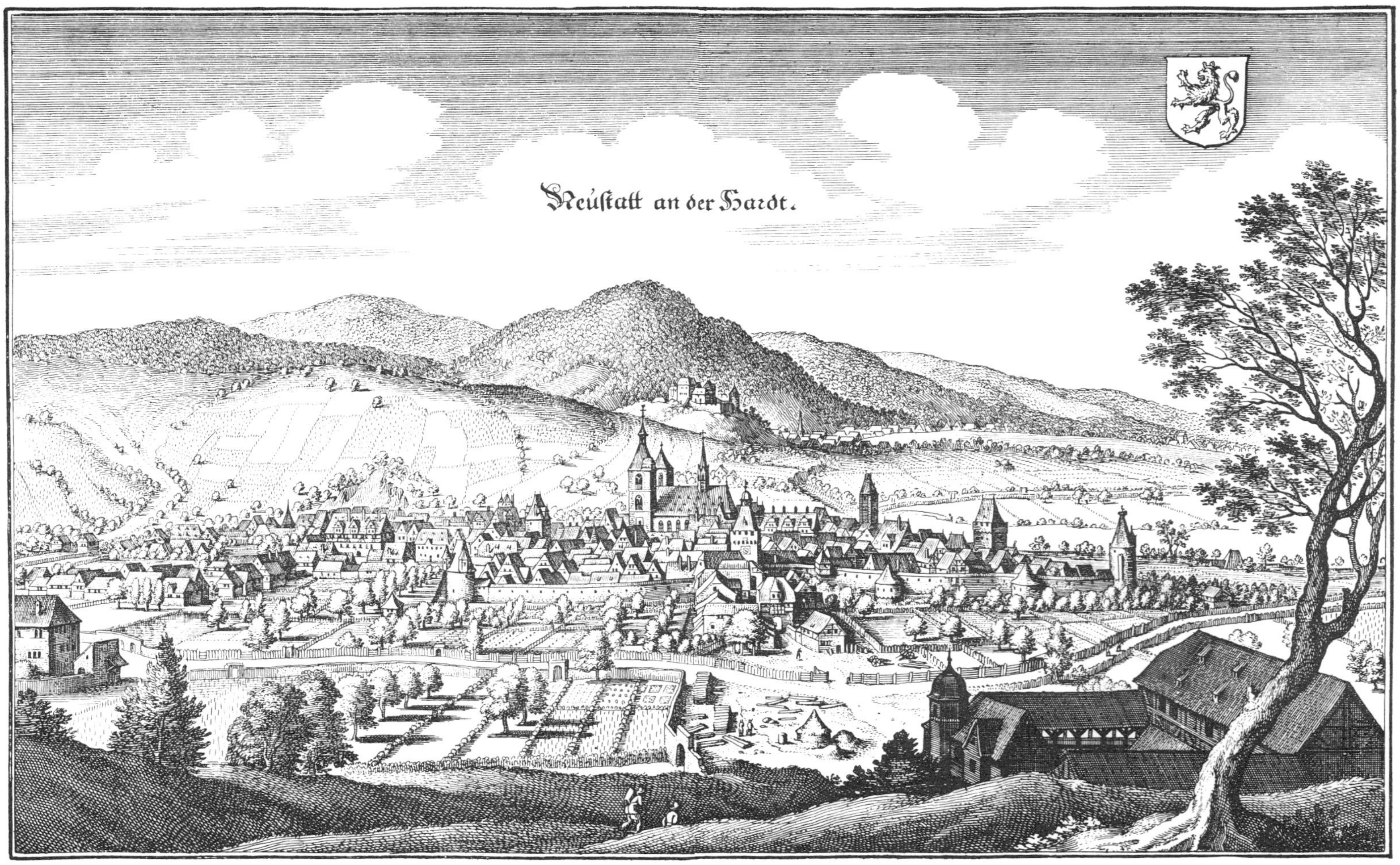

Blühendes Töpferhandwerk

Es begann mit Äsebius Stich aus Peterwardein

Dirmstein. Mit 13 Töpferwerkstätten ist Dirmstein heute, um die Mitte des 18. Jahrhunderts, eines der Zentren dieses Handwerkes. Für die Dirmsteiner hat sich damit eine gute Tat gelohnt: Sie verdanken den wirtschaftlichen Aufschwung nämlich letztlich ihrer Toleranz. – Die „Jahrhundertpost" möchte an dieser Stelle eine jetzt 55 Jahre zurückliegende Geschichte in Erinnerung rufen:

1689 war Dirmstein nahezu dem Erdboden gleich. Im Krieg hatten die Franzosen den Ort derart niedergebrannt, daß nach den Aussagen der Chronisten nur 7 Kamine stehengeblieben waren. Drei Jahre später waren die meisten der über den Rhein geflüchteten Bürger zurückgekehrt. Zusammen mit „Zugezogenen" hatte man den Wiederaufbau begonnen.

Wiederum zwei Jahre später erreichte eine Zigeunerfamilie mit zweirädrigem Karren den Ort. Das war der Äsebius Stich, der mit Frau und fünf Kindern aus Peterwardein flüchten mußte. Dorfbader Risser führte ihn zum kurfürstlichen Amtmann – und Äsebius durfte mit den Seinen bleiben.

Maurermeister Hieronymus verkaufte der Familie gegen ungarische Duplonen ein Haus am Obertor, und bald sahen die Dirmsteiner dort eine handgemalte Tafel an der Haustür: „Äsebius Stich, ehrbarer Töpfermeister".

Er stellte Schüsseln und Töpfe, Platten und Teller her.

Zwei Bilder aus friedlicher Zeit zum Abschluß dieses durch Kriege und Hunger, durch Katastrophen und Umwälzungen sehr bewegten Jahrhunderts: Neustadt an der Haardt, die Weinstadt inmitten der Rheinpfalz, und Küfer, die den verschiedenen Arbeiten ihres Handwerkes nachgehen. – Möge der Wein dazu beitragen, daß der Friede erhalten bleibt.

Weinpreise

Rheinpfalz. Die Fuderpreise schwanken außerordentlich von einem Jahr zum anderen. Die Jahrhundertpost hat als Beispiel die Fuderpreise der jüngst vergangenen Jahrgänge von 1781, 1782 und 1783 ermittelt. Soweit sich das feststellen ließ, hatte der „81er" einen Preisspielraum von 20 bis 32 Gulden pro Fuder. Meistens wurde um 25 Gulden gezahlt. Für den folgenden Jahrgang sank der Durchschnittspreis um etwa zehn Gulden, um erst im folgenden Jahr den erhofften Sprung über die 30-Gulden-Grenze zu machen.

Bei diesen Angaben sind sogenannte Normalweine berücksichtigt worden, Weine, die im mittleren Feld der Preisskala liegen. Spitzenweine aus heute beliebten Lagen der Mittelhaardt haben in allen genannten Jahren über 30 Gulden pro Fuder erzielt.

Nr. 11
Ausgabe
1800 – 1900

IN VITE VITA ... IN VINO VERITAS
Jahrhundertpost

Meinungsfreudig
Weinverbunden
Das erste Blatt
der Weinpfalz

Traubenkerne als Kaffee-Ersatz

Traubenkernöl ist als feines Tafelöl beliebt

Dürkheim. Daß man auch aus Trauben Wein bereiten kann, ist nun hinlänglich als Witz bekannt. Daß man aus Traubenkernen Kaffee-Ersatz machen kann, ist wenig bekannt, aber kein Witz:

In einer Dürkheimer Bierbrauerei hat sich eine französische Firma niedergelassen, die mit einer Spezialpresse aus dem angelieferten Trester der Winzer zunächst noch letzten Wein herauspreßt, dann aus den verbliebenen Resten Weinstein fabriziert, Traubenkerne zu einem feinen Öl mahlt – und mit gerösteten Traubenkernen als Kaffee-Ersatz experimentiert.

Der Kaffee ist schon getrunken worden und wird als „durchaus genießbar" bezeichnet. Das Traubenkern-Öl ist als feines Tafelöl beliebt, und die Weinsteinproduktion hat 1855 einen Jahresumsatz von 9000 Gulden gebracht.

Der Weinstein wird als Medizin gegen Tropenkrankheiten und unter anderem auch als Durchfallmittel (Brechweinstein) in den Handel gebracht. Chemisch gesehen handelt es sich dabei um Tartrate, überwiegend Calciumbitartrat (Calcium- und Kaliumsalze).

Zwei große Jahrgänge in zwei alten Etiketten: Im Jahre 1811 ließ sich leicht ein „Ausstich" (Auslese) machen. Es gab einen milden Winter, einen frühen Frühling und im August vollkommen reife Trauben. Goethe war begeistert. 1865 war es ähnlich

Kommentar

Unmenschlich

Wir veröffentlichen hier einen Kommentar, den das von uns sehr geschätzte „Edenkobener Wochenblatt" in seiner ersten Ausgabe 1871 herausbrachte. Zu dem von uns gewählten Auszug haben wir lediglich die Einschränkung zu machen, daß Deutschland und Frankreich nicht unbedingt „die beiden ersten Völker der Welt" sind:

„Welch furchtbar bewegtes, welch gräßliches Jahr, das soeben zu Ende gegangen ist. Als wären die zerstörenden Naturgewalten wieder Meister geworden über die aufbauende Kraft des Menschengeschlechtes, so verzehrt ein ungeheurer Krieg das Mark der beiden ersten Völker der Welt, vernichtet den mühsam errungenen Segen einer friedlichen Kultur, erschüttert die Fundamente der menschlichen Gesittung."

Zum Benefice

Edenkoben. Das Theater in Edenkoben spielte wiederum mit gutem Erfolg im Saale des Gasthauses „Zum goldenen Schaf".

Diesmal gab es eine Aufführung „zum Benefice für Bertha Schmidt und Louis Gallot" zu sehen. „Regine oder die Förster-Familie" hieß das Stück. Bleibt anzumerken, daß die Edenkobener wieder ihre klare Preisfestsetzung nach dem Verdoppelungsprinzip hatten. Der dritte Platz kostete 6 Kr., der zweite 12 Kr. und der erste 24 Kr.

Radikalenerlaß im „Fall Otterstätter"

Regierung entläßt fähigen Lehrer – Stadtrat kämpft dagegen

Annweiler. Schüler, Eltern, Schulkommission, Oberschulkommission, Stadtrat und Bürgermeister haben sich für den jungen Lehrer Otterstätter in Annweiler eingesetzt – mit „Zähnen und Klauen". Ihr Bemühen, ihn im Amte zu halten und damit einen hoch befähigten Lehrer in Annweiler für Schüler und Bürgerschaft zu retten, war jedoch ohne Erfolg. Die Maschinerie des Beamtenapparates, der „Staat", hat gegen den Lehrer und gegen den erklärten Willen der Bürger entschieden: Johann Otterstätter darf sein Lehramt nicht mehr ausüben.

Begonnen hat alles mit dem „Hambacher Fest" am 27. Mai 1832. An diesem Tag trafen sich die Menschen zu einem Fest, das in den wenigen Jahren, die seitdem vergangen sind, bereits in die Geschichte eingegangen ist. Es war dies der begeisternde Ausdruck erster demokratischer Regungen, der Ruf nach mehr Bürgerfreiheit und auch ein Aufbegehren unter anderem gegen die von uns mehrfach angeprangerte bayerische Pressezensur.

Einer der Menschen, die sich durch diese Stimmung mitreißen ließen, war der Lehrer Johann Otterstätter aus dem nahen Annweiler. Hier in diesem grenznahen Ort hatte man einige der Errungenschaften der Französischen Revolution besonders hautnah verspürt, hier war der Boden für das große Sehnen nach Befreiung aus Engstirnigkeit und der politischen Entmündigung bereitet. Und davon war wohl auch der 27 Jahre alte Otterstätter erfaßt.

Er, dem der Stadtrat später ein „reines Herz", „Fleiß" und sogar eine gewisse „Genialität" bescheinigte, trank mit anderen jungen Menschen (auch Schülern offenbar) in dem nahen Bindersbach auf die Gedanken des Hambacher Festes. Das kam durch die Polizei zur Anzeige: „. . ., daß der Lehrer Otterstätter . . . in dem Orte Bindersbach . . . mit mehreren anderen Bewohnern . . . die Schuljugend an sich gezogen, und, nachdem diese mit Wein überfüllt, die sogenannten Freiheitslieder angestimmt habe."

Das mit der Untersuchung beauftragte Bürgermeisteramt schrieb in seiner Stellungnahme:

„Am 19. und 20. August wurde wie gewöhnlich das Kirchweihfest zu Bindersbach gehalten und auch an beiden Tagen, der Nähe wegen, wie gewöhnlich von vielen Annweilerern besucht. Am Montag, dem 20. August, gingen des Abends gegen fünf Uhr mehrere junge Bürger von hier, worunter sich auch der Schullehrer Otterstätter und der Handlungscomis Geißel aus der Neustadt befanden, dahin und ließen sich in dem Hof des Wirtshauses daselbst an einem Tisch nieder. Und wie solches gewöhnlich in dergleichen Ortschaften geschieht, so hat sich auch ein Teil der Ortsjugend um dieselben versammelt. Nachdem die Gesellschaft ganz ruhig und still einige Bouteillen getrunken hatte, so ging dem Wirt seine bessere Sorte Wein aus, worauf eine geringere Sorte aufgetragen wurde. Dieser schmeckte der Gesellschaft nicht, wobey der Handlungscomis Geißel, der übrigens in allen Stükken ein sehr geachteter junger Mann war, auf den Einfall kam, diesen Wein den um sie herumstehenden Knaben zukommen zu lassen, und ließ ihnen auf seine eigene Rechnung mehrere Bouteillen Wein austeilen und den Spaß mit ihnen machte, ihren Adjunkten, ihren Schullehrer, ihren Förster und noch mehrere Personen hochleben zu lassen und sie auch einige Schüler-Lieder singen ließ und unter anderem auch das Lied ‚Heil unserem König Heil' . . .

Die beiden Gendarmen Becht und Baron, welche schon seit früh morgens daselbst waren, mögen wohl ein wenig den Wein gespürt haben, was auch dieselben veranlaßt haben mag, sich über das lustige Benehmen dieser Gesellschaft zu ärgern und dem Wirt Seiter auferlegt Feierabend zu machen und keinen Wein mehr auszuschenken, wovon der Wirt keine Notiz nahm . . . Bei dieser Geschichte hat sich der Schullehrer Otterstätter anständig betragen und sich nicht das geringste Unanständige erlaubt; besonders aber hat er nichts dazu beygetragen, daß den Knaben Wein gereicht wurde. Freiheitslieder sollen übrigens von der Gesellschaft keine gesungen worden seyn, sondern bloß einige lustige Trinklieder . . ."

Für den engagierten Lehrer endete diese Geschichte zunächst mit einer Warnung. Weitere Vorkommnisse führten jedoch zu seiner Entlassung aus dem Schuldienst. Inzwischen hatte der Prozeß gegen die Rebellen des „Hambacher Festes" mit Freisprüchen geendet, und Lehrer Otterstätter ließ es wohl an der nötigen Vorsicht fehlen. – Übrigens feierten alle Bürger in Annweiler die Freisprüche mit wahren Freudenfesten.

Am 24. September 1833 entließ die Kreisregierung Speyer den Johann Otterstätter aus dem Schuldienst. Begründung:

Zu einem Bericht auf Seite 92 „Eisenfuß": Der Karikaturist meint, man könne die Begeisterung für die neue Eisenzeit gewaltig übertreiben. Und mit dem Verkauf von eisernen Wingertstiefeln fange die Übertreibung schon kräftig an. Er hat mit zeichnerischer Freiheit weiter übertrieben, hat den Begriff „Wingert" zum Markenzeichen gemacht, unter dem nun alles Mögliche verkauft wird – und alles aus Eisen.

„Da das Betragen des protestantischen Lehrers Otterstätter zu Annweiler seit beinahe zwei Jahren von der Art ist, daß es jenes Vertrauen, welches die königliche Staatsregierung zu den Grundsätzen und dem Charakter derjenigen haben muß, denen die Jugendbildung und Jugenderziehung übertragen ist, durchaus nicht begründen kann, da derselbe, wie früher bei verschiedenen Anlässen und Gelegenheiten, so auch an jenen, den 16. August zu Annweiler stattgehabten Umtreiben nicht ohne Antheil geblieben ist, so wird derselbe andurch von dem Lehrerdienste zu Annweiler entlassen . . ."

In der Bürgerschaft rief das einmütige Empörung hervor. Annweilers Familienväter richteten am 10. Oktober 1833 ein Bittgesuch an die Regierung, Otterstätter wieder einzustellen.

Am 17. Oktober traf sich der Stadtrat in dieser Sache zu einer außerordentlichen Sitzung. Auszüge des danach an die Regierung gesandten Schreibens sind nachstehend abgedruckt:

„Die Kunde von der Dienstentsetzung des Schullehrers Otterstätter wurde bereits allen Einwohnern der Gemeinde Annweiler mitgeteilt. Sie war unerwartet, daher überraschend, aus nachfolgend erörterten besonderen Gründen, und erzeugte den allgemeinen, ausnahmslosen Entschluß, eine Hohe königliche Regierung um hochgeneigteste Zurücknahme jenes hohen Beschlusses ehrerbietigst zu bitten. Dieser unterthänigsten Bitte einer bedeutenden Gemeinde des Kreises schließt sich deren Stadtrath einstimmig aus folgenden Gründen an: Der Schullehrer Johann Otterstätter, ein Mann von 27 Jahren, ist von der Natur mit einem herrlichen Talente begabt und besitzt ein gutes, reines Herz.

Für Fleiß, Thätigkeit, Kenntnisse und gewissenhafte Pflichterfüllung in seinem Berufe als Lehrer zeugt sowohl das unpartheiische Zeugnis der dasigen Lokalschulkommission, welches ihm jederzeit zu Theil wurde, als das stete Fortschreiten in guter Erziehung und Bildung der seinem Unterricht anvertrauten Schüler, sowie auch die ungetheilte Zufriedenheit, Geneigtheit und das Wohlwollen aller dasigen Einwohner.

Er beschränkte sich nicht bloß auf jene Pflichten, welche ihm seine Stellung als Schullehrer auferlegt, nein, uneigennützig und mit regem Eifer ertheilte er den Zöglingen der dasigen Realschule seither unentgeltlichen Unterricht im Zeichnen, und wirkt nebenbei, durch Errichtung eines musikalischen Vereins, dessen Glieder er selbst aus der Mitte der dasigen Bürgerskinder heranbildete und unterrichtet hat, kräftig und wohlthätig auf die Bildung künftiger Generationen dahin. Er ist der protest. Kirchengemeinde ein nicht leicht ersetzlicher Organist . . .

Was eine hohe Landesstelle zur Dienstentsetzung des Schullehrers Otterstätter bewogen haben mag, kann unter den obwaltenden Umständen in loco Annweiler selbst wohl nur in dem Schein aufgefunden werden, welchen seine natürliche Lebhaftigkeit und die dem ersten, raschen Mannesalter durchschnittlich anklebende Unvorsichtigkeiten in den Augen derer, die ihn nicht näher kennen, wirft. Andernfalls müßte man auf die Vermuthung gerathen, daß sie auf ungegründeten Anschuldigungen beruht, die das Produkt persönlichen Hasses und der Leidenschaftlichkeit, des Verfolgungsgeistes oder der Ignoranz, der Unfähigkeit in der Beurtheilung des Charakters und der Grundsätze eines talentvollen, in manchem Betrachte genialen jungen Mannes, sind . . .

In Betracht aller dieser Umstände, sowie in fernerem Betrachte, daß der Schullehrer Otterstätter Gatte, Vater und ohne Vermögen ist, erlaubt sich der Stadtrath zu Annweiler namens seiner Gesamtgemeinde, eine Hohe königl. Regierung um Hochgeneigteste Wiedereinsetzung des Schullehrers Johann Otterstätter in seinen bisherigen Dienst gehorsamst anzugehen und das königl. Landkommissariat um Unterstützung dieser Bitte geziemendst zu ersuchen . . ."

Am 24. Oktober machte die Oberschulkommission eine ähnliche Eingabe. Sie blieb ebenso erfolglos wie die des Stadtrats. Johann Otterstätter ist von der Regierung als Radikaler abgestempelt. Mit ihm muß seine Familie nun wirtschaftliche Not leiden.

17. Juni 1849 – Frontbericht von Friedrich Engels

Preußische Truppen besiegen die Freiheitskämpfer in der Pfalz

Rinnthal/Annweiler. Mit einem Sieg der den Bayern zu Hilfe geeilten preußischen Truppen endete in der Pfalz der Aufstand der Freischärler. Sie hatten seit der Revolution von 1848 für Ideen gekämpft, die hier 16 Jahre vorher beim „Hambacher Fest" für die breite deutsche Öffentlichkeit erstmals deutlich gemacht wurden. Diese Ideen sind nun mit den 20 toten Freischärlern in Rinnthal und Annweiler nach dem letzten Kampf auf pfälzischem Boden zunächst einmal zu Grabe getragen worden.

Friedrich Engels war bei diesem letzten Gefecht dabei. Er berichtet:

Weinbergsarbeit in den Weinbergen bei Ungstein. Die Aufnahme entstand an der Wende zum 20. Jahrhundert.

„Am nächsten Morgen brachen wir (von Frankweiler) auf. Während das Gros der Flüchtigen nach der Knielinger Brücke abzog, marschierte Willich mit seinem Korps und dem Bataillon Dreher ins Gebirge gegen die Preußen. Eine unserer Kompanien, etwa 50 Landauer Turner, waren ins höchste Gebirge, nach Johanniskreuz, vorgegangen. Schimmelpfennig stand mit seinem Korps auch noch auf der Straße von Pirmasens nach Landau. Es galt die Preußen aufzuhalten und ihnen im Hinterweidenthal die Straße nach Bergzabern und ins Lautertal zu verlegen. Schimmelpfennig hatte indes Hinterweidenthal schon aufgegeben und stand in Rinnthal und Annweiler. Die Straße macht hier eine Biegung, und gerade in dieser Biegung bilden die das Queichtal einschließenden Berge eine Art Defilee, hinter dem das Dorf Rinnthal liegt. Dies Defilee war mit einer Art Feldwache besetzt. In der Nacht hatten seine Patrouillen gemeldet, daß auf sie geschossen worden sei; frühmorgens brachten der Exzivilkommissär Weiß von Zweibrücken und ein junger Rheinländer, M. J. Becker, die Nachricht, daß die Preußen heranrückten, und forderten zu Rekognoszierungspatrouillen auf. Aber weder Rekognoszierungen wurden vorgenommen, noch die Höhen zu den beiden Seiten des Defilees besetzt, so daß Weiß und Becker sich entschlossen, auf eigene Faust rekognoszieren zu gehen. Als sich die Berichte vom Herannahen des Feindes mehrten, fingen Schimmelpfennigs Leute an, das Defilee zu verbarrikadieren; Willich kam an, rekognoszierte die Position, gab einige Befehle zur Besetzung der Höhen und ließ die ganze nutzlose Barrikade wieder forträumen. Er ritt dann rasch nach Annweiler zurück und holte seine Truppen. Als wir durch Rinnthal marschierten, hörten wir die ersten Schüsse fallen. Wir eilten durchs Dorf und sahen Schimmelpfennigs Leute auf der Chaussee aufgestellt, viel Sensenmänner, wenig Flinten, einige schon vor ins Gefecht. Die Preußen rückten tiraillierend auf den Höhen vor; Schimmelpfennig hatte sie ruhig in Position kommen lassen, die er selbst besetzen sollte. Noch flog keine Kugel in unsere Kolonnen; sie flogen alle hoch über uns weg. Wenn eine Kugel über die Sensenmänner hinwegpfiff, schwankte die ganze Linie. Mit Mühe kamen wir an diesen Truppen vorbei, die fast die ganze Straße versperrten, alles in Unordnung brachten und mit ihren Sensen doch ganz nutzlos waren. Die Kompanieführer und Leutnants waren so ratlos und verwirrt wie die Soldaten selbst.

Unsere Schützen wurden vorkommandiert, einige rechts, einige links auf den Höhen, dazu links noch zwei Kompanien zur Verstärkung der Schützen und zur Umgehung der Preußen. Die Hauptkolonne blieb im Tal stehen. Wir hatten kaum den buschigen Abhang erklettert, als wir auf freies Feld stießen, von dessen jenseitigem, waldigen Rand uns preußische Schützen ihre Spitzkugeln herüberschickten. Ich holte noch einige der ratlos und etwas scheu am Abhang herumkletternden Freischärler hinauf, stellte sie möglichst gedeckt auf und sah mir das Terrain näher an. Vorgehen konnte ich nicht mit den paar Mann über ein ganz offenes Feld mit 200 bis 250 Schritt Breite, solange nicht das weiter links vorgeschickte Umgehungsdetachement die Flanke der Preußen erreicht hatte; wir konnten uns höchstens halten, da wir ohnehin nur schlecht gedeckt waren. Die Preußen schossen trotz ihrer Spitzkugelbüchsen übrigens herzlich schlecht; wir standen fast gar nicht gedeckt über eine halbe Stunde im heftigsten Tirailleurfeuer, und die feindlichen Scharfschützen trafen nur einen Flintenlauf und einen Blusenzipfel. Ich mußte endlich sehen, wo Willich war. Meine Leute versprachen sich zu halten, ich kletterte den Abgrund wieder hinab. Unten stand alles gut. Die Hauptkolonne der Preußen, von unseren Schützen auf der Straße und rechts von der Straße beschossen, mußte sich etwas weiter zurückziehen. Auf einmal springen links, wo ich gestanden hatte, Freischärler eilig den Abhang hinunter und lassen ihre Position im Stich. Die auf dem äußersten linken Flügel vorgegangenen Kompanien, durch Hinterlassung zahlreicher Tirailleure geschwächt, fanden den Weg durch ein weiter liegendes Gehölz zu lang; ihren Hauptmann an der Spitze gingen sie quer über die Felder vor. Ein heftiges Feuer empfing sie; der Hauptmann und mehrere andere stürzten, und der Rest, ohne Führer, wich der Übermacht. Die Preußen gingen nun vor, nahmen unsere Tirailleurs in die Flanke, schossen von oben auf sie herab und zwangen sie so zum Rückzug . . .".

Auf der Flucht vor den preußischen Truppen wurden viele Freischärler gefangengenommen, verletzt und getötet. Sie waren schon vorher – seitdem Kaiserslautern in die Hände der Preußen gefallen und die dortige Revolutionsregierung aufgelöst worden war – auf der Flucht gewesen. Zum Kampf bei Rinnthal traten noch einmal 1500 Freischärler an, Freiheitskämpfer aus allen Teilen Deutschlands, eine Studentenlegion und eine geschlossene Turner-Kompanie aus Landau.

Ein Rest der geschlagenen Truppen konnte sich nach Baden zu den dortigen Aufständischen durchschlagen. Nachdem auch dort die Preußen gesiegt hatten, kehrten die Männer in die Pfalz zurück und stellten sich freiwillig den Siegern. Die verhängten Gefängnisstrafen und Todesurteile. –

Prosit!

Speyer. Unsere Beamten können ihren Kummer in diesen schlechten Zeiten in Wein ertränken. Sie erhalten nur wenig Geld, aber von ihren Landesherren neben anderer Bezahlung in Naturalien zum Teil sehr viel Wein. Ein Fuder Wein pro Familienmitglied ist ein der „Jahrhundertpost" bekannter Rekord. Rund 1000 Liter pro Person und Jahr!

Weinbau-Bestandsaufnahme der Rheinpfalz

Kelter für Bastler und Dorfzimmerleute

Neuerscheinung: „Der Weinbau am Haardtgebirge“ von Johann Philipp Bronner

Annweiler. Johann Philipp Bronner, Apotheker, Weingutsbesitzer, Rebschulenbesitzer und Weinhändler hat ein Buch über den Weinbau der Rheinpfalz geschrieben. Mit dem Erscheinungsjahr 1833 ist es in Heidelberg gedruckt und verlegt worden und trägt den Titel „Der Weinbau am Haardtgebirge“.

Neben eingehenden Schilderungen der hier üblichen Weinbautechnik, Ideen und Beschreibungen von der Düngung über die Lese bis zum Keltern sowie auch Angaben zu den einzelnen Lagen, enthält das Buch einige Zeichnungen, die Beschriebenes verdeutlichen sollen. Wir geben hier die Skizze einer Kelter wieder, die Bronner bei einem Weinbauern in Gräfenhausen nahe Annweiler sah.

Das Konstruktionsprinzip ist tatsächlich so einfach, daß technisch begabte Winzer eine solche Kelter „Do it yourself“ herstellen oder vom örtlichen Zimmermann anfertigen lassen können. Wegen der Einfachheit dieser Presse erübrigen sich auch beschreibende Erklärungen. Um zu zeigen, wie detailliert Bronner den Weinbau der Rheinpfalz beschreibt, erlauben wir uns, einige Auszüge im Wortlaut wiederzugeben. Zunächst über Edenkoben:

Bekanntlich ist hier, wie auf dem ganzen linken Rheinufer, der Zehnte schon lange abgeschafft; es darf also Jeder über sein Eigenthum frei verfügen; jedoch ist die Ordnung beybehalten, daß die Lese nach vorheriger Bestimmung von Sachverständigen im Allgemeinen nur vorgenommen wird; auch wird gehörige Aufsicht durch Schützen gepflogen, und jeder Eigenthümer, der sich zu besondern Zwecken (z. B. zur Verbringung der Trauben auf die Märkte nach Speier, Mannheim und Heidelberg, wohin sie häufig in großen Körben gebracht werden,) Trauben schneiden will, muß einen Erlaubnißschein von der Ortsobrigkeit haben, auch muß dieser einen Schützen mitnehmen, der darauf Acht hat, daß keine Nachbarstrauben in die Körbe wandern.

Wenn durch die Ortsbehörde die hinreichende Zeitigung der Trauben (die genügende Zeitigung des Traminers erkennt man daran, wenn man die Beeren abgepflückt hat und es bleibt ein rothes Pinselchen am Stiel, d. h. wenn ein Theil des Markes mit rother Farbe auf dem Fruchtboden der Beere sitzen bleibt,) und somit die Zeit der Lese erkannt wird, so werden Distriktweise die Trauben alle auf einmal abgeschnitten, (d. h. es wird nur eine Lese gehalten) und in der Hotte, welche auch an manchen Orten Logel genannt wird, mit dem Mosterkolben zerquetscht, und größtentheils in Zübern von 1 Ohm auf dem Schiebkarren nach Hause geführt, wo sie in große ein bis eineinhalb Fuder haltende Bütten gebracht werden. – Diesen Zustand als zerquetschte Trauben nennt man Trester; – nach zwei bis drei Tägen, wenn an den Wänden Bläschen aufsteigen, werden diese Trester (Tröber) auf eine große hölzerne Presse mit einer mächtigen hölzernen Schraube versehen, geschüttet, und gepreßt; sind diese ausgepreßt, (was man den ersten Druck heißt) so wird mit dem Keltermesser 1 Fuß ringsum die Masse abgeschnitten, auf die übrige Masse gelegt, und wieder gepreßt, was man den 2ten Druck heißt. Wenn der Saft abgelaufen ist, wird nochmal 1/2 Fuß dick vom Seker der Rand abgeschnitten, auf Tenen wieder aufgesetzt, dann das Ganze abermal gepreßt, was der dritte Druck genannt wird. Dieser dritte Druck giebt gewöhnlich einen herben Saft, der aus den Stielen und Kämmen der Trauben durch die große Gewalt herausgepreßt wird. Manche bringen ihn zu den zwey ersten Flüssigkeiten, in der Absicht den Wein haltbarer zu machen. Viele lassen ihn auch abgesondert und verbrauchen denselben als Trunk für die Arbeiter, oder Taglöhner.

Von einer Beobachtung in Mußbach weiß Bronner über die Neuanlage von Weinbergen zu berichten: Bey Anlegung des Bodens zu Rebfeldern wird allgemein derselbe gerottet, und dieß knietief (d. h. zwey Fuß tief); sonstige Zubereitungen oder Vorbereitungen werden keine vorgenommen. Wenn ein alter Weinberg ausgehauen ist, so wird er künftiges Frühjahr sogleich wieder neu mit Reben bepflanzt, seltener wird das Feld ein bis zwey Jahre als Baufeld zu Wurzelgemüß und dgl. benutzt.

Herr Schwanenwirth Völker, ein sehr unterrichteter Rebmann, hat den Versuch gemacht, ausgehauene Weinberge mit blauem Klee – Medicago sativa – anzupflanzen, nach zwey bis drey Jahren die Oberfläche im Spätjahr umzuhaken, und erst künftiges Frühjahr zu rotten, was weit besser seyn soll, als den nachwachsenden Klee im Frühjahr erst unterzugraben. Gerne trete ich dieser Ansicht bey, indem den Winter über die Wurzel und Kronen des Klees größtentheils verfaulen, und so eine gedüngte Decke bilden, welche umgestürzt, und von den Wurzeln der Reben erreicht, auf die Vegetation productiver wirken, als wenn erst einzeln im Boden verwesen sollen.

Beym Rotten wurden in früherer Zeit alle ausgegrabenen Steine, die die Größe einer Faust überstiegen, weggebracht; in neuerer Zeit werden sie aber alle untergerottet, d. h. beym Rotten werden die Steine auf das ungerottete Feld ausgeworfen, und wenn der Graben zwey Fuß tief ist, werden die Steine in den Graben mit der Haue gezogen, und der Grund des zweiten Grabens auf dieselben geworfen.

Ich sah selbst zwey Weinberge, die neben einander liegen, wo von dem einen beym Rotten bey 500 Kärche Steine weggeführt wurden, und bey dem andern die Steine untergerottet wurden. Letzterer liegt bei sechs Zoll höher, hatte ein viel üppigeres Wachsthum, sah satt grün und kräftig aus, während der erstere mager und gelblich aussah.

Künftig werden wir bessere Reben haben

Edenkoben. Einer der Männer, die neben Bronner (Bericht auf dieser Doppelseite) in der Pfalz viel für die Entwicklung des Weinbaus getan haben, ist Gustav Adolf Froelich.

Der engagierte Edenkobener Weinfachmann entwickelte die Klonenzüchtung bei Reben mit der Rebsorte Silvaner. 1876 konnte er mit seinem Verfahren an die Öffentlichkeit treten.

Nebenstehend zeigen wir Gustav Adolf Froelich vor einigen seiner Prachtreben.

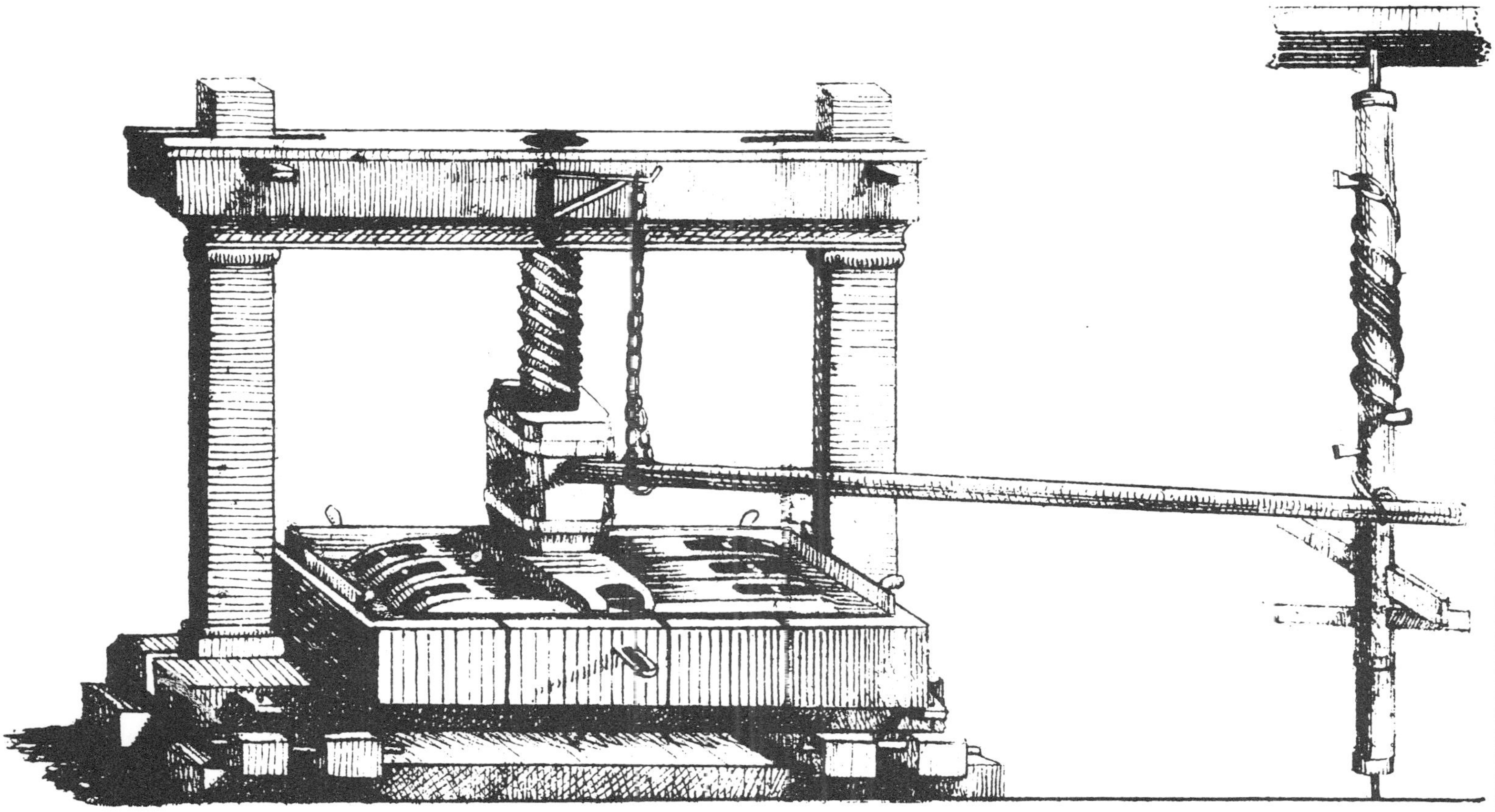

Diese Zeichnung zeigt die von J. P. Bronner beschriebene einfache Kelter.

Einige Zeilen aus dem umfangreichen Kapitel über Neustadt:
Eben so verschieden ist auch der Rebsatz. Viele Elblinge grünen noch allenthalben, und die Begierde nach vieler Masse ist hier noch nicht unterdrückt. Der edlere Sinn für den Weinbau ist hier noch nicht allenthalben rege. Ausnahmen hiervon dürfen jedoch hier nicht unberührt bleiben, indem sich in neuerer Zeit viele Wohlhabende in der besten südlichen Lage angekauft, und bedeutende gelungene Rebanlagen gemacht haben, die mit Traminern bepflanzt theilweise schon einen so vorzüglichen Wein geliefert haben, daß ein Stück 1828er zu 40 Louisd'or verkauft wurde. Auf diese Art läßt sich erwarten, daß Neustadt später bedeutenden Ruf erlangen wird; ein abermaliger Beweis, daß der Weinbau nur in den Händen der Reichern fröhliches Gedeihen findet, während er im Besitz der ärmeren Klasse zerfällt, wo nur auf Masse des Produktes gesehen wird, daß gleich im Herbste verschleudert, zu sehr getrennt und vertheilt nicht die nöthige Behandlung und Pflege im Keller erhält.

Der Vermöglichere wendet mehr Aufmerksamkeit und Mittel auf das Produkt, behandelt das Ganze mit mehr Umsicht, und wartet mit dem Verkaufe, bis sein Produkt ausgebildet und Kaufmannswaare ist. So bildet sich ein gewisser Ruf, ein Renommée, das wieder vortheilhaft auf den ganzen Ort wirft.

Mit Beispielen aus Ruppertsberg, Wachenheim und Neustadt belegt der Autor, wie sehr sorgfältige Weinbergsanlagen der Qualität dienen.

Daß man in der Weinkultur, wie in jedem Agriculturzweige, voranschreiten kann, dazu giebt uns der hiesige Rebbau den sprechensten Beleg. Noch vor einem halben Jahrhundert wurden größtentheils Albig u. dgl. gepflanzt; jetzt werden blos Traminer gesetzt, die wieder anders behandelt werden, als sie vor 25 – 30 Jahren behandelt wurden. Früher wurden den Stöcken Bögen angeschnitten und die Beholzung war höher vom Boden entfernt. Jetzt werden keine Bögen mehr angeschnitten, und die Latten dem Boden so nahe wie möglich gebracht Früher wurde nur seicht eineinhalb bis zwey Fuß tief gerottet, alle Steine sorgfältig ausgelesen, und auf die Seite gebracht, jetzt rottet man 4 bis 6 Fuß tief, und wirft keine Steine mehr heraus, sondern man bringt sie absichtlich in die Tiefe des Grabens, damit die Wurzeln sich desto besser um sie herumziehen können. Das Interessanteste dabey ist noch, daß man jetzt die früheren Auswürflinge sorgfältig auffaßt, und sie benutzt, die Richtung der Weinberge zu verbessern und den Boden zu erhöhen, indem man gute Erdlagen ausgräbt, und die Steine in die Tiefe wirft. Früher hat man kein Augenmerk auf das Planiren der Weinberge gerichtet, und auf die Abdachungsgrade gar keinen Werth gelegt. Jetzt werden die Vertiefungen durch Ausfüllen mit Steinen herausgehoben, und um nur einige Grade Abdachung zu gewinnen, außerordentliche Summen verwendet. Man muß aber auch nur einmal das Wachsthum einer solchen Anlage sehen, dann wird man staunen, welche Verschiedenheit in der Vegetationskraft zwischen altem ausgedientem Boden, und zwischen solchem neuen Boden statt findet während; jene trotz aller künstlichen Hilfsmittel nur Schwächlinge produzieren, so scheint hier eine neue Kraft, eine Urkraft zu wirken, die der Vegetation so äußerst günstig ist.

Hierzu einige Belege. Herr Wolf aus der Neustadt hat einen Weinberg mit reinem Traminer-Satze von 150 Ruthen angelegt, und um ihm eine Abdachung von 6 Graden zu geben, hat derselbe auf der Nordseite eine 10 Fuß hohe Mauer aufführen lassen. Zur Ausfüllung bis zu dieser Höhe hat er einige Aecker gekauft, davon die Erde abgehoben und dorthin führen lassen; auf der südlichen Seite hat er Grund abnehmen, und auf die nördliche bringen lassen. Die ganze Anlage soll 7.000 fl. gekostet haben.

Auch Herr Wolf aus Wachenheim hat ebenfalls einen Weinberg von 100 Ruthen auf ganz flacher horizontaler Lage angelegt.

Dadurch, daß er gegen Norden das Feld um drey Fuß erhöhte, und gegen Süden dasselbe um zwey Fuß vertiefte, brachte er eine rein südliche Lage mit fünf Grad Abdachung hervor.

Diese mit vielem Kostenaufwande und mit vieler Einsicht geschaffenen Anlagen sind ein Bild der bis jetzt möglichst erreichten Vervollkommnung. Wer bürgt uns aber dafür, ob in 25 bis 50 Jahren diese Behandlung nicht abermals durch eine bessere in den Schatten gestellt werde. Denn ich bin rein überzeugt, daß man damals den höchstmöglichen Verwollkummnungs-Grad erreicht zu haben glaubt, als man die Albig abschaffte, und einen niederen Schnitt einführte. Dieß Bild der Vergangenheit soll uns lehren, daß wir das Streben nach Vorschreiten nicht in uns ersterben lassen sollen.

Kommentar

Kleinlich

Am 17. Juni 1849 siegten die preußischen Truppen im letzten Kampf bei Rinnthal über die Freischaren der „48er Revolution". Einer der gefallenen Freischärler war Philipp Ehrhardt, Pfarrerssohn aus Leinsweiler. Er starb in der Nähe eines Felsens am Schwellborn westlich von Rinnthal. Wie immer man heute in Regierungskreisen über die Revolution denkt: Philipp Ehrhardt starb für sein Ideal von mehr Bürgerfreiheit, für das er in den Kampf gezogen war.

Das Pfarrerehepaar Ehrhardt ließ in den Felsen am Sterbeplatz des Sohnes Worte des Gedenkens einmeißeln und die Buchstaben mit Gold auslegen.

Das wäre nun Ausdruck menschlich-privater Anteilnahme geblieben, wenn nicht ... Da gibt es einen Regierungsbeamten (sein Name ist austauschbar, deshalb sei er hier nicht genannt) von einer bestimmten, kleinlichen Sorte. Der sah Anlaß zum Einschreiten. Und er schritt ein: ein Schreibtischheld im Feldzug gegen einen Toten. Er erreichte es, daß Pfarrer Valentin Ehrhardt das Gold aus der gemeißelten Schrift entfernen mußte.

Winzer für Frankreich

Bergzabern, Klingenmünster und viele andere Pfalzorte. Die Begeisterung für die Freiheitsgedanken der Französischen Revolution war Ende des vergangenen Jahrhunderts in der Rheinpfalz so groß, daß viele Orte nach dem Entscheid ihrer Bürger für einen freiwilligen Anschluß an Frankreich plädierten. Hier eine Liste der Orte, die nach heutigem Wissen im Laufe der vergangenen Jahre entsprechende Absichten geäußert haben:

Altdorf, Appenhofen, Barbelroth, Bergzabern, Billigheim, Dierbach, Drusweiler, Erlenbach, Freisbach, Gleishorbach, Gleiszellen, Gommersheim, Hergersweiler, Heuchelheim, Ilbesheim, Ingenheim, Kapellen, Klingen, Klingenmünster, Mörzheim, Mühlhofen, Niederhorbach, Oberhausen, Oberhochstadt, Oberhofen, Pleisweiler, Rohrbach, Steinweiler, Vollmersweiler, Winden, Wollmesheim.

Ein Bericht des Pfarrers von Winden über die Errichtung des Symbols der neuen Bürgerfreiheit, des Freiheitsbaumes im Dorf Mühlhofen, zeigt jedoch, daß die neue Richtung durchaus nicht allen Bürgern paßte:

„... haben etliche Mühlhofener Bürger, die am Vortag mit Degenfeldischen Untertanen in Landau verhandelt hatten, vor dem Kirchhof in Mühlhofen, nahe am Wachthaus, den Baum mit der roten Kappe aufgestellt, den Eid geschworen und die Munizipalität gewählt. Den Kirchältesten Schwarz haben sie dabei zum Maire gewählt, den Schulmeister wollten sie zum Procureur wählen, doch verweigerte dieser den Eid, wie es auch der Kirchenälteste Herrancourt und die Wiedertäufer (Mennoniten) des Ortes getan haben."

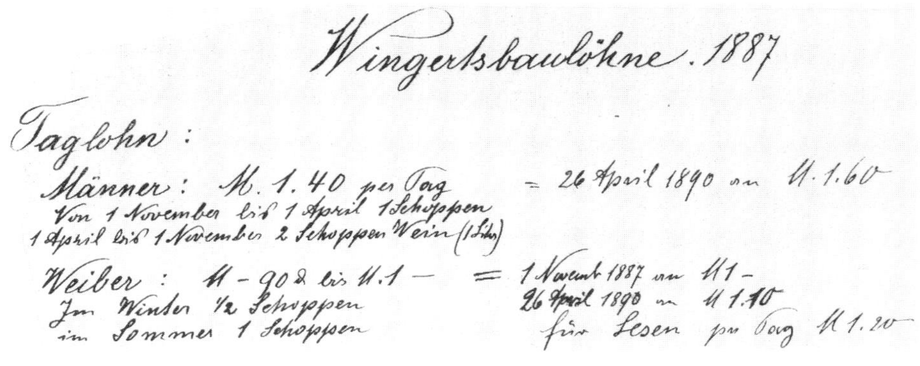
Wingertsbaulöhne. 1887

Taglohn:

Männer: M. 1.40 per Tag = 26 April 1890 an M. 1.60
Von 1 November bis 1 April 1 Schoppen
1 April bis 1 November 2 Schoppen Wein (1 Liter)

Weiber: M – 90 ₰ bis M. 1 – = 1 Novemb 1887 an M 1 –
Im Winter ½ Schoppen — 26 April 1890 an M 1.10
im Sommer 1 Schoppen — für Lesen per Tag M 1.20

Nach dieser Liste des Mossbacher Hofes in Forst erhielten Männer im Weinberg einen Tageslohn von 1,40 Mark, Frauen 0,90 Mark. Die Männer bekamen zusätzlich das doppelte Weinquantum der Frauen. (1 Schoppen gleich ½ Liter)

Eisenfuß

Edenkoben. Natürlich sind sie widerstandsfähig, aber bequem sind sie nicht, die eisernen Wingertsstiefel, die als der „letzte Schrei" für den Weinberg in Mode gekommen sind. Kurzzeitig allerdings nur, denn sie haben sich nicht so bewährt, wie es ihre Hersteller erwartet hatten. So wird es wohl bald mehr Anzeigen geben, wie die im „Edenkobener Wochenblatt": „Eiserne Wingertsstiefel hat abzugeben – August Kuby".

Winzer

Speyer. Am 28. September 1870 wurde Konrad Reither als neuer Bischof in Speyer inthronisiert. Heute, kaum mehr als ein halbes Jahr später, ist er tot. Der Winzer- und Bauernsohn aus dem Weinbauort Göcklingen starb an einer Krankheit, an der er schon litt, als er die Bischofswürde übernahm. – So endete eine erstaunliche Karriere tragisch. Dennoch bleibt dieses Beispiel Hoffnung und Ansporn für viele.

Exodus

Rheinpfalz. Wirtschaftliche Not ist seit langem ein Motiv für die Amerika-Auswanderer. In den vergangenen drei Jahren seit der Revolution von 1848 ist für viele Deutsche, besonders aber für viele Pfälzer, die politische Enttäuschung als wichtiges Motiv hinzugekommen. Viele wandern aus, um in Amerika die Freiheit zu finden, die ihnen hier verwehrt wird. Über eine Million Menschen sind bis 1851 ausgewandert!

In zwei Sätzen

✳ **Im Jahr des Friedensschlusses 1871 gibt es in vielen Orten eine Massenepidemie. Allein im Dorf Albersweiler sterben 33 Kinder.**

✳ **Die Eisenbahnstrecke Annweiler/Zweibrücken ist 1875 fertiggestellt. Sie hat rund 12 Millionen Gulden gekostet.**

✳ **In der Lage „Hoheburg" ist ein erhaltenes römisches Glasgefäß gefunden worden. Es hat die Form eines Weinfasses mit zwölf Reifen.**

✳ **31 Jahre nach ihrem Tod im Jahre 1849 sind jetzt acht gefallene Freischärler auf dem Friedhof in Annweiler durch ein Denkmal geehrt worden. Inschrift: „Auch sie starben für das Vaterland."**

Eine Familie aus der Rheinpfalz

Deidesheim. 1802 hat Andreas Jordan Deidesheimer Wein nicht nur wie bisher üblich nach dem Ort, sondern auch nach der Lage benannt, um damit die besondere Qualität seines Weines hervorzuheben. Er erzielte gute Weinpreise. Sein Heimatort machte ihn zum Bürgermeister, und als Abgeordneter in der Kammer der Landesstände vertrat er die Mittelhaardt.

Nachfolger in dieser Funktion wurde sein Sohn Ludwig Andreas, der auch im Weinbau Aufsehen erregte. (6000 Gulden für ein Stück Wein: Sensationspreis für eine 1852er Auslese.) Er bekam Ämter über Ämter.

Er war mit Seraphine Buhl verheiratet. Der Name dieser verwandten Familie wurde in Deidesheim ebenfalls zu einem Begriff.

Eine Jordan-Tochter heiratete in die Familie Deinhard nach Koblenz, und damit waren die Jordans (später Bassermann-Jordan) mit einer zweiten berühmten deutschen Weinbaufamilie verwandt.

Ein Hoch den Hüten

Annweiler. Dank elsässischer Unternehmen hat Annweiler nun eine florierende Hutindustrie. Drei Fabriken versorgen von dort einen großen Teil des europäischen Marktes mit Flechthüten.

Die drei Fabriken beschäftigen zur Zeit 1400 Mitarbeiter, wovon der größte Teil allerdings in Heimarbeit tätig ist. Als Materialien werden Stroh, Weidenzweige und Palmfasern verwendet. Die Jahresproduktion aller drei Annweiler Hutfabriken zusammen belief sich für das Geschäftsjahr 1865 auf rund 400000 Hüte! – Das bedeutet Arbeit und Brot für viele Menschen in den Wald- und Weindörfern rings um Annweiler. Ein Hoch den Hüten!

Bekanntmachungen.

Ausschreiben.

Am Sonntag, den 19. Februar l. J., des Nachts, wurden 54 Deckplatten an den Wingertsmauern des Bäcker Hüner, Bierbrauer Meyer und Bäcker Frank von hier, im Lettenwege, heruntergeworfen und großentheils zertrümmert.

Es sind **10 Gulden** Belohnung für Denjenigen ausgesetzt, welcher zur Ermittlung des Thäters genügende Anhaltspunkte geben kann.

Edenkoben, den 2. März 1871.

Das Polizeicommissariat,
Born.

Verpachtung.

Samstag, den 4. März nächsthin, Nachmittags 4 Uhr, zu Rhodt im Wirthshause zum Lamm, läßt Herr Wilhelm Dachsteiner, Privatmann, in Edenkoben wohnhaft, auf 6 Jahre verpachten:

Im Banne von Rhodt.

94 Decimalen Acker am Landauer Weg im Bremen, neben Keller und Friedrich Reinhard Seitz, in 2 Parzellen.

Edenkoben, den 1. März 1871.

Börsch, k. Notär.

Stiefelholz-Versteigerung.

Freitag, den 10. März 1871, zu Edenkoben am Bahnhof, Mittags 1 Uhr, läßt Holzhändler D. Thunes von Busenberg auf Credit versteigern:

100 Klafter schönes eichenes Stiefelholz, 4½ und 5 Schuh lang.

Edenkoben, den 1. März 1871.

Faber, k. Notär.

Von vorzüglicher Wirkung gegen Trägheit der Verdauungs-Organe, habituelle Stuhlbeschwerden, Bleichsucht, Blutleere, Hämorrhoiden und Neigung zu Gicht und Scropheln. Das Flacon Pastillen, in welchem die Salze aus einem Liter Rakoczy enthalten, kostet 30 kr. Nur allein ächt in Edenkoben bei Hofapotheker **Kaußler.**

Kgl. Bayer. Mineralwasser-Versendung.

Kölner Dombau-Lotterie.

Todes-Anzeige.

Freunden und Bekannten die traurige Nachricht, daß unsere geliebte Gattin und Mutter,

Eva Elisabetha Geörg, geb. Schaadt,

am 28. Februar, Mittags ¼3 Uhr, nach kurzem Krankenlager im Alter von 32 Jahren uns durch den Tod entrissen wurde.

Die Beerdigung findet heute Nachmittag um drei Uhr statt.

Wir bitten um stille Theilnahme bei unserm unersetzlichen Verluste.

Edenkoben, den 2. März 1871.

Carl August Geörg
und seine 5 unmündigen Kinder.

Der Krieg ist beendet.

Die unsicheren Zustände der letzten 20 Jahre sind gehoben.

Das Vertrauen ist in vollem Maße zurückgekehrt und das ängstlich zurückgehaltene Geld ist wiederum für alle Bedürfnisse vorhanden.

Die Industrie geht in allen Zweigen einer großen Zukunft entgegen und

Die Zeit ist vor der Thüre, in der jedes Geschäft sich zu einer glänzenden Höhe emporzuschwingen vermag.

Doch diesem Ziele stellt sich

ein neuer Krieg

entgegen! Es ist der Krieg mit der Concurrenz, die ihr Haupt in nie geahnter Weise erheben und jeden Geschäftsmann nöthigen wird, sich rechtzeitig eine geeignete Waffe zu wählen.

Die erfolgreichste Waffe

in diesem friedlichen Kampfe ist aber unstreitig die Zeitungs-Annonce.

Dieselbe verfolgt nicht blos den Zweck: „die Neuheiten der Industrie zur öffentlichen Kenntniß zu bringen, sondern auch das große Publicum auf seine ihm nahe liegenden Bedürfnisse immer auf's Neue aufmerksam zu machen. Durch die Annonce stellt sich der Geschäftsmann zum Kampfe neben seine Concurrenz und erhält seine Firma dem Gedächtniß des Publicums.

Unser Institut, welches sich lediglich mit der Vermittlung von

Annoncen in alle existirenden Zeitungen

befaßt, empfehlen wir hiermit der gesammten Geschäftswelt angelegentlichst zur freundlichen Benützung, und sichern in allen Fällen eine reelle, exacte und billige Bedienung zu.

Stuttgart, Rothebühlstraße 20½.

Süddeutsche Annoncen-Expedition.

Officielle Agentur sämmtlicher Zeitungen des In- und Auslandes.
Vertreter in allen größeren Städten.

Zu verpachten:

174 Dec. Acker in der Lößzewann, Maikammerer Bannes, neben Friedrich Croissant und Kappenmacher Gnast.

Näheres zu erfragen bei Geschäftsmann Heinrich Acker in Edenkoben.

Ein solider **Küferbursche** findet dauernde Beschäftigung bei

H. Schmidt in Winzingen bei Neustadt a. d. H.

An die verehrl. Lazareth-vorstände.

Um unseren armen Verwundeten und Kranken ihre Stunden zu verkürzen, habe ich

Kochsalz

zu haben in der Eisen- und Colonialwaaren-Handlung von

P. J. Gleich.

Zu vermiethen:

der untere Stock nebst Keller, Stallung, Scheuer und Antheil an der Kelter bei

Wittwe Michel, Obergasse.

Wicken, Esparsette, Hafer und **Kleesamen** bei

Joseph Herrmann
in Venningen.

Musterpapier für Tüncher bei
Adam Gotthold in Neustadt.

Faksimile vom Kollegenblatt

Rheinpfalz. Um unseren Lesern auch einmal Einblick in den Anzeigenteil eines von uns geschätzten Lokalblattes zu geben, veröffentlichen wir hier die Faksimile-Wiedergabe eines solchen Teils in Originalgröße. („Edenkobener Wochenblatt“)

Nr. 12
Ausgabe
1900 – 2000

IN VITE VITA … IN VINO VERITAS

Jahrhundertpost

Meinungsfreudig
Weinverbunden
Das erste Blatt
der Weinpfalz

20. April 1945: „Zum ersten Mal brennt wieder elektrisches Licht“

Böbingen: Michael Damian und Berthold Renner haben aufgezeichnet, wie die letzten Kriegsmonate in Böbingen erlebt wurden. Dieses von der „Jahrhundertpost“ herausgegriffene Beispiel schildert gewissermaßen ein „dörfliches“ Kriegsende, Tage, die hier allerdings weniger Härte und Unglück brachten, als in anderen deutschen Landen.

Kellerbesatzung der Ungsteiner Winzergenossenschaft mit ihrem 1903er.

Wir beginnen mit der Tagebucheintragung vom 24. September 1944:

„Am 24. September 1944 müssen alle Männer bis 65 Jahre zum Schanzen ins Grenzgebiet. An den Dorfeingängen und Ausgängen von Böbingen müssen, wie in anderen Dörfern auch, Panzersperren errichtet werden. Das verwendete Holz mußte von Böbinger Bauern mit dem Pferde- oder Kuhfuhrwerk aus dem Vorderwald geholt werden. Um die Städte Speyer und Landau werden Panzergräben ausgehoben. Die 8. Schulklasse sowie sämtliche Männer, zum Teil auch Frauen und Mädchen, müssen schanzen helfen.

Im November 1944 wird der sog. Volkssturm gebildet. „Alle Männer bis 60 Jahre werden auf den Führer vereidigt. Große Spannung.“

Sonntag, 26. November 1944: „Wir werden durch die Ortsgruppenleitung gefragt, ob wir bei einem weiteren Vormarsch auf unsere engere Heimat Haus und Hof verlassen oder dableiben wollen!!“

5. Dezember 1944: „Es fallen zwei Bomben in unserer Gemarkung. In der Lehmgrube und im Lachgraben.“ (Fünfhundert Meter vom Dorf entfernt.)

15. Dezember 1944: „Bahnhof Winden und Dorf werden beschossen. Die Grenzdörfer werden geräumt. Der Geschützdonner kommt immer näher. Bekannte und Verwandte aus dem Grenzgebiet kommen mit ihren Habseligkeiten auf Wagen in die Gäudörfer.“

25. – 26. Dezember 1944: „Über die Weihnachtstage öfter Fliegeralarm.“

28. Dezember 1944: „Alle Männer zwischen 16 – 65 Jahren einschließlich Kriegsgefangene und Ukrainer müssen ab heute täglich Igelstellungen zwischen Freimersheim, Kleinfischlingen und Niederhochstadt ausheben. Bei evtl. Luftlandungen sollen diese Igelstellungen von Volkssturmtruppen besetzt werden.“

Am 5. Januar 1945 wird auf dem Edenkobener Bahnhof ein Munitionszug von feindlichen Fliegern getroffen. Zwei Stunden lang explodierte die Munition. Auch auf unsere Gemarkung flogen Brocken.

8. Januar 1945: „In der Nacht kommt eine Abteilung Fallschirmtruppen hier in Quartier.“

14. – 15. Januar 1945: „Einquartierung SS-Division.“

16. Januar 1945: „Einquartierung einer Kompanie motorisierter Infanterie.“

25-Jahr-Feier der „Ehemaligen“ der Wein- und Obstbauschule im Jahre 1929 im Keller der Schule (mit Angehörigen).

Die vier alten Herren auf diesem Bild sind 1930, als die Aufnahme entstand, die vier letzten Mitglieder des Kriegervereins von 1870/71 gewesen. Sie waren damals also Kriegsteilnehmer.

20. Januar 1945: Im Königreich in unserer Gemarkung springt ein Amerikaner mit dem Fallschirm ab und wird von den Soldaten hier in Gefangenschaft gebracht."

15. März 1945: „Durch Tiefflieger (Jabos) werden am Schwimmbad zwei Bomben geworfen."

Am 17. März 1945 erscheint zum letzten Mal die Tageszeitung NSZ. ein Volkssturmführer (Benner) besichtigt die Wachen und die Panzersperren im Ort.

18. März 1945: „Die Lage wird immer gespannter. Schon verlassen die Familien einiger politischer Leiter das Dorf. Die Volkssturmmänner müssen Schützenlöcher ums Dorf ausheben."

19. März 1945: „Das elektrische Licht brennt ab heute nicht mehr. Die feindlichen Flieger werden von Tag zu Tag gefährlicher. Man kann nicht mehr ins Feld. Eine Kriegsschlächterei und eine Bäkkerkolonne sind im Dorf in Quartier und haben sich zum Schlachten und Bakken eingerichtet."

22. März 1945: „Am Abend rücken die deutschen Soldaten, Metzger und Bäcker ab und lassen hunderte von Zentnern Mehl, tausende von Broten und hundert Zentner Fleisch zurück. Auch Konserven lassen sie liegen.

Nach Mitternacht schnitten die Mädchen vom Unterdorf die für die Panzersperre bereitgelegten Stämme zum Zumachen in der Mitte durch. Mehl, Brot und Konserven wurden verteilt. Eine große Menge blieb noch liegen."

Aus der Überlieferung des Jakob Gödelmann ist bekannt, daß er als Schäfer auf den Sonderwiesen mit seinem Fernrohr beobachtete, wie auf dem Kirchturm in Freisbach die weiße Fahne wehte. In Weingarten dagegen war das Zeichen für die bedingungslose Kapitulation nicht zu sehen. Die anrükkenden Alliierten schossen dort etliche Scheunen in Brand. Der Schäfer verließ seine Herde, um den damaligen Bürgermeister Jakob Bopp zu veranlassen, eine weiße Fahne auf dem Kirchturm zu hissen. Vielleicht wurde damit größerer Schaden an unserem Dorf verhütet.

23. März 1945: „Um vier Uhr nachmittags fuhren die ersten Amerikaner von Geinsheim kommend mit Panzern und allerlei Autos das Schmiedgässel herein durch unsere Dorfstraße. Der Durchmarsch der Amerikaner dauerte über eine Stunde. Die Nacht verlief ruhig. Die Amerikaner hoben auf den Sandäckern Infanteriestellungen aus, ohne daß die Bevölkerung etwas merkte."

Die französischen Kriegsgefangenen werden in ihre Heimat abtransportiert. Über das Verhältnis der Dorfbevölkerung zu den Gefangenen kann gesagt werden, daß es trotz schlimmer Kriegszeiten ein gutes war.

31. März 1945: „Es kommen französische Besatzungstruppen ins Dorf. Sie werden im Mitteldorf einquartiert."

3. April 1945: „Französische Soldaten stehlen im Beisein der Familien Schmucksachen, Taschenuhren und dergleichen."

4. April 1945: „Der französische Ortskommandant läßt durch die Ortsschelle bekanntgeben: Die Diebstähle werden bestraft."

5. April 1945: „Die französischen Truppen rücken ab. Vorher brachten sie noch tausend deutsche Kommißbrote nach Edenkoben, weil die Bevölkerung tagelang ohne Brot war."

20. April 1945: „Zum ersten Mal brennt wieder elektrisches Licht."

Großer Erfolg

Speyer. 22. Mai 1910. Das „Historische Museum der Pfalz" mit dem „Weinmuseum" ist an diesem Tage eröffnet worden. Dank vieler Spender historischer Ausstellungsstücke aus der Weinvergangenheit der Pfalz ist der „Weinbereich" des Museums schon zur Eröffnung sehr umfangreich: Statt der vorgesehenen zwei Räume umfaßt das Weinmuseum bereits sechs Säle!

Kommentar

Die Pest der Pfalz

Es ist wie diese schlimme Krankheit, die unsere Region in früheren Zeiten heimgesucht hat: Es breitet sich aus, als seien die Menschen machtlos dagegen. Es hat viele Herde und unterschiedliche Erscheinungsformen. Und es hat sich eingenistet, als solides Altes morsch wurde und durch gesundes Neues hätte ersetzt werden müssen. Die Holzbretter an den schönen Hoftoren der Winzerdörfer sind zu einem großen Teil durch Plastikbretter ersetzt worden.

Es hat plötzlich an mehreren Stellen angefangen und sich mit der Unausweichlichkeit der Pest ausgebreitet. Menschen sterben dabei nicht, aber der Geschmack bleibt auf der Strecke und die Schönheit alter Straßenbilder wird getötet: Das ärgert Passanten in den verschiedensten Brauntönen, manchmal gar in einem verblichenen Lila. Und wenn einer der Betroffenen einen der Verursacher fragt, dann sagt der, das sei doch so schön „praktisch" und „billig" natürlich auch.

„Schön praktisch" mag es sein, schön jedoch nicht. Und ob es sich wirklich für den Plastiktor-Besitzer auszahlt, darf bezweifelt werden. Der Dorfgemeinschaft dient es auf keinen Fall. Das schadet, weil es abschreckt. Da hilft nur das gleiche, was auch gegen die wirkliche Pest geholfen hat: Hygiene – wobei es hier um die Geschmackshygiene geht.

Drei „B"

Deidesheim/Wachenheim. Die Mittelhaardt geht mit vielen guten und drei berühmten Weingütern in das neue Jahrhundert: die drei großen B, Bassermann-Jordan, Bürklin-Wolf und Buhl.

Altersrekorde noch und noch

Viele Mitglieder der Familie Minges erreichen „biblisches Alter“

Flemlingen. Am 12. März 1979 starb Eugen Minges im Alter von 102 Jahren und 4 Monaten. Der Mann, der sein Leben unter dem Leitgedanken des „Bete und arbeite“ lebte, war Vater von sechs Kindern.

Er war sicherlich einer der ältesten Winzer in Deutschland, innerhalb seiner Sippe jedoch kein „ungewöhnlicher Fall“! Da gibt es heute einige Verwandte, die zwischen 80 und 100 Jahre alt sind, und auch aus der Vergangenheit sind mit Altersdaten von Minges-Familienoberhäuptern einige Altersrekorde überliefert:

Velten Minges war Schultheiß in Burrweiler und Flemlingen. Er wurde von der Verwaltung des Grafen Traumannsdorf, zu der auch Burrweiler mit Flemlingen und Wernersberg gehörte, seinen Mitbürgern als Schultheiß vorgesetzt – „dergestalt vorgestellt werden, daß sie ihm parieren mußten“. – „Minges der Alt“ nannten sie ihn im Dorf, er starb mit 79 Jahren.

Johann Peter Minges, der ebenfalls Schultheiß in Flemlingen wurde, lebte von 1652 bis 1728 – 76 Jahre.

Johann Minges II. brachte es auf 81 Jahre, sein Sohn Georg auf 90 und dessen Sohn Georg, „Georg Minges II.“ genannt, auf 86.

Valentin Minges war wiederum ältester Sohn des Georg Minges II., erreichte das stolze Alter von 82 Jahren und hatte zwei Söhne, Johannes und Heinrich, die beide 84 Jahre alt wurden.

Heinrich Minges war Vater von Eugen Minges, mit dem wir diese Liste der Altersrekorde begannen.

In zwei Sätzen

● Nachdem 1894 bereits ein großer Teil der Ernte ausgefallen ist, erlebt der Weinbau nun vier Jahre später wiederum einen Mißherbst. Viele Weinbauern verzweifeln.

● Das Aushauen von wildwachsenden Reben in unseren Wäldern soll gestoppt werden. Namhafte Weinfreunde – darunter Bassermann-Jordan – treten dafür ein, diese Reben unter anderem auf ihre Verwendbarkeit (Kreuzungen) im Kampf gegen die Reblaus zu untersuchen.

● Die Winzer in Königsbach haben 1906 Mitleid mit den durstigen deutschen Schutztruppen in Südafrika. Sie geben eine Sendung Rotwein auf den Weg.

● Während des zweiten Weltkrieges Bombenangriffe auch auf Weindörfer, in denen Geschütze stehen. Bewohner leben zeitweilig wie ihre Vorfahren in Erdhöhlen der umliegenden Wälder.

● Das „Deutsche Weintor“ wird in Schweigen am Ende der „Deutschen Weinstraße“ gebaut. Im Verlauf der dreißiger und vierziger Jahre sollen dann an der Weinstraße Hotels entstehen, die Namen deutscher Großstädte tragen.

● 1951 erreichen die Weinpreise ein gutes Niveau. Die meisten Fuder werden um 900 DM verkauft.

Hochgestapelt!

Burrweiler. Wir zitieren eine Meldung unserer Kollegen vom „Landauer Anzeiger“, Ausgabe 22. April 1904: „Einen sehr interessanten Fund machte dieser Tage dahier im Steinbruch am Teuferlsberg bei seiner Arbeit Herr Peter Beck, Steinbrecher in Burrweiler. Derselbe fand beim Umgraben eines Baumes . . . einen Wurf- oder Stoßspeer aus Kupfer. Derselbe ist 30 Zentimeter lang . . .“ – Nachprüfung: Beil statt Speer, 12 statt 30 cm, Bronze statt Kupfer.

Herxheim

Viel Sand

Herxheim. 30000 Besucher, Zuschauer aus vielen Ländern Europas und internationale Beteiligung bei den Rennen – die Herxheimer Sandbahnanlage gehört jetzt zum Besten, was die Motorsportwelt auf diesem Gebiet zu bieten hat.

Angefangen hatte es 1929, als 22 Motorradfreunde aus Herxheim einen Motorradclub gründeten. Ein Jahr später begannen sie mit dem Bau einer Aschenbahn innerhalb der damaligen Pferderennbahn. 1931 konnte schon das erste Rennen gestartet werden. 7000 Zuschauer kamen.

Inzwischen hat der Ort mit seinen 9000 Einwohnern bei den Motorsportlern Europas einen guten Ruf, und die Rennen am Himmelfahrtstag sind international zu einem traditionellen Ereignis dieser Sportart der harten Männer geworden.

Das Kuhgespann – jetzt, Anfang der fünfziger Jahre wohl eine der letzten Aufnahmen dieser Art. Nach dem Krieg wurde so von einigen Winzern die Vorkriegstradition wieder aufgenommen, obwohl das Pferdegespann die langsamere und schwächere Kuh seit langem verdrängte.

Friedrich von Bassermann-Jordan

Ein Weinbuch ohne Beispiel

Deidesheim. Eingeweihte wußten es seit langem: Friedrich von Bassermann-Jordan arbeitet seit geraumer Zeit an einem großen Werk über die Geschichte des Weinbaus. Nun ist sie in drei Bänden mit den Veröffentlichungsjahren 1906/1907 erschienen. Ohne einer späteren Rezension vorgreifen zu wollen: Dieses Buch enthält ungeheure Fülle von Material. Es ist umfassend und außerordentlich detailliert zugleich. Der Autor, der ein berühmtes Weingut in Deidesheim besitzt, wird sich mit diesem großen Werk sicherlich auch in der Weinliteratur einen Namen machen.

Frauen nicht erwünscht

Königsbach. Auch im Winzerverein Königsbach klagt man über Mitglieder, die wegen ihres Gebarens im Weinbau oder persönlicher Eigenarten der Mehrheit das Leben schwermachen. Damit nun solche Leute nicht durch die Hintertür Vereinsmitglied werden können, hat der Winzerverein 1921 für die kommenden Geschäftsjahre einen eigenartigen Beschluß gefaßt:

Mädchen und junge Frauen sollen künftig nicht mehr aufgenommen werden können. Die Gefahr sei zu groß, daß sie durch Heirat neue und möglicherweise unerwünschte Vereinsmitglieder einbringen.

Das Pferd auf dem oberen Bild arbeitet auch heute, in den achtziger Jahren im Weinberg. – Der Lastwagen unten lieferte Pfälzer Wein in den dreißiger Jahren – hier vor dem Restaurant „Rheinpfalz“ in Berlin, das übrigens ein vegetarisches Restaurant war.

Philipp Cuntz schafft den ersten Weinlehrpfad

Anschauliche und unterhaltsame Information

Schweigen. Beginnend am Deutschen Weintor in Schweigen entsteht der erste Weinlehrpfad. Nach dem Willen des Winzers Philipp Cuntz, der Initiator und Motor der Idee zugleich ist, sollen hier Erfahrungen aus dem Weinbau in einem Förderkreis, dem „Weintorkreis", zusammengetragen und für die Öffentlichkeit ausgewertet werden.

Mit Hilfe von Winzern, Handwerkern und Kunsthandwerkern aus Schweigen und der näheren Umgebung wird der Weinlehrpfad verwirklicht. Auch Winzer von jenseits der Grenze haben sich engagiert.
Der Weinlehrpfad zeigt Rebsorten und Erziehungsarten, Winzergerät und mehrere Plastiken vom Dorfschmied („Reblausdenkmal"), vom Bildhauer, Holzschnitzer („Traubendieb") und Rebenschnitzer. Winzerfrauen haben mit Blumenanpflanzungen für weitere freundliche Auflockerung des zu erwandernden Bildes gesorgt.

Geilweilerhof. Es ist entschieden: das ehemalige Klostergut „Geilweilerhof" bei Siebeldingen wird Sitz der Bundesforschungsanstalt für Rebenzüchtung. Neben der besonderen Aufgabe, neue Reben zu züchten, wird die Bundesforschungsanstalt durch Grundlagenforschung Entscheidungshilfen für politische Maßnahmen im Weinbau geben.

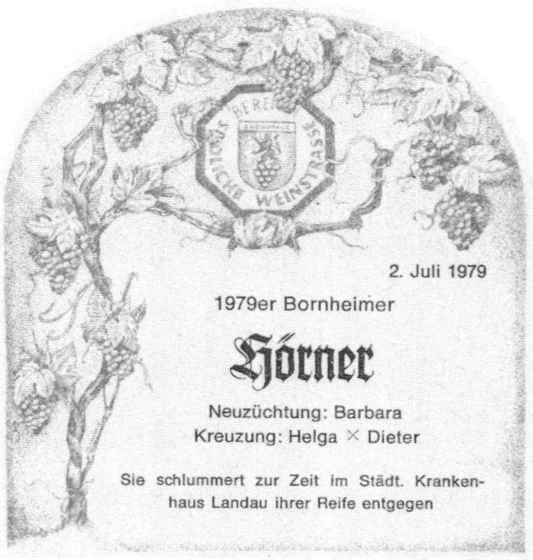

Besondere Anlässe, besondere Weine, besondere Etiketten: Ob da ein Fußballverein für seine Mannen und seine Fans abfüllen läßt oder ein stolzer Vater seine Tochter feiert und seine Frau überrascht.

Die Kühe

Zwei Wagen, die mit Benzin getrieben werden, und ein Gefährt mit davor gespannten Kühen, das Bild scheint symptomatisch für die Entwicklung. Auch in unseren ländlichen Räumen setzt sich offenbar der Motor durch, der Mensch und Tier zwar viel Arbeit abnimmt, aber auch viel Lärm und Gestank hervorbringt und viel Geld kostet. Natürlich ist so ein Benzingefährt der ganze Stolz seiner Besitzer – auch das zeigt diese Aufnahme recht deutlich. Im Weinberg hilft er im Augenblick noch nicht viel, aber der Zeitpunkt ist abzusehen, da der „Benziner" nicht nur wie hier Dekoration eines Fotos zum Herbstausklang im Weingut des Klosters Heilsbruck ist, sondern einfach nur ein Werkzeug.

Beim Mosttransport nach der Lese zu den großen Kellereien werden schon motorgetriebene Lastwagen eingesetzt, während andere Winzer noch mit ihrem Rindergespann ihre flüssige Ernte zur Kellerei in eine der großen Städte fahren.

Lese der Zwanziger

Rhodt. Weinlese in den zwanziger Jahren: Viele Menschen gehen in den Weinberg. Drei Generationen arbeiten meist nebeneinander, wie hier auf dem Foto aus Rhodt.

Die Wagen, mit denen man in den Weinberg fährt, sind hochrädrig in schwierigem Gelände. Die Tragen (Hotte, Logel, Kiepe), mit denen die eingesammelten Trauben zur Holzbütte auf den Wagen gebracht werden, sind ebenfalls aus Holz und recht schwer. Als Zugtier dient die Kuh, die bei den Weinbauern gewissermaßen als „Allround-Helfer" im Stall steht. Fast alle Winzer betreiben auch Landwirtschaft.

326 Grad Öchsle

Rekord

Nußdorf. In Nußdorf bei Landau ist eine Siegerrebe-Trockenbeerenauslese vom Jahrgang 1971 mit einem Mostgewicht von 326 Grad Öchsle eingebracht worden. Das Problem ist nun, diesen außerordentlich zuckerreichen Most, der sich gewissermaßen selbst konserviert, zum Gären zu bringen. Die Fachleute der Landes-Lehr- und Forschungsanstalt Neustadt wollen dabei helfen.

Neben diesem Rekord-Wein hat die Rheinpfalz rechtzeitig zur Auswirkung des neuen Weingesetzes eine hervorragende Ernte eingebracht, die den Start in die verstärkte Vermarktung unter eigenem Namen (und damit weg vom anonymen Verkauf) erleichtern wird.

Fünfzig Millionen für mehr Wissen vom Wein

Neubau für die Landes-Lehr- und Forschungsanstalt

Neustadt. Die Landes-Lehr- und Forschungsanstalt hat für rund 50 Millionen DM ein neues Haus in Mußbach erhalten. 1980 kann der Betrieb dort aufgenommen werden. Anlaß auch, über den „Ist-Stand" Bilanz zu ziehen:

Mit rund 100 Mitarbeitern werden 30 Hektar Rebland bewirtschaftet, davon fünf Hektar Versuchsfläche.
Unter den etwa 1 000 untersuchten Rebsorten sind auch rund 10 Prozent alte Rebsorten der Rheinpfalz, wie etwa der „Rote Gänsfüßer": 80 neue Sorten werden untersucht.
Ein besonderer Erfolg ist die gute Teilnahme am Unterricht der angeschlossenen Berufsschule.

Mit den beiden Rotwein-Neuzüchtungen Dornfelder und Dunkelfelder ist ein Ausweichen auf ausländischen Deckrotwein überflüssig geworden. Nur 5 Prozent Zugabe eines dieser Weine zu einem Weißwein machen aus diesem bereits einen normal roten Rotwein. Bei Rotwein genügt ein winziger „Schuß", um die gewünschte tiefere Farbe zu erzielen.

Aus zwei mach eins:

SÜW ist da

Landau. Seit dem 8. Juni 1969 gibt es den Landkreis Südliche Weinstraße. Fast alle Gemeinden der beiden früheren Landkreise Bad Bergzabern und Landau sind in diesem neuen Landkreis vereint.

Seit der Zeit des Wiener Kongresses, also seit mehr als 150 Jahren, bestanden die beiden Landkreise bis zum Neuordnungsbeschluß des rheinland-pfälzischen Landtages. Der zunächst gewählte Name „Kreis Landau/Bad Bergzabern" wurde 1978 durch einstimmigen Beschluß des Kreistages in „Landkreis Südliche Weinstraße" umbenannt. Inzwischen hatte das neue Weingesetz von 1971 auch innerhalb der rhein-pfälzischen Weinwelt eine Änderung herbeigeführt: Aus der Unterhaardt war der „Bereich Südliche Weinstraße" geworden. Da der Landkreis mit einem großen Teil dieses Weinbau-Bereiches identisch ist, bot sich dieser freundliche Name an. Dazu kam dann das lautsprachlich trinknahe Autokennzeichen „SÜW" für Südliche Weinstraße – und mit dem zunehmenden Erfolg im Weinbau auch ein wachsendes Gemeinschaftsgefühl unter den Bewohnern der Region.

Heiratsmarkt

Forst. Gemeinderäte gelten als Sammelbecken für würdige Familienväter im gestandenen Alter. Nicht so in Forst. Dort besteht der gesamte Gemeinderat einschließlich Bürgermeister anno 1914 aus Junggesellen. Vielerlei Möglichkeit also für die Weiblichkeit, in den Gemeinderat „einzuheiraten"!

Intime Treppe

Hambach. Die nach dem zweiten Weltkrieg lange notwendige Renovierung des Hambacher Schlosses ist nun in Angriff genommen worden. Dabei machte man inzwischen eine interessante Entdeckung: In einer Mauer des ehemaligen Königsgemaches ist eine versteckte Treppe, die zu den Gemächern der Hofdamen führte!

„Ölknappheit hin und Deinen Weindurst her – der Weinsprit kommt in den Tank und damit basta!“

Das folgende Gedicht wurde uns von unserer Leserin Loni Hornberger, Winzerin aus Gleiszellen, übermittelt. Wir drucken es hier in der unveränderten Form der Amateurdichterin:

Pfälzers Bitte

Lieber Gott du schenkst mir de Durst,
erhalt mir de Weck, de Wei un die Wurst.
Erhalt mir die Pfalz, erhalt mir die Rebe,
denn ohne des kann de Pfälzer nit lebe.

Laß mich gesund, un mach mich nit krank,
erhalt mir mei Plätzel im Park uf de Bank,
erhalt mir de Wald, erhalt mir de Rhei,
denn dann kann de Pfälzer an Pfälzer erst sei.

Un muß ich mal sterbe, un kum ich do nuf,
dann füll ich a Fässel un nehms gleich mit ruf,
un steh ich vorm Himmel mit an Fässel voll Wei,
dann du nit lang zögre un laß mich gleich nei.

Teil III

Alle Weinbauorte des Anbaugebietes – alle Lagen – Übersichtskarte – Lagenkarten in Farbe – Lagengrößen – Rebsortenspiegel – Zuordnungen – Besonderheiten – Gaststättenzahl – Fremdenverkehr – Ortshistorie – Sehenswürdigkeiten – Etiketten – Stimmungsfotos – Statistisches bis zu den Einwohnerzahlen – und viele Geschichten rund um den Wein . . .

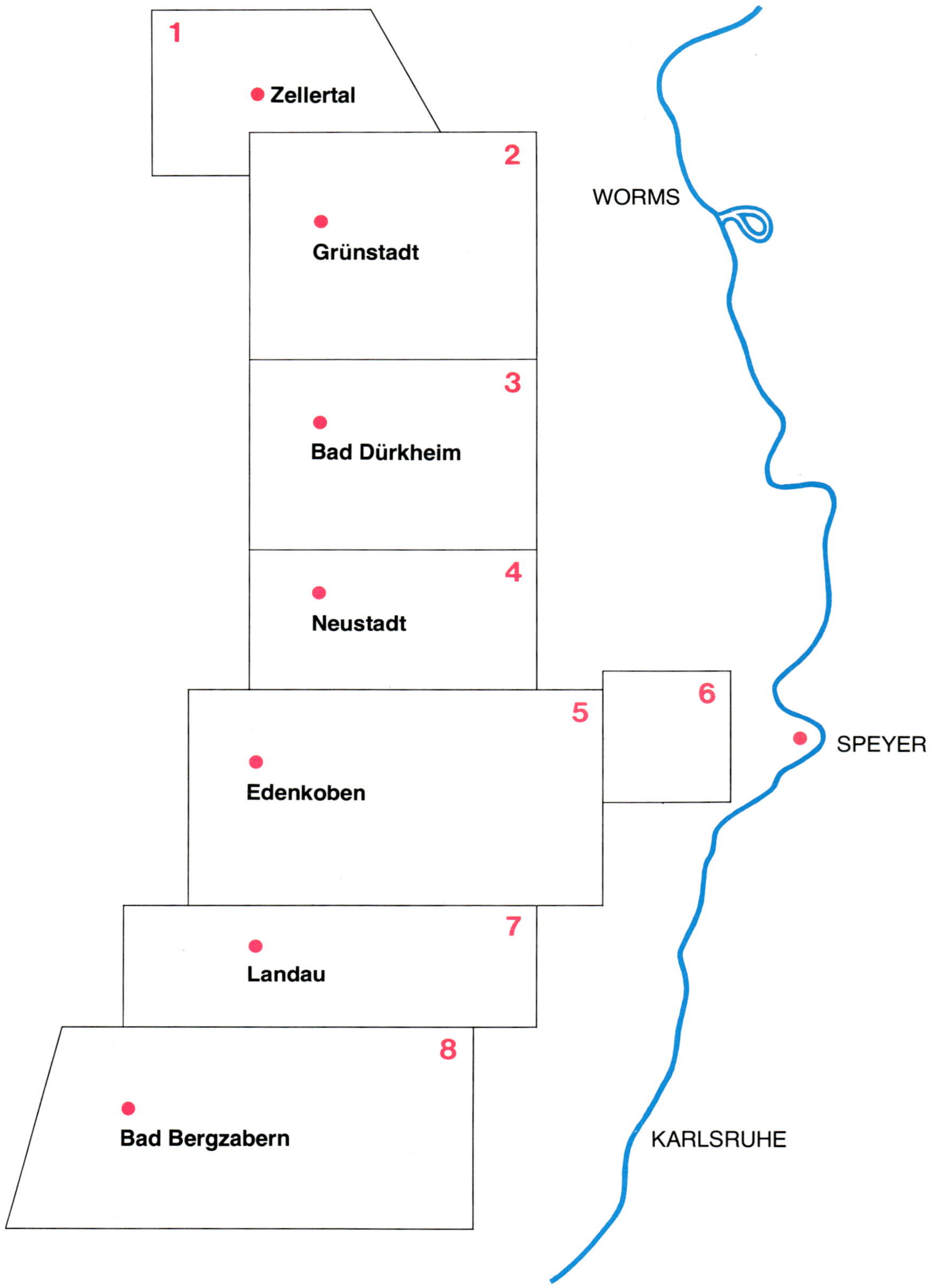
1
Zellertal
2
Grünstadt
3
Bad Dürkheim
4
Neustadt
5
Edenkoben
6
7
Landau
8
Bad Bergzabern
WORMS
SPEYER
KARLSRUHE

Die Kartenausschnitte

Zur leichteren Orientierung zeigt diese vereinfachte Übersichtskarte alle in diesem Buch verwendeten Kartenausschnitte. Die eingezeichneten Orte sollen das Einordnen des Ausschnitts innerhalb des Anbaugebietes erleichtern. Die Ziffern nennen die Nummern der Kartenausschnitte in der Reihenfolge von der Mündung der Mosel in den Rhein flußaufwärts. Hier die Seiten, auf denen die Kartenausschnitte mit den Weinlagen wiedergegeben sind:

1 Seite 104
2 Seite 106
3 Seite 108
4 Seite 110
5 Seite 112
6 Seite 114
7 Seite 114
8 Seite 116

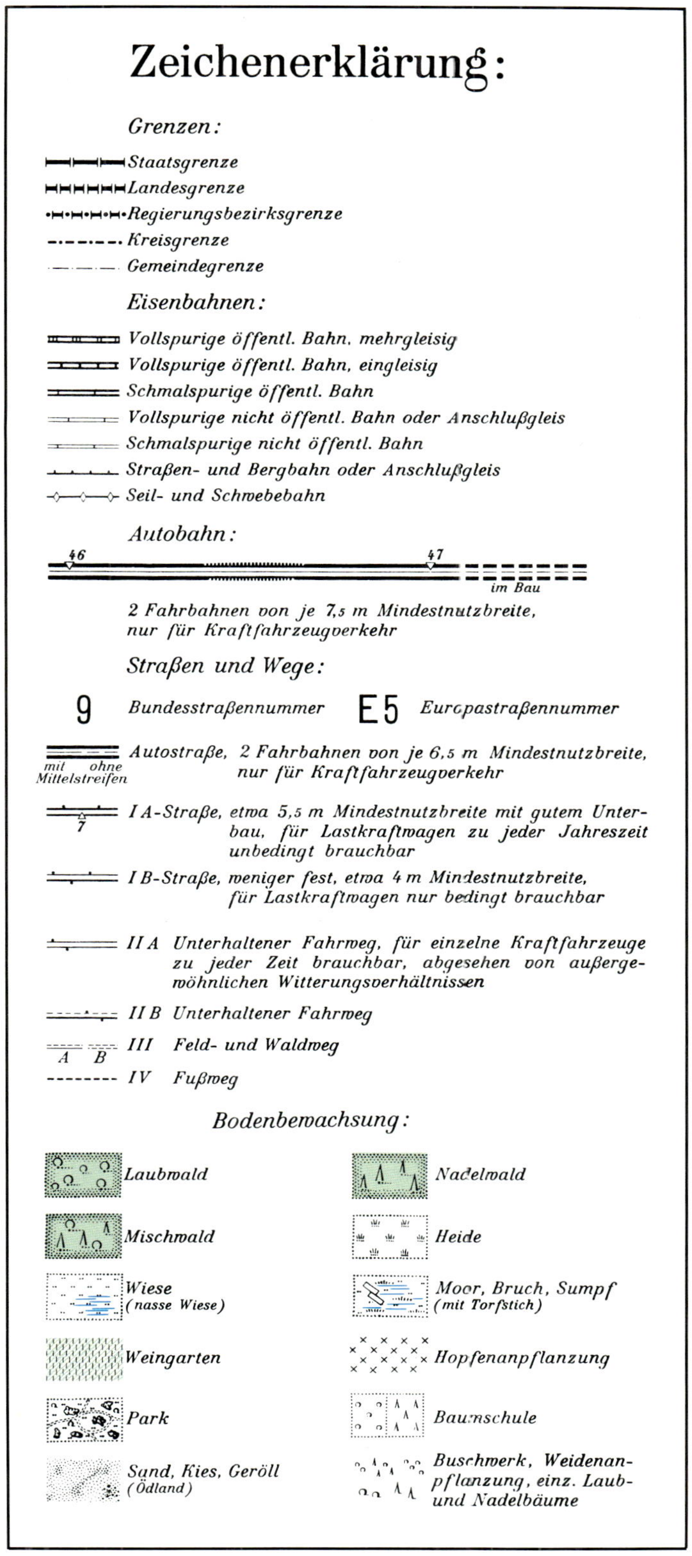

Die Lagenkarten

Grundlage der Lagenkarten (Kartenausschnitte) auf den folgenden Seiten ist die Topographische Karte 1:25 000, das sogenannte Meßtischblatt, das hier auf einen Maßstab von 1:50 000 verkleinert wiedergegeben ist. 1 cm auf der Karte entspricht also 500 m in der Natur.

Die amtlichen Topographischen Karten wurden vervielfältigt mit Genehmigung des Landesvermessungsamtes Rheinland-Pfalz vom 12. Mai 1978.

Die hier abgebildete Kartenerläuterung ist Teil der Zeichenerklärung in dem genannten Kartenwerk.

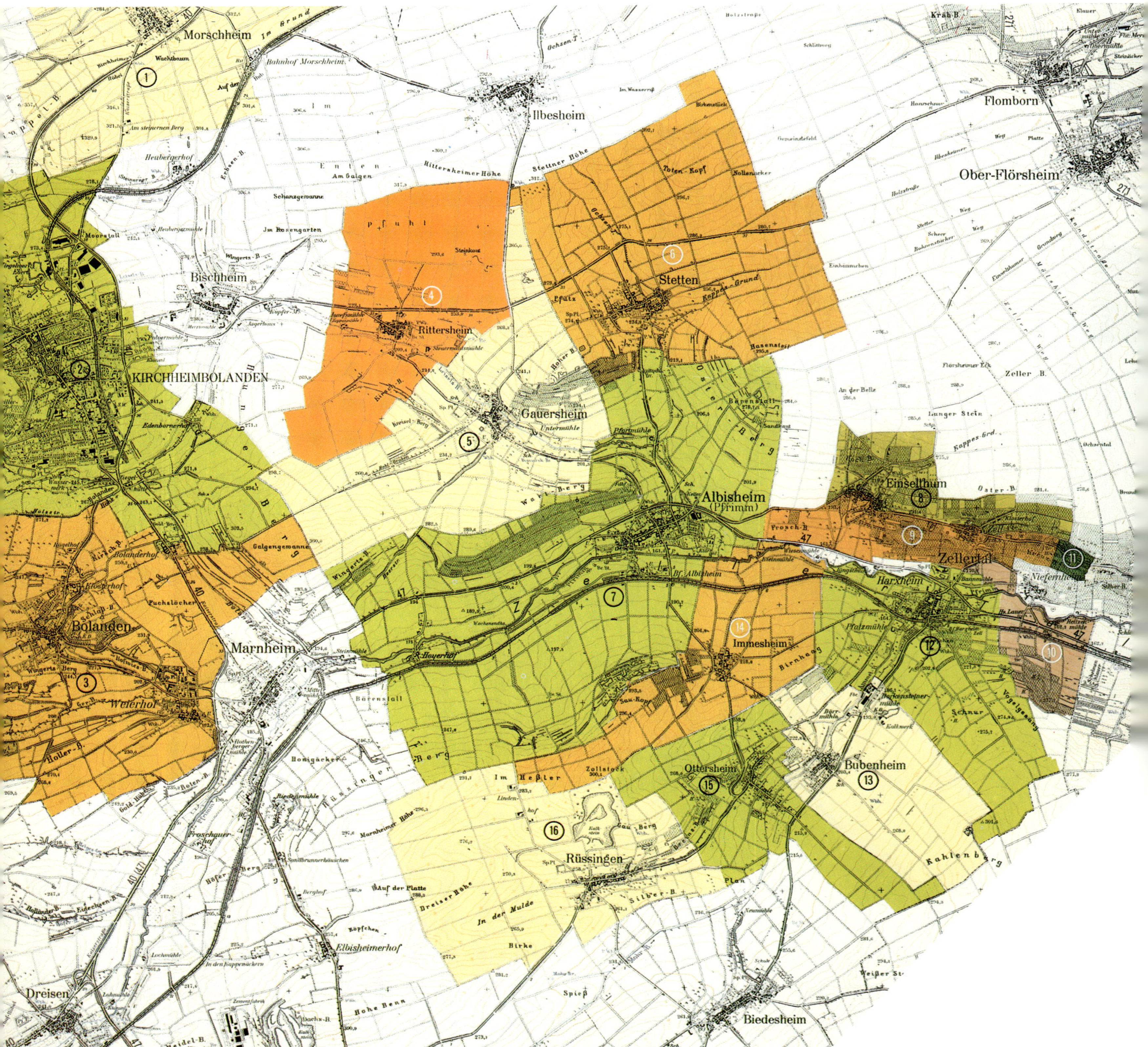

Karte 1

Morschheim

① Im Heubusch

Kirchheimbolanden

② Schloßgarten

Bolanden

③ Schloßberg

Rittersheim

④ Am hohen Stein

Gauersheim

⑤ Goldloch

Stetten

⑥ Heilighäuschen

Albisheim

⑦ Heiligenborn

Einselthum

⑧ Klosterstück
⑨ Kreuzberg

Zellertal

⑧ Klosterstück
⑨ Kreuzberg
⑩ Königsweg
⑪ Schwarzer Herrgott
⑫ Herrgottsblick

Bubenheim

⑬ Hahnenkamm
Lage Wingertsberg
neu in Flächennutzungs-
plan eingetragen
Hier noch nicht
erfaßt

Immesheim

⑭ Sonnenstück

Ottersheim/Zellertal

⑮ Bräunersberg

Rüssingen

⑯ Breinsberg

RHEINPFALZ
Battenberger Schloßberg
Riesling
halbtrocken
RHEINPFALZ
Bissersheimer Held
Qualitätswein mit Prädikat
Winzergenossenschaft Bockenheim Lindenheim
RHEINPFALZ
1977er Qualitätswein mit Prädikat
Bockenheimer Vogelsang
Schloss Janson
1976er
Bockenheimer Klosterschaffnerei
Riesling Spätlese
Weingut Gerd Steuerwald
RHEINPFALZ
Bockenheimer Schloßberg
Weißburgunder Spätlese
Winzerverein Deidesheim
DEIDESHEIM WEINSTRASSE
Deidesheimer Herrgottsacker
Riesling Spätlese
RHEINPFALZ
RHEINPFALZ
1978er
Deidesheimer Herrgottsacker
Riesling Kabinett »Trocken«
Weinhard
Deidesheim Rheinpfalz
Winzergenossenschaft
Vier Jahreszeiten-Kloster Limburg
BAD DÜRKHEIM a.d. WEINSTRASSE
RHEINPFALZ
Dürkheimer
Müller-Thurgau
Nonnengarten
HALBTROCKEN
QUALITÄTSWEIN
Weinbau H. Arnold
EINSELTHUM
ZELLERTAL
Einselthumer Klosterstück
Ortega u. Siegerrebe Auslese
Qualitätswein mit Prädikat
RHEINPFALZ
WINZERGENOSSENSCHAFT ERPOLZHEIM
RHEINPFALZ
Erpolzheimer Portugieser
Rotwein trocken
ERZEUGERABFÜLLUNG
Winzergenossenschaft Friedelsheim
1979er
Friedelsheimer Gerümpel
Riesling Kabinett
RHEINPFALZ
Winzerverein Liebfrauenberg
RHEINPFALZ
1979er
Freinsheimer Schwarzes Kreuz
Riesling trocken
RHEINPFALZ
1979er
Freinsheimer Goldberg
Huxelrebe Beerenauslese
Wagner & Vetter
RHEINPFALZ
Qualitätswein mit Prädikat
Freinsheimer Oschelskopf
Riesling Spätlese
LEHMANN-HILGARD
FORSTER WINZER-VEREIN FORST/WEINSTRASSE
RHEINPFALZ
1977er
Forster Kirchenstück
Riesling Spätlese
QUALITÄTSWEIN MIT PRÄDIKAT
RHEINPFALZ
Erzeuger-Abfüllung
Forster Pechstein
Riesling Spätlese
Edm. Lucas-Kath. Pfarrweingut-Lucashof
FORST AN DER WEINSTRASSE
Weinbau Hammel Hundinger
RHEIN PFALZ
1978er Gerolsheimer Lerchenspiel
Morio-Muskat
Weinbau Arno Schüttheim
GROSSKARLBACH
RHEINPFALZ
1978er Großkarlbacher Burgweg
Weißburgunder Spätlese
RHEINPFALZ
Qualitätswein mit Prädikat
1978er
Großkarlbacher Burgweg
Scheurebe Kabinett halbtrocken
Lingenfelder
Weingut Kurt Dietrich
GROSSKARLBACH
WEINSTRASSE
1979er
Großkarlbacher Schwarzerde
Müller-Thurgau Kabinett
RHEINPFALZ
WINZERKELLER
LEININGERLAND
GRÜNSTADT AN DER WEINSTRASSE
RHEINPFALZ
Grünstadter Höllenpfad
Kerner Spätlese »trocken«
RHEINPFALZ
Haardter Herzog
Kerner und Rulander Auslese
Winzergenossenschaft Haardt e.G.
ERZEUGERABFÜLLUNG
WINZERGENOSSENSCHAFT
Hambacher Schloß
NEUSTADT-HAMBACH
A.D. WEINSTRASSE
RHEIN PFALZ
BEREICH MITTELHAARDT-DEUTSCHE WEINSTRASSE
1979er
Diedesfelder Pfaffengrund
Müller-Thurgau trocken
RHEINPFALZ
Herxheim am Berg
Herxheimer Himmelreich
Riesling Auslese
RHEINPFALZ
1978er
Kallstadter Steinacker
Riesling Kabinett
Winzergenossenschaft Kallstadt
BEREICH MITTELHAARDT-DEUTSCHE WEINSTRASSE
RHEINPFALZ
1976er
Kleinkarlbacher Frauenländchen
Müller-Thurgau Kabinett
Weingut Hermann Wenig
WINZERGENOSSENSCHAFT
KÖNIGSBACH-NEUSTADT
QUALITÄTSWEIN
Ruppertsberger Linsenbusch
Portugieser Weißherbst
RHEINPFALZ
Leistadter Winzerverein
Rheinpfalz
QUALITÄTSWEIN MIT PRÄDIKAT
1979er Leistadter Kalkofen
Bacchus Kabinett
RHEINPFALZ
QUALITÄTSWEIN MIT PRÄDIKAT
Erzeuger
Abfüllung
Laumersheimer Kirschgarten
Scheurebe
Kabinett
Weingut Philipp Kuhn
RHEIN PFALZ
Laumersheimer Mandelberg
Ortega Beerenauslese
Weingut Eberle
6711 LAUMERSHEIM
RHEINPFALZ
Qualitätswein b. A.
1976er
Laumersheimer Kirschgarten
Morio-Muskat
ERZEUGERABFÜLLUNG
Winzerverein Meckenheim
Qualitätswein b. A.
1977er
Meckenheimer Kerner
RHEINPFALZ
RHEINPFALZ
Mußbacher Kurfürst
Riesling
Niederkirchner Winzer-Verein
NIEDERKIRCHEN BEI DEIDESHEIM
1977er
Deidesheimer Herrgottsacker Riesling
QUALITÄTSWEIN
RHEINPFALZ
RUPPERTSBERGER WINZERVEREIN HOHEBURG
RUPPERTSBERG
A.D. WEINSTRASSE
RHEINPFALZ
Qualitätswein mit Prädikat
1976er
Ruppertsberger Hoheburg
Riesling Auslese
ERZEUGERABFÜLLUNG
WINZERGENOSSENSCHAFT HERRENBERG HONIGSÄCKEL
QUALITÄTSWEIN b. A.
1978er Ungsteiner Portugieser
Rotwein
RHEINPFALZ
Julius Koch & Sohn Ungstein Weinstr.
RHEIN PFALZ
Weinbau Weinkellerei
Qualitätswein mit Prädikat
Ungsteiner Honigsäckel
Riesling Auslese
Winzergenossenschaft Sonnenberg eG
Weisenheim am Berg
Rheinpfalz
WEISENHEIM AM BERG
Weisenheimer Mandelgarten
Siegerrebe Auslese
Winzergenossenschaft Weisenheim a. Sand
BEI DER WEINSTRASSE
RHEINPFALZ
Riesling Spätlese
Weisenheim am Sand
Rheinpfalz
Weisenheim am Sand
1978er
Burgweg
Gewürztraminer u. Siegerrebe
Spätlese
Qualitätswein mit Prädikat
OTTO RAAB
RHEINPFALZ
Weingut Willi u. Klaus Langenwalter
RHEINPFALZ
Qualitätswein b. A.
1978er Weisenheimer Hahnen
Riesling
Weisenheim am Sand
RHEINPFALZ
ERZEUGERABFÜLLUNG
Winzergenossenschaft
Wachtenburg-Luginsland
WACHENHEIM A.D. WEINSTRASSE
Qualitätswein mit Prädikat
Wachenheimer Gerümpel
Riesling Kabinett
Weingut Kurt Müller
EINSELTHUM ZELLERTAL
WEINKELLEREI
RHEIN- 1973er PFALZ
Zeller Schwarzer Herrgott
RIESLING
Jos. Hoch
NEUSTADT-WEINSTRASSE
Zeller
Schnepfenflug v. Zellertal
Qualitätswein
WEINGUT HANS BURGEY
Einselthum
Zellertal
1978er
Zeller Klosterstück
Morio-Muskat
QUALITÄTSWEIN b. A.
RHEINPFALZ

Kindenheim
Bockenheim a.d. Weinstr.
Hohen-Sülzen
Heppenheim
Offstein
Obrigheim (Pfalz)
Colgenstein
Heidesheim
Albsheim
Quirnheim
Asselheim
Mertesheim
Obersülzen
Dirmstein
GRÜNSTADT
Laumersheim
Sausenheim
Neuleiningen
Kleinkarlbach
Kirchheim a.d. Weinstr.
Bissersheim
Großkarlbach
Battenberg (Pfalz)
Bobenheim a. Berg
Dackenheim
Weisenheim a. Berg
Herxheim a. Berg
Freinsheim
Weisenheim a. S
E12(A6)
271

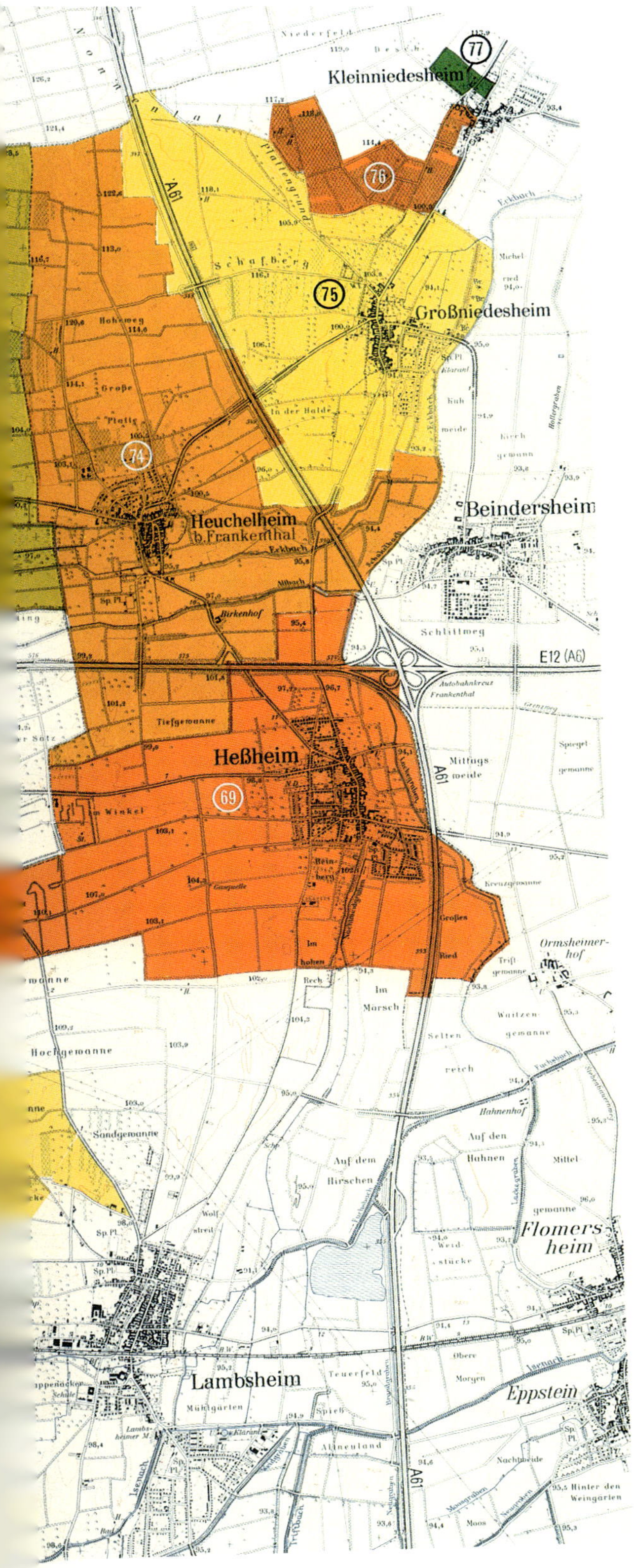

Karte 2

Bockenheim

① Schloßberg
② Vogelsang
③ Haßmannsberg
④ Burggarten
⑥ Klosterschaffnerei
⑦ Heiligenkirch
⑨ Sonnenberg
⑩ Goldgrube

Kindenheim

② Vogelsang
⑤ Burgweg
⑧ Katzenstein
⑨ Sonnenberg

Obrigheim (Ortsteil von Mühlheim)

⑨ Sonnenberg
⑪ Mandelpfad
⑫ Schloß
⑬ Rosengarten
⑭ Hochgericht
⑮ Benn

Sausenheim (Ortsteil von Grünstadt)

⑯ St. Stephan
⑰ Goldberg
⑲ Schloß
㉒ Hütt
㉓ Honigsack
㉔ Klostergarten

Mertesheim

⑱ St. Martinskreuz

Asselheim (Ortsteil von Grünstadt)

⑳ Bergel
㉑ Röth

Neuleiningen

㉕ Sonnenberg
㉖ Feuermännchen
㉗ Schloßberg

Kleinkarlbach

㉘ Herrgottsacker
㉙ Herrenberg
㉚ Senn
㉛ Frauenländchen
㉜ Kieselberg

Battenberg

㉝ Schloßberg

Bobenheim a. Berg

㉞ Ohligspfad
㉟ Kieselberg

Weisenheim a. Berg

㊱ Vogelsang
㊲ Sonnenberg
㊳ Mandelgarten

Dackenheim

㊴ Liebesbrunnen
㊵ Kapellgarten
㊶ Mandelröth

Herxheim a. Berg

㊷ Kirchenstück
㊸ Honigsack
㊹ Himmelreich

Freinsheim

㊺ Oschelskopf
㊻ Schwarzes Kreuz
㊼ Musikantenbuckel
㊽ Goldberg

Weisenheim a. Sand

㊽ Goldberg
㊾ Altenberg
㊿ Halde
(51) Burgweg
(52) Hasenzeile
(53) Hahnen

Lambsheim

(51) Burgweg

Großkarlbach

(54) Osterberg
(55) Burgweg

Bissersheim

(56) Orlenberg
(57) Goldberg
(58) Steig
(59) Held

Kirchheim

(60) Steinacker
(61) Geißkopfkopf
(62) Römerstraße
(63) Kreuz

Laumersheim

(64) Kirschgarten
(65) Mandelberg
(66) Kapellenberg

Gerolsheim

(67) Lerchenspiel
(68) Klosterweg

Heßheim

(69) Lange Els

Obersülzen

(70) Schnepp

Dirmstein

(71) Jesuitenhofgarten
(72) Mandelpfad
(73) Herrgottsacker

Heuchelheim bei Frankenthal

(74) Steinkopf

Großniedesheim

(75) Schafberg

Kleinniedesheim

(76) Vorderberg
(77) Schloßgarten

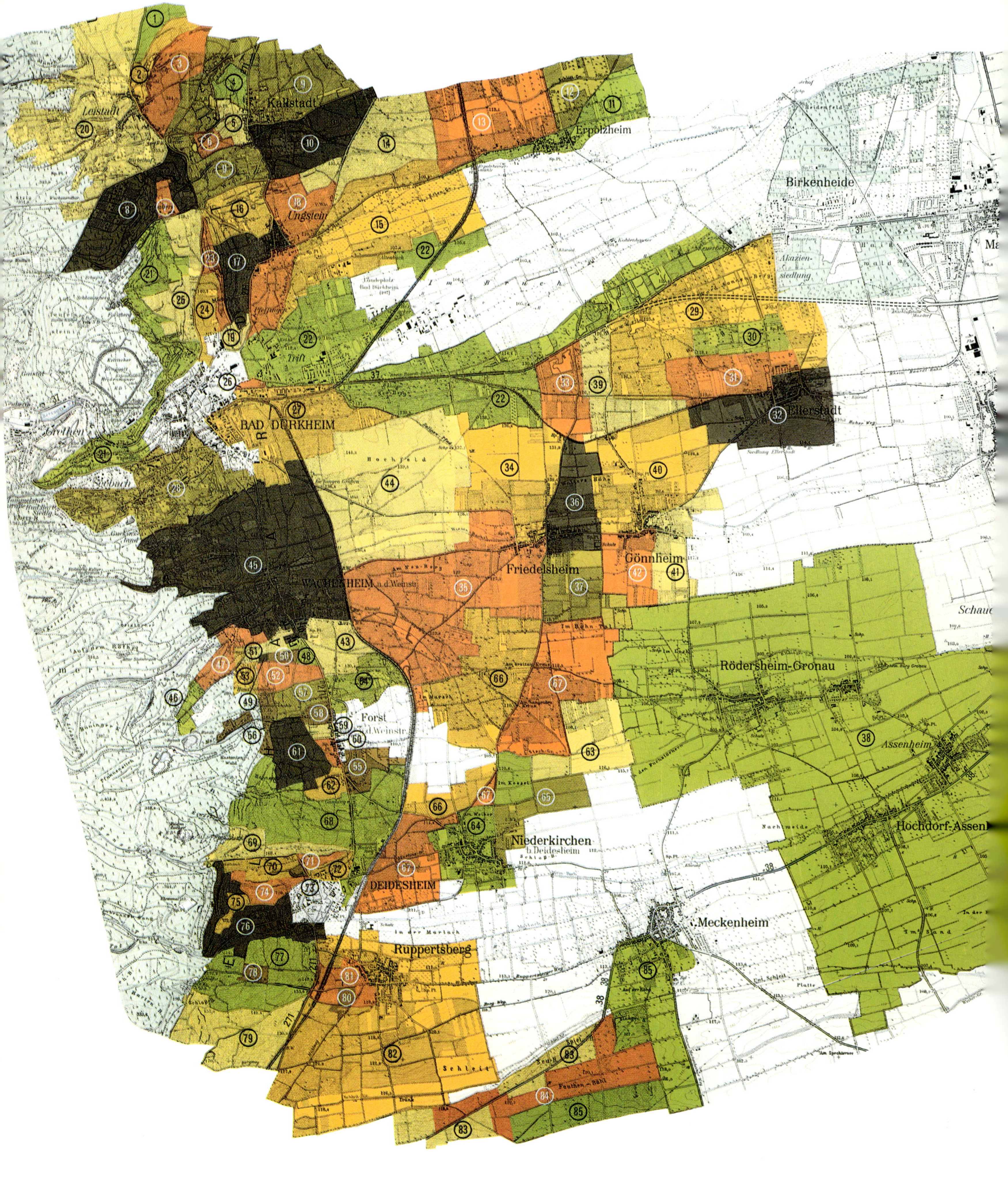
Kallstadt
Leistadt
Ungstein
Erpolzheim
Birkenheide
BAD DÜRKHEIM
Ellerstadt
Friedelsheim
Gönnheim
WACHENHEIM a. d. Weinstr.
Rödersheim-Gronau
Assenheim
Forst a. d. Weinstr.
Niederkirchen b. Deidesheim
DEIDESHEIM
Meckenheim
Ruppertsberg
Hochdorf-Assen

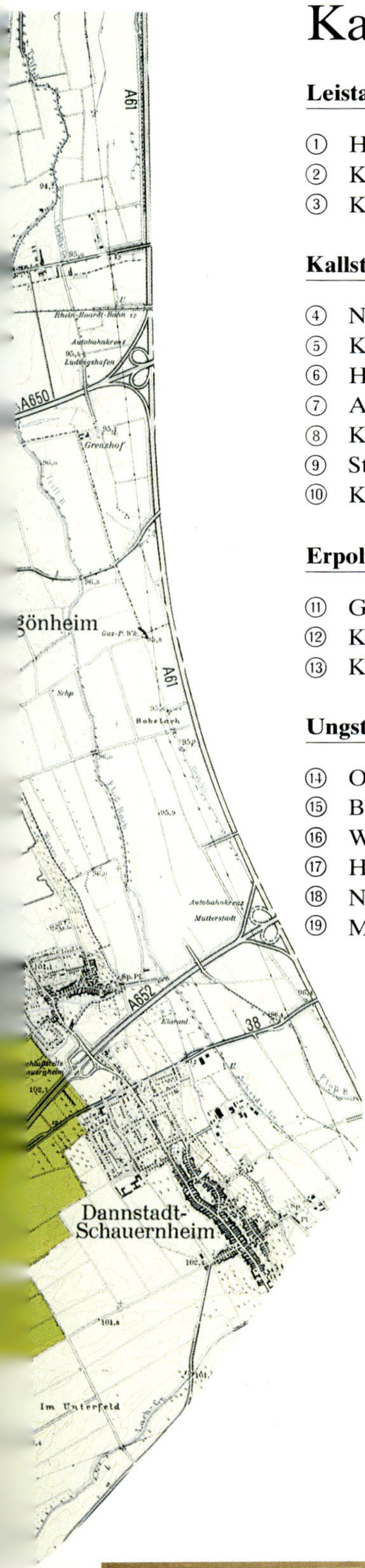

Karte 3

Leistadt (Ortsteil von Bad Dürkheim)

① Herzfeld
② Kirchenstück
③ Kalkofen

Kallstadt

④ Nill
⑤ Kirchenstück
⑥ Horn
⑦ Annaberg
⑧ Kreidkeller
⑨ Steinacker
⑩ Kronenberg

Erpolzheim

⑪ Goldberg
⑫ Kieselberg
⑬ Kirschgarten

Ungstein (Ortsteil von Bad Dürkheim)

⑭ Osterberg
⑮ Bettelhaus
⑯ Weilberg
⑰ Herrenberg
⑱ Nußriegel
⑲ Michelsberg

Bad Dürkheim

⑲ Michelsberg
⑳ Herrenmorgen
㉑ Steinberg
㉒ Nonnengarten
㉓ Spielberg
㉔ Rittergarten
㉕ Hochbenn
㉖ Abtsfronhof
㉗ Fronhof
㉘ Fuchsmantel

Ellerstadt

㉙ Sonnenberg
㉚ Dickkopp
㉛ Bubeneck
㉜ Kirchenstück

Friedelsheim

㉝ Kreuz
㉞ Schloßgarten
㉟ Bischofsgarten
㊱ Rosengarten
㊲ Gerümpel

Hochdorf-Assenheim

㊳ Fuchsloch

Rödersheim-Gronau

㊳ Fuchsloch

Gönnheim

㊴ Martinshöhe
㊵ Sonnenberg
㊶ Mandelgarten
㊷ Klostergarten

Wachenheim

㉘ Fuchsmantel
㉟ Bischofsgarten
㊸ Luginsland
㊹ Mandelgarten
㊺ Königswingert
㊻ Odinstal
㊼ Schloßberg
㊽ Böhlig
㊾ Belz
㊿ Rechbächel

(51) Goldbächel
(52) Gerümpel
(53) Altenburg

Forst

㉟ Bischofsgarten
(54) Süßkopf
(55) Stift
(56) Musenhang
(57) Pechstein
(58) Jesuitengarten
(59) Kirchenstück
(60) Freundstück
(61) Ungeheuer
(62) Elster

Niederkirchen

(63) Osterbrunnen
(64) Klostergarten
(65) Schloßberg

Deidesheim

(66) Letten
(67) Nonnenstück
(68) Herrgottsacker
(69) Mäushöhle
(70) Kieselberg
(71) Kalkofen
(72) Grainhübel
(73) Hohenmorgen
(74) Leinhöhle
(75) Langenmorgen
(76) Paradiesgarten

Ruppertsberg

(77) Reiterpfad
(78) Spieß
(79) Nußbien
(80) Gaisböhl
(81) Hoheburg
(82) Linsenbusch

Meckenheim

(83) Neuberg
(84) Spielberg
(85) Wolfsdarm

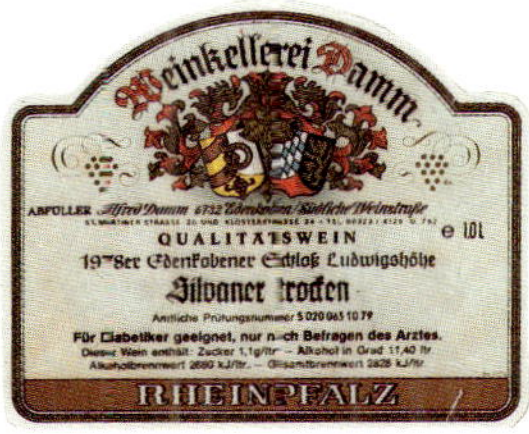

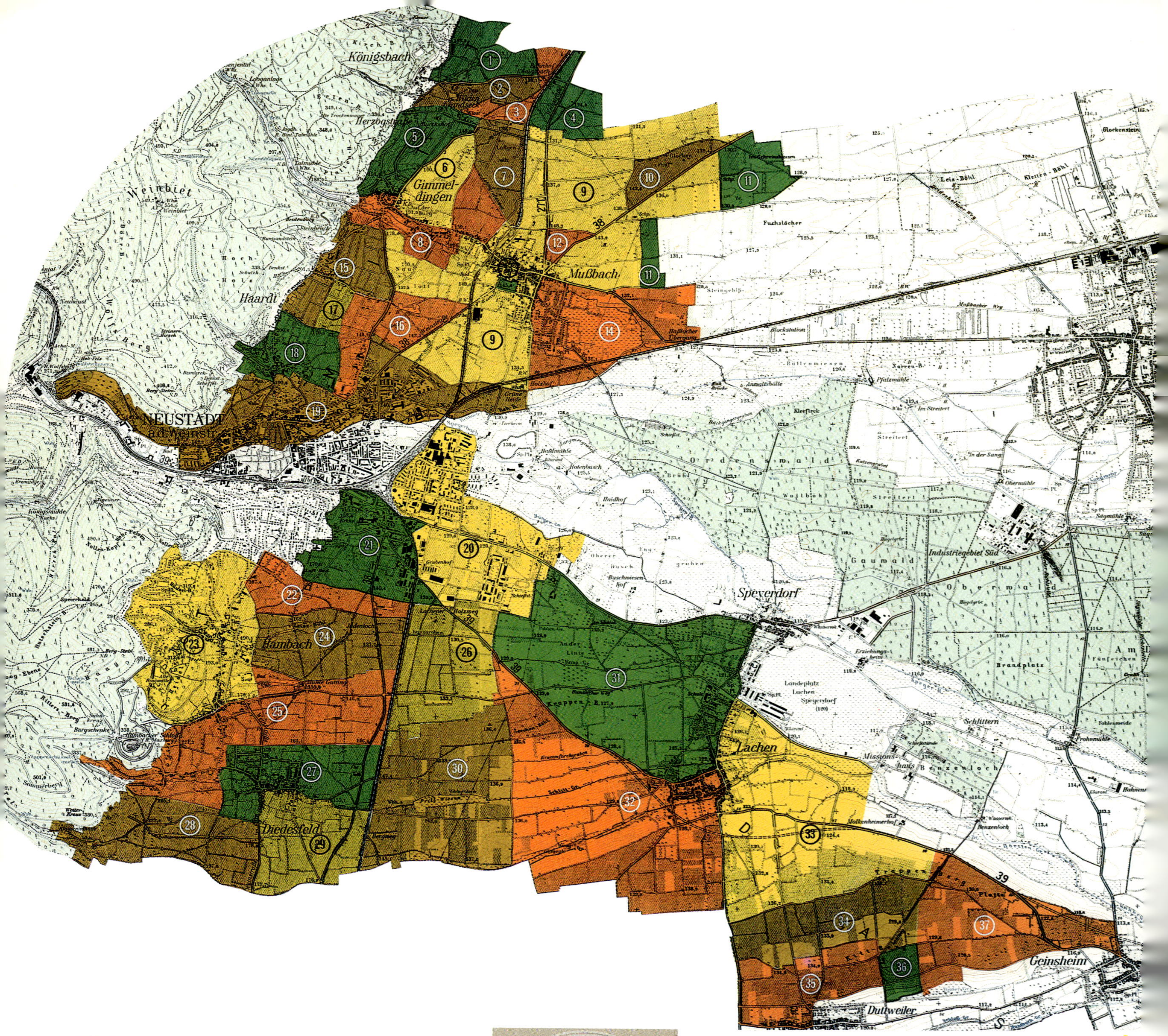

Königsbach
Herzogsweiher
Weinbiet
Gimmel-
dingen
Mußbach
Haardt
NEUSTADT
a.d. Weinstr.
Ordenswald
Speyerdorf
Industriegebiet Süd
Hambach
Diedesfeld
Lachen
Geinsheim
Duttweiler

WEINGUT · WEINKELLEREI
F. G. Kost
GLEISWEILER
WEINSTRASSE
RHEINPFALZ
1977er GLEISWEILER HÖLLE
Ruländer

WEINGUT HOHENBERG KARL WEHRHEIM
Birkweiler Rosenberg
RHEINPFALZ
Gewürztraminer Kabinett

Weinbau Pirmin Holler
RHEINPFALZ
Südl. Weinstraße
Albersweiler Königsgarten
Gewürztraminer Kabinett

RHEINPFALZ
Roschbacher Rosenkränzel
Bacchus Auslese

RHEINPFALZ
Weyherer Ruländer
Spätlese

Gebiets-Winzergenossenschaft
Rietburg
1977er
Maikammerer Mandelhöhe
Scheurebe Kabinett
RHEINPFALZ

In Vino Veritas
Weyherer Michelsberg
Kerner Spätlese

RHEINPFALZ
Ritter von Dalberg
Rubin Rotwein
QUALITÄTSWEIN

Edesheimer Forst
Huxelrebe Spätlese

Winzergenossenschaft
Edenkoben eG
RHEINPFALZ
„Pfalzrubin"
Edenkobener Rotwein
QUALITÄTSWEIN

Weingut Hermann Beck
Winzermeister Flemlingen
QUALITÄTSWEIN
1977er
Flemlinger Bischofskreuz
Müller-Thurgau
RHEINPFALZ

Weingut Leonhard
RHEIN PFALZ
Pleisweiler-Oberhofen · Südl. Weinstraße
1976er
Pleisweiler-Oberhofener Kloster Liebfrauenberg
Huxelrebe Auslese

RHEINPFALZ
Rohrbacher Kloster Liebfrauenberg
RULÄNDER · SPÄTLESE
QUALITÄTSWEIN MIT PRÄDIKAT

RHEIN- PFALZ
Herbert Heußler
WEINGUT · OBSTBRENNEREI
Rhodter Ordensgut
Huxelrebe Kabinett halbtrocken

Weingut Schwerdtfeger
1976er Gleiszeller Kirchberg
Huxelrebe Auslese
RHEINPFALZ

Karte 4

Königsbach (Ortsteil von Neustadt)

① Ölberg
② Idig
③ Jesuitengarten
④ Reiterpfad

Gimmeldingen (Ortsteil von Neustadt)

⑤ Bienengarten
⑥ Kapellenberg
⑦ Schlössel
⑧ Mandelgarten

Mußbach (Ortsteil von Neustadt)

⑨ Eselshaut
⑩ Glockenzehnt
⑪ Kurfürst
⑫ Spiegel
⑬ Johannitergarten
⑭ Bischofsweg

Haardt (Ortsteil von Neustadt)

⑮ Herzog
⑯ Mandelring
⑰ Herrenletten
⑱ Bürgergarten

Neustadt

⑲ Mönchgarten
⑳ Grain
㉑ Erkenbrecht

Hambach (Ortsteil von Neustadt)

㉒ Kaiserstuhl
㉓ Kirchberg
㉔ Feuer
㉕ Schloßberg
㉖ Römerbrunnen

Diedesfeld (Ortsteil von Neustadt)

㉗ Ölgässel
㉘ Paradies
㉙ Johanniskirchel
㉚ Berg

Lachen-Speyerdorf (Ortsteil von Neustadt)

㉛ Langenstein
㉜ Lerchenböhl
㉝ Kroatenpfad

Duttweiler (Ortsteil von Neustadt)

㉞ Kreuzberg
㉟ Mandelberg
㊱ Kalkberg

Geinsheim (Ortsteil von Neustadt)

㊲ Gässel

Die Winzergenossenschaften

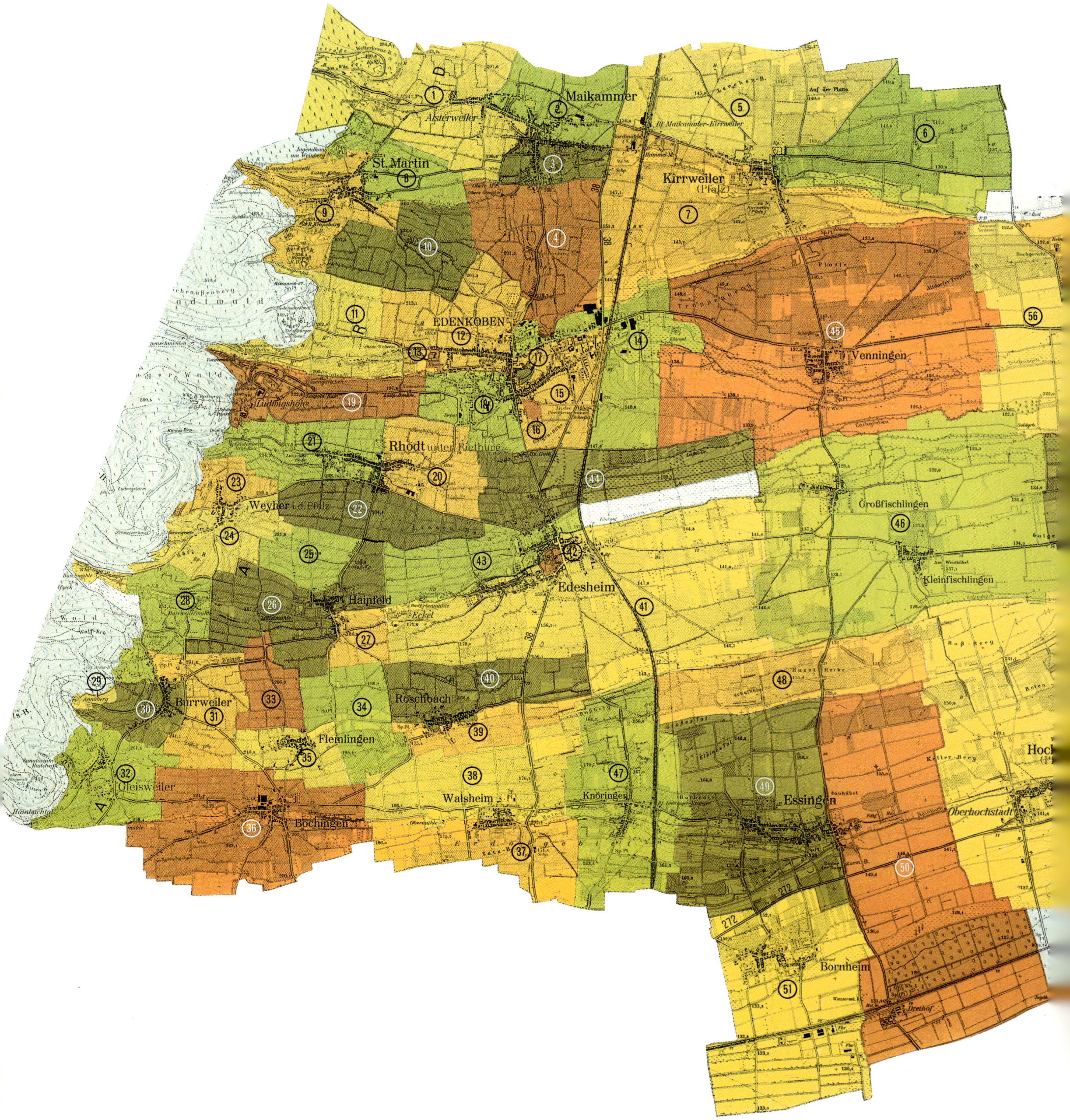

Maikammer
Alsterweiler
St. Martin
Kirrweiler (Pfalz)
EDENKOBEN
Venningen
Ludwigshöhe
Rhodt unter Rietburg
Weyher i.d. Pfalz
Großfischlingen
Kleinfischlingen
Edesheim
Hainfeld
Roschbach
Burrweiler
Flemlingen
Gleisweiler
Böchingen
Walsheim
Knöringen
Essingen
Oberhochstadt
Bornheim

Weinbau seit 1752
RHEINPFALZ
Qualitätswein mit Prädikat
1978er Edesheimer Rosengarten
Müller-Thurgau Kabinett

Josef Mentz
RHEIN
Deutscher Tafelwein
1978er
Edesheimer Morio-Muskat

RHEIN PFALZ
1976er
Flemlinger Bischofskreuz
Müller-Thurgau Kabinett
Weingut Vinzenz Willerich, Flemlingen/Pfalz

Weingut Erich Braun
FLEMLINGEN/WEINSTRASSE
RHEINPFALZ
1977er Flemlinger Bischofskreuz
Müller-Thurgau
QUALITÄTSWEIN

RHEINPFALZ
Weingut Manfred Vall
GLEISZELLEN A.D WEINSTRASSE
1978er Gleisweiler Kloster Liebfrauenberg
Riesling trocken
Qualitätswein

RHEINPFALZ · QUALITÄTSWEIN
1978er Rhodter Klosterpfad
Müller-Thurgau

RHEINPFALZ · QUALITÄTSWEIN
1978er Rhodter Ordensgut
Riesling

RHEINPFALZ
Roschbacher Simonsgarten
SCHEUREBE
Qualitätswein b. A.

Weyherer Michelsberg
Riesling halbtrocken
QUALITÄTSWEIN

Weingut Bachtler
RHEINPFALZ
1978er
Weyherer Ordensgut
Silvaner Kabinett
WEINGUT OTTO BACHTLER · WEYHER · WEINSTR.

Karte 5

Maikammer

1. Alsterweiler Kapellenberg
2. Kirchenstück
3. Immengarten
4. Heiligenberg

Kirrweiler

5. Römerweg
6. Mandelberg
7. Oberschloß

St. Martin

8. Kirchberg
9. Baron
10. Zitadelle

Edenkoben

11. Bergel
12. Heilig Kreuz
13. Klostergarten
14. Heidegarten
15. Kirchberg
16. Blücherhöhe
17. Mühlberg
18. Schwarzer Letten
19. Kastaniengarten

Rhodt unter Rietburg

20. Klosterpfad
21. Schloßberg
22. Rosengarten

Weyher

23. Michelsberg
24. Heide

Hainfeld

25. Letten
26. Kapelle
27. Kirchstück

Burrweiler

28. Altenforst
29. St. Annaberg
30. Schäwer
31. Schloßgarten

Gleisweiler

32. Hölle

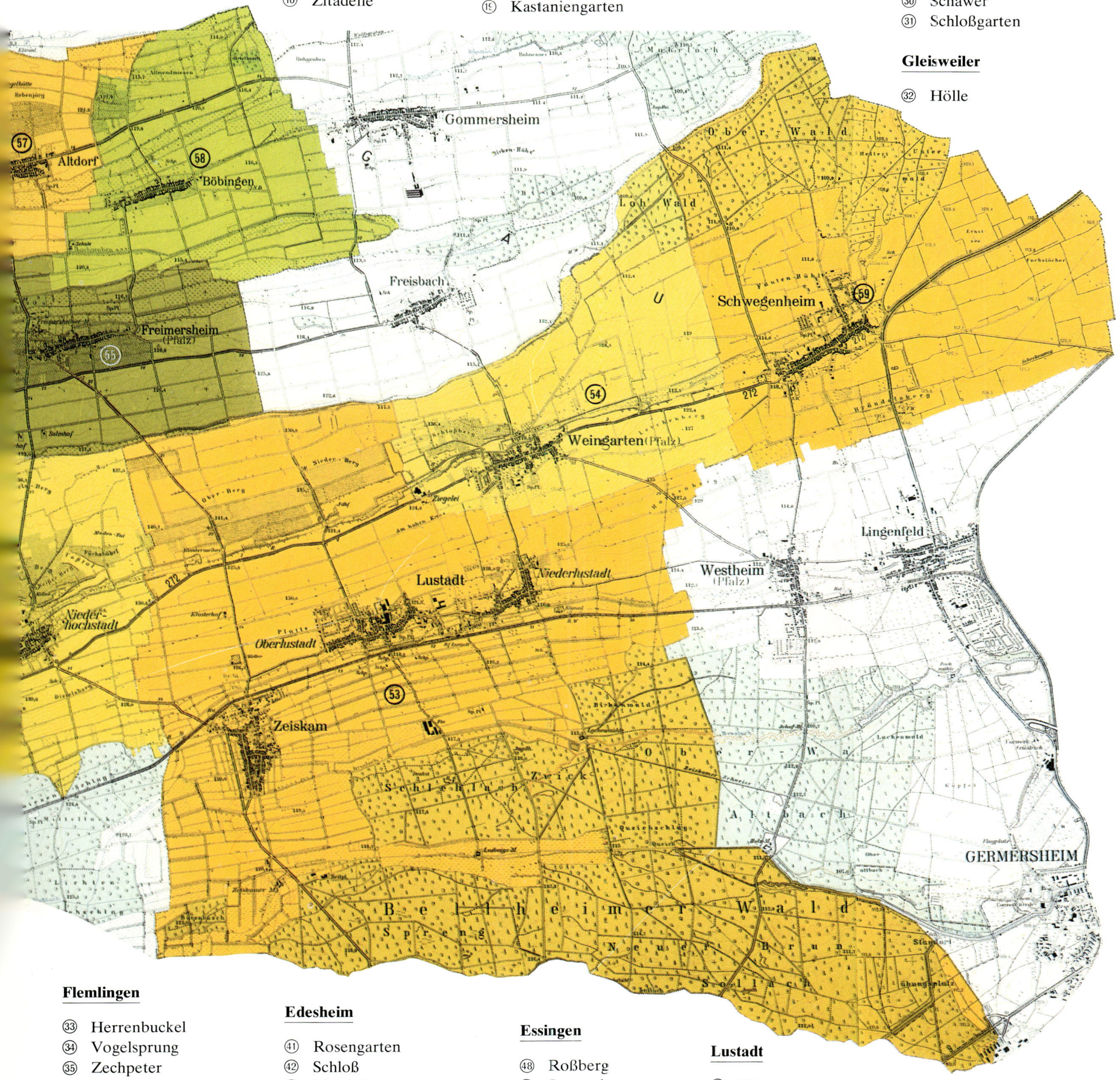

Flemlingen

33. Herrenbuckel
34. Vogelsprung
35. Zechpeter

Böchingen

36. Rosenkranz

Walsheim

37. Forstweg
38. Silberberg

Roschbach

39. Simonsgarten
40. Rosenkränzel

Edesheim

41. Rosengarten
42. Schloß
43. Mandelhang
44. Forst

Venningen

45. Doktor

Groß- und Kleinfischlingen

46. Kirchberg

Knöringen

47. Hohenrain

Essingen

48. Roßberg
49. Sonnenberg
50. Osterberg

Bornheim

51. Neuberg

Hochstadt

52. Roter Berg

Zeiskam

53. Klostergarten

Lustadt

53. Klostergarten

Weingarten

54. Schloßberg

Freimersheim

55. Bildberg

Altdorf

56. Hochgericht
57. Gottesacker

Böbingen

58. Ortelberg

Schwegenheim

59. Bründelsberg

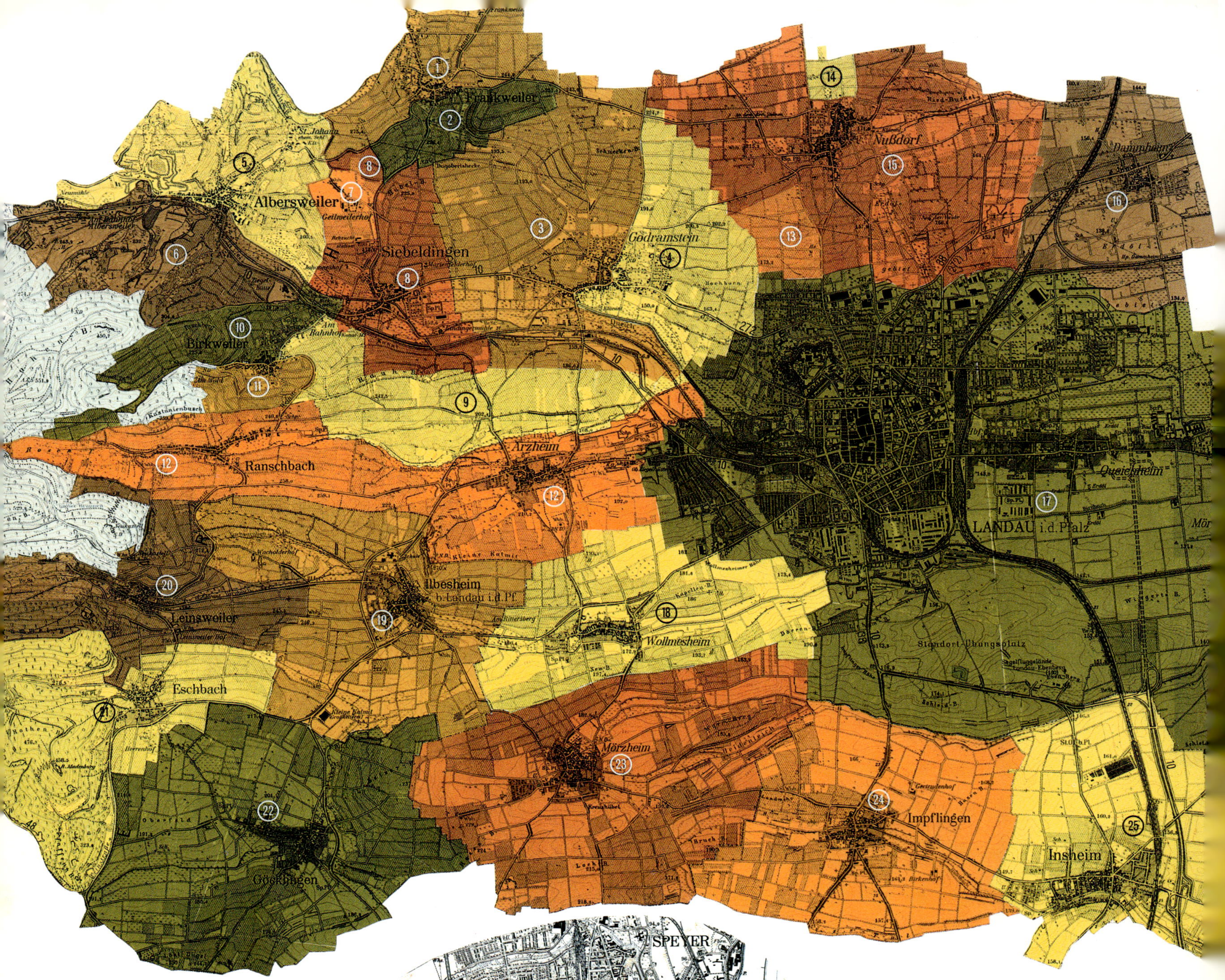

Karte 6

Römerberg

① Schlittberg
② Alter Berg
③ Narrenberg

Karte 7

Frankweiler

① Kalkgrube
② Biengarten

Godramstein (Ortsteil von Landau)

③ Münzberg
④ Klostergarten

Albersweiler

⑤ Latt
⑥ Kirchberg

Siebeldingen

⑦ Mönchspfad
⑧ Im Sonnenschein
⑨ Rosenberg

Birkweiler

⑨ Rosenberg
⑩ Kastanienbusch
⑪ Mandelberg

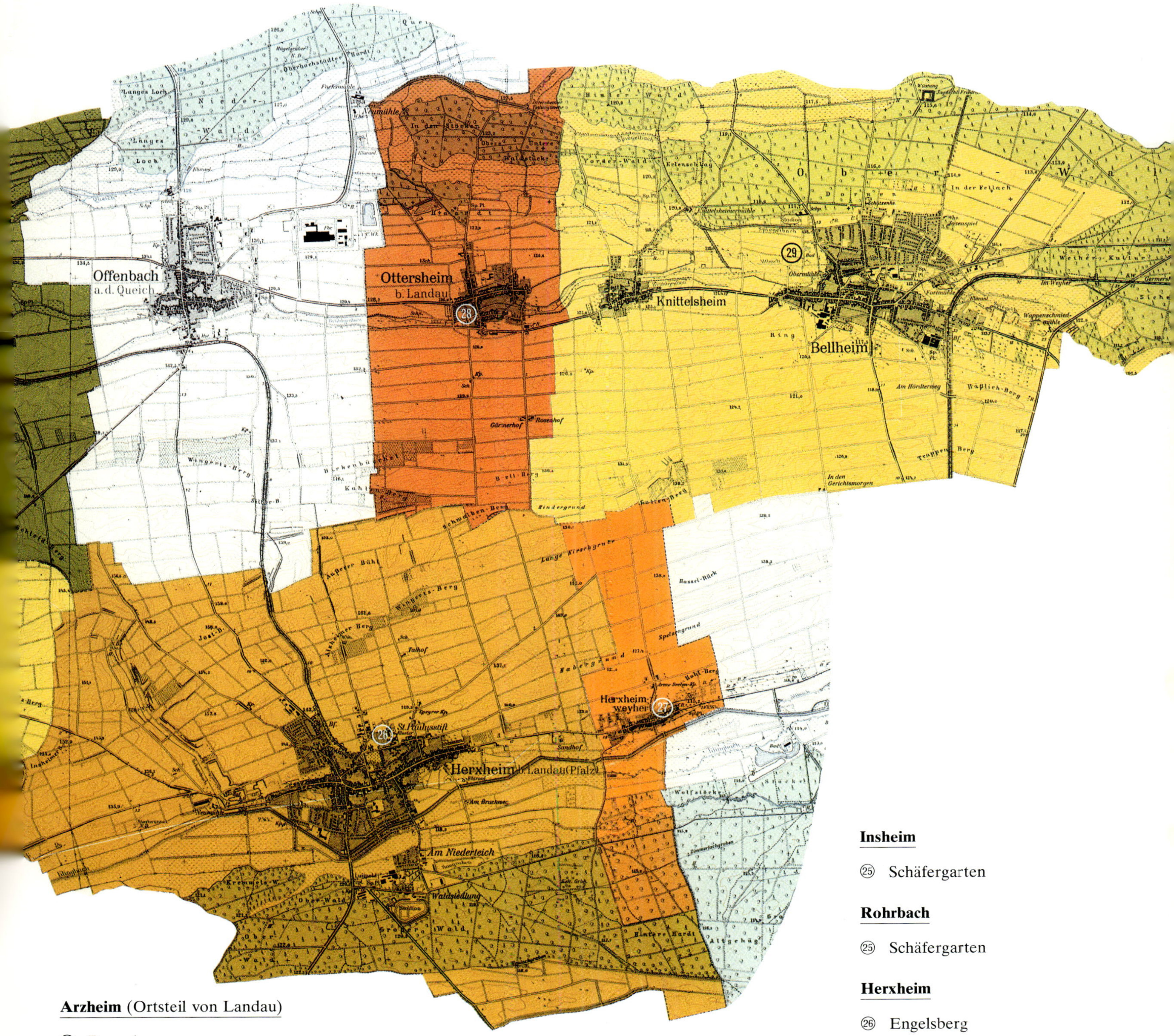

Arzheim (Ortsteil von Landau)

⑨ Rosenberg
⑫ Seligmacher

Ranschbach

⑫ Seligmacher

Nußdorf (Ortsteil von Landau)

⑬ Kaiserberg
⑭ Kirchenstück
⑮ Herrenberg

Dammheim (Ortsteil von Landau)

⑯ Höhe

Landau

⑰ Altes Löhl

Wollmesheim (Ortsteil von Landau)

⑱ Mütterle

Ilbesheim

⑲ Rittersberg
⑳ Sonnenberg

Leinsweiler

⑳ Sonnenberg

Eschbach

㉑ Hasen

Göcklingen

㉒ Kaiserberg

Mörzheim (Ortsteil von Landau)

㉓ Pfaffenberg

Impflingen

㉔ Abtsberg

Insheim

㉕ Schäfergarten

Rohrbach

㉕ Schäfergarten

Herxheim

㉖ Engelsberg

Herxheimweyher

㉗ Am Gaisberg

Ottersheim

㉘ Kahlenberg

Knittelsheim

㉙ Gollenberg

Bellheim

㉙ Gollenberg

Karte 8

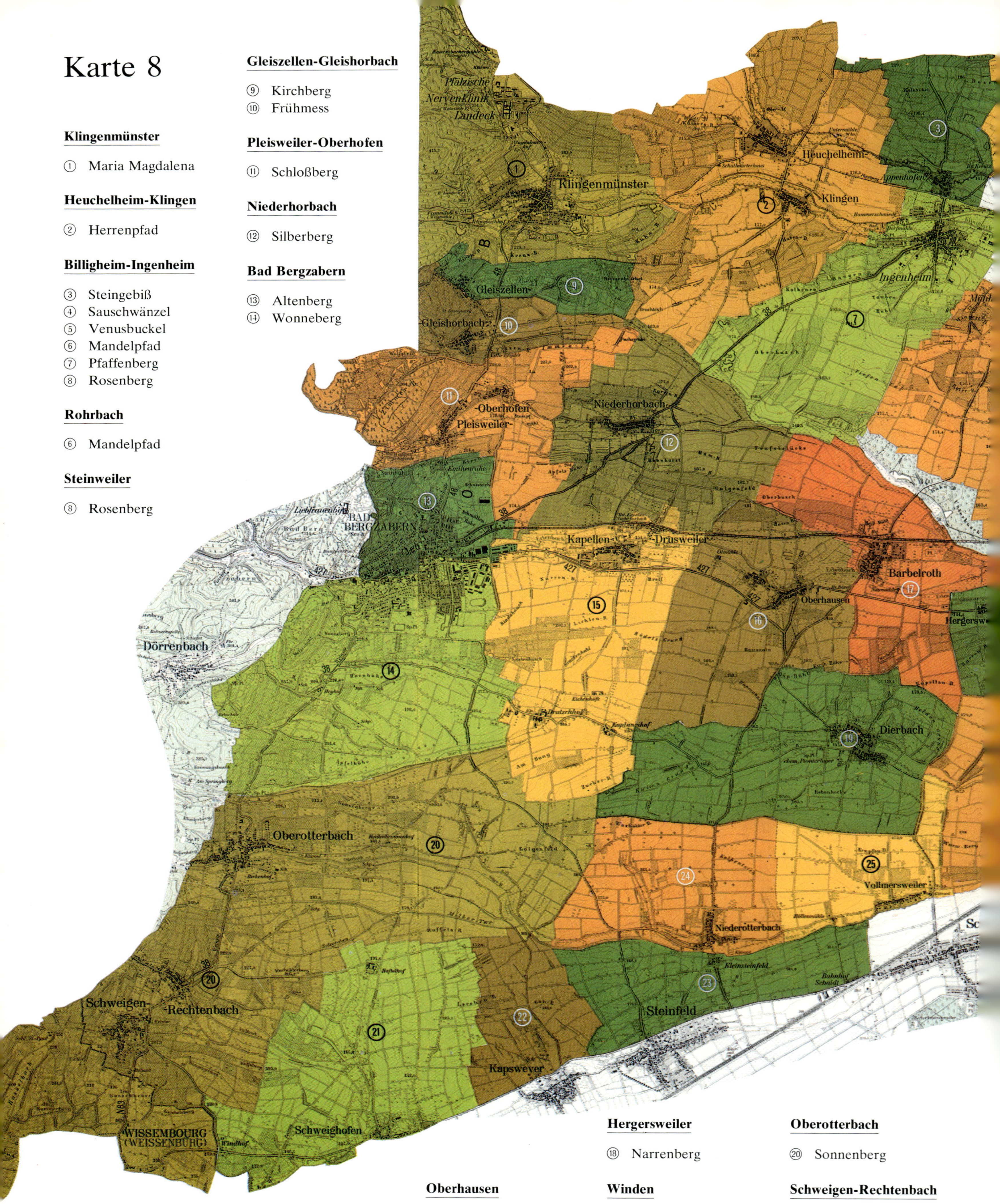

Klingenmünster

① Maria Magdalena

Heuchelheim-Klingen

② Herrenpfad

Billigheim-Ingenheim

③ Steingebiß
④ Sauschwänzel
⑤ Venusbuckel
⑥ Mandelpfad
⑦ Pfaffenberg
⑧ Rosenberg

Rohrbach

⑥ Mandelpfad

Steinweiler

⑧ Rosenberg

Gleiszellen-Gleishorbach

⑨ Kirchberg
⑩ Frühmess

Pleisweiler-Oberhofen

⑪ Schloßberg

Niederhorbach

⑫ Silberberg

Bad Bergzabern

⑬ Altenberg
⑭ Wonneberg

Hergersweiler

⑱ Narrenberg

Oberotterbach

⑳ Sonnenberg

Oberhausen

⑯ Frohnwingert

Winden

⑱ Narrenberg

Schweigen-Rechtenbach

⑳ Sonnenberg

Dörrenbach

⑭ Wonneberg

Kapellen-Drusweiler

⑮ Rosengarten

Barbelroth

⑰ Kirchberg

Dierbach

⑲ Kirchhöh

Schweigen-Rechtenbach

⑳ Sonnenberg

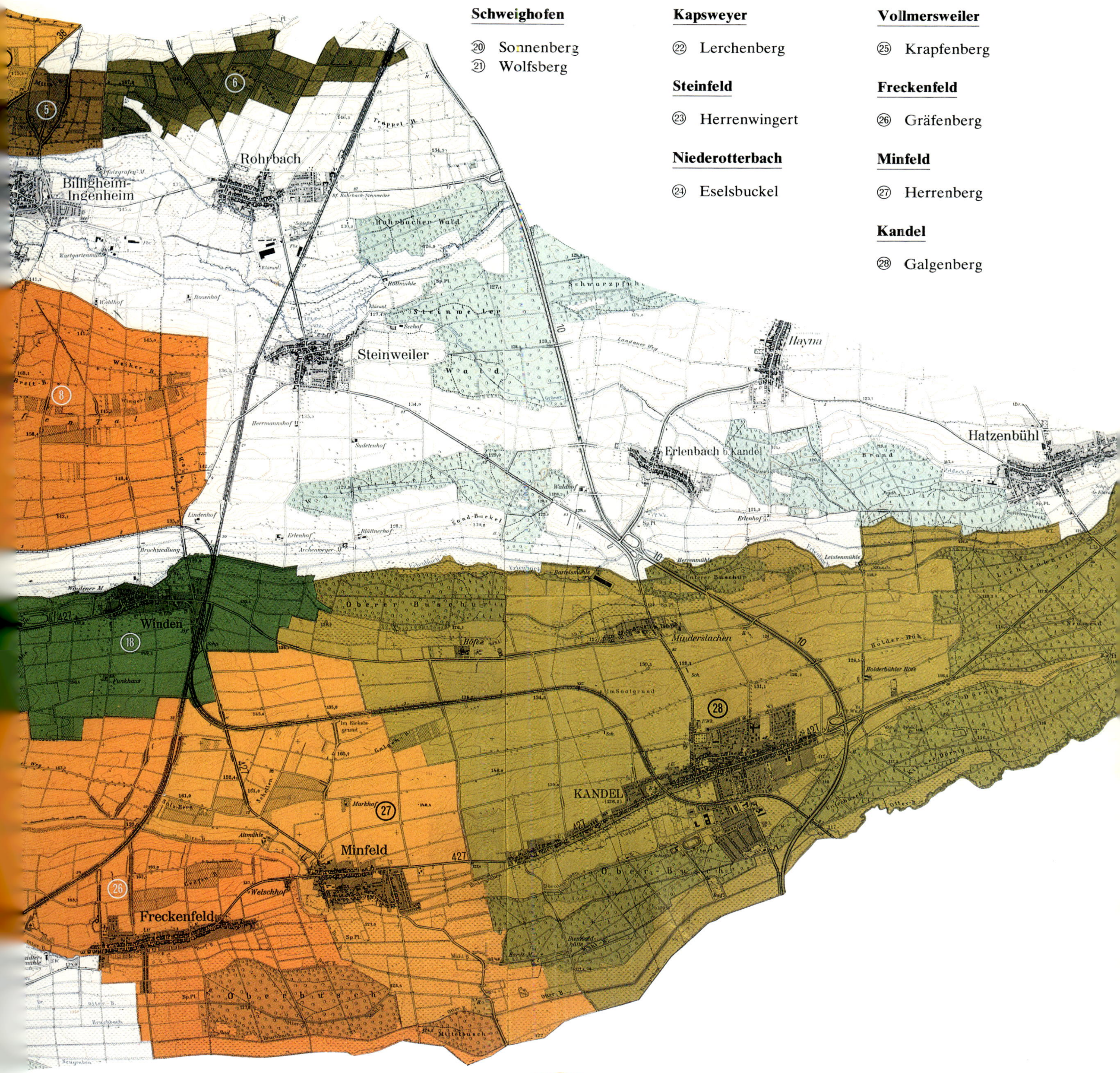
Schweighofen
⑳ Sonnenberg
㉑ Wolfsberg
Kapsweyer
㉒ Lerchenberg
Steinfeld
㉓ Herrenwingert
Niederotterbach
㉔ Eselsbuckel
Vollmersweiler
㉕ Krapfenberg
Freckenfeld
㉖ Gräfenberg
Minfeld
㉗ Herrenberg
Kandel
㉘ Galgenberg
Rohrbach
Billigheim-Ingenheim
Steinweiler
Hayna
Erlenbach b. Kandel
Hatzenbühl
Winden
Minderslachen
KANDEL
Minfeld
Freckenfeld
Rohrbacher Wald
Steinweiler Wald
Oberer Busch
Oberbusch
Mittelbusch
Bruchsiedlung
Markhof
Welschhof
Höfen
Funkhaus
Herrmannshof
Sudetenhof
Lindenhof
Erlenhof
Bienwaldhütte
Holderbühler Hof
Leistenmühle
Bartelsmühle
Altmühle
Rosenhof
Wahlhof
Seehof
10
427

Werner Eisenhard
RHEINPFALZ
QUALITÄTSWEIN b.A.
Altdorfer Rotwein
WEINGUT
W. Anselmann
FLEMLINGEN/WEINSTRASSE
RHEINPFALZ
1976er
Flemlinger Herrenbuckel
Kerner Auslese
QUALITÄTSWEIN MIT PRÄDIKAT
Heinz Hertz & Sohn
RHEINPFALZ
1978er Rotwein
Weingut Walter Klein
RHODT AN DER WEINSTRASSE
RHEIN
PFALZ
RHEINPFALZ
Rhodter Rosengarten
Ruländer Auslese
Otmar Diehl
Edesheim Südliche Weinstrasse
RHEINPFALZ
1976er Albalonga Spätlese
Josef Hagenbuch
RHEINPFALZ
1978er Edesheimer Ordensgut
Gewürztraminer-Kabinett
Weinbau Bruno Braun
Roschbacher Rosenkränzel
Scheurebe Spätlese
RHEINPFALZ
RHEINPFALZ
Weyherer Ordensgut
Riesling Spätlese
Richard Anlag Weinbau
RHEIN
PFALZ
QUALITÄTSWEIN
Rhodter Silvaner
TROCKEN
RHEIN-
PFALZ
QUALITÄTSWEIN
Weyherer Ordensgut
Weißburgunder
Christian Koch & Söhne
WEYHER AN DER WEINSTRASSE

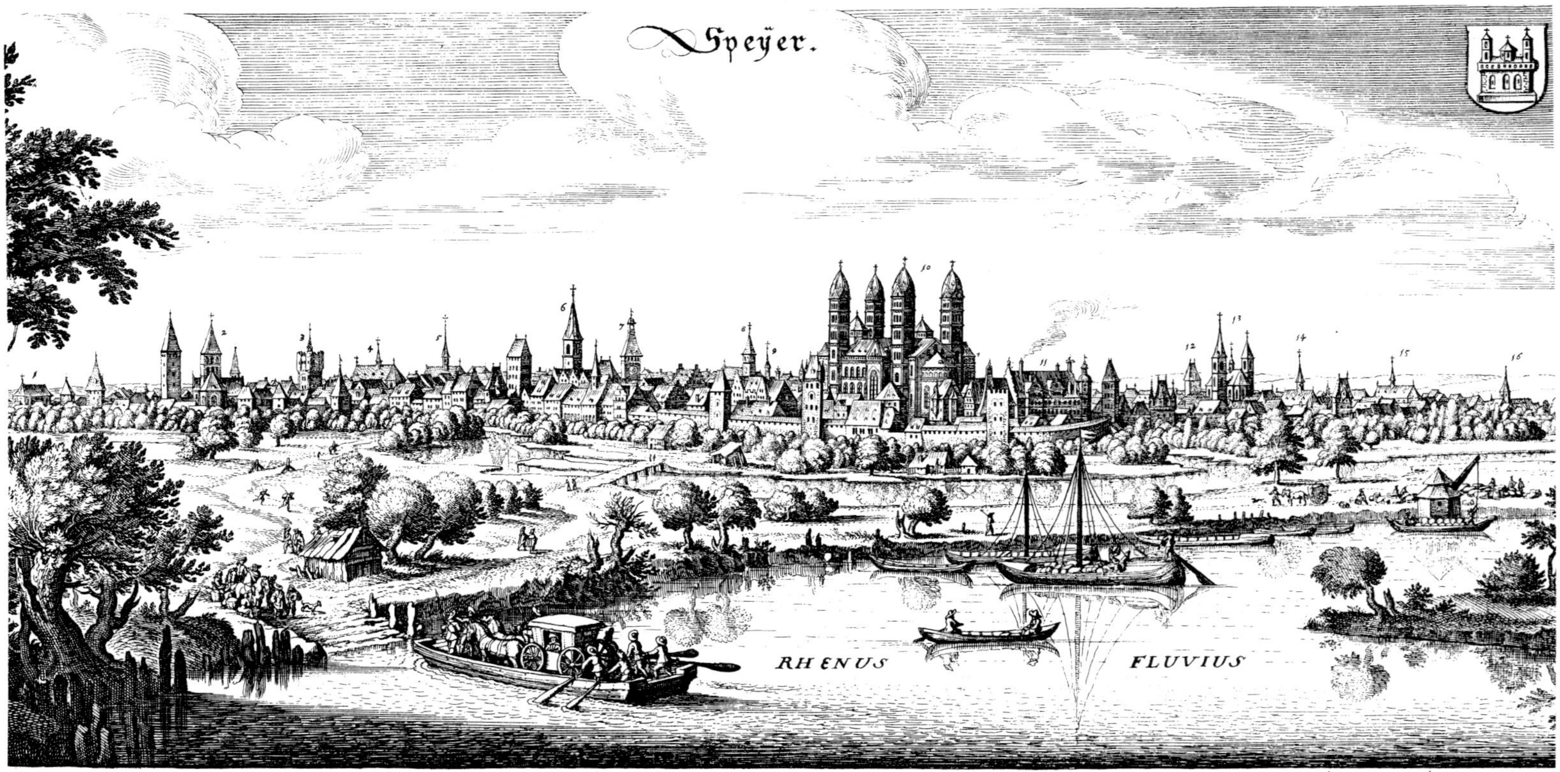

1. S. Marcus. 2. S. Iacob. 3. S. Marx-thor. 4. Barfüßer Closter. 5. Capuciner Closter. 6. S. German. 7. Alt Pörtlein. 8. S. Iohannes. 9. Iesuiter Coll. 10. Die Domkirch. 11. Des Bischoff hofe. 12. Weidthor. 13. Widenberg. S. Guidon. 14. S. Martha. 15. S. Clara. 16. Lazaret.

Speyer

Speyer ist keine Weinstadt – die ersten Weinberge der Rheinpfalz liegen knapp vor den Stadtgrenzen. Speyer ist aber die rheinpfälzische Stadt der Geschichte dieser Region schlechthin – und eine schöne und lebendige Stadt heute noch. Speyer ist Geschichte, zeigt Geschichte, machte Geschichte und bestimmte auch sehr stark den Weinbau der Pfalz, so wie es heute noch mit dem „Weinmuseum" mehr über die Weinbauvergangenheit Deutschlands aussagt, als alle anderen ähnlichen Einrichtungen. Aus diesen Gründen soll die Stadt als einzige ohne Weinbau den Beschreibungen der Weinbaugemeinden vorangestellt sein.

Natürlich hatte die Stadt in früheren Zeiten stärkerer Weinbauverbreitung auch eigene Reben. Die Namensgebung des Ruländers ist ein Hinweis darauf: Da kultivierte ein Speyerer Kaufmann namens Johann S. Ruland 1709 in seinem Garten eine Rebe, die bald „Rulandsrebe" genannt wurde und am Oberrhein gute Verbreitung fand. – Einer von vielen Speyerer Beiträgen zur Weingeschichte.

Speyer ist Geschichte, wie gesagt, Pfälzer Geschichte und deutsche Geschichte gleichzeitig. Acht Kaiser und Könige, drei Kaiserinnen und eine kaiserliche Prinzessin ruhen in der Krypta des Domes. Der 1030 von Kaiser Konrad II. gegründete Dom erscheint in der Geschichtsschreibung vieler Jahrhunderte immer wieder im Zusammenhang mit Ereignissen von deutschlandweiter Bedeutung.

Speyer war aber schon vor dem Dombau Nummer eins in der Pfalz. Bereits 400 vor Christus hatten die Kelten hier ihre Hauptsiedlung, „Noviomagus" genannt. 50 vor Christus wurde der Germanenstamm der Nemeter unter römischer Hoheit angesiedelt, und Speyer hieß fortan „Civitas Nemetum". Dann kamen die Römer für Jahrhunderte und bauten fleißig in und um Speyer. – Die Franken waren ihnen noch nicht lange gefolgt, als ihr König Dagobert I. den ersten Dom in Speyer gründete. Auch Ludwig der Fromme kam in die Stadt, um hier Hoflager zu halten. Das war 838, und von da an bis 1570 gab es 50 Reichstage in den Mauern, die zu ihrer Hoch-Zeit mit 68 Türmen prachtvoll befestigt waren.

Der Dombau war noch nicht richtig abgeschlossen, als Kaiser Heinrich IV. hier in seiner Lieblingsstadt seine beschwerliche Italienreise begann, die später als „Bußgang nach Canossa" Weltruhm erhielt.

Die „Metropolis Germaniae" (1125) erlebte Historisches dieser Art zuhauf, ob es später der Aufruf zum Kreuzzug oder der Protest der Reichsstände gegen reformationsfeindliche Beschlüsse war. Hätte es unsere „Jahrhundertpost" damals gegeben, so wären der Stadt Titelseiten-Aufmacher immer wieder sicher gewesen. Dafür hätte schon das Reichskammergericht gesorgt, das hier mehr als ein Jahrhundert seine Urteile fällte. Dafür hätte auch Goethe gesorgt, der mehrfach und längere Zeit Speyer besuchte, und unter anderem auch der Maler Anselm Feuerbach, der hier geboren ist.

Speyers Vergangenheit ist in Wort und Stein überliefert: Peter Drach und Konrad Hist wurden als Buchdrucker-Pioniere ab 1471 bekannt, und die Baudenkmäler gehören heute zu den deutschen Touristenzielen der Spitzengruppe.

Natürlich ist da zuerst der Dom, der Stadtbrände und Kriege überstanden hat. Man sieht ihn vom Rhein und vom Wein aus, von allen Seiten also, da die Speyerer darauf geachtet haben, ihn nicht „zuzubauen". Dann gibt es die „Gedächtniskirche", die neugotisch Ende des vergangenen Jahrhunderts gebaut wurde und schon Zeitungsseiten füllen konnte, weil man sie mit Spendengeldern aus aller Welt zum Gedächtnis jenes Reichstag-Protestes errichtete.

Die immer noch ansehnlichen Reste des „Judenbades" sind dagegen aus der „Dom-Zeit" ebenso wie die Ruine des „Retscherhofes" oder die unteren Teile des „Altpörtel", einer jener 68 Türme der Stadtmauern. Heute steht dieses ehemalige westliche Haupttor der Stadt mitten im Zentrum – auch das vor Jahrhunderten schon sehr bedeutende Speyer ist über seine Mauern hinausgewachsen zu einer schönen Mittelstadt von rund 45 000 Einwohnern, der man ihre Geschichte von weitem ansieht, die aber nicht nur wegen ihrer Geschichte sehenswert ist.

Bereich Mittelhaardt/Dt. Weinstraße

Kirchheimbolanden Gauersheim

Bolanden Rittersheim

Verbandsgemeinde Kirchheimbolanden

Lagenkarte Seite 104/105

Kirchheimbolanden	Bolanden	Gauersheim	Rittersheim
6156 Einwohner	1677 Einwohner	616 Einwohner	149 Einwohner

Der Wein

Kirchheimbolanden

Weinbaubetriebe: 1 im Nebenerwerb

Rebland: 2,2 ha in der Lage Schloßgarten

Rebsorten: Müller-Thurgau 100%

Großlage/Bereich: Schnepfenflug/Mittelhaardt/Dt. Weinstraße

Gästebetten/Gaststätten: 55/15

Bolanden

Weinbaubetriebe: 2 im Nebenerwerb

Rebland: 0,12 ha in der Lage Schloßberg

Rebsorten: Müller-Thurgau 100%

Großlage/Bereich: Schnepfenflug/Mittelhaardt/Dt. Weinstraße

Gästebetten/Gaststätten: –/4

Gauersheim

Weinbaubetriebe: 1 im Vollerwerb, 37 im Nebenerwerb

Rebland: 25 ha in der Lage Goldloch

Rebsorten: Müller-Thurgau 40%, Scheurebe 20%, Riesling 10%, Silvaner 10%, Kerner 10%, andere 10%

Großlage/Bereich: Schnepfenflug/Mittelhaardt/Dt. Weinstraße

Rittersheim

Weinbaubetriebe: 5 im Nebenerwerb

Rebland: 5 ha in der Lage Am hohen Stein

Rebsorten: Morio-Muskat 50%, andere 50%

Großlage/Bereich: Schnepfenflug/Mittelhaardt/Dt. Weinstraße

Der Ort

Ein Winzer, eine Lage und eine Rebsorte, das ist Kirchheimbolandens Weinwirtschaft. Zwar ist hier, wie auch in vielen anderen Orten der Pfalz ein riesiges Gelände als mögliches Weinbaugebiet ausgewiesen, aber nur eine kleine Fläche ist tatsächlich bestockt. Die Weinfreunde unter den Besuchern des schönen Ortes machen gerne Kurzausflüge in das romantische Zellertal, an dessen Hängen mehr Wein wächst. Nach Kirchheimbolanden kommen sie aus anderen Gründen.

Dem alten Ortskern sieht man schon von weitem seine bauliche Vergangenheit an. In den Straßen der Altstadt steht man den Zeugen aus des Städtchens großer Zeit buchstäblich auf Schritt und Tritt gegenüber: Da sind das Schloß und die Hofkirche, die „Kavaliershäuser" und die Bauten der Notablen, die Fachwerkhäuser früherer Bauerngeschlechter, die Stadtmauer und die Reste einiger Türme. – Wegen dieser Anblicke kommen die Gäste, und wenn das Schloß auch nur noch ein Torso ist, so blieb doch der Schloßgarten mit seinen schönen Bäumen, seinem Weiher und seinen stillen Wegen erhalten. Und spätestens hier mag man dem Satz des Stadtwerbers zustimmen, der von der „typischen, behaglichen deutschen Kleinstadt" spricht.

Morschheim Stetten

Verbandsgemeinde Kirchheimbolanden

Lagenkarte Seite 104/105

Morschheim

511 Einwohner

Der Wein

Weinbaubetriebe: 5 im Nebenerwerb

Rebland: 1,33 ha in der Lage Im Heubusch

Rebsorten: Müller-Thurgau 100%

Großlage/Bereich: Schnepfenflug/Mittelhaardt/Dt. Weinstraße

Gästebetten/Gaststätten: –/2

Morschheim ist der nördlichste Ort des Weinbaugebietes Rheinpfalz. Das bedeutet jedoch nicht etwa ein härteres „nördliches" Klima; auch in Morschheim herrschen angenehme Temperaturen, und der Wein gedeiht ja auch im anschließenden Anbaugebiet Rheinhessen ausgezeichnet. Die fünf Nebenerwerbswinzer des Dorfes teilen sich die kleine Lage, in der ausschließlich Müller-Thurgau angepflanzt ist.

Stetten

520 Einwohner

Der Wein

Weinbaubetriebe: 45 im Nebenerwerb

Rebland: 9 ha in der Lage Heilighäuschen

Rebsorten: Müller-Thurgau 100%

Großlage/Bereich: Schnepfenflug/Mittelhaardt/Dt. Weinstraße

Gästebetten/Gaststätten: 2/–

Stetten liegt am Nordrand des Weinbaugebietes Rheinpfalz. Mit seiner großen Zahl von Nebenerwerbswinzern (Hobbywinzern) ist es ein gutes Beispiel dafür, daß der Spaß am Weinbau ähnlich dem Spaß am Kleingarten zu einer Leidenschaft werden kann, bei der es nicht in erster Linie um den wirtschaftlichen Erfolg geht. Bei derart kleinen Parzellen erscheint wirtschaftliches Arbeiten kaum möglich. Interessant ist dabei und ungewöhnlich zugleich für den gesamten deutschen Weinbau, daß die Stettener Winzer in ihrer einen Lage nur eine Rebsorte angepflanzt haben: 100 Prozent Müller-Thurgau.

Bubenheim Immesheim Albisheim

Verbandsgemeinde Göllheim

Lagenkarte Seite 104/105

Bubenheim

363 Einwohner

Weinbaubetriebe: 6 im Vollerwerb, 4 im Nebenerwerb

Rebland: 8 ha in den Lagen Hahnenkamm (4,5 ha) und Wingertsberg (3,5 ha)

Rebsorten: Müller-Thurgau 60%, Kerner 25%, Riesling 5%, Silvaner 5%, Morio-Muskat 5%

Großlage/Bereich: Schnepfenflug/Mittelhaardt/Dt. Weinstraße

Gästebetten/Gaststätten: –/1

Immesheim

170 Einwohner

Weinbaubetriebe: 9 im Vollerwerb, 5 im Nebenerwerb

Rebland: 8 ha in der Lage Sonnenstück

Rebsorten: Müller-Thurgau 60%, Silvaner 30%, andere 10%

Großlage/Bereich: Schnepfenflug/Mittelhaardt/Dt. Weinstraße

Albisheim

1396 Einwohner

Der Wein

Weinbaubetriebe: 10 im Vollerwerb, 20 im Nebenerwerb

Rebland: 25 ha in der Lage Heiligenborn

Rebsorten: Müller-Thurgau 40%, Silvaner 30%, Riesling 10%, Portugieser 10%, Morio-Muskat 5%, andere 5%

Großlage/Bereich: Schnepfenflug/Mittelhaardt/Dt. Weinstraße

Gästebetten/Gaststätten: 22/4

Albisheim ist im malerischen Zellertal schön gelegen. Das Dorf hat ein wenig Fremdenverkehr durch Besucher, die wegen dieser Landschaft, die aber auch wegen des Weines kommen. Der „Albisheimer" in der Lage „Heiligenborn" wächst zumeist am steilen Hang – und auf Ton. Der schwere Boden gibt den Weinen ihren besonderen Charakter. Die Zahl von 10 Vollerwerbsbetrieben (auch mit Landwirtschaft) zeigt, daß diese Weine offenbar ihre Anhänger haben. – Der Weinbau hat sich in diesem Gebiet in jüngerer Zeit ausgeweitet.

Rüssingen Einselthum

Ottersheim/Zellertal

Verbandsgemeinde Göllheim

Lagenkarte Seite 104/105

Rüssingen

421 Einwohner

Weinbetriebe: 1 im Vollerwerb, 2 im Nebenerwerb

Rebland: 3,5 ha in der Lage Breinsberg

Rebsorten: Müller-Thurgau 62%, Portugieser 22%, Optima 8%, Faber 8%

Großlage/Bereich: Schnepfenflug/Mittelhaardt/Dt. Weinstraße

Gästebetten/Gaststätten: –/1

Ottersheim/Zellertal

300 Einwohner

Weinbaubetriebe: 2 im Nebenerwerb

Rebland: 1 ha in der Lage Bräunersberg

Rebsorten: Müller-Thurgau 50%, Silvaner 30%, Portugieser 20%

Großlage/Bereich: Schnepfenflug/Mittelhaardt/ Dt. Weinstraße

Einselthum

700 Einwohner

Der Wein

Weinbaubetriebe: 8 im Vollerwerb, 12 im Nebenerwerb

Rebland: 70 ha in den Lagen Klosterstück (40 ha) und Kreuzberg (30 ha)

Rebsorten: Müller-Thurgau 35%, Scheurebe 20%, Riesling 15%, Morio-Muskat 10%, Portugieser 5%, Ruländer 5%, Traminer 5%, Kerner 5%

Großlage/Bereich: Schnepfenflug/ Mittelhaardt/Dt. Weinstraße

Weinfeste: 3. Wochenende im Juli Weinkerwe
2. Sonntag im November „Martinikerwe"

Gästebetten/Gaststätten: 12/2

Der Ort

„Es gibt Königtümer, Herzogtümer und Grafentümer, aber es gibt nur ein Einselthum". – Der Satz ist oft gesprochen und mehrfach gedruckt, aber so herrlich übertrieben und gleichzeitig ein wenig treffend, daß er auch hier wiedergegeben sein soll. – „Lieblich" ist ein Wort, daß zum Zellertal paßt und das kleine Einselthum liegt mit seinen Weinbergen oben am Hang dieses Tals. Wenn die Reben duften und blühen, ist der 700-Seelen-Ort besonders „lieblich".

Gefeiert wird hier jedoch im Sommer und im Herbst. Da kommen die Weinfreunde zu den „Kerwes", zu Schwenkbraten und Wellfleisch, Saumagen und Winzerschnitzel.

Da kommen sie auch, weil das Dorf eine ungewöhnliche Weinprobe anbietet: An drei Tagen gibt es für einen geringen Unkostenbetrag einen Rundgang mit Kostproben zu acht Weinbaubetrieben. Und nicht genug mit dieser außergewöhnlichen und originellen Weinprobe: In jedem der besuchten Betriebe bieten die Winzerfamilien eine andere Spezialität der regionalen Küche an.

Das nach einer Edlen namens Ansilda (Ansilde) benannte Dorf hat auch beim Wein Besonderheiten zu bieten: Müller-Thurgau, Scheurebe, Riesling und einige andere Rebsorten wachsen hier auf Böden, die in der Rheinpfalz selten sind. Da ist das Klosterstück, in dem auch Zell einen Anteil hat, mit seinem Kalk und Ton, und der Kreuzberg, dessen Boden aus Cirenenmergel und Ton besteht. Diese Lage teilt Einselthum mit Zell und Niefenheim.

Stellt man sich ein Viereck aus Bad Kreuznach und Worms, Kaiserslautern und Mainz vor, so bildet Kirchheimbolanden den Mittelpunkt dieses Vierecks. Heute ist es Zentrale des Donnersbergkreises, und früher residierte hier ein Fürstengeschlecht, dessen Sproß Karl Christoph von Hessen-Nassau der Ort einen guten Teil der genannten Bauten zu verdanken hat. Seiner Ehefrau Caroline von Oranien hat die Kleinstadt eine musikalische Verbindung zu Mozart zu verdanken, deren Erinnerung heute noch gepflegt wird: Das Musikgenie kam auf Einladung der Fürstin, spielte auf der Orgel der Schloßkirche Mozart und widmete der Dame vier Sinfonien. Caroline ließ den großen Musiker an der Offizierstafel abspeisen und lohnte seine Arbeit mit schäbigen vier Louisdor in Silber. Die Kirchheimbolandener würden heute gern noch nachzahlen – ihnen blieb jedoch nur, die Orgel fortan „Mozartorgel" zu nennen und die musikalische Erinnerung mit Konzerten in dieser Kirche zu pflegen.

Stadtgemütlichkeit und Musik gehören ebenso zu den Anziehungspunkten der Gemeinde, wie die „Wein-Wald-Wanderlandschaft" rundum. Da ist der Donnersberg, mit 687 Metern der höchste Berg der Pfalz. Da sind die dichten Wälder und einige Burgen. Und nicht zu vergessen, die gerühmte gute Luft, das angenehme Klima. Kirchheimbolanden bemüht sich den Anforderungen von Erholungssuchenden ebenso gerecht zu werden, wie den Schau-Gästen. Für erstere gibt es bereits ein Kurhaus auf dem „Schillerhain" und am Waldrand gelegen. Der Blick geht von dieser Höhe in eine Landschaft deutscher Provinz zu der vielleicht auch das zitierte „behaglich" zusammenfassend am besten paßt.

Bild links: Ottersheim

Zellertal

bestehend aus Harxheim, Zell und Niefernheim
1222 Einwohner · Verbandsgemeinde Göllheim

Lagenkarte Seite 104/105

Der Wein

Weinbaubetriebe: 15 im Vollerwerb, 35 im Nebenerwerb

Rebland: 130 ha in den Lagen Klosterstück (25 ha), Kreuzberg (55 ha), Königsweg (35 ha), Schwarzer Herrgott (10 ha) und Herrgottsblick (5 ha)

Rebsorten: Müller-Thurgau 30%, Silvaner 15%, Riesling 10%, Kerner 10%, Scheurebe 10%, Portugieser 5%, Morio-Muskat 5%, Ruländer 4%, Traminer 3%, andere 8%

Großlage/Bereich: Schnepfenflug/ Mittelhaardt/Dt. Weinstraße

Weinfest: 2. bzw. 3. Wochenende im Juli „Zeller Parkfest"

Gästebetten/Gaststätten: 8/5

Der Ort

Der Ort ist jung, aber seine Teile sind alt. Die Gemeinde ist eine Neugründung. Sie heißt jetzt genauso wie das Tal, in dem ihre Ortsteile liegen: Zellertal. Das klingt nach landschaftlicher Schönheit (Man hat wohl ein wenig das „Ziller . . ." im Sinn.), und es klingt zu recht so. Dieses Tal ist lieblich, beschaulich, idyllisch. Ein Tal mit Wein und Wiesen, Feldern und Obstbäumen. Kein Wunder, daß die drei Dörfer Harxheim, Niefernheim und Zell bei ihrem Zusammenschluß im Zuge einer Verwaltungsreform den Namen ihres schönen Tales für die so entstandene Gemeinde wählten.

Der Weinbau hat hier lange Tradition, wenn er auch nie die Bedeutung wie in den weiter südlich gelegenen Orten des Anbaugebietes erreichen konnte. Schon um 600 nach Christus waren die Talhänge mit Reben bestockt. Heute hat der Wein aus diesen häufig kalkhaltigen, tonigen und insgesamt schweren Böden eine gute Marktchance: Die Schönheit des Tales bringt zunehmend Tagesreisende, die meist gleichzeitig auch Weinreisende sind. Und der Zeitpunkt, zu dem hier ein Fremdenverkehr mit Übernachtungen beginnt, scheint angesichts der naturgegebenen Voraussetzungen nicht mehr fern.

Nächste Doppelseite: Neuleiningen

Neuleiningen

Neuleiningen

727 Einwohner · Verbandsgemeinde Grünstadt-Land

Lagenkarte Seite 106/107

Der Wein

Weinbaubetriebe: 2 im Vollerwerb
Rebland: 59 ha in den Lagen Feuermännchen (24 ha), Sonnenberg (20 ha) und Schloßberg (15 ha)
Rebsorten: Portugieser 30%, Riesling 15%, Müller-Thurgau 10%, Morio-Muskat 10%, Kerner 10%, Silvaner 9%, Traminer 5%, Scheurebe 5%, Spätburgunder 2%, Ruländer 2%, Weißburgunder 2%
Großlage/Bereich: Höllenpfad/Mittelhaardt/Dt. Weinstraße
Gästebetten/Gaststätten: 70/4

Der Ort

Neuleiningen ist einer der besonders geschichtsträchtigen Orte der Rheinpfalz, hatten doch die Leininger hier ihre Burg, jenes Geschlecht, das über Jahrhunderte Wohl und Wehe der Umgebung sehr stark mitbestimmte. Neuleiningens Gegenwart ist andererseits derart guterhaltene Vergangenheit, daß es sich eher anbietet, über das Heute zu berichten.

Die Meinungen, wann und wo dieses ungewöhnliche Dorf am schönsten ist, gehen weit auseinander. Schön ist sicherlich der Anblick aus der Ebene, die Dächer über der Stadtmauer, die Kirche, die immer noch ansehnlichen Burgreste – und das alles in einem geschlossenen, sehr kompakten Areal hoch auf dem Berg.

Schön ist der Gang durch die engen Gassen, dieses Auf und Ab des Pflasterbodens zwischen mittelalterlichen Häusern – und fast ohne Autos! Malerisch sind die Winkel, die Treppen, welche Gassen verschiedener Ebenen miteinander verbinden. Ebenso pittoresk erscheinen sicherlich die alten Fachwerkhäuser, und es ist kein Wunder, daß anno 1980 ein Fachwerkhaus Stein um Stein und Balken um Balken genau nach den Plänen des mittelalterlichen Hauses gebaut wurde, das einmal an dieser Stelle stand.
Wunderschön der Ausblick in die Ebene, wenn die Morgensonne eben aufgeht. Schöner und sicherlich seltener zu erleben, aber das Bummeln durch die Gassen in der beginnenden Nacht, wenn der erste Wein genossen ist und die romantischen Laternen Fronten und Pflaster beleuchten.

Neuleiningen – einmal wuchtig und trutzig, zum anderen beschaulich und idyllisch. Der mittelalterliche Charme des alten Ortes wird bei Dämmerung und Dunkelheit noch deutlicher als am Tage. (Siehe auch das Foto auf der vorhergehenden Doppelseite.)

Man kann an diesem mittelalterlichen Platz gut essen und hervorragend wohnen. Der Ort strahlt Ruhe aus, ist ruhig, hat jedoch in alten Mauern sehr viel Leben. Da gibt es in der alten Burg ein Restaurant, das nicht zur Touristenabfütterung – wie andernorts häufig – herabgesunken ist, und ein Hotel in der alten Pfarrei, wo sich die Zimmer um einen Innenhof gruppieren. So haben die Vorfahren hier schon vor vielen hundert Jahren gewohnt, und sie haben gut gewohnt.

Gut gelebt haben sie nicht immer. Burgen ziehen Krieger an, und die wiederum bringen Zerstörung, Tod und Elend. Der Wein mag häufig in der Vergangenheit einziger Trost gewesen sein, Wein von altem Weinbergsboden. Es ist wohl ein Zufall, daß die Rotweinrebe Portugieser in unserer Zeit mit einem großen Anteil den Rebsortenspiegel anführt. Der Rotwein paßt sehr gut zum alten Burgbild.

Kleinkarlbach

743 Einwohner · Verbandsgemeinde Grünstadt-Land

Lagenkarte Seite 106/107

Der Wein

Weinbaubetriebe: 12 im Vollerwerb, 15 im Nebenerwerb

Rebland: 158 ha in den Lagen Herrgottsacker (0,5 ha), Herrenberg (30 ha), Senn (20 ha), Frauenländchen (80 ha) und Kieselberg (27,5 ha)

Rebsorten: Müller-Thurgau 38%, Riesling 25%, Portugieser 18%, Silvaner 8%, Kerner 5%, Scheurebe 2%, Ruländer 1%, Morio-Muskat 1%, andere 2%

Großlage/Bereich: Höllenpfad/Mittelhaardt/Dt. Weinstraße

Weinfest: Kirchweih 1. Sonntag im September

Gästebetten/Gaststätten: 10/3

Der Ort

Den Honigmarkt gibt es nicht mehr, und von den ehemals bekannten Kleinkarlbacher Mühlen ist nur eine geblieben, der Wein aber hat über die Jahrhunderte im Dorf seine Bedeutung behalten – bis in unsere Tage. Das berühmte Kloster Lorsch erhielt sieben Jahre nach seiner Gründung im Jahre 771 Weingärten in Kleinkarlbach. Das war damals einfach ein Kleinkarlbacher Weinberg ohne besondere Bezeichnung. Heute unterscheidet man im Ort fünf verschiedene Lagen, die nach der Art ihres Bodens (vom leichten Kiesboden über steinigen Lehmboden bis zu Lehm und Letten) unterschiedlich bepflanzt sind. Der vor nicht allzu langer Zeit noch vorherrschende Portugieser ist inzwischen von Müller-Thurgau und Riesling überrundet worden.

Das Dorf liegt nahe den Haardtbergen in einer wellig-ebenen Landschaft, umgeben von ähnlichen Gemeinden. Fünf von ihnen kann man zu Fuß in jeweils etwa 20 Minuten erreichen: eine Dorf-Nachbarschaft nach menschlichem Maß gewissermaßen.

Eines der Nachbardörfer ist das mittelalterlich-malerische Neuleiningen. Von dorther fließt der Eckbach auch durch Kleinkarlbach. Er lieferte einmal die kostenlose Energie zum Antrieb seiner Mühlen. 1877 waren es noch 27, die sich in einer „Eckbachweiher-Gesellschaft" zu einem Zweckverband zusammenschlossen. Kleinkarlbach hatte damals den verhältnismäßig größten Mühlenanteil, und wie gesagt, eine der Mühlen ist mit ihrem Wasserrad geblieben. Ebenso steht noch das Haus der einstmals bedeutenden Müller- und Bäckerzunft mit seinem Zunftzeichen.

Bissersheim

426 Einwohner · Verbandsgemeinde Grünstadt-Land

Lagenkarte Seite 106/107

Der Wein

Weinbaubetriebe: 16 im Vollerwerb, 15 im Nebenerwerb

Rebland: 126 ha in den Lagen Held (26 ha), Steig (25 ha), Orlenberg (35 ha) und Goldberg (40 ha)

Rebsorten: Müller-Thurgau 30%, Portugieser 30%, Riesling 10%, Silvaner 5%, Morio-Muskat 5%, Scheurebe 5%, Kerner 4%, Traminer 3%, Spätburgunder 1%, Ruländer 1%, Weißburgunder 1%, andere 5%

Großlage/Bereich: Schwarzerde/Mittelhaardt/Dt. Weinstraße

Weinfest: 2. Wochenende im August

Gästebetten/Gaststätten: –/2

Der Ort

Mit seinen vier Lagen rund um das Dorf liegt Bissersheim mitten im nördlichen Teil des Weinbaugebietes Rheinpfalz. Ein stilles Dorf in einer flachen Senke ist es, auch ein wenig am Hang eines seiner Weinberge gelegen. Die Häuser stehen rund um die Kirche, rotgedeckt nach Pfälzer Art meist – Beschaulichkeit in Stein und auch ein wenig in Fachwerk. Mit einer guten Zahl von Vollerwerbsbetrieben, einigen Selbstmarktern, die ihre Bissersheimer Weine auf Flaschen zumeist unmittelbar an den Weinfreund verkaufen, mit einem Weinfest im Ferienmonat August und einer breiten Palette angebauter Weine hat Bissersheim alles, was zu einem Weindorf gehört.

Hier gibt es genauso viel Portugieser wie Müller-Thurgau im Rebsortenspiegel. Die in der Pfalz erfolgreichen Silvaner, Morio-Muskat, Kerner und Scheurebe sind ebenso vertreten, wie die edlen „Spezialitäten" Traminer, Weißer Burgunder, Spätburgunder und Ruländer.

Gerolsheim Battenberg

Kindenheim

Verbandsgemeinde Grünstadt-Land

Lagenkarte Seite 106/107

Gerolsheim

1407 Einwohner

Weinbaubetriebe: 1 im Vollerwerb, 1 im Nebenerwerb

Rebland: 98 ha in den Lagen Lerchenspiel (50 ha) und Klosterweg (48 ha)

Rebsorten: Müller-Thurgau 30%, Portugieser 20%, Silvaner 16%, Morio-Muskat 10%, Kerner 5%, Scheurebe 5%, Riesling 3%, Ruländer 3%, Weißburgunder 3%, Traminer 1%, andere 4%

Großlage/Bereich: Schwarzerde/Mittelhaardt/Dt. Weinstraße

Weinfest: Kerwe 4. Sonntag im September

Gästebetten/Gaststätten: –/3

Gerolsheim ist zwar Weinbaugemeinde aber kein Winzerort. Man ist in diesem nördlichen Teil des Anbaugebietes mehr zu anderen Bereichen der Landwirtschaft orientiert, und es gibt nur zwei Familien im Ort, die ihre Weinberge bearbeiten. Auswärtige Weinbaubetriebe haben ihren Weinbergbesitz um Parzellen aus den Gerolsheimer Lagen ergänzt.

Kindenheim

965 Einwohner

Der Wein

Weinbaubetriebe: 40 im Vollerwerb, 20 im Nebenerwerb

Rebland: 123 ha in den Lagen Vogelsang (47 ha), Sonnenberg (28 ha), Katzenstein (33 ha) und Burgweg (15 ha)

Rebsorten: Müller-Thurgau 35%, Silvaner 9%, Riesling 8%, Morio-Muskat 8%, Portugieser 6%, Kerner 5%, Traminer 4%, Scheurebe 4%, Spätburgunder 3%, Ruländer 3%, Weißburgunder 2%, andere 13%

Großlage/Bereich: Grafenstück/Mittelhaardt/Dt. Weinstraße

Weinfest: 1. Sonntag im September

Gästebetten/Gaststätten: –/3

Der Ort

In allen vier Lagen der Kindenheimer Gemarkung findet man tonigen Lehm als Bodenart. In drei Lagen ist er vorherrschend. Die vierte bietet eine vielfältige Bodenmischung: Im „Sonnenberg“ gibt es Sand und Lehm, Letten und tonigen Lehm und zudem noch einige sehr steinige Teile.

Den „Sonnenberg“ teilt Kindenheim mit Mühlheim, den „Vogelsang“ mit Bockenheim. Die meistangepflanzten Reben sind Müller-Thurgau und Morio-Muskat. Der Weinbau hat mit diesen beiden Zuchtsorten einen derartigen Aufschwung genommen, daß er für das ursprünglich landwirtschaftlich orientierte Dorf neben dem weiter betriebenen Ackerbau und dem Broterwerb außerhalb des Ortes zu einem wichtigen Wirtschaftsfaktor geworden ist. Das zeigt sich unter anderem beim alljährlichen Weinfest im September, wenn große Mengen des heimischen Weins auch von zahlreichen Besuchern der Umgebung und ebenso von weither angereisten Gästen getrunken werden. Dabei ist auch der Rotweinkonsum recht hoch. Ein Umstand, der dem hohen Anteil des Portugieser in der Rebsortenstatistik entspricht.

Battenberg

478 Einwohner

Weinbaubetriebe: 4 im Vollerwerb, 4 im Nebenerwerb

Rebland: 18 ha in der Lage Schloßberg

Rebsorten: Müller-Thurgau 25%, Silvaner 25%, Scheurebe 15%, Morio-Muskat 12%, Portugieser 10%, Kerner 8%, Ruländer 5%

Großlage/Bereich: Höllenpfad/Mittelhaardt/Dt. Weinstraße

Weinfest: Kirchweih 1. Sonntag im Juli

Gästebetten/Gaststätten: 5/1

Das kleine Dorf Battenberg liegt tiefer im Wald der Haardt als die anderen Weinorte der Umgebung. Das Dorf selbst ist hoch gelegen und seine Lage Schloßberg ist vorwiegend steil. Die acht Battenberger Winzer bearbeiten 33 Hektar Rebland, wovon 18 zur Lage Schloßberg gehören. Auf den sehr unterschiedlichen Böden dieser Lage (Löß, Sand, Kalksteintrümmer) gedeihen vorwiegend Müller-Thurgau, Silvaner, Scheurebe und Morio-Muskat. Der große Teil des Gemarkungsgeländes wird jedoch für den Ackerbau genutzt.

Obersülzen

Mertesheim

Verbandsgemeinde Grünstadt-Land

Lagenkarte Seite 106/107

Obersülzen

415 Einwohner

Weinbaubetriebe: 3 im Vollerwerb, 11 im Nebenerwerb

Rebland: 10 ha in der Lage Schnepp

Rebsorten: Müller-Thurgau 50%, Kerner 15%, Portugieser 10%, Riesling 5%, Silvaner 5%, Morio-Muskat 5%, Scheurebe 2%, Ruländer 2%, andere 6%

Großlage/Bereich: Schwarzerde/Mittelhaardt/Dt. Weinstraße

Weinfest: 1. Sonntag im September Weinkerwe

Gästebetten/Gaststätten: –/2

Ein kleines Dorf mit wenig Rebland, aber dennoch gibt es im September eine „Weinkerwe“, ein Dorffest mit Wein. 14 Winzer, solche, die nur von Weinbau und anderer Landwirtschaft leben, und solche, die nach Feierabend ihren Wingert bestellen. Ein Zehntel der Weinernte ist Rotwein, und bei den neun Zehnteln der Weißweinreben sind auch solche „Pfalzspezialitäten“ wie der Ruländer.

Mertesheim

356 Einwohner

Weinbaubetriebe: 3 im Nebenerwerb

Rebland: 3 ha in der Lage St. Martinskreuz

Rebsorten: Müller-Thurgau 40%, Portugieser 30%, Riesling 10%, Bacchus 10%, Ortega 10%

Großlage/Bereich: Höllenpfad/Mittelhaardt/Dt. Weinstraße

Weinfest: Kirchweih letzter Sonntag im September

Gästebetten/Gaststätten: 21/2

Das kleine Dorf Mertesheim hat mehr Landwirtschaft als Weinbau. Nur drei Nebenerwerbswinzer bewirtschaften die kleine Lage, in der auf Kalksteinmergel und Letten vorwiegend Müller-Thurgau und Portugieser wachsen. Der Wein spielt jedoch beim Kirchweihfest im September ebenso eine bedeutende Rolle wie beim beginnenden Fremdenverkehr des im sanften Eisbachtal gelegenen Dorfes.

Großkarlbach

936 Einwohner · Verbandsgemeinde Grünstadt-Land

Lagenkarte Seite 106/107

Der Wein

Weinbaubetriebe: 22 im Vollerwerb, 30 im Nebenerwerb

Rebland: 200 ha in den Lagen Burgweg (80 ha) und Osterberg (120 ha)

Rebsorten: Müller-Thurgau 30%, Portugieser 30%, Silvaner 10%, Riesling 5%, Morio-Muskat 5%, Kerner 4%, Scheurebe 4%, Ruländer 2%, andere 10%

Großlage/Bereich: Schwarzerde/Mittelhaardt/Dt. Weinstraße

Weinfest: Wein- und Wanderfestival der Bauern- und Winzerschaft am letzten Wochenende im Mai

Gästebetten/Gaststätten: 38/4

Der Ort

Großkarlbach liegt am Eckbach, ihren Namen führen die Großkarlbacher auf das Wort „Karle" (gleich „Freie") zurück. Die Freien, die hier am Eckbach wohnten, waren zu einem guten Teil Winzer, als der Ort 773 erstmals durch eine Schenkungsurkunde in die geschriebene Geschichte trat. Später wurden sie jahrhundertelang zu Unfreien degradiert. Heute aber stehen hier wieder freie Bürger in guter Dorfgemeinschaft zusammen. Der Weinbau blüht, und es sieht so aus, als würde Großkarlbach nach seinen verschiedenen Weinepochen, seiner „Mühlenepoche" und unter anderem auch seiner „Zuckerrübenepoche" nun einen neuen Aufbruch in den Bereich des Fremdenverkehrs schaffen. Voraussetzungen sind gegeben.

Doch der Reihe nach: Das Dorf hatte nach vielen sprachlichen Wirrungen gerade seit vier Jahren seine heutige Schreibweise gefunden, als man 1840 in der Gemarkung einen bedeutenden Fund machte: eine mit 1800 Jahre altem Wein halbgefüllte Flasche. Sie steht heute im Museum zu Speyer. Die Großkarlbacher halten sich an die nicht gar so alten Weinjahrgänge, freuen sich jedoch ihrer mindestens für 1200 Jahre verbrieften Weintradition. Vor allem freuen sie sich natürlich, daß der Ort nach vielem Auf und Ab in seiner Weingeschichte nun ein schon lang anhaltendes „Auf" erlebt – das gilt für den Weißwein wie für den gerade recht beliebten roten Portugieser, der hier dem Müller-Thurgau den ersten Platz in der Rebsorten-Mengen-Statistik streitig macht.

Ein kurzer Ausflug noch in die Dorfvergangenheit, dann zur Idealkombination Großkarlbach plus Wein plus Fremdenverkehr. Das Dorf hatte mit seinem wasserreichen Bach gute Voraussetzungen für den Mühlenbetrieb. Da gab es Mühlen im Dorf, die aus Spelz (heute kaum noch gebräuchliche Getreideart) Weißmehl mahlten. Andere erzeugten aus Raps „Olig" (Rapsöl), das man nicht nur zum Kochen und Backen, sondern auch als Brennstoff in Lampen und Laternen verwandte. Eine Schleifmühle gab es und eine andere, die durch Walken Stoffe festigte. Einige der Mühlen stehen heute noch – inzwischen als Wohnhäuser genutzt – und als Dorfzierde. Die „Pappelmühle" aber liefert immer noch Mehl.

Während und nach der großen Zeit der „Mühlenbarone" kam die Zeit der Zuckerrüben und schließlich der „Zuckerrübenexpress". Das war eine 1893 eingeweihte Kleinbahn, die täglich verkehrte, aber im Herbst mit der Abfuhr von rund 10000 Tonnen Zuckerrüben ihre große Zeit hatte. So erhielt sie unter anderem auch diesen Spitznamen.

Zuckerrüben und Mühlen wirken beide noch in unsere Zeit hinein. Die Zuckerrüben sind ein Teil der Landwirtschaft, die hier mit Wein und Kartoffeln, Obst- und Getreideanbau mehr als ein Drittel der Bevölkerung Arbeit und Brot gibt. Die erhaltenen Mühlen sind Teil der Dorfschönheit, die einerseits inzwischen mehrfach prämiert wurde und andererseits bereits Teil des Namens geworden ist: „Das schöne Weindorf" steht auf vielen Prospekten und Ansichtskarten.

Tatsächlich engagieren sich die Großkarlbacher weiterhin auf diesem Gebiet. Die schöne Lage des in ein sanftes Tal „gekuschelten", gemütlich wirkenden Ortes fordert wohl auch zu diesen Anstrengungen heraus. Deren jüngster Lohn ist die Auszeichnung als Siegergemeinde im Sonderwettbewerb „Deutsche Weinstraße" – Anerkennung für gemeinsames Bemühen von Gemeindeverwaltung und Bürgerschaft um Dorfverschönerung und Fremdenverkehr.

Soviel kann man heute schon vorweisen: Ansehnliche Gaststätten mit schöner Innenausstattung ebenso wie drei Weinwanderwege, an denen mehr als 20 Rastplätze eingerichtet sind. Eine eigenwillige, rustikale Blockhütte an einem dieser Wege ist die besondere Attraktion. Sie kann von den Besuchern für private Feiern gemietet werden und bietet am offenen Kamin Platz für bis zu 50 Gäste. Weingutscheine gehören dazu. Sie dienen zur Zusammenstellung eines preiswerten Festwein-Sortiments bei den Winzern des Ortes. Gelegentlich gibt es dann zu später Stunde im Weinberg einen Zutrunk mit „Großkarlbacher" auf Großkarlbacher, deren Aktivität solche Feste möglich gemacht hat.

Laumersheim

795 Einwohner · Verbandsgemeinde Grünstadt-Land

Lagenkarte Seite 106/107

Der Wein

Weinbaubetriebe: 23 im Vollerwerb, 25 im Nebenerwerb

Rebland: 118 ha in den Lagen Kapellenberg (32 ha), Mandelberg (46 ha) und Kirschgarten (40 ha)

Rebsorten: Portugieser 25%, Riesling 20%, Müller-Thurgau 20%, Silvaner 12%, Kerner 10%, Traminer 8%, Scheurebe 5%

Großlage/Bereich: Schwarzerde/Mittelhaardt/Dt. Weinstraße

Weinfest: Letzter Sonntag im August

Gästebetten/Gaststätten: –/2

Der Ort

Alle drei Lagen Laumersheims sind sowohl hängig wie auch flach, alle drei haben Lößboden und sandigen Lehmboden – und in allen dreien steht außerordentlich viel Rotwein. Der Portugieser führt hier den Rebsortenspiegel vor dem Riesling an. Bemerkenswert und ebenso ungewöhnlich ist der hohe Anteil des Traminer.

Dank der berühmten Urkundenbücher des Klosters Lorsch kann auch Laumersheim seinen Namen leicht erklären: Es ist 769 und 774 in diesen Büchern als „Luitmaresheim" verzeichnet, wurde also offensichtlich von einem Franken namens Luitmar gegründet. 1364 erhielt das Dorf sogar Stadt- und damit die wirtschaftlich wichtigen Marktrechte. Später gingen die Stadtrechte verloren, der Markt blieb erhalten. Obwohl 1689 im Krieg von den Franzosen zerstört, konnten die Laumersheimer – auch durch ihr Engagement im Weinbau – ihr Dorf bis in unsere Zeit gesund erhalten. Laumersheim blieb damit das Schicksal des Nachbardorfes Berghaselbach erspart, das in den Wirren des späten Mittelalters regelrecht unterging. An der Stelle des verschwundenen Dorfes steht nur noch die Kapelle zum Heiligen Kreuz, die auch „Palmbergkapelle" genannt wird. Heute ist hier wieder aktives Leben – wiederum durch den Weinbau: Die nach dem „Palmberg" benannte Winzergenossenschaft hat sich dort angesiedelt.

Dirmstein

2560 Einwohner · Verbandsgemeinde Grünstadt-Land

Lagenkarte Seite 106/107

Der Wein

Weinbaubetriebe: 50 im Vollerwerb, 24 im Nebenerwerb

Rebland: 238 ha in den Lagen Mandelpfad (154 ha), Herrgottsacker (74 ha) und Jesuitenhofgarten (10 ha)

Rebsorten: Riesling 40%, Silvaner 20% Müller-Thurgau 10%, Morio-Muskat 5%, Huxelrebe 5%, Scheurebe 5%, Ehrenfelser 5%, Kerner 3%, Portugieser 7%

Großlage/Bereich: Schwarzerde/Mittelhaardt/Dt. Weinstraße

Weinfest: 2. Sonntag im September (Freitag bis Dienstag)

Gästebetten/Gaststätten: 100/7

Der Ort

Gleichgültig, von welcher Seite man in das in einer Senke gelegene Dirmstein hineinkommt, man trifft auf Mauern, schöne alte Bruchsteinmauern, die Weingrundstükke, Höfe und Parks eingegrenzt haben und zum Teil heute noch umschließen. Und neben Gesichtslosem gibt es zu alten Gebäuden verschiedener Epochen auch ansehnlich bauliche Ergänzungen aus unseren Tagen.

Was für die Mauern gilt, gilt auch für den Wein, nämlich Mandelpfad, Herrgottsacker, Jesuitenhofengarten (im Familienbesitz Janson/Schneider). Dirmstein ist vollständig von seinen Weinlagen umgeben. Geblieben sind nach dem 71er Weingesetz noch drei Lagen, früher waren es 39. Sie hatten zum Teil schöne alte Namen, auch lustige. Da gab es Grethendiehl und Bubenhohl, Dutterain, Rohrlach, Himmelsrech, Stahlberg, Neckar-

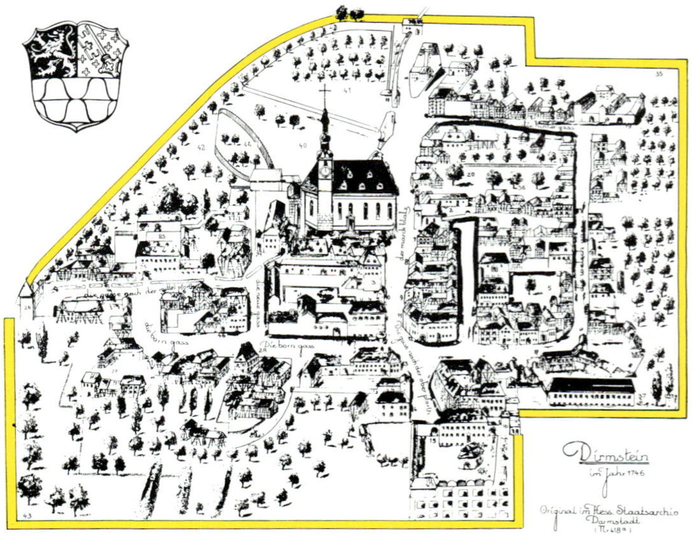

pfad, Schneckenberg, Hessenthal, Schwarzerde (jetzt Großweinlage) und Steingebiß, den hinteren und den vorderen Affenberg, auch den vorderen und hinteren Schirmberg.

Die Lagenvielfalt war nur zum geringen Teil mit Art und Qualitätsunterschieden begründet: Lößund Lößlehmboden, Kies und sandige Kiesböden, für den Portugieser zum Beispiel schwere Kalksteinböden, die das meiste Aroma bringen, auch schwere, zähe Lettenböden sind über die Lagen verstreut. Es gibt keine beherrschende Rebsorte. Wohl sind die bekannten Sorten (weiß und rot) mit größeren Anteilen vertreten, daneben bauen die Dirmsteiner Winzer aber vorwiegend bekannte ältere Sorten und Neuzüchtungen an. Erstere sind Riesling, Silvaner, Müller-Thurgau und letzteres sind Morio-Muskat, Huxelrebe, Scheurebe, Ehrenfelser, Kerner u. a.

Es ist nicht lange her, da gab es in Dirmstein mehr als 100 Rebsorten. Die meisten stammten aus der Rebenversuchsanstalt Nikita auf der Krim und wurden auf dem Gelände der Weinbauversuchsanstalt angepflanzt.

Dirmstein heute, das ist eine staatlich anerkannte Fremdenverkehrsgemeinde, ein Qualitätsweinort mit historischem Charakter, auch „Perle der Unterhaardt" genannt, mit 2560 Einwohnern, vielen baulichen Erinnerungen an eine große Zeit, als 30 Adelsfamilien im Ort ansässig waren, ihre Schlösser und Güter bauten, Glanz, aber auch einigen Prunk auf Kosten der Bauern entwickelten und gelegentlich auch ihre Fehden mit Hilfe der von ihnen Abhängigen austrugen. Geblieben ist aus jener Zeit auch eine Zweikirche, deren erste Pläne vom berühmten Balthasar Neumann stammen, die dann später im barocken Stil verwirklicht wurde und von Anfang an beiden großen Konfessionen in zwei Räumen aber unter einem Dach und mit einem gemeinsamen Turm Platz bot.

Auch die Fußgängerzone des Ortes ist etwas Besonderes. Sie ist – bisher unwidersprochen – die kleinste ihrer Art in Deutschland und die billigste für die Gemeinde sowieso. Die gesamte Anlage wurde von den Anwohnern gestaltet. Aus dem Gemeindesäckel kam nur das Geld für die Beschilderung und von der Weinpatenstadt Neu-Ötting/Oberbayern eine Sitzgruppe.

Auch beim Wein bietet Dirmstein noch eine „Spezialität": Hier wurde 1950 die erste „Weingräfin" der Unterhaardt (heute Mittelhaardt/Deutsche Weinstraße) gewählt.

Bockenheim

2179 Einwohner

Der Wein

Weinbaubetriebe: 60 im Vollerwerb, 35 im Nebenerwerb

Rebland: 353 ha in den Lagen Schloßberg (59 ha), Vogelsang (86 ha), Burggarten (6 ha), Sonnenberg (151 ha), Goldgrube (12 ha), Klosterschaffnerei (7 ha), Haßmannsberg (12 ha) und Heiligenkirche (20 ha)

Rebsorten: Müller-Thurgau 35%, Silvaner 15%, Portugieser 10%, Riesling 7%, Morio-Muskat 7%, Scheurebe 6%, Kerner 3%, Spätburgunder 2%, Weißburgunder 2%, Traminer 2%, Ruländer 1%, andere 10%

Großlage/Bereich: Grafenstück/Mittelhaardt/Dt. Weinstraße

Weinfest: 3. Wochenende im Oktober

Gästebetten/Gaststätten: 42/6

Der Ort

So vielartig wie die Böden, so vielfältig ist die Bockenheimer Weinpalette. Auf Kalkstein, Letten, Löß und Lehm und tonigem Lehm wachsen viele Rebsorten. Ein großer Teil der hier gelesenen Trauben wird in der Winzergenossenschaft ausgebaut. Den besten Überblick über die ganze Breite des Weinangebotes dieser großen Weinbaugemeinde gibt das Weinfest im Oktober. Es ist eines der jahreszeitlich spätesten – und eines der außergewöhnlichen in der Pfalz.

Dieses Weinfest dauert vier Tage und verdient eine besondere Beschreibung: Die Bockenheimer beginnen ihr Fest mit einem weithin vernehmbaren Salutschießen – und einer anschließenden Schau, die durchaus im Trend unserer Zeit liegt. Dennoch ist das Fest – bei allem weiteren Unterhaltungsangebot – recht urwüchsig. Da gibt es einen „Sangeswettstreit", ein Freundschaftssingen, an dem 1979 rund 1000 Sänger teilgenommen haben. Eintausend Sänger im kleinen Bockenheim! Da gibt es einen Dichterwettstreit in pfälzischer Mundart, der hier eine lange Tradition hat. Und auch für die Kinder ist mit einem bunten Programm gesorgt.

Der Abend gehört dem Wein, und im Festzelt sowie in der „Weinkosthalle" stehen die Bockenheimer Kreszenzen reinsortig zur Auswahl: Silvaner und Müller-Thurgau, Weißer Burgunder und Traminer, Ruländer und Scheurebe, aber auch Portugieser und Spätburgunder. – Bleibt in diesem Zusammenhang zu erwähnen, daß dieser Weinort nahe Grünstadt einige Dutzend Gästebetten bietet, und sich der Fremdenverkehr hier nahe der Haardt in fruchtbarer Weinlandschaft gut entwickelt.

Obrigheim

Ortsteil von Mühlheim

2638 Einwohner

Der Wein

Weinbaubetriebe: 15 im Vollerwerb, 18 im Nebenerwerb

Rebland: 220 ha in den Lagen Sonnenberg (90 ha), Benn (20 ha), Hochgericht (25 ha), Rosengarten (30 ha), Mandelpfad (35 ha) und Schloß (20 ha)

Rebsorten: Müller-Thurgau 25%, Riesling 15%, Portugieser 15%, Silvaner 15%, Kerner 10%, Ruländer 5%, Morio-Muskat 5%, Scheurebe 5%, andere 5%

Großlage/Bereich: Grafenstück/Mittelhaardt/Dt. Weinstraße

Weinfeste: 1. Sonntag im September Weinkerwe.
Pfingsten Kirchweih im Ortsteil Heidesheim

Gästebetten/Gaststätten: 45/7

Der Ort

Obrigheim gehört zu den Gemeinden im nördlichen Teil des Anbaugebietes, die neben anderen Zweigen der Landwirtschaft intensiv Weinbau betreiben, und in denen es neben den Nebenerwerbswinzern, die häufig hauptberuflich in der Industrie tätig sind, auch eine gute Anzahl von landwirtschaftlichen Vollerwerbsbetrieben gibt. Der Ort hat zudem mehrere Lagen und eine große bestockte Rebfläche, während in anderen Gemeinden am Rande des Anbaugebietes häufig nur ein kleiner Teil des ausgewiesenen Reblandes tatsächlich mit Reben bepflanzt ist.

Es gibt ein gutes Weinangebot in weißen und roten Gewächsen, eine lange Weinbautradition – und ein Weinfest im September, wenn die Trauben im Saft stehen.

Kirchheim

1557 Einwohner · Verbandsgemeinde Grünstadt-Land

Lagenkarte Seite 106/107

Der Wein

Weinbaubetriebe: 24 im Vollerwerb, 30 im Nebenerwerb

Rebland: 210 ha in den Lagen Kreuz (60 ha), Römerstraße (40 ha), Steinacker (45 ha) und Geißkopf (65 ha)

Rebsorten: Müller-Thurgau 25%, Portugieser 25%, Riesling 15%, Ruländer 5%, Morio-Muskat 5%, Kerner 5%, Scheurebe 5%, Silvaner 3%, Spätburgunder 2%, Traminer 2%, Weißburgunder 1%, andere 7%

Großlage/Bereich: Schwarzerde/Mittelhaardt/Dt. Weinstraße

Weinfest: Rebblütenfest 1. Wochenende im Juli

Gästebetten/Gaststätten: –/3

Der Ort

„Diese Schenkung besteht aus einem Weinberg in der Gemarkung von Kirchheim im Wormsgau." Mit diesem Satz aus einer Urkunde des Klosters Lorsch beginnt im Jahre 764 Kirchheims geschriebene Geschichte und zugleich die Weingeschichte des Dorfes. Auch in späteren Urkunden wird immer wieder der Kirchheimer Wein erwähnt. Er spielt heute noch eine gewichtige Rolle im Leben des mehr als 1200 Jahre alten Dorfes. Zu einem guten Teil ist es der Portugieser, der den Rebsortenspiegel zusammen mit dem Müller-Thurgau anführt. 1969 noch standen etwas mehr Rotweinreben in der Gemarkung als Weißweinreben.

Die Geschichte des Dorfes war über Jahrhunderte Weingeschichte, aber es war auch die Geschichte der Leininger. Das Geschlecht auf der nahen Burg hat das Leben im Ort bestimmt, und gelegentlich spielte Kirchheim – spielten Kirchheimer – selbst eine gewichtige Rolle. So fiel es zum Beispiel 1560 dem Dorfpfarrer Hackel zu, die reine, neue Lehre der Reformation in der gesamten Grafschaft einzuführen. Er hatte Erfolg: Noch heute gibt es nur wenige Katholiken im Ort, und ihre Zahl wäre noch kleiner, hätte es nicht 1698 einen starken Zuzug vor allem von gelernten Webern aus Hessen, Waldeck, der Schweiz und dem Elsaß gegeben. Die Einwanderer kamen in ein Dorf, das 1690 von den Soldaten Ludwig XIV. niedergebrannt worden war. Interessant, daß vorher ein Franzose, Paul de Savigny, als Oberschultheiß der Grafschaft und Kirchheimer mit aufgebaut hatte, was andere Franzosen dann zerstörten. Später trug dann wieder ein Franzose in wichtiger Rolle zum friedlichen Wiederaufbau bei: Johann Ludwig de Savigny, Sohn des Erstgenannten, Minister und führender Kopf bei den Friedensverhandlungen 1697.

Einen farbigen Einblick in die Dorfgeschichte vermittelt die zur 1200-Jahr-Feier zusammengestellte Chronik. Hier sechs aufeinanderfolgende Daten daraus:
1794 ist das schwerste Jahr der Revolutionszeit. Die „Ausleerungskommission" erpreßt aus den Kirchheimern an Geld und Sachlieferungen insgesamt 60000 Gulden allein in diesem Jahr".
1801 zählt Kirchheim 580 Lutheraner, 58 Katholiken, 55 Juden, zusammen 693 Einwohner.
1836 sind es bereits 811 Protestanten, 123 Katholiken, 104 Juden, 3 Mennoniten, zusammen 1041 Einwohner.
1853 Das Obere Tor, das lange Zeit als Wahrzeichen Kirchheims galt, fällt der Straßenverbreiterung zum Opfer.
1865 ist ein absonderliches Jahr. Am letzten März ist noch tiefer Winter, am ersten April völliger Sommer.
1875 Ein Unwetter mit Hochwasser und Hagelschlag vernichtet die ganze Ernte.

Geschichte in Schlaglichtern. – Heute freuen sich die Kirchheimer darüber, daß weniger „Geschichtsträchtiges" auch in ihr Dorfleben eingreift, sondern eine friedliche Zeit gesunde Entwicklung möglich macht. Daß solche Zeiten dem Weinbau zugute kommen, zeigt sich auch an den Qualitätserfolgen der örtlichen Winzer.

Grünstadt

11928 Einwohner

Lagenkarte Seite 106/107

Der Wein

Weinbaubetriebe: 81 im Vollerwerb, 12 im Nebenerwerb

Rebland: 331 ha in den Lagen Bergel (22 ha), Röth (48 ha) (Asselheim), Goldberg (56 ha), St. Stephan (52 ha), Schloß (8 ha), Hütt (42 ha), Honigsack (50 ha) und Klostergarten (53 ha) (Sausenheim)

Rebsorten: Müller-Thurgau 20%, Portugieser 18%, Riesling 16%, Silvaner 10%, Morio-Muskat 9%, Kerner 8%, Scheurebe 8%, Traminer 6%, Spätburgunder 2%, Ruländer 1%, andere 2%

Großlage/Bereich: Höllenpfad/Mittelhaardt/Dt. Weinstraße

Weinfeste: 3. Wochenende im August von Samstag bis Dienstag Weinkerwe im Ortsteil Asselheim

1. Sonntag im Oktober von Freitag bis Montag Weinwettstreit

Gästebetten/Gaststätten: 126/42

Zweimal Grünstadt in der Dämmerung – Kirchtürme und Weinberge. Das obere Foto zeigt den Ortsteil Asselheim, neben Sausenheim der zweite Weinbauvorort der Stadt Grünstadt.

Der Ort

Viele Weinpfalz-Wanderungen beginnen oder enden in Grünstadt. Der Weinwanderweg, der von Schweigen an der französischen Grenze nach Norden verläuft, berührt die Stadt am Ausläufer der Haardt kurz vor seinem Ende. Als Panoramaweg führt er über die Höhen der Weinberge, die zu Grünstadt und den Weindorf-Ortsteilen Asselheim und Sausenheim gehören. Am Weinwanderweg im Ortsteil Asselheim steht die erste Hütte entlang des gesamten Weges. Sie ist an Wochenenden und Feiertagen von den Winzern bewirtschaftet. Weinfreunde aus nah und fern kehren dort ein und genießen unter anderem den Blick auf die gesamte Rheinebene. Schon von der Höhe wirkt die in Grün gebettete Stadt alt und neu zugleich, und ein Beweis für das gute Neue liegt gleich in der Nähe am Berghang: Das neue Hallenbad ist nicht nur schön gelegen, sondern auch besonders attraktiv.

Ansehnliche Bau-Repräsentanten des alten Grünstadt sind neben jahrhundertealten Bürger- und Bauernhäusern (auch in den Ortsteilen) das Rathaus, das früher einmal Waisenhaus war, und das schöne Barockportal einer Schule in der Neugasse, die ehemals als „Oberhof" in der Chronik verzeichnet ist.

Das Rathaus und das erhaltene Oberhof-Portal haben die Grünstädter ihrer Nähe zu Neu- und Altleiningen zu verdanken. Der Ort gehörte zum Einflußbereich der dort residierenden reichen Leininger-Familie, nach der heute noch die Region um Grünstadt „Leiningerland" genannt wird. Die Leininger zogen 1690 sogar nach Grünstadt um, nachdem die Franzosen ihre Stammschlösser zerstört hatten. Damit verstärkten sich natürlich ihre baulichen Aktivitäten in Grünstadt – ein Umstand, der dem Ort immer noch zum Wohle gereicht. Drei Kirchen und ein Kloster sind unter anderem uns Heutigen zu Nutzung und Ansicht geblieben.

„Ein sehr schönes Städtlein unfern von Leiningen auf einem an Wein und Korn sehr fruchtbaren Boden gelegen." So veröffentlichte es Matthaeus Merian 1645 in seinem Rheinpfalz-Band. Das muß ähnlich schon acht Jahrhunderte vorher gegolten haben, denn 875 sind in einer Urkunde für Grünstadt ein Hofgut des Königs, ein Herrenhof, 14 Bauernhöfe und eine Kirche verzeichnet.

Wenn man für das Wort „Korn" einfach „Ackerland" setzt, dann stimmt Merians Beschreibung auch in unserem Jahrhundert. Der Weinbau ist – wenig verändert – geblieben. Grünstadt hat auf diesem Gebiet durch die Eingemeindung von Asselheim und Sausenheim sogar mehr Gewicht bekommen – und mit der „Weinkerwe" in Asselheim ein zweites Weinfest.

Weinfest Nummer eins ist der große „Weinwettstreit der Unterhaardt", bei dem es zwar ein Wein-Schiedsgericht und natürlich auch Sieger, jedoch keine Besiegten gibt. Es ist ein Vier-Tage-Weinfest, bei dem letztlich die zahlreichen Gäste mit ihrem Weinkonsum das endgültige Urteil sprechen und zum Beispiel über die Beliebtheitsgrade der hier stark angebauten Rebsorten Müller-Thurgau und Portugieser, Riesling und Silvaner entscheiden. Natürlich ist auch jedesmal das „Rennen" Weißwein gegen Rotwein nach Verbrauchsanteilen offen, denn Grünstadt gehört zu den wenigen Pfalzgemeinden, in denen der Portugieser im Rebsortenspiegel weit vorn liegt.

Die Geschichte von Gräfin Eva, die ihr Haus durch Speis' und sehr viel Trank gerettet hat

Die „Weingräfinnen", deren Weinreich in unseren Tagen im nördlichen Teil der Rheinpfalz liegt, tragen eine Krone mit historischem Vorbild: Der Kopfschmuck der Mädchen ist einer Krone der Gräfin Eva von Leiningen nachgebildet. Diese Dame genoß im Mittelalter weithin Hochachtung, und viele ihrer Taten sind uns überliefert. Hier ist eine davon:

Asmus von der Hauben war kurpfälzischer Lehensmann in Dirmstein. Als 1525 die Welle der Bauernaufstände auch Dirmstein erreichte, stellte er sich an die Spitze eines Bauernhaufen, plünderte zunächst das Pfarrhaus in Dirmstein, später das nahe Kloster Frankenthal, wo es viel Wein zu erbeuten gab, und stürmte auch das kurfürstliche Schloß in Dirmstein. Die wütenden Bauern erschlugen die 15 verteidigenden Landsknechte im Burgsaal, warfen die Leichen aus den Fenstern, plünderten, raubten anschließend auch das Dirmsteiner Schloß des Bischofs von Worms aus und zogen dann nach Neuleiningen. Im Ort gab es nicht viel zu holen, und so wandte sich der Haufen gegen das Schloß. Dort erwartete sie eine tapfere Frau, Eva von Leiningen, Mitbesitzerin des Schlosses.

Sie war einigen der Bauern durch soziale Taten in Kranken-, Alten- und Waisenfürsorge bekannt, und auch jetzt tat sie etwas Außergewöhnliches: Sie lud die Angreifer zu Wein und Speise an ihre Tafel. Man aß und trank kräftig, die Schloßherrin sprach dabei ständig mit ihren ungebetenen „Gästen". Die gingen schließlich ohne Morden, Brennen, Sengen, Beutemachen; sie gingen in Frieden.

Großniedesheim Kleinniedesheim

Heßheim

Verbandsgemeinde Heßheim

Lagenkarte Seite 106/107

Großniedesheim

1168 Einwohner

Weinbaubetriebe: 19 im Nebenerwerb

Rebland: 44 ha in den Lagen Schafberg (33 ha) und Vorderberg (11 ha)

Rebsorten: Portugieser 25%, Müller-Thurgau 21%, Scheurebe 18%, Kerner 10%, Silvaner 8%, Riesling 6%, Spätburgunder 5%, Morio-Muskat 5%, Traminer 2%

Großlage/Bereich: Schwarzerde/Mittelhaardt/Dt. Weinstraße

Gästebetten/Gaststätten: –/2

Großniedesheim, das neben Kleinniedesheim in der weitgehend ebenen Landschaft am Nordostrand des Weinbaugebietes liegt, ist dank seiner günstigen Lage zu einer bevorzugten Wohngemeinde für die Beschäftigten der Industrie in Frankenthal und Ludwigshafen geworden.

Schwerpunkt der landwirtschaftlichen Erzeugung ist hier der Zukkerrüben- und Getreideanbau. Der Wein spielt als sogenannte Sonderkultur nur eine untergeordnete Rolle, erscheint aber durch seine Rebsortenverteilung besonders interessant: Portugieser ist die Hauptsorte vor Müller-Thurgau und der Scheurebe. Auch der Spätburgunder erreicht als zweite Rotweinsorte noch einen nennenswerten Anteil. Ein Weinfest gibt es nicht, aber bei der „Kirchweih" am Sonntag nach Pfingsten wird natürlich auch „Großniedesheimer" getrunken.

Mit seinen beiden sehr unterschiedlichen Türmen, die in der Ebene von weitem gut zu sehen sind, hat der Ort eindeutig ein Wahrzeichen. Der eine Turm ist einer der schönsten Barockkirchtürme der Umgebung, der andere ein fünfzig Meter hoher Wasserturm.

Heßheim

3107 Einwohner

Weinbaubetriebe: 3 im Nebenerwerb

Rebland: 21 ha in der Lage Lange Els

Rebsorten: Müller-Thurgau 60%, Riesling 10%, Morio-Muskat 10%, Scheurebe 10%, andere 10%

Großlage/Bereich: Schwarzerde/Mittelhaardt/Dt. Weinstraße

Gästebetten/Gaststätten: –/5

Das Rebland der Gemeinde wird zum überwiegenden Teil von Winzern aus Weisenheim am Sand bewirtschaftet. Lediglich drei Nebenerwerbswinzer aus Heßheim besitzen in der „Lange Els" kleinere Parzellen.

Kleinniedesheim

621 Einwohner

Weinbaubetriebe: 18 im Vollerwerb, 10 im Nebenerwerb

Rebland: 50 ha in den Lagen Vorderberg (45 ha) und Schloßgarten (5 ha)

Rebsorten: Müller-Thurgau 30%, Riesling 29%, Portugieser 25%, Silvaner 1%, andere 15%

Großlage/Bereich: Schwarzerde/Mittelhaardt/Dt. Weinstraße

Gästebetten/Gaststätten: –/1

Kleinniedesheim liegt am Nordostrand des Weinbaugebietes Rheinpfalz. Hier ist der Ackerbau vorherrschend, und östlich und nördlich des Dorfes schließt sich reines Ackerbaugebiet an. Dennoch gibt es gerade in Kleinniedesheim auf 50 Hektar mit Reben bestandenem meist flachem Weinland intensiv wirtschaftende Winzerbetriebe. Erstaunlich die hohe Zahl der Familien, die sich – zum Teil mit Landwirtschaft – aus dem Weinbau ernähren, und ebenso interessant ist die Tatsache, daß hier im wesentlichen drei Rebsorten mit ähnlich großen Anteilen angebaut werden: Riesling, Müller-Thurgau und Portugieser. Welche Sorte wo angebaut wird, entscheidet vor allem die Bodenart. Kleinniedesheim hat in seiner einen Lage mit Kies, sandigem Lehm und lehmigem Sand drei verschiedene Böden.

Heuchelheim bei Frankenthal

1020 Einwohner · Verbandsgemeinde Heßheim

Lagenkarte Seite 106/107

Der Wein

Weinbaubetriebe: 18 im Nebenerwerb

Rebland: 58 ha in der Lage Steinkopf

Rebsorten: Müller-Thurgau 40%, Morio-Muskat 20%, Riesling 10%, Portugieser 5%, Traminer 5%, Scheurebe 5%, andere 15%

Großlage/Bereich: Schwarzerde/Mittelhaardt/Dt. Weinstraße

Gästebetten/Gaststätten: –/1

Der Ort

Im Jahre 764 gründeten der fränkische Gaugraf Kankor und seine Mutter Williswinda das Kloster Lorsch. Erzbischof Chrodegang von Metz sollte es mit Mönchen des heiligen Benedikt zu einem Mittelpunkt kirchlichen Lebens machen. Das Kloster hatte einen guten Start und war bald dank zahlreicher Schenkungen auch ein Mittelpunkt wirtschaftlichen Lebens. Schon ein Jahr nach der Gründung sorgten vier in Huchilheim (Heim des Huchilo) begüterte Edelinge namens Folrad, Weidemann, Ruother und Ruther durch Schenkungen für die Vermehrung des Klosterbesitzes. Das wurde in gestochen schöner Schrift aufgeschrieben und ist heute die älteste Erwähnung des Ortes Heuchelheim.

In den Schenkungsurkunden wird vor allem Ackerland erwähnt. Akkerland ist heute noch eine wesentliche Erwerbsgrundlage der Bevölkerung. Getreide und Kartoffeln, Obst und Gemüse (Spargel) werden angebaut, und viele Heuchelheimer schauen bei der Ernte nicht nur beim Wein auf den Zukkergehalt, sondern auch bei ihren Zuckerrüben.

Der Wein hat seinen Anteil der Gemarkungsfläche nach dem Krieg ausdehnen können. Von 1965 bis 1980 konnte die Rebfläche nahezu verdreifacht werden. Da man dabei nicht auf alter Weintradition aufbaute, neigten die Nebenerwerbswinzer zum Anbau neuerer, ertragssicherer und ertragsstarker Rebsorten wie Müller-Thurgau und Morio-Muskat.

Im Mittelalter hat es jedoch in Heuchelheim durchaus Weinbau gegeben. Das geht aus alten Berichten hervor. (Beispiel: eine Weinstiftung aus dem Jahre 1322.) Aus dem Jahre 1602 berichtet eine Heuchelheimer Güterbeschreibung: „Der Weingarten ist ein lustiger, fruchtbarer Obstgarten gewesen . . . Diesen hat der v. Türkheim zu einem Weingarten machen und voll Reben setzen und die fruchtbaren Obstbäume herausroden lassen . . ."

Freinsheim

3809 Einwohner · Verbandsgemeinde Freinsheim

Lagenkarte Seite 106/107

Der Wein

Weinbaubetriebe: 93 im Vollerwerb, 73 im Nebenerwerb

Rebland: 349 ha in den Lagen Musikantenbuckel (130 ha), Oschelskopf (80 ha), Schwarzes Kreuz (80 ha) und Goldberg (59 ha)

Rebsorten: Riesling 40%, Silvaner 20%, Kerner 15%, Portugieser 10%, Müller-Thurgau 5%, Traminer 5%, Scheurebe 5%

Großlage/Bereich: Kobnert und Rosenbühl/Mittelhaardt/Dt. Weinstraße

Weinfeste: Stadtmauerweinfest 3. Wochenende im Juli, Fest des Federweißen im Herbst

Gästebetten/Gaststätten: 48/19

Der Ort

Die Kirche ist gotisch, das Rathaus barock. Die Fachwerkhäuser sind in verschiedenen Jahrhunderten gebaut. Die Stadtmauer mit ihrem mächtigen, wuchtigen Eisentor scheint für ein weiteres Jahrtausend Bestand zu haben. Die Gassen, die Giebel, die Dächer, die Türme, die Winkel, die tief ausgetretenen Steintreppen – hier ist das Mittelalter greifbar, begehbar, bewohnbar.

Viele Hektar Rebland, viele Hektar Riesling, viele adelige und kirchliche Besitzer früher, eine starke Genossenschaft und selbstmarktende Betriebe heute. Die Klöster Weißenburg und Lorsch bezogen schon vor der Jahrtausendwende Weine aus Freinsheim. Heute kommen viele Weinfreunde nach Freinsheim, um sich ihren Wein selbst abzuholen. In einem solchen Ort macht das Spaß.

Da macht es Freude, durch eine enge Gasse an der Stadtmauer zu gehen. Da kann man die Wände zu beiden Seiten gleichzeitig mit den Ellenbogen berühren. Da schaut man unter Rundbögen in Durchfahrten und Höfe. Da sieht man die malerischen Fassaden der Schlossergasse und die altersschiefen Häuser am Haintor.

„Meine Heimat quillt über von Geschichte, Wein und Obst", hat der Schriftsteller Hermann Sinsheimer gesagt. Er ist in Freinsheim geboren. Die Geschichte des Ortes begann nach den Funden mit Sicherheit schon in der Steinzeit. Der Wein wächst hier seit Römerzeiten. Der Obstbau begann erst im vergangenen Jahrhundert seinen Siegeszug in und um Freinsheim. – Schön, daß sich dieses Kleinstädtchen mit seiner besonderen Atmosphäre, daß sich Freinsheim, der alte Amts- und neue Verbandsgemeindesitz seit 1979 auch offiziell „Stadt" nennen darf. Es ist eine Stadt nach Menschenmaß, wie man es früher verstanden hat, eine Stadt für geruhsame Tage. Gästebetten gibt es schon – und außerordentlich viele weinverbundene Gaststätten zur Auswahl.

Weisenheim am Berg

1548 Einwohner · Verbandsgemeinde Freinsheim

Lagenkarte Seite 106/107

Der Wein

Weinbaubetriebe: 78 im Vollerwerb, 56 im Nebenerwerb

Rebland: 257 ha in den Lagen Vogelsang (57 ha), Mandelgarten (100 ha), Sonnenberg (100 ha)

Rebsorten: Riesling 40%, Silvaner 20%, Kerner 15%, Portugieser 10%, Müller-Thurgau 5%, Traminer 5%, Scheurebe 5%

Großlage/Bereich: Kobnert und Feuerberg/Mittelhaardt/Dt. Weinstraße

Weinfeste: Kirchweih im August „Stutzenfest" an Martini

Partnerschafts-Wein und Heimatfest ab Himmelfahrt

Gästebetten/Gaststätten: 4/3

Der Ort

Weisenheim am Berg hat seine Einzellagen „Mandelgarten" und „Vogelsang" in der Großlage „Kobnert", die Lage „Sonnenberg" mit dem schwereren Boden in der Großlage „Feuerberg". Die ersteren waren früher traditionell Silvanerlagen, in letzterer wuchs ein großer Anteil Portugieser. Inzwischen hat sich in der Anpflanzung neuer Reben sowohl bei den Mitgliedern der Genossenschaften als auch bei den Winzern, die ihren Wein selbst keltern und auf Flaschen abfüllen, einiges verändert:

Der Riesling konnte das Rennen um die Winzergunst eindeutig gewinnen. Er ist vor Silvaner, Kerner und Portugieser zur führenden Rebsorte im Ort geworden.

Verändert hat sich nicht nur die Rebsortenstruktur, sondern die Struktur des Ortes insgesamt. Die Gemeinde ist durch Zuzug gewachsen. Ihre schöne Lage vor dem Wald der Haardt und inmitten der Weinberge, die das Dorf von drei Seiten begrenzen, hat Weisenheim am Berg zu einer beliebten Wohngemeinde gemacht. Neben repräsentativen neuen Häusern bestimmen auch weiterhin alte Bauernhäuser – darunter Fachwerkhäuser – das Bild des Ortskerns. Sie erinnern am stärksten an die lange Geschichte des Dorfes, das 771 zum erstenmal urkundlich erwähnt wurde.

Dackenheim

322 Einwohner · Verbandsgemeinde Freinsheim

Lagenkarte Seite 106/107

Der Wein

Weinbaubetriebe: 29 im Vollerwerb, 26 im Nebenerwerb

Rebland: 127 ha in den Lagen Kapellengarten (5 ha), Liebesbrunnen (70 ha) und Mandelröth (60 ha)

Rebsorten: Riesling 40%, Silvaner 20%, Müller-Thurgau 10%, Portugieser 10%, Kerner 10%, Traminer 5%, Scheurebe 5%

Großlage/Bereich: Kobnert/Mittelhaardt/Dt. Weinstraße

Gästebetten/Gaststätten: –/3

Der Ort

Dackenheim liegt ein gutes Stück vor dem Gebirge und ist dennoch auf einem Ausläufer der Haardt hoch gelegen. Das Dorf zählt zu den kleinsten des Anbaugebietes – und gleichzeitig zu denen mit dem intensivsten Weinbau: Rund 3000 Quadratmeter Weinbergsgelände pro Kopf der Bevölkerung, wenn man die Gesamtrebfläche durch die Einwohnerzahl teilt. Hier ist die Dorfstruktur seit dem frühen Mittelalter nahezu unverändert geblieben. Ein großer Teil der Einwohner lebt immer noch von Weinbau und Landwirtschaft.

Gemessen an Einwohnerzahl und Rebfläche ist das kleine Dorf möglicherweise auch Rekordhalter in der Zahl der selbstvermarktenden Weinbaubetriebe. In der Verbandsgemeinde Freinsheim haben lediglich die wesentlich größeren Kallstadt und Weisenheim am Sand mehr Winzer, die ihren Wein selbst auf Flaschen abfüllen. – Der „Dackenheimer" ist zum großen Teil Riesling. Er gedeiht in den drei Ortslagen auf unterschiedlichen Böden.

In der Dorfkirche begeistern die schlichten romanischen Steinmetzarbeiten, in den Dorfstraßen überrascht die Tatsache, daß in einer derart kleinen Gemeinde so viele größere Anwesen aus vergangener Blütezeit stehen. Solche Häuser können jetzt wieder gebaut werden: Dackenheim erlebt eine neue Blütezeit – dank seinem Wein.

Dackenheim (links) und Herxheim am Berg (rechts). Folgende Doppelseite: Weinlandschaft dieser Region.

Erpolzheim Herxheim am Berg

Verbandsgemeinde Freinsheim

Lagenkarte Seite 106/107 – 108/109

Erpolzheim

960 Einwohner

Weinbaubetriebe: 56 im Vollerwerb, 36 im Nebenerwerb

Rebland: 156 ha in den Lagen Kirschgarten (80 ha), Goldberg (31 ha) und Kieselberg (45 ha)

Rebsorten: Riesling 30%, Portugieser 25%, Silvaner 20%, Weißburgunder 10%, Kerner 10%, Müller-Thurgau 5%

Großlage/Bereich: Kobnert und Rosenbühl/Mittelhaardt/Dt. Weinstraße

Weinfest: Weinkerwe vorletzter Sonntag im August

Gästebetten/Gaststätten: 9/3

Da gibt es ehemalige Herrschaftshäuser, die von Bedeutung in vergangener Zeit berichten, Tore über Straßen und Zufahrten, alte, kleine Dorfhäuser und einige ansehnliche Aussiedlerhöfe, die auf Erfolg in unserer Zeit hindeuten. Herxheim am Berg ist ein kleines Dorf, man umfaßt es mit einem Blick und erfaßt die Atmosphäre der Gemeinde mit einem Gang durch die Straßen: Wein bestimmt hier das Leben, kräftiger Wein aus schweren Böden. Der Silvaner hat auch in dieser Gemarkung seine Führungsrolle an den Riesling abgegeben. Die Herxheimer Winzer sind Riesling-Anhänger geworden.

Wenn man hier von den Winzern spricht, meint man eigentlich die ganze Dorfbevölkerung. Fast alle Bewohner sind irgendwie mit dem Wein verbunden, in mehr als 90 Familien ist Weinbesitz.

Der Fremdenverkehr hat noch nicht nach Herxheim am Berg gefunden, Tagesausflügler kommen jedoch häufiger, und die Wanderer des Weinwanderweges machen hier gerne Rast. Das Dorf paßt zu den Wanderern. Es liegt hoch über dem sanften Rebenhang, der weiter in der Ebene mit den Flächen der Obstbaumkulturen durchsetzt ist.

Herxheim am Berg

550 Einwohner

Weinbaubetriebe: 34 im Vollerwerb, 32 im Nebenerwerb

Rebland: 245 ha in den Lagen Himmelreich (25 ha), Honigsack (160 ha) und Kirchenstück (60 ha)

Rebsorten: Riesling 30%, Müller-Thurgau 20%, Silvaner 15%, Kerner 10%, Portugieser 10%, Scheurebe 10%, Traminer 5%

Großlage/Bereich: Kobnert/Mittelhaardt/Dt. Weinstraße

Weinfest: Weinkerwe 1. Sonntag im August

Gästebetten/Gaststätten: 5/4

Wein, Obst und Spargel gibt es in Erpolzheim, der Wein aber ist der wichtigste Faktor. Wein, das heißt hier weitgehend Wein von der Genossenschaft, deren Mitglieder rund 80 Prozent der Erpolzheimer Anbaufläche bewirtschaften. Interessant ist dabei ihre Vorliebe für Rotwein. Der Portugieser folgt dem Riesling auf Platz zwei der Rebsortenstatistik. Auch die Freunde des Weißen Burgunders haben eine gute Auswahl: Mit rund zehn Prozent hat diese Rebsorte in der Gemarkung einen überdurchschnittlich hohen Anteil.

So bietet das Dorf mit seinen drei Lagen, die zu unterschiedlichen Großlagen gehören und unterschiedliche Böden haben, eine übersichtliche aber im Geschmack vielfältige Palette von sechs Rebsorten (siehe „Der Wein"), wobei der sonst außerordentlich erfolgreiche Müller-Thurgau hier das Schlußlicht der Statistik bildet. Auch darin sind die Erpolzheimer Winzer einen ungewöhnlichen Weg gegangen.

Weinlandschaft bei Herxheim

Weisenheim am Sand

4100 Einwohner · Verbandsgemeinde Freinsheim

Lagenkarte Seite 106/107

Der Wein

Weinbaubetriebe: 42 im Vollerwerb, 80 im Nebenerwerb

Rebland: 360 ha in den Lagen Burgweg (10 ha), Hahnen (80 ha), Hasenzeile (65 ha), Halde (45 ha), Altenberg (80 ha) und Goldberg (80 ha)

Rebsorten: Riesling 28%, Portugieser 25%, Müller-Thurgau 22%, Kerner 5%, Silvaner 4%, Scheurebe 4%, Traminer 4%, Ruländer 3%, Morio-Muskat 3%, Weißburgunder 1,5%, Spätburgunder 0,5%

Großlage/Bereich: Rosenbühl/ Mittelhaardt/Dt. Weinstraße

Weinfeste: Weinfest unter den Linden 3. Wochenende im Juni
Weinkerwe 2. Wochenende im August
Blütenfest Ende April

Gästebetten/Gaststätten: 15/12

Der Ort

Die Wisere haben ihr Wisa uffm Sand gebaut, da gibt es keinen Zweifel. Und der Egiher, oder wie immer der Sippenchef geheißen haben mag, hat seinen Hof nahebei nicht nur auf sandiges, sondern auch noch in die Nähe sumpfigen Geländes gesetzt. Die Rede ist hier vom frühen Weisenheim, dem alten Wisa und ebenso von Eyersheim, das wohl aus dem Hof des Egiher hervorgegangen ist, später zu einem kleinen Dorf wurde aber mit seiner sandigen und sumpfigen Gemarkung nicht recht lebensfähig war und 1555 endgültig Weisenheim zugeschlagen wurde.

Die Wisere, die Weisenheimer also, besaßen früher einmal die größte Weinbaufläche der Pfalz. Sie konnten dieses Rekordes jedoch nicht recht froh werden, weil sie nicht die guten Preise erzielten, die andere Orte der Mittelhaardt ihres berühmten Namens wegen schon ohne Ansehen der einzelnen Qualität erhielten.

Dabei hat ihr Sandwein einen unverwechselbaren Ton, den Sandton eben. Er ist mit diesem besonderen Geschmack leicht, frisch und haltbar. Da es in Weisenheim am Sand auch anderen Boden gibt, sind hier Vergleichsproben einer Rebsorte, einer Qualitätsstufe und eines Jahrgangs von den verschiedenen Böden besonders interessant.

In einer Beschreibung aus dem Jahre 1830 werden für Weisenheim am Sand Riesling, Silvaner, Traminer und Gutedel genannt. Inzwischen hat sich der Rebsortenspiegel geändert (siehe oben). Portugieser und Müller-Thurgau sind als Hauptrebsorten hinzugekommen, während der Gutedel ganz verschwunden ist. Den Ruf der besonderen Sandweine begründet unverändert vor allem der Riesling.

Die Weisenheimer haben zwar unverdrossen auf Sand gebaut, mit ihrem Sand konnten sie jedoch nicht bauen. Dafür ist er leider nicht geeignet, während seine Vorzüge als Scheuersand unbestritten sind. Weisenheimer zogen als Sandhändler zu den Märkten der Umgebung. Sie machten selbst in Frankfurt mit ihrem heimischen Boden gute Geschäfte. Unter anderem verkauften sie ihn auch zum Ablöschen der frisch mit Tinte und Feder geschriebenen Seiten. Und im Ort geht die Mär, Goethes „Faust“ sei aus der selbigen des Meisters höchstselbst mit feinstem Weisenheimer Sand abgelöscht worden.

Daß der Weisenheimer Boden außer Scheuersand und besonderen Weinen auch vortreffliche Baumfrüchte hervorbringen kann, ist erst anfangs des vergangenen Jahrhunderts recht erkannt worden. Wie stark der Obstbau heute noch ist, wird allfrühjährlich an der schönen Blüte deutlich, die dann den Ort schmückt und ihn zart umduftet.

Weinbau, Landwirtschaft und Obstbau sind wesentliche Erwerbszweige des zu einem Städtchen gewachsenen Dorfes. Viele Weisenheimer verdienen ihren Unterhalt jedoch auch in der nahen Industrie, und der Ort verdankt seinen starken Zuwachs der Beliebtheit als „Wohnsitz auf dem Lande“ bei Großstadtmüden, die ihren Arbeitsplatz in der Großstadt jedoch behalten. Die „Ländlichkeit“ ist trotz Zuwachs erhalten, heute wie zu Zeiten des alten Wisa. Der Weinbau profitiert davon: Neben zwei Betrieben, die schon seit Generationen eigenen Wein vermarkten, sind heute weitere zehn und vor allem die örtliche Genossenschaft auf diesem Gebiet sehr aktiv. Der Sandwein hat eben doch sein besonderes Publikum.

Kallstadt

1071 Einwohner · Verbandsgemeinde Freinsheim

Lagenkarte Seite 108/109

Der Wein

Weinbaubetriebe: 125 im Vollerwerb, 91 im Nebenerwerb

Rebland: 287 ha in den Lagen Saumagen (Diese Lage umfaßt mit ihren 50 ha als rein Kallstadter Großlage die Einzellagen Nill, Kirchenstück und Horn. In der Praxis werden die letztgenannten Lagennamen kaum noch benutzt). Annaberg (8 ha), Kreidkeller (46 ha), Steinacker (123 ha) und Kronenberg (60 ha). – „Kobnert", eine früher ebenfalls für Kallstadter Wein bekannte Lage, ist heute zum Großlagennamen geworden, der auch von den sieben anderen Weinbauorten für bestimmte Einzellagen benutzt wird.

Rebsorten: Riesling 35%, Silvaner 20%, Kerner 15%, Portugieser 10%, Müller-Thurgau 5%, Traminer 5%, Scheurebe 5%, andere 5%

Großlage/Bereich: Kobnert, Saumagen und Feuerberg/Mittelhaardt/Deutsche Weinstraße

Weinfest: 1. Mai Fest der 100 Weine

Gästebetten/Gaststätten: 71/13

Der Ort

Der „Saumagen" vor allem hat Kallstadt berühmt gemacht. Der Saumagen ist eigentlich eine Pfälzer Spezialität zum Essen, in diesem Falle jedoch eine Weinspezialität zum Trinken. Inzwischen faßt der „Saumagen" als Großlagenname drei Kallstädter Einzellagen zusammen. „Rein kallstädtisch" ist er immer noch und unverändert auch ein recht kalkhaltiger Lehmboden, was diesen Weinen ihren besonders kräftigen, manchmal wuchtigen Charakter gibt.

Wie der „Saumagen" das Weinwahrzeichen, so ist die barocke Kirchturmhaube das Ortswahrzeichen für die Kallstadt-Besucher, die sich im Ort selbst nicht nur am Wein, sondern auch an den besonders schönen und gepflegten Fachwerkhäusern der Dorfmitte erfreuen. Dort steht der steinerne Löwe über einem Brunnen, der das Kallstädter Wappen in seinen Pranken hält. Dort wird das „Fest der 100 Weine" gefeiert.

100 verschiedene Weine, und keiner weniger. Sie werden von den Winzerbetrieben des Ortes und der schon 1902 gegründeten Genossenschaft zur Probe angestellt. Es ist eine der denkbar besten Vergleichsproben auf Ortsebene: Die Weine sind in Gruppen eingeteilt. Da gibt es unter den Qualitätsweinen die Gruppen der „Weißen", der „Weißherbste" und der „Roten". Es folgen die Kabinettweine, die Spätlesen, Auslesen, Beerenauslesen und Trockenbeerenauslesen. Man zahlt normalerweise nicht in DM, sondern in Bons. Ein Bon kostete 1980 40 Pfennig und war für ein Probierglas Qualitätswein gut. Eine Spätlese kostete drei und eine Beerenauslese zum Beispiel sieben Bons. Wohlgemerkt: Alle Weine einer Prädikatsstufe stehen für die gleiche Bon-Zahl zur Probe an.

Weingüter und Vereine sorgen mit regionalen Spezialitäten auch für den Appetit der Besucher, die das fünftägige Fest mit einem guten Überblick über Weinsorten und Weinqualitäten in Kallstadt verlassen.

Die Statistik sagt, daß der bei der Weinprobe häufig vertretene Riesling mit einem Anteil von 40 Prozent die verbreitetste Rebsorte des Ortes ist, während der auch einige Male ausgewiesene Traminer mit fünf Prozent am Gesamtaufkommen beteiligt ist.

Dazu paßt eine Erinnerung an die Kallstadt-Beschreibung Johann Philipp Bronners aus dem Jahre 1833: „Der Rebsatz ist größtenteils gemengt aus Riesling, Traminer und Silvaner, auch etwas Gutedel; indessen gibt es auch viele Weinberge mit einzelnem (reinem) Rieslingsatze, desgleichen viele mit Silvanern, besonders im Sandboden. Daß auch hier die neueren Anlagen bloß mit Traminern angelegt werden, ist natürlich, denn es gehört zur Mode der Gegend . . ."

Die „Mode der Gegend" hat sich gewandelt, aber abgesehen vom Gutedel werden die genannten Hauptrebsorten unverändert angepflanzt. Und die rund 150 Jahre alte Beschreibung sagt aus, welche gute Tradition Riesling und Silvaner als die wichtigsten Rebsorten auch unserer Tage in Kallstadt haben.

Bobenheim am Berg

655 Einwohner · Verbandsgemeinde Freinsheim

Lagenkarte Seite 106/107

Der Wein

Weinbaubetriebe: 11 im Vollerwerb, 15 im Nebenerwerb

Rebland: 99 ha in den Lagen Kieselberg (44 ha) und Ohligpfad (55 ha)

Rebsorten: Riesling 25%, Müller-Thurgau 25%, Silvaner 15%, Kerner 15%, Portugieser 5%, Spätburgunder 5%, Traminer 5%, Scheurebe 5%

Großlage/Bereich: Feuerberg/ Mittelhaardt/Dt. Weinstraße

Weinfest: Brunnenfest am letzten Wochenende im Juni

Gästebetten/Gaststätten: 15/2

Der Ort

Während das Neubaugebiet bis in die Hänge des Haardtgebirges hineingewachsen ist, liegt der alte Ortskern mitten im Rebland, das sich in die Lagen „Ohligpfad" und „Kieselberg" aufteilt. 1200 Jahre nachweislich angepflanzte Reben zeugen von früher Weinkultur und auch heute noch prägt der Weinbau den gesamten Ort.

Auf den dunklen „schwarzen" und „warmen" Böden des „Ohligpfades" wachsen vollmundige Weine. Der „Kieselberg" bietet dagegen einen leichteren „Rieslingboden". Das macht Vergleichsproben im Ort interessant. Gelegenheit zu solchen Proben bietet das Dorf reichlich: Rund die Hälfte der Rebfläche wird noch von Winzern bewirtschaftet, die ihre Weine selbst vermarkten.

Zum abwechslungsreichen Weinangebot gehören die beiden Rotweine Portugieser und Spätburgunder, die sich bei deutschen Weintrinkern allgemein wieder einer stärkeren Nachfrage erfreuen. (Hoher Spätburgunder-Anteil).

Bobenheim am Berg bietet durch seine Lage gute Erholungsmöglichkeiten für Wanderer. Der „Naturpark Pfälzer Wald" liegt bei einigen Häusern des Ortes buchstäblich vor der Tür.

Dachformen und Turmformen – links in Bobenheim, rechts in Lambsheim. Kirchtürme und Wassertürme sind hier Ortswahrzeichen in einer friedlichen Landschaft, die noch weitgehend frei ist von Hochhäusern und Industrieanlagen.

Lambsheim

5600 Einwohner

Lagenkarte Seite 106/107

Der Wein

Weinbaubetriebe: 3 im Vollerwerb, 10 im Nebenerwerb

Rebland: 75 ha, davon 35 ha in der Lage Burgweg

Rebsorten: Portugieser 60%, Müller-Thurgau 20%, Riesling 15%, Kerner 5%

Großlage/Bereich: Rosenbühl/ Mittelhaardt/Dt. Weinstraße

Weinfeste: Kirchweih 1. Wochenende im Juli
Kerwe 1. Wochenende im September

Gästebetten/Gaststätten: 6/11

Der Ort

Lambsheim ist eine kleine Gemeinde mit mittelalterlichen Erinnerungen, die gerade außerhalb des Weinanbaugebietes der Rheinpfalz liegt. Dennoch ist Lambsheim Weinbaugemeinde, und es gibt einige Winzer im Ort, die in der Lage „Burgweg" Parzellen bewirtschaften. Ein Teil dieser Lage gehört zu Weisenheim am Sand.

Der „Burgweg" reicht mit einem Zipfel bis an den Ortsrand. Er ist eine Besonderheit für das gesamte Weinbaugebiet: Im „Burgweg" wächst vor allem Rotwein. Der Portugieser hat hier im Rebsortenspiegel einen Anteil von 60 Prozent. Offenbar bekommt ihm der leichte Hang mit seinem sandigen und lehmigen Boden besonders gut. Neben dem Portugieser weist die Statistik eine Beschränkung des Anbaus auf wenige erfolgreiche Sorten aus. (Siehe „Der Wein".)

Bad Dürkheim

18165 Einwohner

Lagenkarte Seite 108/109

Der Wein

Weinbaubetriebe: 204 im Vollerwerb, 86 im Nebenerwerb (einschl. der Ortsteile)

Rebland: 1295 ha insgesamt mit Ortsteilen, davon in der Kerngemarkung Bad Dürkheim in den Lagen Michelsberg (5 ha), Spielberg (24 ha), Rittergarten (26 ha), Hochbenn (56 ha), Abtsfronhof (3 ha), Fronhof (104 ha), Fuchsmantel (83 ha), Herrenmorgen (100 ha), Steinberg (74 ha) und Nonnengarten (395 ha). Weiteres Rebland in den Lagen der Stadtteile Ungstein und Leistadt

Rebsorten:
Großlage Hochmess
Riesling 45%, Silvaner 40%, andere 15%

Großlage Schenkenböhl
Riesling 50%, Silvaner 35%, Müller-Thurgau 5%, Portugieser 5%, andere 5%

Großlage Feuerberg
Silvaner 30%, Portugieser 30%, Riesling 20%, Müller-Thurgau 5%, andere 15%

Großlage/Bereich: Hochmess, Schenkenböhl und Feuerberg/Mittelhaardt/Dt. Weinstraße

Weinfeste: 2. und 3. Wochenende im September

Gästebetten/Gaststätten: 1068/ca. 100

Der Ort

Man kann mit „DÜW" beginnen oder mit „Kloster Limburg" oder mit dem „Bad" oder mit dem „Wurstmarkt". Man kann Merian, den Pfalzbeschreiber beginnen lassen oder Trithemius, den großen Gelehrten und frühen Humanisten. Sie und viele andere haben Dürkheim beschrieben, genauso wie der kleine „Städteführer" aus dem Jahre 1857, der ebenfalls zu Worte kommen soll. Begonnen hat aber eigentlich sehr viel mit dem Kloster Limburg, von dem uns nur eine attraktive Ruine geblieben ist, dessen Name aber durch Konzerte und Theateraufführungen einerseits und die Winzergenossenschaft andererseits wieder aufpoliert wurde.

Die 500000, die alljährlich zum „Wurstmarkt" kommen, sollten den Namen eigentlich kennen, denn sie verdanken ihr gewaltiges Weinfest letztlich dem Kloster. Die Mönche hatten auf der Kuppe eines Berges über Dürkheim eine Kapelle gebaut. Sie wurde dem heiligen Michael geweiht und war bald das Ziel vieler Pilger. Die Dürkheimer fuhren mit Schubkarren auf den Berg zu den Pilgern und brachten ihnen Wein und Brot und Wurst und Käse. Bei zunehmendem Besuch und der zeitlichen Ausdehnung der Wallfahrt verlagerte sich das entstandene Markttreiben auf die Brühlwiesen am Fuße des Berges. Da hieß es dann „Michaelismarkt" und man bot vom Wein bis zur Bütt vieles feil, was die Besucher eventuell benötigten.

Die „Schubkarchstände" (Schubkarrenstände) der Einheimischen blieben, der Wein und vor allem der Wurstverbrauch stiegen gewaltig, und eines Tages hieß das Volksfest einfach nur noch „Wurstmarkt".
So heißt es heute noch, ist unverändert auf den Brühlwiesen, unverändert mit „Schubkarchständen" und unverändert mit einem Markt nebenan. Dort wird jetzt allerdings mehr und anderes angeboten, die Bütten jedoch sind immer noch zu kaufen.

Was sich vor allem verändert hat, ist die Dimension des Marktes. Das zeigt sich am Weinverbrauch (über 400 000 Schoppen zu einem halben Liter). Das zeigt sich an der genannten Besucherzahl oder auch an der Zahl der Wurststände und Hähnchenbratereien. Daß dieses größte Weinfest der Welt nicht zu einem Fest minderen Weines wird, dafür sorgt in jedem Jahr eine Auswahlkommission. Daß es auch zwischendurch immer wieder in Erinnerung gerufen wird, dafür sorgen viele einheimische Autofahrer auf Deutschlands Straßen mit ihrem Kennzeichen DÜW. Das heißt zwar richtig „Dürkheim, Weinstraße", wird aber gern mit „Dürkheimer Wurstmarkt" übersetzt.

Nach der Rebfläche ist Bad Dürkheim einer der größten deutschen Weinbauorte, die Eingemeindung von Ungstein und Leistadt hat hier für einen erheblichen Zuwachs gesorgt. Die Weine Dürkheims waren schon im Mittelalter berühmt, als sie einfach in „huntschen" (niedere Qualität) und „frentschen" Wein (bessere Qualität) eingeteilt wurden.

An dieser Stelle ist vielleicht das Zitat des Trithemius angebracht, der 1471 sagte, Dürkheim sei unter allen Städten der Grafen von Leiningen die größte und beste. Merian veröffentlicht 200 Jahre später neben einem Stich eine Beschreibung mehr kriegerischen Inhalts, erwähnt aber auch das Kloster Limburg, das schon damals zum Teil Ruine war, und ebenso die drei Kilometer entfernte Hardenburg, deren mächtige Reste heute noch beeindrucken.

Das Kloster, die Burg, die noch viel ältere „Heidenmauer", ein mächtiger Ringwall von zwei Kilometern Umfang aus der Keltenzeit, ein Schloß in der Stadt, die Brunnen, die Spielbank, sie alle haben Geschichten, sind Geschichte und machen noch Geschichten und ein wenig auch Geschichte.

Bad Dürkheim heute, das ist der moderne Badebetrieb mit dem Thermalbad mit mehreren Quellen und den Heilerfolgen bei Rheuma- und Wirbelsäulenleiden. Das ist die entschlackende Traubenkur im Herbst, die offiziell durchgeführt wird, und die „Weinkur", die jeder privat macht. Das ist „das größte Weinfaß der Welt" (eine Gaststätte) und die Gondelbahn, mit der Wurstmarktbesucher unmittelbar in's Grüne schweben können.

Bad Dürkheim heute ist eine lebendige kleine Stadt mit Kur und Kultur beim Wein und bei den Musen, beim Spiel in der Bank und beim breiten Sportangebot. – Wie schrieb der „Städteführer" 1857: „Von Seiten der Gemeinde und der Privaten wird viel zur Verschönerung der Stadt durch Neubauten und zweckmäßige Renovierung des Alten getan, so daß der Anblick der Stadt von Jahr zu Jahr schöner wird."

Ungstein

Ortsteil von Bad Dürkheim · Einwohner (s. Gesamtzahl Bad Dürkheim)

Lagenkarte Seite 108/109

Der Wein

Weinbaubetriebe: s. Gesamtzahl Bad Dürkheim
Rebland: 301 ha in den Lagen Weilberg (45 ha), Herrenberg (45 ha), Nußriegel (75 ha), Osterberg (75 ha), Bettelhaus (58 ha) und Michelsberg (3 ha)
Rebsorten: Riesling 40%, Silvaner 15%, Müller-Thurgau 15%, Portugieser 15%, andere 15%
Großlage/Bereich: Honigsäckel, Hochmess und Kobnert/Mittelhaardt/Dt. Weinstraße

Weinfest: Kirchweih 2. Wochenende im August

Gästebetten/Gaststätten: s. Gesamtzahl Bad Dürkheim

Der Ort

Ungsteins Weine wurden im Mittelalter in Reise- und Weinbaubeschreibungen gelobt. Der „Ungsteiner" galt aber offenbar schon lange vor der Erfindung der Druckkunst sehr viel. Da ist zum Beispiel durch handgeschriebene Urkunden überliefert, daß die Mönche des Klosters Weißenburg bereits vor dem Jahr 800 jährlich 70 Fuder Wein an Abgaben kassierten. Bei den geringen Erträgen, der dünnen Besiedelung und ausschließlicher Handarbeit war das eine gewaltige Menge Wein, und man muß deshalb davon ausgehen, daß Ungstein auch damals eines der bedeutendsten Weindörfer der Pfalz war.
Ungstein konnte seinen Weinruf über die Jahrhunderte erhalten und ihn auch heute als Stadtteil Bad Dürkheims in Weinvermarktung und Fremdenverkehr unserer Zeit einbringen. Für den Fremdenverkehr ist der Ort günstig an der Weinstraße gelegen. Die Ungsteiner wissen zu schätzen, daß sich ihr Dorfbild dadurch nicht negativ verändert hat. Ungstein ist mit dem nahen Pfeffingen, das früher einmal pfalzweite Bedeutung hatte, ein Winzerdorf geblieben. Es gibt noch eine Reihe von Winzern, die selbst keltern und selbst vermarkten, und es gibt auch die Winzergenossenschaft, die sich nach zwei der besten Ortslagen genannt hat. Ungsteins Einzellagen gehören seit

1971 zu drei verschiedenen Großlagen: In der „Hochmess“ steht vorwiegend Riesling, im „Honigsäckel“ (Diese Lage hat den Ort als frühere Einzellage berühmt gemacht.) vorwiegend Silvaner, und im „Kobnert“ haben die Ungsteiner so viel Portugieser angepflanzt, daß diese Lage nun gelegentlich als die Rotweinlage bezeichnet wird. Der Grund für die unterschiedliche Bepflanzung liegt vor allem in den unterschiedlichen Bodenarten. Hier ist Lehm und Löß und Ton genauso vertreten wie Sand und Kalkstein. Wie unterschiedlich die Weine auf den verschiedenen Böden geraten, zeigt am besten eine der großen Ungsteiner Vergleichsproben.

Leistadt

Ortsteil von Bad Dürkheim · Einwohner (s. Gesamtzahl Bad Dürkheim) Lagenkarte Seite 108/109

Der Wein

Weinbaubetriebe: s. Gesamtzahl Bad Dürkheim

Rebland: 130 ha in den Lagen Kalkofen (90 ha), Kirchenstück (20 ha) und Herzfeld (20 ha)

Rebsorten: Riesling 30%, Silvaner 30%, Portugieser 20%, Müller-Thurgau 10%, andere 10%

Großlage/Bereich: Kobnert/Mittelhaardt/Dt. Weinstraße

Weinfest: Letztes Wochenende im August

Gästebetten/Gaststätten: s. Gesamtzahl Bad Dürkheim

Der Ort

Leistadt, die alte Weinbaugemeinde an der Weinstraße, ist heute ein Stadtteil Bad Dürkheims. Es ist ein Dorf mit eigenem Leben, ein Winzerdorf, auch wenn ein „Stadt" Bestandteil seines Namens ist. Die unterschiedlichen Böden der drei Leistadter Lagen tragen auch heute noch vorwiegend traditionelle Weine: Riesling, Silvaner und Portugieser führen hier die Rebsortenstatistik an. Einen großen Teil der daraus gewonnenen Weine vermarktet der örtliche Winzerverein.

Leistadt sieht nicht nur beim Wein auf Tradition. Es gibt hier einen Rundwanderweg von sieben Kilometer Länge, der so ungewöhnlich ist, daß er hier etwas ausführlicher beschrieben sein soll:

„Krummholzer Stuhl", „Kanapee" und „Teufelsbank", „Suppenschüssel", „Briefkasten" und „Portemonnaie", diese ungewöhnlichen Namen bezeichnen Besichtigenswertes am Wegrand. Sie sind Geschichte durch den Volksmund übersetzt.

Der „Krummholzer Stuhl" ist aus Römerzeiten, ein Steinbruch in dem 100 bis 300 nach Christus Material für die römischen Steinsärge – und für die Stadtmauer von Worms abgebaut wurde. In der „Römerstraße", über die das schwere Material abtransportiert wurde, sind heute noch die im Fels eingefahrenen Wagenspuren der römischen „Schwertransporter" zu erkennen.

Die „Teufelsbank" ist eine in den Fels gehauene Steinbank, deren Alter nicht bestimmt ist. Das „Kanapee" dagegen war eine mittelalterliche Einsiedelei, deren Bewohner zwischen 1300 und 1600 von Leistadter Bauern und Winzern verpflegt wurden.

An der „Suppenschüssel", einem mittelalterlichen Rechts- und Grenzmal, traf man sich nach dem Feldumgang schon im 12. Jahrhundert zum abschließenden Umtrunk – und im 18. Jahrhundert immer noch. „Briefkasten" und „Portemonnaie" sind „sagenhaft": Einmal gilt es für Jungfrauen Laub hineinzuwerfen, um sicher einen Mann zu finden, zum anderen einen Stein (für jedermann), um reich zu werden. Bleibt noch zu sagen, daß der Weg auch eine sehr alte Jagdhütte, einen noch älteren Leininger Grenzstein und schließlich auch die uralte Felsformation der „Teufelsmauer" bietet. – Nach soviel gedrängter Geschichte mag man dann im Ort gerne Geschichten dazu hören – beim Wein versteht sich.

Die Geschichte vom Elsaß-Urlaub, der in Forst verbracht wurde

Ein Bericht aus unseren Tagen: Da beschließt das Ehepaar Doris und Hans Schreier, Pfälzer ihres Zeichens und wohnhaft zu Ludwigshafen, einige Tage Urlaub im Elsaß zu verbringen. Die beiden setzen sich also in ein Auto und fahren „gen Elsaß".

Der Weg führt über Forst, und dort kennt man jemanden. Jemanden? Einen Winzer natürlich! Es ist einer der Spindlers, und die haben ja keinen schlechten Namen in Pfälzer Weinlanden. Die Schreiers sagen also – so kurz „im Vorbeigehen" – einen „Guten Tag". Natürlich gibt es auch ein Glas Wein zur Begrüßung. Und dann noch eines, weil man sich so häufig nicht sieht, und noch eines, weil es einen neuen Wein zu probieren gilt, der wiederum ist einem anderen ein interessanter Kontrast, und einige Zeit reifer würde der sich wohl so probieren, wie der Wein, der dann im fünften Glase ist . . . Oder war es schon das sechste?

Die Nacht wurde lang, eine Weinnacht drangvoll, lebensvoll voller Weine, voller Geschichten. – Diese war noch nicht dabei, die Pointe kam ja auch erst am nächsten Morgen: Doris und Hans Schreier wachten nicht, wie geplant, im Elsaß auf, sondern in Forst. Und sie befanden, sie hätten nun genug erlebt, genug probiert, genug zu verarbeiten – genug für ein Vier-Tage-Elsaß-Gegengewicht. Kurz: Sie beschlossen, nach Hause zu fahren und diese Nacht ihren Pfalz- und Wein-Kurzurlaub zu nennen.

Wachenheim

4542 Einwohner · Verbandsgemeinde Wachenheim

Lagenkarte Seite 108/109

Der Wein

Weinbaubetriebe: insgesamt 86

Rebland: 554 ha in den Lagen Fuchsmantel (17 ha), Königswingert (155 ha), Mandelgarten (190 ha), Odinstal (5 ha), Schloßberg (15 ha), Böhlig (9 ha), Belz (1 ha), Rechbächel (3 ha), Goldbächel (4 ha), Gerümpel (13 ha), Altenburg (10 ha), Bischofsgarten (103 ha) und Luginsland (29 ha)

Rebsorten: Riesling 47%, Müller-Thurgau 11%, Portugieser 10%, Silvaner 7%, Kerner 6%, Traminer 4%, Morio-Muskat 4%, andere 11%

Großlage/Bereich: Schenkenböhl, Mariengarten und Schnepfenflug/Mittelhaardt/Dt. Weinstraße

Weinfeste: 2. und 3. Wochenende im Juni

Gästebetten/Gaststätten: 190/22

Der Ort

„Ein schönes Städtlein . . . und wegen des köstlichen Weins berühmt . . .“ Das ist von Merian und stammt aus seiner Rheinpfalz-Beschreibung von 1672.

„Der Rebsatz ist durchgehends Riesling; auch findet man ziemlich Östreicher, die aber in neuerer Zeit weniger Aufnahme mehr finden; die Traminer sind jetzt an der Tagesordnung, und wer hier Weinberge anlegt, versäumt gewiß

nicht, Traminer dazuzuwählen. Ob diese so allenthalben anwendbar sind, wird die Zukunft lehren.“ Johann Philipp Bronner, von dem diese – in Sachen Traminer prophetischen – Sätze sind, schrieb sein Wachenheim-Weinportrait 1833 und vergaß auch nicht die ungeheuer hohen Bodenpreise der Weinberge zu erwähnen.

Wachenheim war schon 766 zur Zeit seiner ersten urkundlichen Erwähnung Weinbauort, wurde mit seinem „Wachenheimer“ im Mittelalter bereits bekannt, und reihte sich im vergangenen Jahrhundert unter die berühmtesten deutschen Weinbauorte ein. Der Wachenheimer Dr. Albert Bürklin, unter anderem Vizepräsident des deutschen Reichstages, aber vor allem Winzer, hat da kräftig mitgewirkt.

Wachenheims jüngere Geschichte ist zugleich Weingeschichte, Rieslinggeschichte vor allem. Bronner hatte recht: Der Traminer ist heute nur mit einem Anteil von vier Prozent im Rebsortenspiegel verzeichnet, der Riesling jedoch mit 47 Prozent, und die größten Weine der vielen und unterschiedlichen Wachenheimer Lagen sind immer wieder Rieslinge.

Die ältere Geschichte des Ortes ist in der zwangsläufigen Zusammenfassung eine Geschichte von Kriegen und Schicksalsschlägen, die häufig mit der Wachtenburg (früher Wachenburg) über dem Ort verknüpft waren. In einer Ortsbeschreibung heißt es über Ort und Burg: „Sie wurden zusammen verliehen, verschenkt, verwüstet und zerstört. (Die Wachtenburg wurde um 1150 erbaut, Wachenheim erhielt 1341 Stadtrechte und Befestigung.)

Die letzte Zerstörung der Burg blieb endgültig, die letzte Zerstörung Wachenheims traf 1945 den Ortskern und damit einige Bauschönheiten vergangener Zeit. Geblieben sind aber noch mehrere repräsentative Adelshöfe, die alte „Münze“ und die 1350 erbaute „Steinkirche“.

Heute ist Wachenheim Wein- und Fremdenverkehrsort und auch Sitz der gleichnamigen Verbandsgemeinde. Der Ort wächst, er ist gleichsam in seine schöne Umgebung hineingewachsen, indem er sich in das Burgtal ausgedehnt hat. Das Tal ist sechs Kilometer lang. An seinem Ende liegt Deutschlands größter Wildschutzpark, eines der beliebtesten Wanderziele des Pfälzerwaldes. Zu Wanderungen lädt natürlich ebenso die Wachtenburg ein. Da gibt es eine Weinschänke und einen Blick auf Wachenheim, der die Tradition und Solidität dieses berühmten Weinbauortes deutlich macht.

Wein und Wandern, Wildtiere im Wald und Forellen in vielen Gewässern, das ist „Wachenheim heute“, genauso wie die Konzerte der „Wachenheimer Serenaden“ in der alten Kirche, im alten Kelterhaus oder auch im Hof der Sektkellerei. Da sitzen die Zuhörer unter dem Denkmal des „Sektmönches“ Dom Perignon, mit dem sich der Kreis zum Wein wieder schließt.

Ellerstadt Friedelsheim

Gönnheim

Verbandsgemeinde Wachenheim

Lagenkarte Seite 108/109

Ellerstadt

1935 Einwohner

Der Wein

Weinbaubetriebe: insgesamt 75

Rebland: 190 ha in den Lagen Sonnenberg (85 ha), Dickkopp (25 ha), Bubeneck (35 ha) und Kirchenstück (45 ha)

Rebsorten: Riesling 20%, Müller-Thurgau 20%, Portugieser 20%, Kerner 10%, Weißburgunder 5%, Traminer 5%, Morio-Muskat 5%, Scheurebe 5%, Ruländer 4%, Silvaner 3%, andere 3%

Großlage/Bereich: Feuerberg und Hofstück/Mittelhaardt/Dt. Weinstraße

Weinfeste: Letztes Wochenende im Mai Weinfest
1. Wochenende im September Weinkerwe

Gästebetten/Gaststätten: –/4

Der Ort

Ellerstadt hat vier Lagen in zwei Großlagen und drei Standardreben, die mit gleichen Anteilen im Rebsortenspiegel vertreten sind. Zwei der beiden Lagen haben lustige Namen. Sie heißen „Dickkopp" und „Bubenstück". Die drei führenden Rebsorten sind Riesling, Müller-Thurgau und Portugieser. Der hohe Rotweinanteil von 20 Prozent ist ungewöhnlich für die Region.

Nach Ellerstadt kann man des Weines wegen fahren – oder zum Obsteinkauf. Die Obstanlagen bedecken fast die gleiche Flächengröße wie der Wein. Man kann zu zwei Weinfesten anreisen – und nebenbei die Häuser besichtigen, aus denen die Familien eines amerikanischen Präsidenten und eines deutschen Olympiasiegers hervorgegangen sind.

Aus welchem Grund auch immer der Reisende kommen mag, er betritt uralten geschichtlichen Boden. 783 wird der Ort in einer Urkunde im Zusammenhang mit Wein erwähnt. Die Klöster Weißenburg und Lorsch erhielten damals den Weinzehnten aus der Gemeinde. Wenn man aber einem Protokollbuch aus dem Jahre 1784 glauben darf, dann hatten die Goten an diesem Platz bereits ihr „Elinopolis".

837 ist Ellerstadts Kirche erwähnt. Die Erzbischöfe mit den klangvollen Namen Peter von Aristano und Roger von Santa Severina erteilten darin den Ablaß für die Sünden der Dorfbewohner, die später unter wechselnden Herren (der Ort war Reichslehen) einiges zu erdulden hatten. Wie in anderen Gemeinden des Bereiches gab es gelegentlich auch französische und schließlich für mehr als ein Jahrhundert bayrische Herrschaft. – Heute ist Ellerstadt ein recht modernes, großes Dorf, das nicht mehr allein von seiner Landwirtschaft lebt, sich aber dennoch zu Recht als Wein- und Obstbau-Gemeinde bezeichnen kann.

Gönnheim

1183 Einwohner

Der Wein

Weinbaubetriebe: insgesamt 45

Rebland: 210 ha in den Lagen Martinshöhe (60 ha), Sonnenberg (50 ha), Mandelgarten (40 ha) und Klostergarten (60 ha)

Rebsorten: Riesling 25%, Portugieser 25%, Spätburgunder 10%, Silvaner 10%, Traminer 10%, Morio-Muskat 5%, Kerner 5%, Müller-Thurgau 3%, andere 7%

Großlage/Bereich: Feuerberg und Hofstück/Mittelhaardt/Dt. Weinstraße

Weinfeste: 1. Wochenende im Juli, letztes Wochenende im August Weinkerwe

Gästebetten/Gaststätten: 5/3

Der Ort

Gönnheim liegt in der traditionellen Weinbau-Verbandsgemeinde Wachenheim auf klassischem Rebgelände. Schon 771 wurde hier Weinbau bezeugt. Spätere Urkunden erwähnen Besitzungen der Klöster Fulda, Seebach und Lambrecht, die in diesem kurpfälzischen Ort neben Wein auch die Früchte des Feldes ernteten. – Auch heute wird der fruchtbare Boden für Wein- und Ackerbau gleichermaßen genutzt. Der Wald hat als Erholungswald eine neue Funktion bekommen, und das Dorf selbst erfreut seine Besucher jetzt mit Blumenschmuck und den malerischen Anblicken alter Winzerhöfe, die zum Teil vor mehr als 200 Jahren gebaut wurden.

Die Zusammensetzung des Rebsortenspiegels ist ungewöhnlich – und eine Freude für die Anhänger der edlen, aber wenig angebauten Sorten Spätburgunder und Traminer. Beide sind mit etwa einem Zehntel der Rebfläche an der Weinerzeugung des Ortes beteiligt! Es kommt hinzu, daß die beiden meistangebauten Sorten Riesling und Portugieser gerade heute wieder eine breite Wertschätzung bei den Weintrinkern genießen. Mit zusammengerechnet 35 Prozent hat Gönnheim schließlich eine für dieses Anbaugebiet außerordentlich hohe Rotweinerzeugung.

Friedelsheim

1338 Einwohner

Der Wein

Weinbaubetriebe: insgesamt 57

Rebland: 207 ha in den Lagen Kreuz (25 ha), Schloßgarten (50 ha), Bischofsgarten (57 ha), Rosengarten (35 ha) und Gerümpel (40 ha)

Rebsorten: Riesling 25%, Müller-Thurgau 16%, Portugieser 15%, Silvaner 12%, Traminer 6%, Kerner 6%, Ruländer 5%, Scheurebe 5%, Morio-Muskat 4%, Spätburgunder 3%, andere 3%

Großlage/Bereich: Schnepfenflug und Hofstück/Mittelhaardt/Dt. Weinstraße

Weinfest: 3. Wochenende im August

Gästebetten/Gaststätten: 6/3

Der Ort

„... eine große Meile Wegs von Neustadt gelegen, so vor Zeiten Fridolfsheim genannt worden. Ist ein Dorf mit einem alten und neuen Schloß, deren das alte ziemlich vest mit Mauern, Thurn und einem Graben so etwan denen von Hirschhorn gehöret hat. Das neue Schloß aber ist erst von Pfalzgraf Johann Casimir, mit einem schönen, lustigen Garten, so der führende pfälzische Hofgarten, was Nutzbarkeit anlangt, gewesen, zu einem Jagdhauß gemacht worden; hatte auch einen schönen Saal von Gemälden und Bildern. Es wächst auch guter Wein herumb ..." Diese gewagten Satzkonstruktionen veröffentlichte Merian 1642 in seinem Buch über die Pfalz. Und da bei der Herstellung gerade Dreißigjähriger Krieg war, folgt dann eine Schilderung kriegerischen Geschehens in Friedelsheim.

Von dem genannten Schloß, das der berühmte Kurfürst Johann Casimir tatsächlich einige Zeit lang bevorzugte, sind im Ort nur Ruinen geblieben. Der „gute Wein herumb" wächst aber auch heute noch sehr gut. Er ist schon 770 erstmals urkundlich erwähnt, und dürfte – nach der Rebsortenwahl – heute noch wesentlich besser sein als damals. Die bevorzugte Sorte ist der Riesling, aber auch der im Mittelalter pfalzberühmte Traminer wird noch gepflegt, und auch der Rotwein (Portugieser) ist gut vertreten.

Der größere Teil des Friedelsheimer Weins wird heute von der 1911 im Ort gegründeten und in den zurückliegenden Jahren stark gewachsenen Genossenschaft ausgebaut. Dabei legen die Winzer sehr viel Wert auf sortenreinen Ausbau auch der in geringeren Mengen vertretenen Rebsorten.

Hochdorf-Assenheim
Rödersheim-Gronau

Verbandsgemeinde Dannstadt-Schauernheim

Lagenkarte Seite 108/109

Hochdorf-Assenheim

2464 Einwohner

Weinbaubetriebe: 48 im Nebenerwerb

Rebland: 30 ha in der Lage Fuchsloch

Rebsorten: Müller-Thurgau 34%, Kerner 28%, Riesling 13%, Portugieser 9%, Traminer 4%, Silvaner 3%, Weißburgunder 2%, Spätburgunder 1%, Scheurebe 1%, andere 5% (Ehrenfelser, Heroldrebe, Helfensteiner)

Großlage/Bereich: Hofstück/Mittelhaardt/Dt. Weinstraße

Weinfest: Kirchweih letzter Sonntag im August

Gästebetten/Gaststätten: –/2

Vor rund 200 Jahren stritten sich Hochdorf und Assenheim um die Frage, wo die Gemarkung des einen Dorfes ende und die des anderen beginne. Man ging vor Gericht und einigte sich schließlich auf die Standplätze von 30 Grenzsteinen.

Seit 1969 sind solche Händel unmöglich, weil die beiden Nachbardörfer vereinigt wurden. Sieben Jahre später konnten sie gemeinsam ihre 1200 Jahr-Feier begehen. Hochdorf ist 776 in einer Urkunde erwähnt.

Der Ort hatte damals schon seinen heutigen Namen, obwohl er am gleichen Platz wie heute, also in der Rheinebene, lag. Sicher ist aber, daß es vorher schon eine römische und wiederum einige Jahrhunderte zurück bereits eine keltische Ansiedlung gegeben haben muß.

Rödersheim-Gronau

2619 Einwohner

Weinbaubetriebe: 18 im Nebenerwerb

Rebland: 6,2 ha in der Lage Fuchsloch

Rebsorten: Portugieser 35%, Müller-Thurgau 25%, Riesling 20%, Silvaner 10%, Kerner 10%

Großlage/Bereich: Hofstück/Mittelhaardt/Dt. Weinstraße

Weinfeste: Hochdorf: Kirchweih 3. Sonntag im August
Assenheim: Scheierfest (Scheuerfest) 1. Sonntag im September
Kerwe Sonntag nach Gallus

Gästebetten/Gaststätten: –/7

Rödersheim-Gronau liegt zusammen mit Hochdorf-Assenheim in der riesigen Lage „Fuchsloch".

Ebenso wie im Nachbarort ist hier jedoch nur ein kleiner Teil der katastermäßig ausgewiesenen Lage mit Reben bestockt, eben jene 30 Hektar, die oben angegeben sind. Der größte Teil der Gemarkungsfläche hat eine anderweitige landwirtschaftliche Nutzung. Auf dem meist flachen, lehmigen Sandboden wird jedoch von vielen begeisterten Nebenerwerbswinzern neben den Hauptsorten Müller-Thurgau und Kerner eine breite Rebsortenpalette angebaut.

Das Kirchweihfest im August ist noch kein „reines Weinfest", bringt jedoch Einheimischen wie Besuchern Gelegenheit, Wein zu probieren und mit Wein zu feiern.

Die Geschichte von der Weinprobe, bei der kein Wein getrunken wurde

Beim Weingut K. Neckerauer in Weisenheim am Sand wurden Landwirtschaftsexperten aus Ägypten erwartet, Moslems, die keinen Wein trinken würden, wie bereits durch ein Vorgespräch bekannt war. – Was tun, um solchen Besuchern die Unterschiede der Weine, die Besonderheiten von Reben, Boden und Kellerausbau deutlich zu machen?

Das Problem wurde gelöst – folgendermaßen: Am Tage des Besuches lud Klaus Neckerauer schriftlich zu „Tasting of grapes and smelling of grapewines". Zwei rote und vier weiße Weinsorten standen auf dem Programm. Es war Oktober, das muß schnell noch dazu gesagt werden.

Und nun zur Praxis dieser Eß- und Duftprobe: Die Experten saßen um den Probentisch. Der erste Wein wurde hereingebracht. Es war ein Portugieser. Die Gäste rochen daran. Dann stellten sie das Glas zur Seite – und aßen eine ebenfalls gereichte Portugieser-Traube.

Genauso ging das weiter: Riechen, wegstellen, essen, ... Rebsorte um Rebsorte – sechs Proben lang ohne einen Schluck Wein.

Die Gedichte vom Pfarrer, der Gold und Geist(er) in seinem Glase fand

Christian Haenchen war Pfarrer in Dürkheim – und für seine Weinfreudigkeit bekannt. Da er auch als Verseschmied Talent besaß, verband er diese seine Vorlieben: Zwei seiner Gedichte – über den „Geist von Deidesheim" und das „Gold" vom benachbarten Forst sind hier wiedergegeben.

Das trinkbare Gold

*Was schleicht im Wintersturme dort
gebeugt am schwanken Stabe fort?
Der Bart ist wirr und silberweiß
und um die Lippen starr von Eis.
Es wankt das Haupt, es schwankt der Gang,
der Blick ist todesbang.*

*Der todesmatte Wandrer ist
Panotius, der Alchimist.
Er sucht mit der Sterne Gunst
den Zauber der Verjüngungskunst,
den Trank der Weisen, trinkbar Gold;
doch war kein Stern ihm hold.*

*Verarmt an Gold und reich an Hohn,
durchzog er viele Jahre schon,
gefoltert von der Reue Pein,
die schönen Länder an dem Rhein.
Doch wie er auch der Täuschung grollt,
noch wünscht er trinkbar Gold.*

*Und wilder braus't der scharfe Nord,
und matter zieht der Wandrer fort,
und immer todesbänger bricht
der Blick, aus dem Verzweiflung spricht,
und immer drohender umkreist
die Todesnacht den Geist.*

*Bei Forst am Weg entdeckten ihn
zwei Mönche, die in's Dörflein zieh'n.
Sie nehmen ihn mit sich hinein
und flößen von des Dörfleins Wein,
zu lindern seine Todespein,
ihm eine Labung ein.*

*Da wallt die Brust, die Augen glüh'n,
die abgehärmten Wangen blüh'n,
die Adern schwellt verjüngtes Blut,
im Herzen schäumet Jugendmuth,
den Geist entflammt Begeisterung:
Der Greis ist wieder jung.*

*„Ha!" ruft er. „Wie mir dieses Gold
verjüngend durch die Adern rollt,
versöhnet ist des Schicksals Zorn,
entsiegelt ist der Zauberborn,
gefunden ist der gold'ne Saft,
der die Verjüngung schafft."*

Der Geist zu Deidesheim

*Zu Deidesheim ist's nicht geheuer:
Es zieht ein Geist darin herum,
der stürzt in wildem Heldenfeuer
die stärksten Männer um und um.*

*Den Frau'n begegnet er voll Milde
und huldigt ihnen ritterlich,
den Männern aber zeigt der Wilde
zum Kampf auf Tod und Leben sich.*

*Den alten Riesengeist zu bannen,
versuchten viele Brave schon;
doch schweigend zogen sie von dannen,
und Spott und Schande war ihr Lohn.*

*Ihn schrecken nicht Tonsur und Weihen,
kein Zaubersprüchlein macht ihn zahm;
da hilft kein Beten und Kasteien,
er schlägt die frömmste Zunge lahm.*

*Wie mancher Kämpfer edlen Blutes,
bewundert und berühmt im Land,
vergaß da seines Heldenmuthes
und sank bewältigt in den Sand.*

*Und mancher Weise, der ein Meister
im Bannen war, verlor sein Glück
und schleppte von dem Kampf der Geister
sich mit verdrehtem Kopf zurück.*

*Jedoch das Wunderbarste bleibet,
daß Jeden, den der Geist bezwang,
ein zauberisch Gelüsten treibet
nach neuem Kampf und Untergang.*

Deidesheim

3397 Einwohner · Verbandsgemeinde Deidesheim

Lagenkarte Seite 108/109

Deidesheim mit Sehenswertem drinnen und draußen, mit dem außergewöhnlich schönen Rathaussaal (Bild links) und ebenso traditionsreichen Bauwerken, wie Brunnen und Kirche, auf dem Bild rechts. Eine Nachtaufnahme auf der folgenden Doppelseite.

Der Wein

Weinbaubetriebe: 27 im Vollerwerb, 150 im Nebenerwerb

Rebland: 518 ha in den Lagen Herrgottsacker (121 ha), Mäushöhle (22 ha), Kieselberg (22 ha), Kalkofen (6 ha), Hohenmorgen (4 ha), Grainhübel (12 ha), Leinhöhle (22 ha), Langenmorgen (8 ha), Paradiesgarten (51 ha), Nonnenstück (126 ha), Letten (124 ha)

Rebsorten: Riesling 75%, Müller-Thurgau 5%, Silvaner 5%, Ruländer 5%, Traminer 5%, Kerner 5%

Großlage/Bereich: Schnepfenflug, Mariengarten und Hofstück/Mittelhaardt/Dt. Weinstraße

Weinfeste: 2. und 3. Wochenende im August Deidesheimer Kerwe

Gästebetten/Gaststätten: 650/20

Der Ort

Deidesheim, das ist Riesling und Qualitätsweinbau schlechthin. Das ist Pionierarbeit im Weinbau des vergangenen Jahrhunderts und unverändert einer der ganz großen Weinnamen der Rheinpfalz. Familiennamen, wie Jordan und später Bassermann, Buhl, Siben und Deinhard, sind mit dieser Weinentwicklung verknüpft. Mitglieder solcher Deidesheimer Familien erreichten höchste Ämter im Weinbau wie in der Politik. Jordan, der Einwanderer aus Savoyen, war der Pionier schlechthin. Er sorgte dafür, daß es nicht nur einfach, wie seit Jahrhunderten üblich, „Deidesheimer" gab, sondern Lagenwein. Der „Deidesheimer Geheu" von 1802 ist der erste Wein der Pfalz, der nicht nur nach dem Ort, sondern nach seiner Lage benannt ist. Wie wichtig Lage und Lesetermin, Rebsorte und Kellerbehandlung für den Wein sind, wurde erst dann von vielen Winzern beachtet, als Jordan zeigte, welche Preise sich mit derart sorgfältig gewonnenem Wein erzielen lassen. Während für ein Fuder „Deidesheimer" meist nicht mehr als 300 Gulden gezahlt wurde, konnte er für seine Spitzengewächse bis zu 1800 Gulden verlangen.

Es lag wohl am edlen Qualitätswettstreit der berühmten Weingüter, daß der Deidesheimer Wein nach gutem Bekanntheitsgrad im Mittelalter im vergangenen Jahrhundert seine Weltgeltung bekam, die er bis heute erhalten konnte. Die Aufnahme in den Weinolymp hat der Ort ebenso sicher seiner Edelrebe, dem Riesling, zu verdanken, der hier nach wie vor Rebsorte Nummer eins ist und jetzt drei Viertel der Rebfläche bedeckt.

Für Deidesheim benötigt der Besucher Zeit – nicht nur des Weinprobierens willen. Da gilt es, die Betriebsamkeit der Durchgangsstraße zu übersehen und am Marktplatz in Muße Rundschau zu halten. Die fünfhundert Jahre alte Kirche, das Rathaus, innen mit seinem traumschönen Ratssaal vielleicht noch schöner als außen, der Andreasbrunnen, ein Prachtstück in Gußeisen, das außen wie innen mit Fachwerk stilrein schöne Gasthaus „Kanne" und wenig weiter der im Kern ähnlich alte „Deidesheimer Hof", der heute als „Hahnhof" Gastronomie-Impulse für ganz Deutschland gibt.

Deidesheim hat eine ungebrochene Weinbau-Tradition seit Römerzeiten, wenn auch Schädlinge und Unwetter, Rebkrankheiten und Soldaten vieler Heere gelegentlich ganze Weinberge vernichteten. Wenn Reben auch nicht wie Weizen wachsen, so konnten sich die Weinberge doch besser von den Schicksalsschlägen erholen, als der Ort selber. Aus den 1645 von Merian erstmals publizierten noch frischen Erinnerungen liest sich das zum Beispiel so:

„Anno 1621 ist es vom Grafen Ernsten von Manßfeldt mit 6 Stükken (Kanonen) beschossen, eingenommen und darin große Beute bekommen worden; die Spanier aber haben nachher solches Städtlein mit accord wieder erobert, wiewohl sich Manßfeld solches zu entsetzen vergebens bemühet hat . . .“

1689 im „orleanischen Krieg“ traf es die schönen Häuser noch ärger: Nur Kirche und Spital überstanden die Brandschatzung der Franzosen einigermaßen unbeschadet. Zu dieser Zeit hatte Deidesheim seit rund 300 Jahren Stadtrechte. Die Mauern und Türme standen noch einige Jahrzehnte länger.

Von den Mauern sind nur bescheidene Reste geblieben, die Türme aber sind in einigen Exemplaren noch zu besichtigen. Den zuständigen Behörden erschien der Ort schon vor langer Zeit so schön, daß sie Deidesheim zum ersten anerkannten Luftkurort der Pfalz machten. Ein Fremdenverkehrsort erster Ordnung ist Deidesheim heute: mit seiner großen Bettenzahl, mit seiner Malschule (Eine Keramiksammlung gibt es auch.), seinen zahlreichen Sportanlagen, seinen Weinkellern, Weinstuben, Weinrestaurants, seinen Wanderwegen und seinem Freizeitseminar, seinem Kulturengagement insgesamt („Turmschreiber“ 1980: Rudolf Hagelstange) und natürlich mit seiner Weinschule und dem urgemütlichen Weinfest.

Die fröhlich-festliche Geißbockversteigerung ist in diesem Zusammenhang eine eigene Geschichte: Da steht schon 1685 geschrieben, daß die Lambrechter für

das Weiderecht auf Deidesheimer Gemarkung alljährlich einen Geißbock zahlen müssen: „. . . auf den Pfingstdienstag einen wohlgehörnten Bock besten Zustandes zu liefern . . .“ 1404 ist die Bocklieferung erstmals erwähnt. Man nimmt jedoch an, daß dieser Brauch noch wesentlich älter ist. Später wurde er gar durch Napoleon I. bestätigt. Das geschah in französischer Sprache. Deidesheim gehörte gerade zu Frankreich.

Nur einmal stockte die Geißbocklieferung für ein paar Jahre. 1851 verweigerten die Deidesheimer die Annahme, weil der Bock ihnen zu mickrig erschien. Die Ersatzlieferung wurde abgelehnt. Man zog vor Gericht, um den Lambrechtern das Weiderecht zu untersagen. Der Prozeß zog sich hin, und es gab bis 1857 keine Böcke. Dann durften die Nachbarn ihre Tiere laut Gerichtsbeschluß weiterhin auf Deidesheimer Gemarkung weiden lassen, mußten aber für die „bocklosen“ Jahre nachliefern. Der traditionsreiche Brauch hat sich erhalten, der Bock steht – jährlich wechselnd natürlich – „wohlgehörnt und wohlgenährt“ noch immer zum Volksfest auf dem Podium.

Tradition beim Volksfest, Tradition beim Wein, Tradition auch beim schon 1898 gegründeten Winzerverein mit seinem schönen Rieslingkeller, Tradition in den Weinkellern vieler Weingüter, in schönen Probierräumen und Gesellschaftszimmern, Tradition in Stein und bekannten Sammlungen – Deidesheim ist eine sehr lebendige Weinbaugemeinde mit viel Vergangenheit und vielversprechender Gegenwart.

Niederkirchen

1875 Einwohner · Verbandsgemeinde Deidesheim

Lagenkarte Seite 108/109

Der Wein

Weinbaubetriebe: 52 im Vollerwerb, 170 im Nebenerwerb

Rebland: 140 ha in den Lagen Klostergarten (60 ha), Schloßberg (48 ha) und Osterbrunnen (32 ha)

Rebsorten: Müller-Thurgau 50%, Riesling 40%, Portugieser 5%, Kerner 5%

Großlage/Bereich: Hofstück/Mittelhaardt/Dt. Weinstraße

Weinfest: Letztes Wochenende im Juni

Gästebetten/Gaststätten: 45/8

Der Ort

Niederkirchen betreibt intensiven Weinbau seit Römerzeiten. Seine Geschichte ist zugleich die Geschichte von Deidesheim. Oder umgekehrt: Die frühe Geschichte von Deidesheim ist Niederkirchener Geschichte. Das Rätsel löst sich leicht: das 770 erwähnte Didinisheim ist nichts anderes als Niederkirchen. Erst zwei bis drei Jahrhunderte später entstand neben dem alten Siedlungskern näher am Gebirge und höher gelegen eine zweite Siedlung. Zur Unterscheidung wurden die beiden Dorfteile später Nieder-Deidesheim (das ursprüngliche Didinisheim und heutige Niederkirchen) und Oberdeidesheim genannt. Viel später bürgerten sich dann die Namen Niederkirchen und Deidesheim ein, bis in das 19. Jahrhundert blieben die beiden Dörfer jedoch eine politische Einheit, und seit 1973 sind sie wieder in Form einer Verbandsgemeinde verbunden.

Das Wort Niederkirchen konnte sich angesichts der für ein derart kleines Dorf auffallend mächtigen, romanischen Kirche leicht entwickeln. Die Pfarrkirche St. Martin ist aus dem 11. Jahrhundert, steht aber auf dem Platz eines Kirchenbaus, den die Historiker als eine Gründung zwischen den Jahren 700 und 900 datiert haben.

Auch der Niederkirchener Winzerverein hat eine vergleichsweise lange Tradition: Er wurde schon 1901 gegründet und ist bis heute selbständig geblieben. Seine Mitglieder kommen auch aus anderen Orten. In den Lagen der eigenen Gemarkung überrascht die klare Rebsortenaufteilung: Riesling und Müller-Thurgau teilen sich nahezu die gesamte Fläche. Daneben gibt es noch Portugieser und Kerner – und nicht nennenswerte Anteile anderer Sorten.

Straße nach Deidesheim im Licht eines Traktors

Ruppertsberg

1283 Einwohner

Der Wein

Weinbaubetriebe: 20 im Vollerwerb, 75 im Nebenerwerb

Rebland: 368 ha in den Lagen Reiterpfad (60 ha), Spieß (20 ha), Nußbien (63 ha), Hoheburg (11 ha), Gaisböhl (153 ha) und Linsenbusch (61 ha)

Rebsorten: Riesling 40%, Müller-Thurgau 25%, Silvaner 15%, Portugieser 5%, Kerner 5%, Ruländer 2%, Traminer 2%, Morio-Muskat 2%, Ehrenfelser 4%

Großlage/Bereich: Hofstück/Mittelhaardt/Dt. Weinstraße

Weinfest: Letztes Wochenende im August

Gästebetten/Gaststätten: 40/3

Der Ort

Warme Abendsonne über den nahen Bergen der Haardt, ihre letzten Strahlen liegen auf den sattgrünen Reben, die, an den niederen Holzlatten gebunden, schon volle Trauben tragen. Gajus lehnt an einer der Säulen seines Gutshauses, blickt auf das Rebenmeer und denkt an die Heimat seiner Urgroßeltern, die aus der Toskana kamen und auch schon Weinbauern waren. Die Familie hat es hier in der Pfalz nicht schlecht getroffen – hier in Ruppertsberg. So denkt er, der römische Chef, und sieht seinen keltischen Mitarbeitern bei den letzten Arbeiten des Tages zu. – Natürlich hat er nicht Ruppertsberg gedacht, der Platz hieß damals im vierten Jahrhundert nach Christus anders. Und der Mann muß auch nicht Gajus geheißen haben, aber die Szene hätte sich so abspielen können. Die Säulen des Laubengangs sind in der Nähe der heutigen Ruppertsberger Schule gefunden worden, wie überhaupt die Gemarkung eine reiche Fundgrube für „Römisches" ist.

Wer heute nach Ruppertsberg gehen will, muß die Weinstraße bei Deidesheim am Fuße der Haardt verlassen und einen Kilometer weit in die Ebene hinein nach Osten gehen. Es lohnt sich nicht nur des guten und seit den Zeiten des Mittelalters bekannten Ruppertsberger Weines wegen. Das Dorf selbst vermag zwar nicht mit attraktiven Gebäuden zu beeindrucken, überzeugend ist jedoch seine Stille und Muße, die gut zu einem Weindorf paßt. Sie fällt hier in der Nähe der geschäftigen Hauptstraße besonders auf.

Meckenheim

2661 Einwohner

Der Wein

Weinbaubetriebe: 130 im Nebenerwerb

Rebland: 264 ha in den Lagen Neuberg (66 ha), Spielberg (91 ha) und Wolfsdarm (107 ha)

Rebsorten: Silvaner 20%, Riesling 18%, Müller-Thurgau 15%, Portugieser 12%, Kerner 12%, Traminer 5%, Morio-Muskat 5%, Ruländer 3%, Spätburgunder 1%, andere 9%

Großlage/Bereich: Hofstück/Mittelhaardt/Dt. Weinstraße

Weinfest: Letztes Wochenende im Mai

Gästebetten/Gaststätten: 20/8

Der Ort

Meckenheim hat drei Lagen mit unterschiedlichen Böden, so daß die Weine des Ortes unterscheidbaren Charakter haben. Wenn man es sportlich sieht, liefern sich die beiden Traditionssorten Riesling und Silvaner in allen drei Lagen ein „Kopf-an-Kopf-Rennen". Müller-Thurgau, Portugieser und Kerner folgen mit nur geringem Abstand. Wie das Rennen um die Gunst der Weinbaubetriebe – und letztlich um die Gunst des Weintrinkers ausgeht, ist auch für die Winzer des Ortes offen.

Der Ort hat viele Winzer, aber alle 130 betreiben den Weinbau als Nebenerwerb. Natürlich ist hier genauso wie in anderen Orten die Erbteilung der Vergangenheit Erklärung für kleine Parzellen und damit für die Nebenerwerbstätigkeit. Warum es aber zu dieser für die Pfalz wohl einmaligen Zahl von 130 Nebenerwerbswinzern ohne einen Vollerwerbsbetrieb gekommen ist, wurde bisher nicht untersucht. Ein Grund dafür ist sicherlich die Möglichkeit, die Traubenernte bei der örtlichen Winzergenossenschaft abzuliefern. – Sicherlich ist diese hohe Zahl aber ein eindeutiger Beweis für die Weinverbundenheit der Meckenheimer.

Ein Wort noch zu den eingangs erwähnten, meist sandigen Böden. Sie sind hier besonders tiefgründig, und das führt unter anderem dazu, daß das Aroma des als Spezialität gepflegten Traminers dezent ausfällt, niemals plump oder dumpf oder aufdringlich, wie es anderswo durchaus geschehen kann.

Forst

556 Einwohner · Verbandsgemeinde Deidesheim

Lagenkarte Seite 108/109

Der Wein

Weinbaubetriebe: 17 im Vollerwerb, 40 im Nebenerwerb

Rebland: 204 ha in den Lagen Pechstein (21 ha), Jesuitengarten (6 ha), Kirchenstück (4 ha), Freundstück (4 ha), Ungeheuer (38 ha), Elster (12 ha), Musenhang (20 ha), Stift (19 ha), Süßkopf (40 ha) und Bischofsgarten (39 ha)

Rebsorten: Riesling 85%, Müller-Thurgau 3%, Silvaner 3%, Ruländer 3%, Traminer 3%, Kerner 3%

Großlage/Bereich: Schnepfenflug und Mariengarten/Mittelhaardt/Dt. Weinstraße

Weinfest: 1. Wochenende im August

Gästebetten/Gaststätten: 35/6

Der Ort

Forst hat sehr viel Wein bester Qualität. Das ist für die Weinfreunde in aller Welt wichtig – und seit langer Zeit bekannt. Für den Besucher aber, der nach Forst des Weines wegen und des Klimas wegen und der schönen Lage wegen kommt, bietet der Ort einen Vorteil, der in unserer Zeit nicht hoch genug eingeschätzt werden kann: Forst hat eine Umgehungsstraße. Der Verkehr muß sich nicht mehr durch den schönen Ortskern zwängen. Man kann auf Kopfsteinpflaster gehen, ohne ständig von Autos belästigt zu sein.

In einem solchen Dorf und bei diesem Wein macht das Probieren, macht das Zechen, macht das Feiern des Weinfestes doppelt Spaß. Da paßt auch der schöne Brauch des „Sommertagspiels". Das geht in seinen Anfängen bis in das Mittelalter zurück: einmal auf den symbolischen Kampf zwischen Sommer und Winter, zum anderen auf den kaiserlichen Kammergerichtsleser Felix Christoph Traberger. Der stiftete 1600 genau 40 Gulden, von deren Zinsen an den Sonntagen nach St. Felix (Januar) und St. Michael (September) Spitzwecke (Gebäck) gekauft und an die Kinder verteilt werden sollte.

Die Ortsbesichtigung kann man in der Gaststätte des Winzervereins beginnen, am besten im südlichen Eckzimmer mit seinen klassizistischen Landschaftsbildern und Gartenszenen an Decke und Wänden. Auch von außen ist dieses große, über 150 Jahre alte Haus mit seinen Brüstungen und Verzierungen, seinen Hoftoren und seinem „umrankten" Treppenaufgang schön anzuschauen. Ähnlich gibt es einige andere Wohnhäuser in Fachwerk, im Barock-, im Renaissance- und im Rokokostil zu entdecken – am besten nicht durch programmiertes „Sightseeing", sondern durch Schlendern. Dies ist der rechte Platz dafür.

Nun zu den Weinen: „Der Ruf des Ortes selbst neben den hohen Güterpreisen steht natürlich im Einklange mit den ausgezeichneten Produkten." Dieser Satz des Weinkenners Bronner ist 150 Jahre alt und bezieht sich auf den Forster Wein. Die Aussage kann heute unverändert gelten. Schon damals stand auf den Weinbergen der Gemarkung weitgehend Riesling. Im Gegensatz zu anderen Pfalzorten, wo der vieltragende „Östreicher" und ähnliche Mengenrekordler sehr beliebt waren, hielt man sich in Forst an den ertragsschwachen aber feinen Riesling. Auch die „Traminerwelle" machte das Dorf nicht mit. Zwar gibt es heute kleine Anteile anderer Rebsorten, aber die Forster Winzer halten sich unverändert zurück, wenn es um das Anpflanzen neuer Sorten, wenn es um anderswo durchaus erfolgreiche Neuzüchtungen geht. Kurz: Mit 85 Prozent Rieslinganteil ist Forst ein Rieslingdorf. Das Klima und der Boden unter dem Basaltberg des Pechsteinkopfes bieten die idealen Voraussetzungen für diese Rebsorte. Das Vulkangestein ist „nur" 29 Millionen Jahre alt und damit das einzige von solcher erdgeschichtlichen Jugend in der ganzen Pfalz. Der Basaltberg trägt dazu bei, daß der Riesling hier besser ausreifen kann als im Durchschnitt des Anbaugebietes.

Basalt kann das Klima, vor allem das Kleinklima beeinflussen, auf dem sehr harten Gestein kann aber unmittelbar kein Wein wachsen.

Die Böden des Ortes bestehen aus Sand, der mit Lehm, Ton und Kalk gemischt ist, ein Grundcharakter mit Variationen gewissermaßen, jedoch nie „schwer". Das schmeckt man in den Weinen, die hier innerhalb einer Rebsorte und bei einer gewissen Grundlinie doch vielerlei Variationen zeigen. Forst hat seine Lagenvielfalt zu recht behalten. (Seine früher am besten zu vermarktende Lage, der „Schnepfenflug" ist jetzt Großlage, die auch einen Teil der Ortslagen erfaßt.)

Beschaulichkeit in alten Innenhöfen: ein Foto aus Forst auf der nächsten Seite.

Die Geschichte von Herrn Weiß, der beim Hambacher Fest auch einmal mitreden wollte

27. 5. 1832. Man trifft sich zu Musik und Tanz, zu Wein und Brotzeit „auf dem Hambacher Schloß", der ehemaligen Kestenburg. Das ist nicht ungewöhnlich an den Pfingstfeiertagen. Ungewöhnlich ist diesmal nur, daß eine Gruppe von Winzern von vornherein mit einem Transparent kommt. „Die Weinbauern müssen trauern" steht darauf. Und bei dieser stillen Mißfallenskundgebung gegen die zu jener Zeit besonders verbürokratisierte und verknöcherte Obrigkeit bleibt es nicht: Viele Bürger machen ihrem Unmut in Reden Luft, fordern mehr Bürgerfreiheiten, fordern zum Beispiel die Pressefreiheit. Sie haben das „Freiheit, Gleichheit, Brüderlichkeit" der Französischen Revolution noch gut im Ohr.

Die Obrigkeit (Die Pfalz war bayrisch zu jener Zeit.) reagierte auf dieses Fest der Liberalität mit Verfolgung und Prozessen. Einer aus dem Kreis der Redner aber wurde nicht einmal in den Kreis der Verdächtigen einbezogen, obwohl seine Rede durchaus denkwürdig war:

Herr Weiß aus Kirrweiler hatte – voll des Weines – eine Tribüne erklommen. Mühsam war das sicherlich schon, dann aber hatte er seine Hand trutzig und Aufmerksamkeit heischend gegen den Himmel gereckt und mit seiner Rede begonnen. Er hatte einen außerordentlichen (Lach-) Erfolg, obwohl er nur dazu kam, einen Satzteil zu sagen. Denn mitten im ersten Satz holten ihn schon einige junge Burschen freundlich aber bestimmt von der Bühne. – Sein Satz aber hatte folgendermaßen begonnen: „Weiß heiße ich, weise bin ich . . ."

Neustadt

55409 Einwohner

Lagenkarte Seite 110/111

Blumenpracht beim Umzug zum Deutschen Weinlesefest, zu dem sich Weinfreunde alljährlich in Neustadt treffen.
Unten: Blick auf das Haardtgebirge bei Neustadt. Im Hintergrund das Hambacher Schloß.

Der Elwetritschen-Brunnen in Neustadt

Der Wein

Weinbaubetriebe: 326 im Vollerwerb, 808 im Nebenerwerb

Rebland: 2203 ha insgesamt, davon 155 ha in den Lagen Grain (85 ha), Erkenbrecht (37 ha) und Mönchgarten (33 ha) in der Kerngemarkung Neustadt

Rebsorten: Riesling 25%, Silvaner 24%, Müller-Thurgau 16%, Kerner 14%, Portugieser 9%, Scheurebe 4%, Ruländer 1%, Traminer 1%, Morio-Muskat 1%, andere 5%

Großlage/Bereich: Rebstöckel und Meerspinne/Mittelhaardt/Dt. Weinstraße

Weinfeste: 5. Wochenende im Mai Altstadtfest
1. Wochenende im Juni Schöntaler Kerwe
1. Wochenende im Juli Winzinger Kerwe
4. Wochenende im September und 1. Wochenende im Oktober Deutsches Weinlesefest
1. Wochenende im November Vorstadter Kerwe

Gästebetten/Gaststätten: 1078/139

Der Ort

Neustadt hat neun Ortsteile. Alle betreiben Weinbau, einige unter berühmten Namen. Seit ihrer Eingemeindung ist Neustadt nun ohne Zweifel die Weinstadt Nummer eins in Deutschland. Das läßt sich in Zahlen ausdrücken: 2203 Hektar Rebland, nahezu 1500 Weinbaubetriebe. Das läßt sich jedoch auch anders erklären: Hier wird alljährlich die Deutsche Weinkönigin gewählt und gekrönt. Hier trifft man sich zum Deutschen Weinlesefest. Hier wurde die außerordentlich mitgliederstarke Weinbruderschaft der Pfalz gegründet, und hier gibt es eine Lehr- und Forschungsanstalt für den Weinbau, eine „Weinakademie", viele Weinfeste in Stadtkern und Ortsteilen und zahllose andere Möglichkeiten, die Weine bei Winzern und Wirten zu probieren.

Neustadt ist alt, aber das „neu" war schon im Namen, als der Ort 1275 die Stadtrechte erhielt. Die erste schriftliche Erwähnung liegt rund fünf Jahrhunderte vor der Stadtwerdung. Etwa 400 Jahre nach diesem bedeutenden Ereignis veröffentlicht Merian 1645 in seiner Beschreibung der Pfalz neben einem Stich des wohlproportionierten Städtchens unter anderem diese Zeilen: „Es liegt Neustadt in dem Speyergow, daher sie auch Neapolis Nemetum genannt wird, eine hüpsche, lustige Stadt, durch welche ein frisches Wasser fließt und gleichsam die Stadt theilet, auch fischreich ist, sonderlich von schönen Forellen, die gleichwohl gehaeget werden. Es ist hierum eine sehr schöne Gelegenheit ... von Holz, Wasser, springenden Brunnen und gesunder Lufft."

Holz, Wasser und gesunde Luft sind Neustadt über die Jahrhunderte geblieben. Als Luftkurort bietet die jetzt auf über 50 000 Einwohner angewachsene Stadt (30 000 in der Kerngemarkung) über 1000 Gästebetten. Sie bietet Weine unterschiedlichster Art, Wald in Hülle und Fülle, Fachwerk in alten Straßen, wie der „Metzgergasse", das „Casimirianum", das einmal Sitz einer Hochschule war, und ein Rathaus, das einst den Jesuiten als Kolleg diente. Drei Burgen sollen in dieser kurzen Zusammenstellung nicht vergessen sein.

Neustadt ist auch „neu", eine Mittelstadt, Sitz einer Bezirksregierung, Ort vieler Kongresse, Ferienstadt mit Stadtteilen für den Dorfurlaub mit Möglichkeiten zum Segelflug genauso wie zum Reiten, Schwimmen oder Golfspielen.

Neustadt ist alt und neu, und die Verantwortlichen der Stadt haben bei der Sanierung des Stadtkerns versucht, das alte und das neue Neustadt weitgehend harmonisch zu verbinden. Inzwischen waren viele Kommissionen anderer Gemeinden hier, um sich das als Modell gelobte Ergebnis anzusehen.

Natürlich hat man beim Sanierungsvorhaben auch an den Fremdenverkehr gedacht, der heute ein wichtiger Wirtschaftsfaktor dieses Weinzentrums an der Weinstraße geworden ist. Natürlich gibt es in einer Stadt dieser Größenordnung neben dem malerischen Wochenmarkt vor alter Kulisse auch nüchterne Kaufhäuser und neben den vielen Winzerbetrieben auch vielerlei Gewerbe und Industrie. Das Leben dieser „Weinstadt" aber wird heute mehr denn je vom Wein bestimmt.

Die Geschichte von den Leuten, die mit dem Sack in den Wald gehen, um geheimnisvolle Tiere zu fangen

Das besondere an den Viechern ist, daß es sie gar nicht gibt. Im Alpenländischen heißen sie Wolpertinger und sehen in den Darstellungen meist wie die Kreuzung von vielerlei Getier mit Fell und Nageschnauze, mit Hauern und Hörnern aus. – Die Elwetritschen aus dem Haardtgebirge sind noch geheimnisvoller und deshalb nicht einmal im Namen genau festgelegt. Im Hochdeutschen klingt es jedoch wie Elwetritschen. Die Neustädter haben ihnen ein Denkmal gesetzt. Dort sind die Fabeltiere nun als Zierde eines Brunnens zu bewundern. Hingehen lohnt sich. Der Brunnen zählt zum Besten, was Nachkriegsdeutschland auf diesem Gebiet zu bieten hat.

Ganz sicher ist im Zusammenhang mit den Elwetritschen nur eins: Daß es schon viele gutgläubige Haardtbesucher rund um Neustadt gegeben hat, die nächtens diesem Tier nachstellten.

Das beginnt jeweils mit einem weinfröhlichen Abend und dem Bericht von dem niedlichen Nager, der sich mit dem Sack ganz einfach fangen läßt. Diesen Bericht erzählt ein Einheimischer.

Wenn dann alles recht geht, bewaffnet sich ein Trupp kühner Männer mit einem Sack und einigen Stöcken und zieht in den Wald. Dort stellt sich eine Gruppe an günstiger Stelle mit dem Sack in Fangposition. Das sind die Auswärtigen. Die andere Gruppe geht mit den Stöcken in den Wald, um den Fängern die Elwetritschen in den Sack zu treiben – sacht, ganz sacht, damit die Tiere nicht allzusehr erschreckt werden. Diese Gruppe besteht aus Einheimischen und anderen Eingeweihten.

Dann stehen die Fänger mit ihrem Sack und warten, und warten ganz still . . . während die „Treiber“ inzwischen längst wieder beim Wein sitzen und auf die Elwetritschen trinken. Es soll schon Fänger gegeben haben, die dann später mittranken, den Sack voller fabelhafter Fabelwesen.

Duttweiler

Geinsheim

Lagenkarte Seite 110/111

Duttweiler

Ortsteil von Neustadt

Der Wein

Weinbaubetriebe: 28 im Vollerwerb, 132 im Nebenerwerb

Rebland: 60 ha in der Lage Gässel

Rebsorten: Müller-Thurgau 34%, Silvaner 19%, Kerner 10%, Ruländer 9%, Morio-Muskat 8%, Portugieser 5%, Scheurebe 5%, Weißburgunder 3%, Riesling 2%, Spätburgunder 1%, Traminer 1%, andere 3%

Großlage/Bereich: Pfaffengrund/ Mittelhaardt/Dt. Weinstraße

Weinfest: 5. Wochenende im August Weinkerwe Geinsheim

Gästebetten/Gaststätten: –/2

Der Ort

Eines der beiden Weinfeste Duttweilers trägt den schönen Namen „Weinfest der Freundschaft", und die Dorfbewohner sagen, daß hier nicht nur die Freundschaft zum Wein alljährlich besonders vertieft wird, sondern auch schon viele Freundschaften geschlossen wurden. Das Dorf ist Neustadts jüngster Stadtteil. Es liegt bereits in der Ebene vor der Haardt. Es hat mit Sicherheit Weinbau seit dem frühen Mittelalter, als es noch „Dudenvilre" hieß, Weiler des Dudo, eines fränkischen Sippenersten wohl, der sich mit diesem Namen (geringfügig geändert) bis heute verewigt hat.

Auf den Lehmböden der drei Duttweiler Lagen (Der Name „Kalkberg" täuscht hier.) wächst jetzt genausoviel Kerner wie Silvaner. Silvaner war noch vor wenigen Jahren vorherrschende Rebsorte. Ihren Platz hat heute der Müller-Thurgau eingenommen.

Geinsheim

Ortsteil von Neustadt

Der Wein

Weinbaubetriebe: 32 im Vollerwerb, 48 im Nebenerwerb

Rebland: 158 ha in den Lagen Kreuzberg (100 ha), Mandelberg (40 ha) und Kalkberg (18 ha)

Rebsorten: Müller-Thurgau 31%, Silvaner 20%, Kerner 19%, Riesling 7%, Portugieser 7%, Ruländer 4%, Morio-Muskat 3%, Scheurebe 2%, Weißburgunder 1%, Traminer 1%, andere 5%

Großlage/Bereich: Pfaffengrund/ Mittelhaardt/Dt. Weinstraße

Weinfeste: 4. Wochenende im Juni Duttweiler Kerwe
2. Wochenende im August Weinfest der Freundschaft

Gästebetten/Gaststätten: 4/2

Der Ort

Wie in allen Ortsteilen Neustadts so hat auch hier der Wein große Bedeutung. Aber rund um den Ort mit seinem Gepräge einer bäuerlichen Idylle gibt es neben den Rebflächen auch Tabakkulturen und viel Ackerbau.

Und neben das Weinfest muß man in Geinsheim ein Fest stellen, das zwar weniger die Touristen anspricht, dafür aber bei Sangesfreunden sehr bekannt ist: Geinsheim hat den ältesten Gesangverein Deutschlands, und der feiert sein „Imbs" traditionell am Drei-Königs-Tag mitten im Winter.

Auch im Frühjahr kann Geinsheim mit der Maiglöckchenblüte im nahen Auwald etwas Besonderes bieten. Im Sommer gibt es dann die Weinkerwe, im Herbst die Lese – und zu allen Jahreszeiten kirchenmusikalische Veranstaltungen.

Diedesfeld Königsbach

Lagenkarte Seite 110/111

Diedesfeld

Ortsteil von Neustadt

Der Wein

Weinbaubetriebe: 46 im Vollerwerb, 153 im Nebenerwerb

Rebland: 401 ha in den Lagen Berg (180 ha), Ölgässel (55 ha), Johanniskirchel (93 ha) und Paradies (73 ha)

Rebsorten: Müller-Thurgau 27%, Kerner 21%, Riesling 15%, Silvaner 15%, Portugieser 10%, Scheurebe 4%, Ruländer 2%, Morio-Muskat 2%, Weißburgunder 1%, Traminer 1%, andere 2%

Großlage/Bereich: Rebstöckel/ Mittelhaardt/Dt. Weinstraße

Weinfeste: 2. Wochenende im Juni Lavantefest
4. Wochenende im August Weinkerwe
3. Wochenende im Oktober Fest des Federweißen

Gästebetten/Gaststätten: 4/3

Der Ort

Die schönste Art nach Diedesfeld zu kommen, ist der Abstieg vom Hambacher Schloß aus durch einen kleinen Taleinschnitt der Haardt: Herauszutreten aus einem Buchenwald, auf uralten Weinbergterrassen zu stehen, auf die Dächer des Dorfes zu sehen und darüber hinaus in die Ebene – und dann hinunterzusteigen auf einem Pfad, der sich durch die Weinberge windet.

Und im Dort dann das schöne Rathaus und die Barockkirche, die Torbögen an alten Winzerhäusern, Fachwerkfronten und Innenhöfe. – Diedesfelds Einwohner verdienen ihren Lebensunterhalt heute weitgehend in anderen Berufen, die Winzer aber bestimmen nach wie vor das Leben im Ort. Das macht das Rebland rundum ebenso augenfällig wie die Tatsache, daß alljährlich gleich mehrere Weinfeste gefeiert werden.

Oben: Eine der „Bergstraßen" in Königsbach. Linke Seite: Landschaft bei Diedesfeld und Hambach.

„Ölgässel" und „Johanniskirchel", die beiden Lagen mit den Verniedlichungs-Endungen, haben Diedesfelder Wein bei Pfalzweinfreunden bekannt gemacht. Nach dem Rebsortenspiegel sind es hier vor allem Müller-Thurgau und Kerner, Riesling und Silvaner, die um die Gunst des Publikums wetteifern. Auch der Portugieser hat jedoch einen nennenswerten Anteil, und einige „Spezialitäten", wie Traminer, Ruländer und Weißburgunder, werden nach wie vor von „Spezialisten" gepflegt. Eine besondere Diedesfelder Wein-Spezialität trägt einen lustigen Markennamen und wird – mit prickelnder Kohlensäure – meist in kleine Flaschen abgefüllt.

Königsbach

Ortsteil von Neustadt

Der Wein

Weinbaubetriebe: 12 im Vollerwerb, 84 im Nebenerwerb

Rebland: 99 ha in den Lagen Ölberg (30 ha), Idig (22 ha), Jesuitengarten (17 ha) und Reiterpfad (30 ha)

Rebsorten: Riesling 28%, Silvaner 21%, Müller-Thurgau 15%, Kerner 12%, Portugieser 11%, Scheurebe 3%, Spätburgunder 2%, andere 8%

Großlage/Bereich: Meerspinne/ Mittelhaardt/Dt. Weinstraße

Weinfest: 2. Wochenende im Juli Königsbacher Kerwe

Gästebetten/Gaststätten: 65/4

Der Ort

Ehemals Sommersitz des Bischofs von Speyer ist Königsbach heute bevorzugter Wohnplatz für viele Neustädter Bürger. Der Ortsteil liegt schön am Wald und hat wenig Durchgangsverkehr. Das fördert den Fremdenverkehr ebenso wie das Prädikat „Besonders kinderfreundlich" und die Tatsache, daß es für ältere Besucher viele ebene Spazierwege in Wald und Wein gibt. Einer davon führt zu einer alten Wallfahrtskapelle, die inmitten eines Kastanienhaines liegt. Ein anderes Spaziergang-Ziel kann das ehemalige Kloster Hildenbrandseck sein. Seltene Bäume stehen in seinem Park. Früher erging hier sich der kurfürstliche Landvogt.

Für die Teilnehmer der örtlichen Malschule bieten sich ausreichend Motive, zu denen natürlich auch der Wein zählt. In Königsbach wachsen auf den überwiegenden Lehm- und Letten-Böden die traditionellen Rieslinge und Silvaner mit den größten Anteilen am Gesamt-Rebenbestand.

Gimmeldingen

Ortsteil von Neustadt

Lagenkarte Seite 110/111

Türme, Türmchen und ein Pavillon (unten) – Silhouetten von Gimmeldingen am Hang der Haardt. – „Wahrzeichen“ des Ortes ist neben dem Wein („Meerspinne“) die Mandelblüte. Siehe dazu Großfoto Seiten 16/17.

Der Wein

Weinbaubetriebe: 23 im Vollerwerb, 40 im Nebenerwerb

Rebland: 142 ha in den Lagen Bienengarten (40 ha), Kapellenberg (40 ha), Mandelgarten (31 ha) und Schlössel (31 ha)

Rebsorten: Riesling 35%, Silvaner 19%, Müller-Thurgau 12%, Kerner 10%, Portugieser 10%, Traminer 4%, Scheurebe 3%, Ruländer 1%, Weißburgunder 1%, Morio-Muskat 1%, andere 4%

Großlage/Bereich: Meerspinne/Mittelhaardt/Dt. Weinstraße

Weinfeste: 4. Wochenende im März Mandelblütenfest
5. Wochenende im März Ball der Mandelblütenkönigin
4. Wochenende im Mai Loblocher Weinzehnt
2. Wochenende im August Kerwe

Gästebetten/Gaststätten: 63/10

Der Ort

Es gibt andere Orte in der Pfalz, die wesentlich mehr Rebland bewirtschaften als Gimmeldingen, aber es gibt wohl keinen, der mehr Initiativen entfaltet, dessen Leben sich mehr am Wein orientiert. Gimmeldingen mit seiner bekannten „Meerspinne“: Der Name hat mit dem gleichnamigen Tier nichts zu tun, aber das tut der Popularität seines Weines keinen Abbruch. (Namenserklärung siehe Seiten 28/29.)

Die Gimmeldinger bieten ihren Gästen vier Weinfeste im Jahr. Sie bieten mehrfach Gutsausschank beim Winzer, ebenso wie auch „trockenes“ aber lebendig dargebotenes Weinwissen in der Natur: Der Weinlehrpfad des Ortes beginnt am Wanderweg, auf dem immer mehr Wein- und Wanderfreunde von Grünstadt nach Schweigen dem Zeichen der Traube folgen.

Für die Wanderer gibt es schließlich auch noch die Attraktion eines „Mühlenwanderweges“, der schon im Ort an den ersten sechs Mühlen vorbeiführt und dann weitere Zeugen aus der großen Müller- und Bäcker-Vergangenheit im schönen „Gimmeldinger Tal“ erschließt.

Mandelbäume blühen in vielen Orten der Pfalz, aber gerade Gimmeldingen wird immer wieder mit der Mandelblüte identifiziert. Das liegt einerseits an den vielen Mandelbäumen, die immer noch oder (als Jungpflanzung) wieder in der Gemarkung stehen – auch mitten im Weinberg übrigens. Das liegt aber auch am „Mandelblütenfest“ und der Wahl der „Mandelblütenkönigin“ sowie ihrem „Hofball“, der jeweils im März eine Woche nach dem „Mandelblütenfest“ folgt.

Wein, Mandeln, Mühlen, Feste, Gimmeldingens Kurzportrait erfährt eine sympathische Abrundung durch den Hinweis auf die überdurchschnittliche Gastronomie des Ortes, die sowohl Tradition als auch eine breite Basis hat. – Und zum Schluß soll eine weitere angenehme Eigenart erwähnt sein: Der Ortsteil begrüßt seine Neubürger mit einer Weinprobe! Zu dieser Aufnahme in die Ortsgemeinschaft gibt es anschaulich Blätter der gereichten Weinsorten. Und diese „Beigabe“ führt dann wiederum dazu, daß die „Neuen“ mit offenen Augen durch die Weinberge gehen, um „ihre“ Rebsorten an den Blättern wiederzuerkennen. So schließt sich der Weinkreis Gimmeldingens – auch in dieser Darstellung.

Lagenkarte Seite 110/111

Eine der alten Dorffronten in Lachen-Speyerdorf. – Zur Landschaft um Hambach siehe auch Foto auf Seite 164.

Hambach

Ortsteil von Neustadt

Der Wein

Weinbaubetriebe: 47 im Vollerwerb, 128 im Nebenerwerb

Rebland: 404 ha in den Lagen Römerbrunnen (74 ha), Kaiserstuhl (41 ha), Kirchberg (79 ha), Feuer (72 ha) und Schloßberg (138 ha)

Rebsorten: Müller-Thurgau 28%, Silvaner 20%, Riesling 15%, Portugieser 15%, Kerner 10%, Scheurebe 4%, Morio-Muskat 3%, Ruländer 1%, andere 4%

Großlage/Bereich: Rebstöckel/Mittelhaardt/Dt. Weinstraße

Weinfeste: 1. Wochenende im Mai Andergasser Fest
3. Wochenende im Juni Gässelfest
4. Wochenende im Juli Weinkerwe

Gästebetten/Gaststätten: 183/14

Der Ort

Hambach ist in den vergangenen Jahren kräftig gewachsen. Das liegt an der herrlichen Lage dieses Ortsteils und an seinem besonders guten Klima auf der Höhe des Haardtgebirges. Das liegt sicherlich an dem historisch interessanten Ortskern mit seinen alten Fachwerkhäusern und seinen immer noch engen Gassen. Das liegt ebenso an dem Bergwald im Rükken der Gemeinde. Der hat durch seine zahlreichen Edelkastanien einen eigenen Charakter.

Über das äußerlich Ansehnliche hat Hambach für die Demokraten aller Richtungen – und damit für fast alle Besucher – eine zunächst nicht sichtbare Bedeutung: Hier äußerte sich 1832 beim „Hambacher Fest" auf dem Schloß über dem Ort erstmals öffentlich und vor breitem Publikum der Ruf nach Bürgerfreiheit in feurigen Reden. „Wiege der Demokratie" wird das Hambacher Schloß genannt.

Einige davon sind vielleicht im Gasthaus „Zum Engel" entstanden, dem man seine Historie schon von weitem ansieht, wenn auch nicht unbedingt sein Baujahr: 1602. Sicherlich sind viele dieser Geschichten bei Riesling und Silvaner, den früheren Hauptrebsorten des Ortes, wieder und wieder erzählt worden. Heute wächst der Müller-Thurgau als Sorte Nummer eins des Rebsortenspiegels auf den sandigen und lehmigen Böden der fünf Lagen des Ortsteils.

Lachen-Speyerdorf

Ortsteil von Neustadt

Der Wein

Weinbaubetriebe: 49 im Vollerwerb, 50 im Nebenerwerb

Rebland: 207 ha in den Lagen Langenstein (30 ha), Lerchenböhl (97 ha) und Kroatenpfad (80 ha)

Rebsorten: Müller-Thurgau 34%, Silvaner 19%, Kerner 10%, Ruländer 9%, Morio-Muskat 8%, Portugieser 5%, Scheurebe 5%, Weißburgunder 3%, Riesling 2%, Spätburgunder 1%, Traminer 1%, andere 3%

Großlage/Bereich: Pfaffengrund/Mittelhaardt/Dt. Weinstraße

Weinfeste: 4. Wochenende im April Froschschenkelkerwe
3. Wochenende im August Lachener Kerwe

Gästebetten/Gaststätten: 61/8

Der Ort

Wer den Rebengarten der Pfalz aus der Luft betrachten möchte, hat in Lachen-Speyerdorf einen idealen Startplatz zum Rundflug. Vom Segelflugzeug oder aus einer motorgetriebenen Sportmaschine bietet sich das großartige Panorama des „Rebenmeeres" mit den „Inseln" der meist rotgedeckten Dächer vieler Gemeinden. Man blickt über die Haardtkante auf das größte geschlossene deutsche Waldgebiet, sieht in der Rheinebene im Sommer die hellen Farben der Getreide- und Sonnenblumenfelder und im Anflug auf Lachen-Speyerdorf zwischen Wiesen, Feldern und Weingärten noch eine große Zahl von Fachwerkhäusern.

Das „Dorf" in der Endung des Ortsnamens stimmt immer noch, obwohl Lachen-Speyerdorf inzwischen größter Ortsteil Neustadts ist und selbst schon Kleinstadt-Format hat. Der bäuerliche (oder: winzerliche) Charakter ist geblieben, und zweimal im Jahr wird die alte Dorfgemeinschaft bei den Weinfesten betont. Dazu ein Hinweis für die Freunde der Edelsorte Ruländer: Der Ruländer-Anbau wird hier besonders gepflegt.

Mußbach

Ortsteil von Neustadt

Der Wein

Weinbaubetriebe: 60 im Vollerwerb, 120 im Nebenerwerb

Rebland: 415 ha in den Lagen Eselshaut (293 ha), Glockenzehnt (17 ha), Kurfürst (50 ha), Spiegel (8 ha), Bischofsweg (45 ha) und Johannitergarten (1,5 ha)

Rebsorten: Müller-Thurgau 26%, Riesling 20%, Silvaner 16%, Kerner 14%, Portugieser 13%, Traminer 4%, Ruländer 1%, Morio-Muskat 1%, Scheurebe 1%, andere 4%

Großlage/Bereich: Meerspinne/ Mittelhaardt/Dt. Weinstraße

Weinfeste: 2. und 3. Wochenende im Juli Eselshautfest
1. Wochenende im August Mußbacher Kerwe

Gästebetten/Gaststätten: 61/11

Der Ort

Mußbach und Muße das geht lautlich recht gut zusammen, und die Mußbacher gelten als besonders weingemütliche Pfälzer. „Mär geen net häm" steht denn auch auf einem der soliden Gastwirtstische in einer der soliden Gastwirtschaften eingeschnitzt. Gaststätten gibt es hier reichlich, groß ist auch die Weinauswahl und die Lagenvielfalt.

Die Mußbacher sind die „Erfinder" der weltberühmten „Eselshaut", die seit vielen Jahren vorzüglich zur Vermarktung des örtlichen Weins beiträgt. Ihr schwerer Boden erzeugt genau die kräftigen Weine, die von vielen Pfalzwein-Freunden bevorzugt werden. Den Ruf der „Eselshaut"-Weine hat die Rebsorte Silvaner begründet.

Heute wird von den 180 Winzern des zu einem kleinen Städtchen gewachsenen Ortsteils mehr Müller-Thurgau und Riesling angebaut. Der Kerner hat auch hier einen schnellen Erfolg gehabt, aber andererseits wird von einigen Winzern der ebenso edle wie ertragsschwache Traminer gepflegt, und der Rotweinanteil hat sich bei etwa einem Achtel des gesamten Weinaufkommens eingependelt.

Mußbach zieht sich vom Haardtrand bis in die Ebene. Die sich anschließenden Weinlagen reichen bis fast an den „Ordenswald", der sich zwischen Rehbach und Speyerbach bis Speyer am Rhein erstreckt. Der Radwanderweg Neustadt – Speyer, ein reizvoller Reitweg sowie ein großzügiges, ebenes Wanderwegenetz erschließen dieses durch Wildreichtum und seltene Pflanzenarten bekannte Waldgebiet. Der alte Herrenhof des Johanniterordens und die aus dem 13. Jahrhundert stammende Kirche Sankt Johannes lassen historisch Interessierte auf ihre Kosten kommen.

Die „Eselshaut" hat Mußbach bekannt gemacht, und die Mußbacher haben ihr mit dieser Schnitzarbeit ein kleines Denkmal gesetzt. Haardt siehe Foto Seiten 172/173.

Haardt

Ortsteil von Neustadt

Der Wein

Weinbaubetriebe: 15 im Vollerwerb, 30 im Nebenerwerb

Rebland: 162 ha in den Lagen Mandelring (69 ha), Herzog (48 ha), Herrenletten (12 ha) und Bürgergarten (33 ha)

Rebsorten: Riesling 30%, Kerner 20%, Silvaner 18%, Müller-Thurgau 10%, Scheurebe 5%, Portugieser 4%, Traminer 3%, Morio-Muskat 2%, Ruländer 2%, Spätburgunder 1%, andere 5%

Großlage/Bereich: Meerspinne/ Mittelhaardt/Dt. Weinstraße

Weinfeste: 2. Wochenende im Mai Weinfest auf der Straße
1. Wochenende im September Haardter Wein- und Quetschekuchenkerwe

Gästebetten/Gaststätten: 176/13

Der Ort

In Haardt braucht niemand auf Aussichtstürme zu steigen, um einen guten Blick in die vorgelagerte Rheinebene zu haben. Die gute Aussicht ist für die Besucher des „Balkons der Pfalz" inbegriffen. Und daß Haardt nicht nur den hervorragenden Ausblick, sondern auch einen feinen Anblick bietet, dokumentieren die Goldmedaillen, die der Ort bei den bundesweiten Wettbewerben „Unser Dorf soll schöner werden" errungen hat. Die schönen Häuser mit ihrem reichen Blumenschmuck und ihren südlich üppigen Gartenanlagen bringen auch bei den Touristen „Punkte".

Im Weinbau wirbt vor allem der Riesling für Haardt, der hier die Rebsortenstatistik anführt. Im Tourismus ist das „Schlössel" so etwas wie ein Wahrzeichen. Viele Besucher Neustadts kommen am „Schlössel" vorbei durch diesen Ortsteil am nördlichen Stadtrand, der genauso heißt wie der Gebirgszug, an dem er liegt.

Ölsegen und Starenplage: In den Weinbergen nahe Landau wird seit längerer Zeit Öl gefördert (Bild: eine Pumpe bei Nußdorf), das jetzt gute Gewinne abwirft. – Die Stare fallen wahllos in alle Weinberge ein und können im schlimmsten Fall die gesamte Ernte fressen und vernichten. (Bild: Geilweiler Hof bei Siebeldingen).

Die Geschichte vom Hauptmann von Köpenick, der in diesem Falle jedoch angeblich aus Derschau kam

Diese Geschichte besteht aus Zeitungsmeldungen, die beweisen, daß der Hauptmann von Köpenick durchaus Gleichgesinnte hatte. Die pfälzische Version war, wie der viel berühmtere von Köpenick, zunächst durchaus erfolgreich, wie eine Meldung des „Anzeiger“ aus Landau im Februar 1871 besagt. Darin heißt es:

„Seit dem September vergangenen Jahres hielt sich ein verwundeter preußischer Premierlieutenant unter dem Namen Carl von Derschau in Alsterweiler, Maikammer und Edenkoben auf, ließ sich von verschiedenen Personen Geld vorschießen, weil er durch seinen unbestimmten Aufenthalt gegenwärtig keine Gage beziehen könne, verlobte sich und machte Schulden. In letzter Zeit wohnte er in Landau, wo er in der Uniform eines preußischen Hauptmanns auftrat; der Etappen-Commandant schöpfte aber Verdacht und erhielt auf die bezügliche Anfrage beim 65. Regiment, welchem der Glücksritter angehören wollte, die Antwort, daß kein Offizier dieses Namens beim betr. Regimente sei. Nun erhielt von Derschau den Befehl, sich am verflossenen Mittwoch beim Etappen-Commando zu stellen; er zog es aber vor, flüchtig zu gehen, fuhr per Kutsche nach Knöringen, von da per Eisenbahn nach Ludwigshafen, wo aber ein bezügliches Telegramm bereits vor ihm eingetroffen war, und er alsbald verhaftet worden ist. In Wirklichkeit war der Pseudo-Hauptmann preußischer Feldwebel, und wußte als Militär seine Rolle trefflich zu spielen.“

Das unrühmliche Ende der Geschichte steht wenige Tage später in einer Meldung des „Edenkobener Wochenblattes“. Der Korrespondent meldet aus Landau:

„24. Februar. Heute nachmittag 3 Uhr wurde der Pseudo-Hauptmann Carl von Derschau an den Händen geschlossen und von einem Gendarm transportiert ins hiesige Bezirksgefängnis eingeliefert. Sein Name ist oben richtig angegeben, er ist aus Wesel gebürtig und war Telegraphengehilfe, zuletzt in Stelp. Die Anklage lautet auf verschiedene Betrügereien.“

Auch zum Ausgang des dann folgenden Gerichtsverfahrens erlauben wir uns einen Bericht aus dem „Edenkobener Wochenblatt“ nachzudrucken, den wir im Originaltext des Autors belassen haben:

„Der durch seine Schwindeleien unter dem Namen ‚von Derschau‘ so berühmt gewordene Karl Heinrich Schulin ist 30 Jahre alt. Sein Schwindlertalent hatte er schon früher gezeigt, als es ihm galt, ein Mädchen für die Ehe sich zu gewinnen, indem er, ohne Mittel und geeignete Stellung, ein Patent ausfertigte, worin er sich selbst zum k. Oberförster ernannte.

Kurz bevor er die Pfalz heimsuchte, war er Bahnhof- und Telegraphenassistent zu Neuß gewesen, allein Arbeit und ein geringes Gehalt behagten ihm nicht, und so war nach Ausbruch des Krieges der Entschluß rasch bei ihm gefaßt, seine Stelle zu quittiren, um der Kriegstrompete zu folgen und von dem Enthusiasmus und liberalen Entgegenkommen, mit welchem man einem Jeden, der den Soldatenrock und einen Degen an der Seite trug, damals begegnete, auf seine Weise Capital zu schlagen.

Am 24. August fuhr er in der Uniform eines preußischen Premierlieutenants in Maikammer an der Gastwirthschaft von Franz Lederle vor, präsentirte sich als Lieutenant ‚von Derschau‘ und erzählte, wie er einen Verwundetenzug nach Mainz escortirt hätte und nun, auf der Rückkehr begriffen, durch heftige Leibschmerzen gezwungen worden sei, die Rückreise zu unterbrechen und einen kurzen

Landaufenthalt sich zu gestatten. Allein die Leibschmerzen verwandelten sich bald in ein heftiges Magenleiden, der Landaufenthalt mußte von Monat zu Monat verlängert werden, und während dieser Zeit amüsirte er sich auf der Jagd und Ausflügen in der Umgegend. Alles auf Kosten Anderer, welche kein Bedenken trugen, dem tapfern Herrn Lieutenant, welcher, wie er erzählte, bei Wörth mit Bravour gefochten hatte, in jeglicher Art zuvorkommend sich zu erweisen.

Nachdem er 30 Tage lang bei Gastwirth Lederle Kost und Logis genossen, auch von dessen Sohne durch das eine und andere Goldstück seiner stets leeren Kasse hatte nachhelfen lassen, sodann weitere 20 Tage bei Gastwirth Heilweck zugebracht hatte, ohne auch nur einen Kreuzer von seiner Zeche bezahlt zu haben, verließ er Maikammer, um sich in Alsterweiler, woselbst er inzwischen eine Braut sich ausgesucht hatte, häuslich zu etabliren. Auch verschiedene Verwandte der Braut, welche an anderen Orten der Pfalz wohnten, unterließ er nicht, mit seinem Besuch zu beglücken.

Als diese Herrlichkeit nach kurzer Dauer ihr Ende erreicht hatte, siedelte er nach Rhodt, woselbst er an den Bürgermeister das Ansinnen stellte, ihm Quartier zu geben, worauf ihm dieser ein solches bei Witwe Keller auch anwies. Hier trieb er sich vom 12. November bis 16. December herum und prellte die Gemeinde um das Logisgeld von 20 fl. und die Witwe Keller für gestellte Verköstigung um 55 fl. 24 kr. Mit Eintritt des Winters schien es ihm doch auf dem Lande etwas langweilig zu werden, und er entschloß sich, nach Landau zu gehen. Hier, an dem Garnisonsorte und dem Sitze eines Etappencommandos, mußte jedoch die Noblesse des Auftretens erhöht werden und so ließ er sich selbst auf einen Schlag vom Premierlieutenant zum Hauptmann avanciren.

Da er sich mit größter Sicherheit zu bewegen verstand, fiel es Niemandem ein, unter der preußischen Uniform den gemeinen Betrüger zu argwöhnen, und so gelang es ihm auch in Landau, sich überall Credit zu verschaffen und insbesondere den Cafewirth Braun für Baarvorschüsse und Verköstigung um 102 fl. 7 kr., den kgl. Rentbeamten von Ehlingensperg um ein Darlehen von 30 Thalern, den Kleiderhändler Benz für gelieferte Kleidungsstücke um 65 fl. 6 kr., den Kleiderhändler Schmitt um 28 fl. 15 kr. und in ähnlicher Weise noch mehrere andere Personen um kleinere Beträge zu beschwindeln.

Seine Virtuosität im Schwindeln versuchte er auch auf schriftlichem Wege, ohne indeß hierbei zu reussiren. So schrieb er von Rhodt aus an den Geheimrath Krupp in Essen einen Brief, worin er diesen nach einer rührenden Schilderung seiner bei Wörth erlittenen Verwundung, des Unglücks, in der Schlacht vom 16. August seinen einzigen Bruder verloren zu haben u., um ein Darlehen von 200 Thalern ersucht, um die ihm während seines Krankenlagers erwachsenen Verbindlichkeiten erfüllen zu können. Allein die gewünschten Thaler blieben aus, ebenso andere 80 Thaler, die er durch ein Schreiben an den Grafen von Fürstenberg in Stammheim mittelst ähnlicher Lüge zu erlangen gedachte.

Schließlich fühlte er sich in Landau doch nicht mehr heimisch, und er verließ dasselbe Mitte Februar, um sich nach Ludwigshafen und von dort, noch immer unter derselben Verkleidung als preußischer Hauptmann und noch immer die Wirthe um ihre Zechen betrügend, nach Heuchelheim und Worms zu begeben, in welch' letzterem Orte seine Verhaftung erfolgte. Das Urtheil lautet bekanntlich auf dreijähriges Gefängniß und Landesverweisung.

Der Pseudo-Hauptmann von Derschau, mit seinem richtigen Namen Karl Heinrich Schulin von Trottorf (Regierungsbezirk Koblenz) wurde heute durch Urtheil des k. Zuchtpolizeigerichts dahier wegen 27 in der Pfalz, insbesondere Maikammer, Rhodt und Landau verübter Betrügereien im Gesammtgeldbetrage von 443 fl. 41 kr., sowie wegen zweier Betrugsversuche in den Beträgen von 350 fl. und 140 fl. und Landstreicherei in eine Gefängnißstrafe von drei Jahren und in die Kosten verurtheilt; zugleich wurde seine Landesverweisung nach erstandener Strafe verordnet."

Blick von der Haardt auf Haardt

RHEINPFALZ
Albersweiler Königsgarten
Bacchus Spätlese
Qualitätswein mit Prädikat
Franz Hahn
ALBERSWEILER a.d. WEINSTRASSE
QUALITÄTSWEIN MIT PRÄDIKAT
Müller-Thurgau Auslese
Albersweiler Latt
RHEINPFALZ
RHEINPFALZ
Altdorfer Hochgericht
Riesling Spätlese
Qualitätswein mit Prädikat
RHEINPFALZ
1978er
Portugieser Rotwein
Weingut Heinrich Lorch
SILVANER
HALBTROCKEN
Bergzaberner Wonneberg
RHEINPFALZ QUALITÄTSWEIN
Stadtmühle Otto Augspurger
Bad Bergzabern
WEINBAU
RHEINPFALZ
1976er Bergzaberner Altenberg
Morio-Muskat Kabinett trocken
Weingut Peter Graeber
1977er
Edenkobener Mühlberg
Kerner Kabinett Trocken
QUALITÄTSWEIN MIT PRÄDIKAT
Erich Neu
WEINGUT
EDENKOBEN/WEINSTRASSE
RHEINPFALZ
QUALITÄTSWEIN MIT PRÄDIKAT
RULÄNDER SPÄTLESE
Edenkobener Kastaniengarten
Edesheimer Mandelhang
Müller-Thurgau-Kabinett
RHEINPFALZ
Edesheimer Ordensgut
Optima Auslese
Marienhof
Rudolf Minges - Winzermeister
Flemlinger-Bischofskreuz
Kerner Spätlese
QUALITÄTSWEIN MIT PRÄDIKAT
RHEINPFALZ
Weingut-Kellerei Herbst Flemlingen Weinstraße
Flemlinger Vogelsprung
Kerner Auslese
Qualitätswein mit Prädikat
RHEINPFALZ
RHEIN- PFALZ
Freimersheimer Bildberg
Müller-Thurgau, Kabinett
RHEINPFALZ
Gleiszeller Kirchberg
Morio-Muskat Spätlese
RHEINPFALZ
Qualitätswein mit Prädikat
Gleiszeller Frühmeß
Muskateller Kabinett trocken
Weinbau-Weinkellerei Fritz Wadle u. Sohn Gleisweiler/Weinstr.
RHEINPFALZ
1978er
Gleisweiler „Hölle"
Müller-Thurgau Kabinett
Weingut Manfred Leonhard
GLEISWEILER-WEINSTR.
QUALITÄTSWEIN MIT PRÄDIKAT
1977er Gleisweiler Hölle
Kerner Kabinett
RHEINPFALZ
ERZEUGERABFÜLLUNG WINZERGEMEINSCHAFT
König Dagobert
RHEINPFALZ
1979er
Godramsteiner Königsgarten
Kerner Kabinett
Qualitätswein mit Prädikat
Richard Klein
RHEINPFALZ
Hainfelder Riesling trocken
1978er Hainfelder Kapelle
Huxelrebe Kabinett
Weingut Wilhelm Gabel
RHEINPFALZ
Qualitätswein mit Prädikat
HERXHEIM AM BERG
Herxheimer Honigsack
Gewürztraminer Spätlese
Weinbau Wissing
RHEINPFALZ
1978er Heuchelheimer Herrenpfad
Huxelrebe Spätlese
RHEINPFALZ
1977er
Heuchelheimer Herrenpfad
Kerner-Kabinett
Qualitätswein mit Prädikat
Werner Kuhn
RHEINPFALZ
1976er Klingenmünsterer
Riesling Kabinett
BEREICH SÜDLICHE WEINSTRASSE
Weingut Kristof Mathis
1977er Klingenmünsterer Maria Magdalena
Huxelrebe Kabinett
KLINGENMÜNSTER / WEINSTR.
Weingut Wendel
EDELOBSTBRENNEREI
LEINSWEILER SÜDLICHE WEINSTRASSE
RHEINPFALZ
Leinsweiler Sonnenberg
Huxelrebe Auslese
ERZEUGERABFÜLLUNG
RHEIN PFALZ
1974er
Lustadter Trappenberg
Ruländer
HEINRICH SCHAFFER
WDZ
Rheinpfalz
Maikammer Heiligenberg
Müller-Thurgau Kabinett trocken
Qualitätswein mit Prädikat
Hubert Müller, Weinbau u. Weinkellerei
RHEINPFALZ
Maikammer Heiligenberg
Ruländer Spätlese
WEINGUT Heinz Pfaffmann
RHEIN PFALZ
Nußdorfer Kaiserberg Spätlese
WEISSBURGUNDER
Walsheim bei Landau/Pfalz
Weinbau Hans Schäfer
RHEINPFALZ
1976er Oberotterbacher Sonnenberg
Weißburgunder Spätlese
Weingut Walter Becker
1976er Pleisweilerer Schloßberg
Weißburgunder Spätlese
RHEINPFALZ
Weingut Fritz Fader & Sohn
Rheinpfalz
Kastanienhof
1977er Rhodter Klosterpfad
Würzer Auslese
Gerhard Waldkirch
RHEINPFALZ
1978er Müller-Thurgau
Rhodter Ordensgut
RHEINPFALZ
Roschbacher Rosenkränzel
Kerner Spätlese
RHEINPFALZ
Qualitätswein mit Prädikat
Roschbacher Simonsgarten
Morio-Muskat Spätlese
WINZERGEMEINSCHAFT ST. PAUL
ERZEUGERABFÜLLUNG
1979er Schweigener Sonnenberg
RIESLING KABINETT
RHEINPFALZ
QUALITÄTSWEIN MIT PRÄDIKAT
Weingut G. u. R. Beck
SCHWEIGEN
RHEINPFALZ
1977er Schweigener Sonnenberg
Riesling Kabinett trocken
Weingut Diehl
1976er
Siebeldinger Im Sonnenschein
Ruländer-Beerenauslese
QUALITÄTSWEIN MIT PRÄDIKAT
EDUARD DIEHL · SIEBELDINGEN A. D. WEINSTRASSE
Doktorenhof
RHEINPFALZ
QUALITÄTSWEIN
1978er
Venninger Doktor
Blauer Spätburgunder
Rotwein
WEINGUT Karl Pfaffmann & Sohn
WALSHEIM/PFALZ
RHEINPFALZ
1978er
Walsheimer Silberberg - Auslese
Ruländer - Eiswein
QUALITÄTSWEIN MIT PRÄDIKAT
QUALITÄTSWEIN MIT PRÄDIKAT
RHEINPFALZ
Walsheimer Bischofskreuz
Bacchus Auslese
RHEINPFALZ
Weyherer Michelsberg
Riesling Spätlese
RHEIN PFALZ
1971er Weyherer Ordensgut
Müller-Thurgau Spätlese
Hornberger-Orth
Wollmesheimer Mütterle
Silvaner Spätlese

Bereich Südliche Weinstraße

Maikammer

3835 Einwohner · Verbandsgemeinde Maikammer

Lagenkarte Seite 112/113

Der Wein

Weinbaubetriebe: 140 im Vollerwerb, 348 im Nebenerwerb

Rebland: 450 ha in den Lagen Alsterweiler Kapellenberg (150 ha), Heiligenberg (170 ha), Kirchenstück (80 ha), Immengarten (50 ha)

Rebsorten: Müller-Thurgau 40%, Riesling 15%, Silvaner 10%, Portugieser 8%, Kerner 6%, Ruländer 5%, Morio-Muskat 5%, Scheurebe 5%, Weißburgunder 3%, Spätburgunder 1%, Traminer 1%, andere 1%

Großlage/Bereich: Mandelhöhe/ Südl. Weinstraße

Weinfest: Christi Himmelfahrt bis folgenden Sonntag

Gästebetten/Gaststätten: 291/12

Der Ort

Um 1600 hatte Maikammer die gleichen Straßenzüge wie heute. Da hat sich kaum etwas geändert. Und die schönsten Fachwerkhäuser stehen heute noch im Ort so, wie sie zwischen Bauernkrieg und Dreißigjährigem Krieg errichtet worden sind. Motor für den Erhaltungs- und Überlebenswillen der in den Jahrhunderten durch Pest und Krieg arg gebeutelten Maikammerer war immer wieder der Wein. Mit ihm und durch ihn lebt die Gemeinde mit dem eingemeindeten Nachbardorf Alsterweiler seit vielen Jahrhunderten.

Wie sehr der Wein hier das Maß vieler Dinge ist, zeigt zum Beispiel die Tatsache, daß man im Dorf ganz genau weiß, wieviel Wein der Knopf des 1757 errichteten Kirchturms faßt: Sechs Ohm, ein Viertel und drei Maß – 663 Liter. Dazu passen auch die Eintragungen eines Maikammerer Pfarrers im Kirchenbuch. Er notierte nicht nur die Geburten, sondern auch, wie es um den Wein stand. Einige Beispiele: „Anno domini 1601 hat das Wetter die Mark ... gar erbärmlich zerschlagen, geschehen im Mai. Der wenige Wein war sauer." – 1602 sind auf den 1. Mai durch den Frost die Reben erfroren. Am 21. September war nachts ein Erdbeben, daß die Hühner von den Balken geflogen sind und in manchen Orten die Glocken von selbst geläutet haben." – 1603 war ein vollkommener, reicher Herbst in allen Landen." – „Um Weihnachten 1607 und danach bis Ostern 1608 war eine so greuliche Kälte, daß sehr viele Leute erfroren und im Schnee tot gefunden wurden ... Es erfroren auch Wingert und Bäume haufenweise. Es gab wenig sauren Wein."

Die Maikammerer Weinchronik berichtet natürlich auch von vielen guten und sehr guten Weinjahren – und unter anderem auch von außerordentlich kräftigen Tropfen: „Zwei Schoppen werfen einen, daß er's Aufstehen vergißt." (Pfälzer Schoppen gleich ein halber Liter.)

Die Weinchronik unserer Zeit vermerkt für die Kreszenzen, die in der Maikammerer Gemarkung unter der Kalmit wachsen, „umwerfende" Eigenschaften eher in bezug auf Qualität. Gerade auf diesem Gebiet aber kann sich Maikammer heute sehen lassen. Neben der Winzergenossenschaft und einer weiteren Erzeugergemeinschaft gibt es noch eine gute Zahl von Weinbaubetrieben, die ihre Weine selbst keltern und vermarkten. In Sachen Qualität sind viele von ihnen so engagiert, daß sich nach den alljährlichen Prämierungen ein wahrer Gold- und Silber-Regen erfolgbestätigend über den örtlichen Weinbau ergießt.

Gute Weine und der rege Handel damit haben nicht nur zum Bau schöner Bürgerhäuser auch in der „Nach-Fachwerk-Zeit" geführt, sondern ebenso zu einer erheblichen Weinbauausweitung über die Gemarkungsgrenzen hinweg. Maikammerer Winzer bewirtschaften ungefähr genausoviel Rebland „auswärts" in rund zehn anderen Gemeinden, wie in der eigenen Ortsgemarkung. Zwar gibt es umgekehrt auch einige Betriebe anderer Orte, die Maikammerer Weinbergbesitz haben, aber unter dem Strich ergibt sich doch, daß die Maikammerer insgesamt rund das Doppelte der eigenen Gemarkungs-Rebfläche bewirtschaften. Sie gehören damit zu den dynamischsten in Deutschland.

Aktiv ist Maikammer – und damit auch die Verbandsgemeinde Maikammer mit den Dörfern Kirrweiler und St. Martin – auch im Fremdenverkehr.

Kein Zufall: Mitten im alten Ortskern steht neben dem Denkmal des „berühmtesten Sohnes" der Gemeinde Maikammer, General Jakob Freiherr von Hartmann (1795–1873), der sich vom Oberleutnant in Napoleons Heer bis zum Heerführer unter dem Bayerischen König im 70er Krieg heraufdiente, das neuerbaute Fremdenverkehrsamt der Gemeinde.

Neben dem Wein wachsen auch 600 Mandelbäume entlang dem guterschlossenen Wanderwegenetz, das durch ein Meer von Reben führt: Südländische Farbenpracht in erster Frühjahrssonne.

Der Wald (855 ha) ist neben den Reben der wichtigste Faktor in der grünen Welt der Gemeinde Maikammer, auf die die Kalmit (683 m) als höchster Berg des Pfälzer Waldes herunterblickt.

Dies alles, die Dorfschönheit des Ortes, das Rebenmeer in der Gemarkung und das Weinmeer in den Kellern helfen auf diesem Gebiet ebenso wie die Wälder über den Reben, der Berg mit dem berühmten Namen Kalmit und vielleicht auch der klangvoll schöne Name selber. „Maikammer" das regt zu Wortdeutungen und Gedankenspiel an, zu weinlichen („Weinkammer") und zu weinlich-erotischen vielleicht sogar, ist doch der Mai jener vielgerühmte Monat für die Triebe allenthalben. Der Schwarzwälder Pfarrer Heinrich Hansjakob hat es kurz nach der Jahrhundertwende so niedergeschrieben: „. . . ein richtiger Residenzort für Maienblüte und Maienluft – und die Natur ringsum ein volles Maienlachen."

Wie der Ortsname tatsächlich entstanden ist, weiß niemand genau. Daß der Ort, obwohl er einen berühmten General hervorgebracht hat, seinem friedlich-schönen Weinbild entspricht, untermauert auch eine Einzelheit bei dem Versuch, die Stadtrechte zu erhalten. Aus der Stadtwerdung anno 1892 wurde zwar nichts, das im Antrag vorgeschlagene Stadtwappen ist jedoch überliefert. Es sollte Weintrauben und Bacchus vereint mit der Göttin des Verkehrs zeigen.

Die Geschichte vom Schnaps und dem Hirten mit seinem Horn

Der Hirte von Kanskirchen (Albersweiler) hatte im Mittelalter die Aufgabe, das Vieh des Dorfes zur Weide zu treiben. Das ist im Jahre 1473 zum ersten Mal beurkundet worden. Ob die von Generation zu Generation überlieferte Geschichte von einem dieser Hirten nun aus dieser Zeit stammt, ist nicht mehr zu prüfen. Sie wird jedoch heute noch gern erzählt und muß nach den Umständen im Mittelalter geschehen sein:

Da wohnte in dem Haus neben dem Gasthaus „Zum Löwen" zu jener Zeit ein Jude. In der Geschichte ist über ihn nicht mehr ausgesagt, als daß er gern lange schlief. Diesem Schlafbedürfnis in den Morgenstunden stand jedoch eine Vorliebe des Hirten entgegen. Der war nämlich stolzer Besitzer eines Horns, das er besonders bei seinem morgendlichen Auszug aus dem Dorfe gern erschallen ließ.

So also die Ausgangsposition des Interessenkonfliktes. Der jüdische Mitbürger (damals einer von vielen in Albersweiler) sann auf Abhilfe – mit diesem Ergebnis:

Er bot dem fröhlichen Hornbläser eines Morgens ein Gläschen Schnaps an und stellte an den folgenden Tagen ein „Schnäpschen" jeweils griffbereit an das Fenster, weil der Hirte doch „so schön blasen" konnte.

Dem Hirten gefiel das sehr und er blies nun jeden Morgen laut und lang vor dem Fenster seines „Fans". – Das ging so einige Zeit lang, und dann stand eines Morgens kein Gläschen mehr im Fenster, und am folgenden Tag auch nicht. – Schließlich wurde es dem Hirten „zu dumm", und er dachte, wenn dem Mann sein Blasen nun keinen Schnaps mehr wert sei, dann wolle er auch nicht mehr blasen. – Getan wie gedacht, der schlaue Schläfer hatte künftig seine Ruhe.

St. Martin

1950 Einwohner · Verbandsgemeinde Maikammer

Lagenkarte Seite 112/113

Der Wein

Weinbaubetriebe: 86 im Vollerwerb, 228 im Nebenerwerb

Rebland: 250 ha in den Lagen Kirchberg (65 ha), Baron (107 ha) und Zitadelle (78 ha)

Rebsorten: Müller-Thurgau 23%, Kerner 15%, Riesling 12%, Silvaner 10%, Portugieser 10%, Morio-Muskat 8%, Scheurebe 8%, Ruländer 7%, Weißburgunder 2%, Spätburgunder 1%, Traminer 1%, andere 3%

Großlage/Bereich: Schloß Ludwigshöhe/Südl. Weinstraße

Weinfest: St. Martinusfest – das Wochenende vor oder nach dem 11. 11., das diesem Tag am nächsten liegt.

Gästebetten/Gaststätten: 250/10

Der Ort

Die Kropsburg mit ihrer Gaststätte und dem großartigen Ausblick, eine erdhaft wuchtige, romanische Kirche, eine Kapelle, deren Anfänge in das Jahr 600 zurückgehen, ein „Schlössel" im Stil der Renaissance, ein Weiher in Wald und Wiesen, der „Bellachinibrunnen", der „Dichterhain", die „Lourdesgrotte" und die „Wappenschmiede" und viele schöne Fachwerkhäuser, von denen eines eine Briefmarke zierte ... St. Martin gehört zu jenen Bilderbuchdörfern, die auch im Ausland für großes touristisches Ansehen sorgen.

Zum Ansehen kommen die Gäste in diesen Ort, der sich seine Ansehnlichkeit schon seit vielen Jahrzehnten mit großer Sorgfalt bewahrt. Sie kommen aber auch zum Erfassen, Erfühlen – Er-Trinken bei längerem Aufenthalt. Gästebetten gibt es genug.

Nach Hunger und Krieg, Pest und Ausbeutung durch Herren und Heere, nach Beinahe-Aussterben (1650: 20 Einwohner) und zahllosen Wiederaufbauten zogen einige weitdenkende Bürger von St. Martin nach dem ersten Weltkrieg gewissermaßen Jahrtausend-Bilanz und kamen zu dem Schluß, daß ihr Dorf immer noch zum Besten gehöre, was die Pfalz in dieser Art zu bieten hat. Sie richteten sich auf einen Fremdenverkehr ein, der dem Ort neben dem Wein Wohlstand bringen sollte und begannen mit der behutsamen Überholung ihres schönen Erbes aus der Vergangenheit.

Das Ergebnis solcher Bemühungen wird heute alljährlich von vielen tausend Besuchern bewundert, die hier bei Winzern und Wirten oder auch auf dem Campingplatz in der Natur wohnen. Viele der jüngeren Gäste genießen St. Martin natur- und weinnah im „Jugendhaus am Weinberg", das die Pfälzische Landjugend auf dem Plateau des Wingertsberges über dem Ort erbaut hat. Hier trifft man sich gelegentlich international, wie man sich auch unten im Dorf beim Wein völkerverbindend zusammensetzt.

Nach den Funden haben so schon die Kelten der Urbevölkerung und die Römer beim „St. Martiner" zusammengesessen. Einer der römischen „Zugereisten" hat seine Freude und Dankbarkeit auch für die Nachwelt augenfällig gemacht, indem er am Eingang des Hochtales, in dem der Kropsbach (Steinbach) fließt, der Jagdgöttin Diana ein Denkmal gesetzt hat. Der Mann hieß – laut Inschrift – Lukullus.

Lukullische Genüsse haben sich in späteren Zeiten vor allem die Ritter von Dalberg leisten können, deren Burg, die „Kropsburg" über diesem Bachtal stand. Die „Dalberger" waren ungewöhnlich reich, aber zuletzt bewohnte ein verarmter Sproß der Familie zusammen mit rund 100 ebenfalls armen Dörflern die Burgreste. – Was heute davon nach teilweisem Wiederaufbau geblieben ist, steht nicht nur gastronomisch zur Verfügung, sondern dient auch Veranstaltungen der Verbandsgemeinde wie zum Beispiel verschiedenen Ausstellungen. Der Rittername ist zudem durch die hier früh gegründete Winzergenossenschaft erhalten worden, die ihn als Markenzeichen führten. Neben der Genossenschaft bieten noch mehrere Winzerbetriebe Weine aus eigenen Keltern und Kellern an: insgesamt ein breites Weinangebot zahlreicher Rebsorten für vielerlei Weingeschmack.

Kirrweiler

1641 Einwohner · Verbandsgemeinde Maikammer

Lagenkarte Seite 112/113

Der Wein

Weinbaubetriebe: 70 im Vollerwerb, 160 im Nebenerwerb

Rebland: 670 ha in den Lagen Römerweg (300 ha), Mandelberg (150 ha) und Oberschloß (220 ha)

Rebsorten: Müller-Thurgau 37%, Silvaner 20%, Kerner 8%, Riesling 5%, Portugieser 5%, Morio-Muskat 5%, Scheurebe 5%, Weißburgunder 4%, Ruländer 4%, Traminer 3%, Spätburgunder 1%, andere 3%

Großlage/Bereich: Mandelhöhe/Südl. Weinstraße

Weinfest: Freitag nach Fronleichnam bis folgenden Montag

Gästebetten/Gaststätten: 30/4

Der Ort

Heute ist Kirrweiler ringsum von Reben umschlossen, von dem gewaltigen Rebenmeer seiner drei Lagen. – Kirrweiler ist einer der größten Weinbauorte Deutschlands. Früher war das Dorf wohl auch von einem Wall, irgendeiner Art von Befestigungsanlage umschlossen, früher, zu der Zeit, als die ersten Häuser hier entstanden und der Platz einen Namen erhielt. So jedenfalls ließe sich der Name aus dem Lateinischen „circumvillare" erklären. Es gibt einige andere Orte gleichen Namens – und möglicherweise gleichen Namensursprungs: Kirrweiler ist mit dem elsässischen Kirrwiller, dem lothringischen Kirviller und dem Kirrweiler im Kreis Kusel durch Partnerschaft verschwistert.

Über die Geschichte dieses Dorfes gibt es ein umfangreiches Buch. Recht farbig war die Dorfvergangenheit, und vor allem im späten Mittelalter geschah mehr, als den Dorfbewohnern lieb sein konnte. Da gab es Rittergeschlechter wie die Schnittlauchs und einige andere, die in den Zeitläufen das Schloß im Ort bewohnten. Da gewann der Preuße Blücher ein Gefecht bei Kirrweiler. Das brachte ihm zwar den Generalsrang, aber zwei Monate später unterlag er den wiederum angreifenden Franzosen. Das ging so von 1794 bis 1797 noch einige Male hin und her, bis Kirrweiler 1797 französisch wurde.

Bis 1814 gehörte das Dorf – wie die umliegende Pfalz – zum revolutionären Frankreich, dann kam der inzwischen zu Ruhm und Marschallwürde gekommene Blücher zusammen mit verbündeten Russen wieder über den Rhein, und auch die tapferen Pfälzer, die mit den Franzosen gegen die Preußen und Kosaken kämpften, vermochten ihn nicht aufzuhalten.

Die Pfalz wurde damals bayrisch, und das bayrische Königspaar kam nach Kirrweiler, ließ sich huldigen und verteilte Brezeln an die Schulkinder. Ansonsten war es eine schlechte Zeit. Man hungerte allgemein, und die Winzer konnten ihren Wein nicht verkaufen, weil die Bayern einerseits nicht genug davon tranken und andererseits das übrige Deutschland durch Zollgrenzen zu einem „schlechten Markt" wurde.

Kirrweiler war auch damals schon ein ansehnlicher Weinbauort. Die Statistik des Jahres 1827 vermerkt eine Gemarkungsgröße von insgesamt 882 Hektar, davon 110 Hektar Wiesen, 445 Hektar Ackerland und 273 Hektar Rebland. Heute ist das ausgewiesene Rebland noch größer (siehe: Der Wein) und zum großen Teil mit Reben bepflanzt. 70 Vollerwerbsbetriebe im Weinbau und 160 „Feierabendwinzer" sind da eine klare Bestätigung der genannten Zahlen (wohlgemerkt: bei 1640 Einwohnern!).

Ein Vergleich der Rebsortenspiegel vom Jahre 1827 und heute zeigt den Siegeszug des Müller-Thurgau, den es damals noch nicht gab, während er heute mit 37 Prozent die in Kirrweiler am stärksten verbreitete Rebsorte ist. Vor 150 Jahren lag der Silvaner mit 58 Prozent Anteil vorn (heute 20), und der Portugieser folgte mit 29 Prozent (heute 5). Der Riesling hat seinen Anteil über die Jahrhunderte gehalten, während Rebsorten wie der Frühe Malingre und der Gutedel hier nahezu verschwunden sind.

Edenkoben

6200 Einwohner · Verbandsgemeinde Edenkoben

Lagenkarte Seite 112/113

Der Wein

Weinbaubetriebe: 119 im Vollerwerb, 34 im Nebenerwerb

Rebland: 539,08 ha in den Lagen Bergel (119 ha), Heilig Kreuz (108 ha), Klostergarten (3,25 ha), Heidegarten (86 ha), Kirchberg (85 ha), Blücherhöhe (2,5 ha), Mühlberg (2,33 ha), Schwarzer Letten (60 ha) und Kastaniengarten (73 ha)

Rebsorten: Silvaner 30%, Riesling 25%, Müller-Thurgau 20%, Portugieser 8%, Ruländer 5%, Kerner 4%, Traminer 3%, Morio-Muskat 3%, Scheurebe 2%

Großlage/Bereich: Schloß Ludwigshöhe/Südl. Weinstraße

Weinfest: 4. Septemberwochenende

Gästebetten/Gaststätten: 400/35

Der Ort

„Welch milde Luft weht da. Daß mit süßen Früchten bedeckte Kastanien meine Villa umgeben, ist südlichen Klimas bester Zeuge." Das schrieb Bayernkönig Ludwig I. 1852. Er war da schon vier Jahre a. D., und er meinte Edenkoben. Er mochte den Ort und der Ort mochte ihn. Und weil noch so viel Erinnerung aus Edenkobens königlicher Zeit lebendig ist, sei dieses Kapitel der städtischen Geschichte die Einleitung.

Der König suchte eine Sommerresidenz, als er noch Kronprinz war, er suchte die „schönste Quadratmeile in seinem Reich". Gefunden hat er sie in einem Kastanienwald auf einer Anhöhe über Edenkoben. Hier sollte sein Sommerschloß entstehen, „eine Villa italienischer Art nur für die schöne Jahreszeit bestimmt, in des Königreichs mildestem Teil". 1846 wurde der Grundstein gelegt. Es war in Edenkoben in diesem Jahr nicht nur mild, sondern geradezu heiß. 36 Grad Celsius wurden im Schatten gemessen. Die Mandeln blühten schon im Februar. Es gab viel Wein mit Mostgewichten über 100 Grad Öchsle. Die Qualität des Traminer wurde weithin gelobt.

1852 wurde der Bau vollendet. Zwischenzeitlich war es jedoch auch in der Politik „sehr heiß" geworden. Eine neue Zeit kündigte sich auch in Edenkoben an. Da hatten einige ehrbare Bürger den ersten Turnverein gegründet. Und einige andere ebenso ehrbare Träger des Gemeinwesens hatten sich im „Demokratischen Verein" zusammengeschlossen. Unter ihnen war zum Beispiel der Herausgeber des „Edenkobener Wochenblattes".

Die Turner (im gesunden Körper wohnte ja ein gesunder Geist!) und die „Demokraten" und mit ihnen viele „Nichtorganisierte" strebten nach mehr Bürgerfreiheit. Das aber paßte der Obrigkeit nicht, und so kam es zum Aufstand – die „Freischaren" entstanden.

In Edenkoben bildete sich eine Bürgerwehr aus Liberalen, Demokraten aller Couleur, flammenden Revolutionären und stillen Romantikern. Ein Maler aus Österreich und ein Schriftsteller aus Württemberg waren an führender Stelle aktiv. Man versuchte unter anderem, Landau zu stürmen (Dort hatte sich vorher schon der gesamte Turnerbund geschlossen den Freischaren angeschlossen und eine eigene Kompanie gebildet.)

Das mißlang. Enttäuscht nahm man später den Edenkobener Polizeikommissionär als „Spion" fest, bedrohte ihn mit dem Tode, stellte ihn in Neustadt vor ein Kriegsgericht, blieb aber fair und menschlich – und sprach ihn frei!

Die Revolution endete unter anderem mit der Aburteilung einiger Freiheitskämpfer wie Robert Blum, der in Wien erschossen wurde. Die evangelische Edenkobener Kirchengemeinde gedachte seiner in einem Gottesdienst, zu dem so viele Gläubige kamen, daß die Kirche überfüllt war und ein großer Teil der Gläubigen im Freien bleiben mußte. Im übrigen war alles beim alten geblieben, die genannten Vereine hatte man natürlich eilends aufgelöst.

Nur dem König Ludwig vermochte diese Wende auch nicht mehr zu helfen. Er hatte dem Volkszorn weichen müssen, weil er in München die Launen einer befähigten spanischen Tänzerin names Lola Montez wichtiger nahm als die volksnahen und vernünftigen Entscheidungen einer befähigten Regierung. Seine Entscheidung, die Montez in den Adelsstand ein- und die Regierung abzusetzen, machte auch ihn schließlich zum Pensionisten. Volksnah blieb er dennoch, wenn er mit seinem „weißblauen" Sonderzug nach Edenkoben kam. Unter anderem taten die Spaziergänge mit dem einheimischen Wappenschmied Gienand seinem „Image" sehr gut. Die Pfälzer wanderten auch damals schon gern.

Indirekt hatten übrigens die Franzosen dafür gesorgt, daß der Ludwig nach Edenkoben kam und eine Villa hinterließ, die heute von Fußballern und Bundeswehrangehörigen (Nebengebäude) sowie von Touristen (Hauptgebäude) genutzt wird: Sie waren im Zuge ihrer missionarischen Revolution natürlich auch nach Edenkoben gekommen, wo es 1797 ortsinterne Zusammenstöße von „Patrioten" (Pro-Revolutionären) und andersdenkenden Bürgern gab.

Im großen Krieg gab es dann einiges Hin und Her mit Siegen und Niederlagen. Es gab „die Schlacht am Schänzel", die schließlich zuungunsten der verbündeten Preußen und Österreicher verlorenging. Dabei hatten die Edenko-

bener im Schweiße ihres Angesichtes dieses „Schänzel“, das eigentlich schon eine recht beachtliche Schanze war, für die Preußen aufbauen müssen. Sie waren auch gezwungen worden, in ihrem schönen Hochwald einen Kahlschlag zu veranstalten, um genügend Schanzmaterial zu haben. Schade um die schönen Bäume und schade um die gute Arbeit, mag später wohl mancher Edenkobener gedacht haben, als das Dorf nach dem Franzosen-Sieg zur französischen Kantonszentrale erklärt wurde und 31 Ortschaften der Umgebung in dieser Eigenschaft vorstand.

1816 war die Frankreichzeit endgültig zu Ende und Edenkoben plötzlich „königlich-bayrisch“. Man jubelte nun nicht mehr an Freiheitsbäumen, sondern wieder an Königsthronen. Zwei Jahre später wurde Edenkoben Stadt, und man hatte doppelten Grund zur Freude, denn auch der Wein gedieh in diesem Jahr prächtig.

Edenkoben lebte zu dieser Zeit schon einige Jahrhunderte lang sehr intensiv mit dem Wein und zu einem guten Teil auch vom Wein. Die erste dokumentarische Weinbau-Erwähnung geht auf das Jahr 772 zurück. Damals beschenkte eine Frau aus Edenkoben in ihrem Testament das Kloster Lorsch unter anderem mit Weinbergen. Ein halbes Jahrtausend später hätte sie die Weinberge im Ort lassen können: 1262 bekam das Dorf mit dem Kloster Heilsbruck eine Zisterzienserinnen-Abtei – und mit dem Weinbau ging es fortan erst recht bergauf. Ein Zeichen dafür, wie sehr die Damen den Wein förderten, ist die Tatsache, daß die Klosterkirche über einem Weinkeller stand. (Den gibt es heute noch – ein prachtvoller Holzfaß-Keller!)

Das Kloster wurde reich, sehr reich – und mächtig. Um 1500 hatte Heilsbruck („Brücke zum Heil“)

Besitz in 46 (!) Ortschaften. Zu den jährlichen Einnahmen gehörten rund 100 Fuder Wein, rund 100000 Liter also, eine für jene Zeit (geringer Ertrag, nur Handarbeit) ungeheure Weinmenge. Dazu kamen riesige Naturalien-Einnahmen an Getreide, Erbsen, Nüssen, Zwiebeln, Öl, Wachs, Gänsen, Hühnern und Kapaunen. Schließlich gehörten auch Bareinnahmen in Höhe von etwa 500 Gulden dazu, der Gegenwert etwa einer Herde Schafe gleicher Anzahl.

Die Äbtissinnen bestimmten schließlich derart über den Ort, daß nichts mehr gegen ihren Willen geschehen konnte. Sie ernannten den Dorfschultheißen und die Gerichtsschöffen, den Büttel und den Gerichtsschreiber. Die Einwohner waren ihnen zu Frondiensten verpflichtet und zu Abgaben natürlich. Kein Wunder, daß beim Bauernaufstand 1525 auch Heilsbruck nicht verschont blieb. Zwei Tage lang ließen es sich die Aufständischen mit den Vorräten aus Küche und Keller gut gehen, dann zogen sie weiter, nachdem sie vorher die Brandfackel geworfen hatten.

Im Dreißigjährigen Krieg gehörte Rauben und Brennen auch in Edenkoben zur Tagesordnung. Der Ort verödete wie viele andere und hatte nach Kriegsende nur noch einen Bruchteil seiner vor dem Krieg erfaßten 1200 Einwohner. Noch zehn Jahre nach Kriegsende lebten nur 400 Menschen in der Gemarkung.

Die Entwicklung im Weinbau, aber vor allem die Einführung der Kartoffeln (1760) und des Kleeanbaus (1770) für die Grünfütterung des Viehs, brachten wirtschaftlichen Aufschwung, der sich auch in den Einwohnerzahlen niederschlug: 1785 lebten 2799 Menschen im Ort, 1823 schon 4499, 1905 5144. Dabei wanderten im 18. und 19. Jahrhundert sehr viele Edenkobener aus. Beliebte Zielländer waren Rußland und vor allem die USA. Dort gründete der Edenkobener Drucker Conrad Voecker die Wochenzeitung „Der Pfälzer in Amerika“, die bis zum ersten Weltkrieg erschien und ihren Besitzer zum wohlhabenden Mann machte. Voecker hinterließ eine Stiftung für Edenkobens Arme.

Edenkoben brachte in der Vergangenheit und bringt bis in unsere Tage immer wieder berühmte Männer hervor (zwei Ministerpräsidenten der jüngsten Zeit unter anderem). Unter denen, die im Weinbau Erfolg hatten, ist Gustav Froelich der bekannteste. Er sorgte zwischen 1860 und etwa 1900 durch neue Methoden der Schädlingsbekämpfung und vor allem durch seine Besten-Auswahl unter den Reben („Reben-Selektion“) für bessere und qualitativ hochwertige Erträge beim Silvaner (Froelich-Silvaner).

Vor dem Silvaner waren im Ort Gutedel, Riesling und Albich sowie auch der Traminer erfolgreich. (Um 1700 wurden diese Sorten unter insgesamt acht auf rund 175 Hektar angebaut.)

In unserem Jahrtausend kam auch hier der Siegeszug des Müller-Thurgau, der den Silvaner in Edenkoben jedoch nicht, wie anderswo in der Pfalz, vom ersten Platz der Rebenstatistik verdrängen konnte.

So wird denn auch heute beim berühmten Edenkobener Weinfest noch sehr viel Silvaner – sicher zum guten Teil „Froelich-Silvaner“ – ausgeschenkt. Das ist ein besonderes und gewaltiges Fest mit vielen Zelten und mit gesperrten Straßen, mit Maronenbrätern und Spezialitäten nach Art der Gegend, mit Gutsausschänken in Innenhöfen von Winzerhäusern und mit viel Pfälzer Gemeinsamkeit und Gemütlichkeit. Dieses Fest ist ebenso eine Besonderheit der Stadt, wie die erste Pfälzer Sesselbahn von der Ludwigshöhe zur noch höher gelegenen Rietburg, wie der besagte Klosterkeller, wie der gut gestaltete Weinlehrpfad und schließlich der Versuch eines einheimischen Winzers, Weine ohne Schwefelzusatz herzustellen, Weine, die schon seit einigen Jahren im Handel sind.

Mit mehr als 500 Hektar Rebland und weit über 100 Vollerwerbsbetrieben im Weinbau ist Edenkoben eine bedeutende Weinstadt. Und es gilt unverändert das Zitat aus dem Jahre 1677, das dem sowohl umfangreichen als auch hervorragend recherchierten und geschriebenen „Heimatbuch“ Edenkobens vorangestellt ist: „. . . ein guter Ort und hat köstlichen Weinwachs“.

Altdorf

730 Einwohner · Verbandsgemeinde Edenkoben

Lagenkarte Seite 112/113

Der Wein

Weinbaubetriebe: 26 im Vollerwerb, 30 im Nebenerwerb

Rebland: 130 ha in den Lagen Gottesacker (78 ha) und Hochgericht (52 ha)

Rebsorten: Müller-Thurgau 30%, Silvaner 20%, Morio-Muskat 10%, Kerner 8%, Ruländer 7%, Scheurebe 7%, Portugieser 5%, Weißburgunder 2%, andere 11%

Großlage/Bereich: Trappenberg/ Südl. Weinstraße

Gästebetten/Gaststätten: –/3

Der Ort

Altdorf ist tatsächlich sehr alt. 991 in einer Urkunde des Klosters Weißenburg erwähnt, ist es offenbar lange vorher gegründet worden. Auch der Weinbau hat hier am östlichen Rand des rheinpfälzischen Anbaugebietes eine lange Tradition. 1558 erschien den Dorfbewohnern ihr Wein als ein so wichtiger Wirtschaftsfaktor, daß sie ihm ein eigenes Weingesetz auf Gemeindeebene widmeten. Das war keineswegs als Ergebnis einer Weinlaune zu sehen, sondern durchaus für alle Bürger verpflichtend, wurde doch darin geregelt, wie und zu welchem Preise der Wein im Ort verkauft werden durfte. Auch Verhaltensmaßregeln für Weintrinker waren in diesem Gesetz enthalten, und schließlich legte es auch eine Art Getränkesteuer fest.

Einige Jahrhunderte lang hatten die Altdorfer ihre Obrigkeit unmittelbar im Dorf. Da residierten Adelsgeschlechter in einem Wasserschloß, von dem heute nicht mehr geblieben ist, als die Andeutung eines Begrenzungswalls. Geblieben sind allerdings die klangvollen Namen der adeligen Familien, die das Dorfgeschehen bestimmten: von Ochsenstein, von Zweibrücken-Bitsch, von Hanau-Lichternberg, von Hessen-Darmstadt und schließlich auch die „Ritter von Altdorf“ unter anderen.

Nach den Grafen von Degenfeld-Schomburg als den letzten Besitzern verfiel das Schloß. Der Platz wurde später zu einer Wiese und noch später zum Sport- und Festplatz der Gemeinde, die still in ihrer sanften Mulde vor dem Hintergrund der einige Kilometer entfernten Haardtberge liegt.

Burrweiler

840 Einwohner · Verbandsgemeinde Edenkoben

Lagenkarte Seite 112/113

Der Wein

Weinbaubetriebe: 16 im Vollerwerb, 53 im Nebenerwerb

Rebland: 160 ha in den Lagen Altenforst (50 ha), St. Annaberg (10 ha), Schäwer (30 ha) und Schloßgarten (70 ha)

Rebsorten: Müller-Thurgau 30%, Riesling 15%, Silvaner 15%, Morio-Muskat 10%, Kerner 10%, Portugieser 5%, Scheurebe 5%, Ruländer 2%, Traminer 2%, Spätburgunder 1%, andere 5%

Großlage/Bereich: Bischofskreuz/ Südl. Weinstraße

Weinfest: Letztes Wochenende im August

Gästebetten/Gaststätten: 60/6

Blick auf die Annakapelle

Der Ort

Das hätte sich jener Bubo oder Buobo wohl nicht träumen lassen, daß aus seinem Gehöft, das er vor den Eingang eines Tales am Rande der Haardt setzte, einst ein so schmuckes Dorf werden würde.

„Weiler des Bubo“ „Bubenwilre“ nannten seine Zeitgenossen und die nächsten Generationen den Platz.

Heute heißt er Burrweiler, und die Platzwahl des frühen Vorfahren hat sich als gut erwiesen. Spätere Geschlechter wie die von der Leyen zum Beispiel bauten und erhielten hier so schöne Gebäude, daß auch noch die Besucher unserer Zeit etwas davon haben.

Für das interessanteste bauliche Geschenk sorgte aber Christoph von Dahn. Er war einer der Erben der nahegelegenen zertrümmerten Geisburg – und glücklicher Gewinner, als die Trümmer der Burg unter den Erben verlost wurden. Mit den reichlich vorhandenen Steinen ließ er im Ort das Schloß, ein großräumiges Wohnhaus und ein Amtshaus mit allen dazugehörigen Einrichtungen bauen. Dabei entstanden auch die beiden Torbögen, die heute noch erhalten sind und häufig als die schönsten der Pfalz genannt werden.

Mit diesem Erbe, mit seinen Fachwerk- und Bruchsteinhäusern, den engen Gassen und dem nahen Modenbachtal, den Weinbergen und Wäldern ist Burrweiler nun ein kleiner Fremdenverkehrsort geworden.

Daß eine Familie die aus Funden nachgewiesene Töpfer-Tradition der Frühzeit wieder aufgenommen hat, paßt zu dieser Entwicklung. Und auch die Drechslerwerkstatt „schmückt“ gewissermaßen das mittelalterliche Dorf. Burrweiler ist mit seinen stillen Winkeln, mit den Winzern und Gaststätten vor Deutschlands größtem zusammenhängenden Waldgebiet ein Wein- und Wandervergnügen seiner Besucher gleichermaßen.

Burrweiler in der Abenddämmerung von der Haardt aus gesehen.

Böbingen

525 Einwohner · Verbandsgemeinde Edenkoben

Lagenkarte Seite 112/113

Der Wein

Weinbaubetriebe: 49 im Nebenerwerb

Rebland: 20 ha in der Lage Ortelberg

Rebsorten: Müller-Thurgau 40%, Silvaner 25%, Kerner 15%, Morio-Muskat 10%, Scheurebe 5%, Ruländer 3%, Portugieser 2%

Großlage/Bereich: Trappenberg/Südl. Weinstraße

Gästebetten/Gaststätten: –/2

Der Ort

Die Häuser stehen eng beieinander und ihre Giebelseiten zeigen zur Straße. Eine dieser Hausfronten ist ganz und gar mit Efeu bewachsen – seit den zwanziger Jahren schon. Die Straßen im Dorf verlaufen von Ost nach West, und die Felder liegen in der Nord-Süd-Himmelsrichtung, die Felder, die Wiesen und die Weingärten. Eingebettet ist der Ort in eine Landschaft sanfter Berg- und Tal-Wellen. Daß hier eine mittlere Jahrestemperatur von 10 Grad Celsius herrscht, sagt die Statistik. Ebenso, daß im langjährigen Mittel an 173 Tagen im Jahr meßbarer Niederschlag fällt.

Böbingen ist ein Dorf mit viel aufgeschriebener Geschichte, eines der wenigen 500 Seelen-Dörfer, welche ein eigenes Buch über Vergangenheit und Gegenwart besitzen, ein Buch mit den Beschreibungen des Alltags vergangener Zeiten und mit den großen Ereignissen, die Dorfgeschichte gemacht haben. Das waren hier, wie anderswo auch, die Kriege und Besatzungen zum Beispiel. Wie menschlich-unzulänglich sich viele der Beteiligten dabei verhalten haben, zeigt die zusammengefaßte Darstellung des Buches. Da geht es um eine angebliche Schutztruppe während des Dreißigjährigen Krieges, die im Dorf wie die Made im Speck lebte, um Plünderer, um Kriegslasten vieler Zeiten – und dabei immer wieder um Geld, daß die Einwohner laut Aufstellung der Dorfschreiber für unterschiedliche Herren aufzubringen hatten.

Daß sie es konnten und dabei weiterexistierten und manchmal noch Menschen einiger Nachbardörfer ernähren konnten, spricht für den Fleiß und den Lebensmut der Böbinger, von deren geschriebener Geschichte das genannte Buch zwischen 776 und 1976 ein farbiges Zeugnis ablegt.

Flemlingen

440 Einwohner · Verbandsgemeinde Edenkoben — Lagenkarte Seite 112/113

Der Wein

Weinbaubetriebe: 35 im Vollerwerb, 8 im Nebenerwerb

Rebland: 168 ha in den Lagen Herrenbuckel (43 ha), Zechpeter (45 ha) und Vogelsprung (80 ha)

Rebsorten: Müller-Thurgau 30%, Silvaner 15%, Morio-Muskat 15%, Kerner 10%, Riesling 8%, Scheurebe 8%, Ruländer 5%, Portugieser 2%, Traminer 1%, andere 6%

Großlage/Bereich: Bischofskreuz/Südl. Weinstraße

Weinfest: 1980 Christi Himmelfahrt und folgendes Wochenende (ab 1981 evtl. September)

Gästebetten/Gaststätten: 12/3

Der Ort

Die drei Lagen Flemlingens haben dreierlei gemeinsam: Sie sind zum kleinen Teil hängig, zum großen Teil flach. Sie haben lehmigen Sandboden und tragen vor allem Müller-Thurgau-Reben.

In dem kleinen Winzerdorf, das nicht weit vom Haardtgebirge in dem vorgelagerten „welligen" Flachland liegt, lebt ein großer Teil der Bevölkerung vom Weinbau. Indiz ist die vergleichsweise große Zahl der Vollerwerbsbetriebe.

Besuchern kann der beschauliche Ort einige Gästebetten anbieten, er kann ihnen neben Wein auch eigenen Gemeindewald für den Spaziergang ausweisen, und vielleicht kann ein Dorfbewohner bei einem solchen Spaziergang die Geschichte der Flemlinger Madonna erzählen.

Die Madonna steht wieder in der seit 1279 bekannten und später zur Kirche erweiterten „Albanikapelle", wo sie auch früher schon gestanden hatte – ungefähr 450 Jahre lang bis zum Jahre 1902. Da sollte das gute Stück aus der Spätgotik vom Seitenaltar verschwinden und möglicherweise sogar vernichtet werden. Man empfand das Werk nicht mehr als zum Zeitgeschmack passend. Es fand sich dann aber einer aus dem Kirchenvorstand, der die Plastik für 30 Mark erwarb und sie in einer Nische seines Hauses aufstellte. Da wurde sie später wiederum als „nicht passend" empfunden und wanderte auf den Speicher des Hauses. Der Zufall wollte es, daß ein Kaplan aus Maikammer, der nach Altertümern forschte, auf eben diesem Speicher fündig wurde. Er zahlte 50 Mark, nahm die Madonna mit, machte ein Foto und stellte sie aus. Prompt kam das Angebot eines Fachhändlers aus Landau, der 2000 Mark für die Skulptur zahlen wollte. Den „Zuschlag" erhielten jedoch die Flemlinger Bürger – kostenlos. 1927 führten sie ihre „verlorene Madonna" wieder auf den angestammten Platz zurück. Und, wie gesagt, da ist sie heute noch zu sehen.

Edesheim

2370 Einwohner · Verbandsgemeinde Edenkoben — Lagenkarte Seite 112/113

Der Wein

Weinbaubetriebe: 108 im Vollerwerb, 52 im Nebenerwerb

Rebland: 500 ha in den Lagen Forst (145 ha), Mandelhang (70 ha), Schloß (5 ha) und Rosengarten (275 ha)

Rebsorten: Müller-Thurgau 33%, Silvaner 18%, Kerner 11%, Riesling 8%, Morio-Muskat 8%, Scheurebe 8%, Portugieser 4%, Ruländer 4%, Traminer 2%, Weißburgunder 1%, andere 3%

Großlage/Bereich: Ordensgut/Südl. Weinstraße

Weinfest: 2. Wochenende im Juli

Gästebetten/Gaststätten: 66/6

Der Ort

Edesheim ist ein stattliches Dorf, ein Weindorf durch und durch mit einer langen Geschichte. Es lag schon in Römerzeiten und liegt noch heute an einer der wichtigen Straßen der „Weinpfalz". Und mit seinem weithin berühmten Markt konnte der Ort für den Wohlstand seiner Bürger sorgen und hatte gleichzeitig eine gute „Öffentlichkeitsarbeit". Der Markt wurde gegen den Widerstand der Obrigkeit an einem Sonntag abgehalten und unterlag sehr strengen Regeln, die zum Schutze der Verbraucher erlassen worden waren.

Heute sorgt wiederum eine im weiten Umkreis einmalige und außergewöhnliche Einrichtung für einen guten Bekanntheitsgrad dieses Ortes auf halbem Wege zwischen Landau und Neustadt: Der zentrale Weinprobierkeller des Bereiches „Südliche Weinstraße" ist hier eingerichtet. In diesem Keller können Weinfreunde Spitzenweine des gesamten Bereiches probieren – in einer Umgebung, wie sie in ganz Europa wohl kaum weingemäßer und schöner geboten werden kann. Kunsthandwerker und Künstler haben hier in einem alten Weinkeller eine harmonische Einrichtung und Ausstattung geschaffen, die inzwischen viele tausend Besucher begeistert hat.

Edesheim hatte früher auch oberirdisch sehr viel baulich Schönes zu bieten – bis zum 13. Juli 1794. An diesem Tag brannte der Ort mit Ausnahme weniger Gebäude nieder. Die vor einem vorübergehend siegreichen Blücher flüchtenden Franzosen wollten ihren Rückzug durch ein brennendes Dorf decken und steckten Edesheim in Brand.

Viele schöne Bauern-, Winzer- und Bürgerhäuser sanken zusammen mit dem Hauptteil des Edesheimer Schlosses in Schutt und Asche – für nichts, wie sich später herausstellte: Den Franzosen brachte der Brand nicht viel, und die Preußen wurden wenig später ohnehin entscheidend geschlagen.

Was heute noch als „Holbachschlößchen" oder auch „Kupperwolf" (nach einem späteren Besitzer) im Dorf zu sehen ist, war ehemals nur ein Nebengebäude der früheren Gesamtanlage. Die Anfänge dieses Schlosses reichen zumindest in das Jahr 1179 zurück, als in einer päpstlichen Bulle ein „Herrenhof" in Edesheim bestätigt wird. Einige Jahrhunderte später ist ein Schloß daraus geworden, das über einige Besitzwechsel (Kloster Weißenburg, Domkapitel Speyer) an den Fürstbischof von Speyer kam. Auch nach ihm residierten bekannte und bedeutende Persönlichkeiten unterschiedlichen Standes und verschiedener Adelsgeschlechter auf diesem Schloß, in dessen „Zehentscheuer" die Abgaben der Winzer und Bauern aus der Umgebung eingesammelt und gelagert wurden.

Heute bleiben die Erzeugnisse aus Landwirtschaft und Weinbau bei ihren Erzeugern. Die Rebfläche ist inzwischen zuungunsten des Akkerbaus und der Viehhaltung auch auf den Wiesen in den tiefer gelegenen Teilen der Gemarkung stark ausgeweitet worden. Auf maximal 500 Hektar ausgewiesener Rebfläche können jetzt die Reben wachsen. Darunter ist nur eine flache Lage: das „Schloß" gleich beim ehemaligen Schloß – mit fünf Hektar die kleinste Lage des Ortes. Die anderen Lagen sind hängig oder steil und haben im Gegensatz zum Lößboden des „Schlosses" Lehmboden oder sandigen Lehmboden. Darauf wächst hier vor allem Müller-Thurgau, der bei den Winzern im Ort und natürlich auch im beschriebenen Probierkeller gekostet werden kann. Aus der Hefe ihrer Weine brennen einige Winzer zudem Brände, die von Edesheim-Besuchern gern als „Verdauungsschnäpschen" getrunken werden.

In Edesheim befindet sich der Weinprobierkeller der Südlichen Weinstraße. Dies ist sein Zeichen über der Toreinfahrt. Siehe auch das Kellerfoto auf den Seiten 36/37.

Freimersheim

750 Einwohner · Verbandsgemeinde Edenkoben

Lagenkarte Seite 112/113

Der Wein

Weinbaubetriebe: 28 im Vollerwerb, 34 im Nebenerwerb

Rebland: 70 ha in der Lage Bildberg

Rebsorten: Silvaner 47%, Müller-Thurgau 38%, Morio-Muskat 3%, Kerner 2%, Riesling 1,5%, Portugieser 1,5%, Weißburgunder 1,5%, Scheurebe 1,5%, Ruländer 1%, andere 3%

Großlage/Bereich: Trappenberg/Südl. Weinstraße

Weinfest: Vorletztes Wochenende im Juli

Gästebetten/Gaststätten: –/1

Der Ort

In der Ortschronik des mehr als 1200 Jahre alten Freimersheim steht in einem Satzteil, daß „Freimersheim sich über die benachbarten Sümpfe erhebt". Das Dorf liegt tatsächlich langgestreckt auf einem flachen Hügelrücken, aber von den Sümpfen, für die in früheren Zeiten der Rhein gesorgt hat, ist nichts mehr geblieben. Dort sind nun Äkker und Weingärten, und auf beiden gedeihen die Pflanzen zur Zufriedenheit.

Immer noch leben hier mehr Einwohner vom Ackerbau als vom Weinbau, aber der Weinbau hat gerade in jüngster Zeit buchstäblich Boden gewonnen. (Es gab ihn schon, als die „Herren von Weingarten" hier auf einem Wasserschloß residierten – oder ihren Freimersheimer Besitz von dort verwalten ließen.)

Die dörfliche Entwicklung in dieser stillen „Bauernlandschaft" in der Mitte zwischen Haardt und Rhein wird durch Zahlen deutlich: 1950 gab es noch 120 landwirtschaftliche Vollerwerbsbetriebe, während heute die Zahl dieser Betriebe in Landwirtschaft und Weinbau nahezu gleichauf liegt (rund 30).

Die Winzer konzentrieren sich nach wie vor auf die Sorte Silvaner, neben der nur der Müller-Thurgau einen nennenswerten Anteil hat.

Gleisweiler

600 Einwohner · Verbandsgemeinde Edenkoben

Lagenkarte Seite 112/113

Der Wein

Weinbaubetriebe: 24 im Vollerwerb, 27 im Nebenerwerb

Rebland: 82 ha in der Lage Hölle

Rebsorten: Riesling 30%, Müller-Thurgau 20%, Silvaner 20%, Ruländer 10%, Morio-Muskat 8%, Portugieser 5%, Kerner 5%, Traminer 2%

Großlage/Bereich: Bischofskreuz/Südl. Weinstraße

Gästebetten/Gaststätten: 219/8

Der Ort

An einer Gaststätte in Gleisweiler prangt ein dicker Punkt, und der Wirt hat dazu geschrieben, dies sei der wärmste Punkt Deutschlands.

Tatsache ist, daß Gleisweiler zu den wärmsten Orten Deutschlands gehört und ein sehr mildes und ausgeglichenes Klima hat. Entsprechend wird das örtliche Sanatorium für Herz- und Kreislauferkrankungen und bei Nervenschäden empfohlen. Mit seiner Verkehrsruhe, seinen stillen Gassen am Hang der Haardt, den dörflich-beruhigenden Anblicken – und dem ebenso entlastenden Ausblick in das Grün und in die Weite der Rheinebene ist Gleisweiler sicherlich der rechte Platz für Streßgeschädigte.

Wer nicht nur nach baulichen Sensationen sucht, hat Spaß an den alten Bauernhäusern, den Patrizierhäusern, an den Torbögen und den immer wieder anders gestalteten Schiebesteinen vor den Kellerfenstern.

Dendrologen (die Baum-Freunde also) aber auch andere Gäste freut der Anblick seltener und mächtiger Bäume im Park des Sanatoriums. Da gibt es riesige Wellingtonien aus Kalifornien, Sequoias, Zypressen und Lorbeerbäume unter anderem. Die Krönung ist jedoch ein zwar nicht seltener, aber sehr alter Baum: Eine riesige Edelkastanie am Ende der Berggasse ist 600 Jahre alt und hat einen Stammumfang von acht Metern. Nicht weit davon entfernt blühen Feigen, Mandeln und Zitronen – alljährlich ein Beweis für das gute Klima.

Gleisweiler ist „ein Ort für die Abenddämmerung". Da zeigen sich die alten Gassen besonders romantisch.

Diesen Beweis tritt natürlich auch der Wein an, der einen guten Teil der Gemarkungsfläche (zwei Drittel Wald) bedeckt. Auf dem leichten Boden wächst hier vergleichsweise viel Riesling. Neben anderen Rebsorten wird auch der Ruländer mit dem recht großen Anteil von einem Zehntel der Anbaufläche besonders gepflegt.

Kurgäste und viele tausend andere Besucher probieren alljährlich das breite Wein-Geschmacks-Angebot bei Winzern und in den Gaststätten des Ortes, wo dann auch der preiswerte und bekömmliche „Weiße Käse" (zum Selbstanmachen natürlich) gereicht wird.

Zum Schluß soll nicht vergessen sein, daß die Annakapelle und der Trifels sowie Burgen und Orte im Pfälzerwald und in der Rheinebene zahlreiche Ausflugsziele bieten. Wanderer haben hier ein Programm auch gut ausgezeichneter Wege, das für mehrere Ferienwochen reicht.

Großfischlingen

415 Einwohner · Verbandsgemeinde Edenkoben — Lagenkarte Seite 112/113

Der Wein

Weinbaubetriebe: 12 im Vollerwerb, 20 im Nebenerwerb

Rebland: 150 ha in der Lage Kirchberg

Rebsorten: Müller-Thurgau 40%, Silvaner 20%, Kerner 20%, Huxel 5%, Scheurebe 5%, Morio-Muskat 2%, andere 8%

Großlage/Bereich: Trappenberg/Südl. Weinstraße

Weinfest: Im Juni

Gästebetten/Gaststätten: 12/2

Der Ort

Am 25. Februar 1877 stöberten fünf Jungen im Alter von 15 bis 17 Jahren auf dem Speicher der Kirche von Großfischlingen. Sie fanden ein altes Buch und brachten es dem Pfarrer. Das Buch trägt auf der Titelseite ein lateinisches Gedicht („Lerne gut zu leben, um gut sterben zu können.") und die Jahrszahl 1698. Das Buch beginnt mit dem vom Pfarrer handgeschriebenen Text: „Im Mai 1695 wurde getauft Johannes Adam, Sohn des Michael Holderiet und seiner Gattin Katharina ..." Holderiet war einer der Zuwanderer, die nach dem Dreißigjährigen Krieg aus ihrer Tiroler Heimat in die fast ausgestorbene Pfalz gekommen waren. Der Name wandelte sich später zu Hollerith. Zwei Bürgermeister dieses Namens tauchen im Ortsregister der vergangenen 100 Jahre auf. 1850 wandert der in Großfischlingen geborene Professor Johann Georg Hollerith in die Vereinigten Staaten aus. Sein Sohn Hermann sorgte für eine der gewaltigsten Umwälzungen in der Geschichte der Menschheit. Er ist der Erfinder des „Hollerith-Verfahrens", der „Vater der Computer".

In Großfischlingen erinnert eine Gedenktafel an den berühmten und erfolgreichen Mann. Im übrigen aber ist Großfischlingen ein ländlich-stilles Dorf geblieben, weitab von der Welt der Computer. Und die Arbeit des vom Dorfe bestallten Feldhüters Friedrich Hollerith zeigt – etwa zur Zeit der beschriebenen Auswanderung – die bäuerliche Seite der Familie Hollerith im Dorf. Dazu passen auch zwei beliebig aus den Büchern herausgegriffene Beschlüsse des Dorfrates aus den Jahren 1827 und 1828:

„Die Polizeistunden werden im Winter auf neun Uhr abends und im Sommer auf zehn Uhr festgelegt, was durch ein Zeichen der großen Glocke angezeigt wird, und nachdem die Wirte ihre Gäste nicht mehr im Haus dulden dürfen."

„Am 16. Mai 1828 sollte der hiesige Pfarrer Weckesser nach Hochspeyer gefahren werden, jedoch die jugendlichen Fahrer weigerten sich, dies ohne Entgelt zu tun. Darauf wurden sämtliche zum Gespanndienst herangezogenen Einwohner im Schulhof versammelt und alle, die sich nicht freiwillig zum Fuhrdienst für den Herrn Pfarrer zur Verfügung stellten, als Strafe drei Tage zum Arbeiten im Steinbruch verpflichtet."

So einfach war das damals. Heute sind die Großfischlinger froh, als freie Bürger ihrer Arbeit nachgehen zu können. Das hat nach dem Kriege auch dem Aufschwung im Weinbau sehr geholfen, so daß nun ein guter Teil der Einwohner des kleinen Dorfes vom Weinberg leben kann. Als besonders erfolgreich unter den Reben des Ortes hat sich in jüngster Zeit der Kerner erwiesen, der in den wenigen Jahren seiner Verbreitung einen 20-Prozent-Anteil erreichte. Früher, also auch vor dem Siegeszug des Müller-Thurgau, war der Silvaner die „Rebe Nummer eins" im Ort. (Siehe zur Ortsgeschichte auch den Beitrag über Kleinfischlingen. Die beiden auch heute noch selbständigen Gemeinden haben einen großen Teil ihrer Geschichte gemeinsam.)

Kleinfischlingen

265 Einwohner · Verbandsgemeine Edenkoben — Lagenkarte Seite 112/113

Der Wein

Weinbaubetriebe: 18 im Vollerwerb, 16 im Nebenerwerb

Rebland: 69 ha in der Lage Kirchberg

Rebsorten: Müller-Thurgau 39%, Kerner 29%, Ortega 11%, Scheurebe 10%, Morio-Muskat 4%, Bacchus 3%, Portugieser 1%, Silvaner 1%, Ruländer 1%, andere 1%

Großlage/Bereich: Trappenberg/Südl. Weinstraße

Kirchweihe: 4. Sonntag im Juli

Gästebetten/Gaststätten: –/1

Der Ort

In der Pfalz, zwischen Haardtgebirge und Rhein liegend, Kleinfischlingen, ein kleines, beschauliches Dorf, kann eine weit zurückreichende Geschichte nachweisen.

In einer Urkunde vom 19. Januar 1297 wird Erpho von „Wingarten" (Weingarten) als Herr und Advokat (Vogt) von „vischelingen" (Kleinfischlingen) bezeichnet.

Später erhielten die Kurfürsten von der Pfalz die Dorfherrschaft über Kleinfischlingen, die sie als Lehen den Herren von Weingarten übertrugen. Am 9. Dezember 1477 hat der Ritter Ort von Weingarten vom pfälzischen Kurfürsten Philipp I. (1476–1508) für sich und seinen Bruder Hans von Weingarten Dorf und Gericht Kleinfischlingen als Lehen bekommen. In Originalurkunden vom 24. Februar 1495 und vom 3. Februar 1535 ist Christophel (Christoffel) von Weingarten als Dorfjunker von Kleinfischlingen bezeugt. Nachdem das Geschlecht der Herren von Weingarten mit dem Tod des Christoph Franz von Weingarten 1685 erloschen war, hatten von 1686 an die Grafen von Degenfeld-Schomburg das Dorf als Pfand in Besitz. In einem Brief an die Speyerer Domherren vom 24. April 1719 spricht Louise, Rauhgräfin zu Pfalz, von den Untertanen ihres Schwagers „Mylord Duc de Schomburg et de Leinster" zu Kleinfischlingen. 1743 löste der katholische Kurfürst von der Pfalz Karl Theodor das gepfändete Kleinfischlingen endgültig ein. Für Kleinfischlingen war bis 1657 das Oberamt Altdorf und später das kurpfälzische Oberamt bzw. die „Fautei" Germersheim zuständig.

Nach einer Beschreibung der katholischen Pfarrei Kleinfischlingen von 1747 beanspruchte noch im 18. Jahrhundert das Speyerer Domkapitel den großen und zusammen mit dem lutherischen Pfarrer von Kleinfischlingen den kleinen Zehnten von Kleinfischlingen.

Ende des 18. und Anfang des 19. Jahrhunderts gehörte Kleinfischlingen mit dem linken Rheinufer zu Frankreich und vom zweiten Pariser Frieden 1815 bis 1918 zum Königreich Bayern. – Soviel in Auszügen zur bewegten Geschichte eines kleinen Dorfes.

In jüngster Zeit wird in Kleinfischlingen zusammen mit Großfischlingen, mit welchem – trotz Eigenständigkeit – eine enge Verbundenheit besteht, eine andere Art von Geschichte geschrieben: Mit Beschluß des Ministeriums für Landwirtschaft, Weinbau und Forsten in Mainz vom 1. 9. 1969 ist das Flurbereinigungsverfahren Fischlingen eingeleitet worden.

Die beiden Gemarkungen der Gemeinden Klein- und Großfischlingen sind durch die Gemarkungsteilung 1823 so ineinander verflochten, daß man die Flurbereinigung nur gemeinsam angehen konnte. Die Flurbereinigung, die in der Gemarkung Kleinfischlingen schon abgeschlossen ist, hat sich zum Segen des fast rein landwirtschaftlich und weinbaulich orientierten Dorfes ausgewirkt. Ein durch die Flurbereinigung erschlossenes größeres Wohnbaugebiet wird eine Verflechtung aller möglichen Berufe mit sich bringen. Kleinfischlingen wurde im Zuge der Verwaltungsreform als selbständige Gemeinde in die Verbandsgemeinde Edenkoben eingegliedert. Auch durch seine fruchtigen, „süffigen" Weine hat sich Kleinfischlingen gut in diesen Verbund eingeordnet.

Die am vierten Sonntag im Juli stattfindende Kirchweihe sowie neuerdings ein alljährliches sportlich ausgerichtetes Dorffest zeugen von Lebensfreude und Gemeinsamkeit der Bürger des Dorfes.

Kleinfischlingen

Hainfeld

720 Einwohner · Verbandsgemeinde Edenkoben Lagenkarte Seite 112/113

Der Wein

Weinbaubetriebe: 35 im Vollerwerb, 30 im Nebenerwerb

Rebland: 245 ha in den Lagen Letten (55 ha), Kapelle (150 ha) und Kirchstück (40 ha)

Rebsorten: Müller-Thurgau 33%, Morio-Muskat 14%, Silvaner 12%, Riesling 10%, Scheurebe 8%, Kerner 6%, Spätburgunder 4%, Ruländer 4%, Traminer 4%, Portugieser 3%, Weißburgunder 2%

Großlage/Bereich: Ordensgut/Südl. Weinstraße

Weinfest: 3. Sonntag im August

Gästebetten/Gaststätten: 20/2

Der Ort

Ein Feld im Hain, so könnte der Name Hainfeld entstanden sein. Ein Dorf im Rebenmeer ist es heute, umgeben von seinen drei Lagen mit drei verschiedenen Böden: Lehm, sandiger Lehm und Letten. Auf letzterem wachsen selbstverständlich die Weine der gleichnamigen Lage.

Die bei der Dorfgründung (781 erstmals erwähnt – 1981 1200-Jahr-Feier) mit Sicherheit noch vorhandenen Wälder, die sich von der Haardt weit in die Rheinebene erstreckten, müssen auch hier schon sehr früh und sehr kräftig gerodet worden sein: Auch in Hainfeld wird in alten Urkunden der Weinbau und Ackerbau erwähnt. In diesen Urkunden steht auch, wem die Äcker und Weinberge gehörten. So sind für 1464 zehn weltliche und geistliche Herren im Ort begütert, und für jeden ist auch aufgeführt, über wieviel Leibeigene er im Dorf gebot.

Zu dieser Zeit gab es neben dieser wirtschaftlichen Zehnergliederung eine politische Dreiteilung: Der Dorfteil nördlich des Modenbaches nach Edesheim zu gehörte dem Bischof von Speyer, der andere nördliche Teil (in Richtung Weyer) gehörte den Herren von Ochsenstein und der südliche Teil dem Kloster Weißenburg.

Im Gegensatz zu anderen Dörfern, wo die dörflichen Vertreter ferner Macht gelegentlich gegeneinanderstanden, einigte man sich in Hainfeld auf einen gemeinsamen Schultheiß und einen Abgabenschlüssel für die Dorfsteuern im Verhältnis zwei (Weißenburg) zu eins (Bischof) zu eins (Ochsenstein).

Der Fischfang im Modenbach war für alle frei, es sei denn, einer der drei politischen Herren weilte am Ort oder in der Nähe. Dann durfte keiner fischen außer diesen.

Die Hainfelder haben sehr früh eine solide Kirche bekommen. Der heute noch erhaltene Turm aus der Zeit um 1300 ist ein guter Beweis dafür. Daß die Ortsbewohner nicht nur Gott, sondern auch weltlichen Freuden zugetan waren, beweist ein Visitationsbericht aus dem Jahre 1701: „Der derzeitige Pfarrer ist wegen Geistesunklarheit nicht fähig, die Pfarrei zu versehen. Die Pfarrkinder versäumen zeitlicher Vorteile willen oft an Sonn- und Feiertagen den Gottesdienst. Halten Tanz- und Trinkgelage bis spät in die Nacht hinein. Die Eltern schicken ihre Kinder nicht in die Schule, selbst nicht im Winter.“ Soweit der Bericht. Danach kehrten bald wieder geordnetere Verhältnisse im Dorf ein, und 17 Jahre später wurde die neue Kirche am alten Turm in der Form gebaut, wie sie heute noch erhalten ist. Auch die noch ältere Kapelle an der Straße nach Rhodt ist in der ursprünglichen Form ebenso erhalten wie eine ungewöhnliche „Mittelmühle“ mit Wasserrad und Mahlsteinen und der ehemaligen Ölschlägerei.

Blick von Hainfeld auf die Haardt mit Burrweiler.

Roschbach

710 Einwohner · Verbandsgemeinde Edenkoben

Lagenkarte Seite 112/113

Der Wein

Weinbaubetriebe: 30 im Vollerwerb, 110 im Nebenerwerb

Rebland: 140 ha in den Lagen Simonsgarten (70 ha) und Rosenkränzel (70 ha)

Rebsorten: Müller-Thurgau 35%, Kerner 20%, Riesling 5%, Silvaner 5%, Portugieser 5%, Ruländer 5%, Morio-Muskat 5%, Huxel 10%, andere 10%

Großlage/Bereich: Bischofskreuz/Südl. Weinstraße

Gästebetten/Gaststätten: 22/3

Der Ort

140 Winzerfamilien bei wenig mehr als 700 Einwohnern – in Roschbach hat der Weinbau alte Tradition. Das Dorf liegt in der welligen Landschaft vor der Haardt still an einer Nebenstraße. Gleisweiler und Burrweiler sind die nächstgelegenen Orte am Gebirgshang. Beide waren sie beteiligt an jener berühmten „Seselschlacht“, an der auch Flemlingen Anteil hatte. Die Zeit dieser Schlacht ist nicht genau festgestellt worden, wohl aber ihre Ursache. Es ging um Weinbau und Weiderechte.

Der Weinbau von Gleisweiler und Burrweiler hatte sich ausgedehnt, es blieb nur wenig Platz, das Vieh zu weiden. Roschbacher und Flemlinger Hirten aber nutzten die gleiche Weide, und so kam es zuerst zu Streitigkeiten und schließlich zur blutigen Auseinandersetzung, die auf freiem Feld vor allem mit dem Winzermesser, dem Sesel, ausgetragen wurde. Steinerne Zeugen am Ort der Walstatt erinnern daran.

Heute wird im friedlichen Roschbach sehr viel im Wein aber kaum noch mit dem Sesel gearbeitet. Man nutzt moderne Anbau- und Bearbeitungsmethoden, und das schlägt sich auch in der Rebsortenwahl nieder: Die „Neuen“ Müller-Thurgau und (der ganz junge) Kerner haben hier überdurchschnittlichen Erfolg.

Rhodt

1350 Einwohner · Verbandsgemeinde Edenkoben

Lagenkarte Seite 112/113

Der Wein

Weinbaubetriebe: 56 im Vollerwerb, 79 im Nebenerwerb

Rebland: 250 ha in den Lagen Klosterpfad (80 ha), Schloßberg (80 ha) und Rosengarten (90 ha)

Rebsorten: Silvaner 25%, Riesling 15%, Müller-Thurgau 15%, Traminer 10%, Morio-Muskat 10%, Kerner 10%, Ruländer 8%, Scheurebe 5%, Portugieser 2%

Großlage/Bereich: Ordensgut, Südl. Weinstraße

Weinfeste: Heimat und Blütenfest immer an Pfingsten, Fest des neuen Weines im September

Gästebetten/Gaststätten: 150/9

Traminerreben in Rhodt unmittelbar vor dem Gebäude der Winzergenossenschaft. Die rund 350 Jahre alten Reben sind wahrscheinlich die ältesten Kulturreben Deutschlands.

Der Ort

Karl der Große war gerade fünf Jahre an der Regierung – „groß" sicherlich schon, jedoch als König noch ohne die später erhaltene Kaiserwürde. Das heute historisch berühmte und damals unter anderem mit Weinbesitz außerordentlich begüterte Kloster Lorsch existierte erst neun Jahre. – Man schrieb das Jahr 772, da wurde ein Ort namens „Crothincheim" in einer Urkunde dieses Klosters erwähnt. Die Rhodter Bürger von heute gehen davon aus, daß damit ihr Dorf gemeint war.

Das dörflich stille Rhodt unserer Tage hat sicherlich uralten Weinbau, und die namensgebende Rietburg wird in seiner geschriebenen Geschichte sehr früh erwähnt, aber geblieben ist aus jener „alten Zeit" neben der Burgruine nur die unverändert schöne Lage vor dem Hang der Haardt. Die hübschen Winkel und ruhigen Gassen sind vor allem das Ergebnis spätmittelalterlichen Winzerfleißes.

Die Rhodter Winzer hatten damals allerdings recht gute Voraussetzungen. Der Traminer war lange Zeit Weinfavorit, und auf den schweren Lehmböden gedieh hier der Traminerwein, den das Mittelalter liebte: „Schwer und feurig" mußte er sein. Markgraf Ernst Friedrich von Baden-Durlach schrieb 1752: „Wie nun Gott der Herr diesen Flecken, wie fast durchgehend bekannt ist, mit einem ganz vortrefflichen und reichen Weinbau gesegnet hat, durch welchen demselben von auswärtigen Orten ansehnliche Geldsummen zufließen . . ."

Der Markgraf gehörte zu den auswärtigen Regierungsherren von Rhodt. Er residierte in Baden und wurde durch Tausch Amtsnachfolger des Grafen von Württemberg, der sich seiner Exklave nicht recht freuen konnte. Er hatte da nämlich eine Familie von Zyllenhardt als Lehensherren, die sich wenig um Rhodt kümmerten, aber fleißig Abgaben kassieren wollten – und ständig Ärger mit der Bevölkerung hatten. Erst der Markgraf Carl Friderich konnte die Zyllenhardts endgültig loswerden, und sich dann noch intensiver um seinen Rhodter Wein kümmern. Das tat er unter anderem durch das weithin bekannte Rhodter Weingesetz vom Jahre 1752 aus dessen Anfang oben zitiert ist.

Inzwischen haben sich Weingeschmack und wirtschaftliche Gegebenheiten sehr geändert, aber der Ort lebt immer noch für den Wein und mit dem Wein – und zu einem guten Teil auch vom Wein. Fast jede Familie hat hier Weinbesitz, und der aus dem Mittelalter zitierte Traminer wird auf zehn Prozent der Rebfläche unverändert angebaut. Ein weiterer Wirtschaftsfaktor ist inzwischen der Fremdenverkehr geworden. Das „gemütliche" Dorf abseits der großen Durchgangsstraße zieht viele Besucher an – Weintrinker und Wanderer gleichermaßen. Der Wald ist nah (Kastanien reichten früher bis an den Dorfrand). Die Reben sind rundum. Wein gibt es in reichem Maße in Gaststätten und Gutsschänken, die im Charakter noch dem schlichten und winzerlich schönen Dorfbild entsprechen.

Venningen

950 Einwohner · Verbandsgemeinde Edenkoben

Lagenkarte Seite 112/113

Der Wein

Weinbaubetriebe: 30 im Vollerwerb, 39 im Nebenerwerb

Rebland: 450 ha in der Lage Doktor

Rebsorten: Müller-Thurgau 30%, Silvaner 20%, Kerner 20%, Morio-Muskat 10%, Scheurebe 10%, Portugieser 3%, Ruländer 3%, andere 4%

Großlage/Bereich: Trappenberg/Südl. Weinstraße

Weinkerwe: 1. Wochenende im September

Gästebetten/Gaststätten: –/4

Der Ort

Die Einwohnerzahl ist so wie vor 170 Jahren. An der Gemarkungsgröße hat sich seit langer Zeit nichts geändert. Der Wald war schon vor vielen Jahrzehnten genauso groß wie heute. Der Weinbau aber, der schon in der ersten Urkunde Venningens im Jahr 859 vermerkt ist, der hat sich gewaltig ausgedehnt.

Mit 250 Hektar Rebland gehörte Venningen schon 1935 zu den größeren Weinorten Deutschlands. In den Nachkriegsjahren wuchs die Rebfläche jedoch kräftig weiter, erreichte Ende der fünfziger Jahre 330 Hektar und hat heute die beachtliche Größe von 450 Hektar. Man muß diese Zahl an der Dorfgröße messen.

1971, als es um die Neuordnung der deutschen Weinlagen ging, entschlossen sich die Venninger, nur einen Lagennamen für ihr gesamtes Rebland zu wählen. Die Entscheidung fiel ihnen leicht, weil in diesem Teil der hügeligen Landschaft vor den Bergen der Haardt bei flachem Weinberg und durchweg lehmigem Sandboden in allen Teilen der neuen Lage nahezu gleiche Wachstumsbedingungen herrschen.

Venningen liegt nun mittendrin in seinem „Doktor" (Siehe auch Beitrag über Lagennamen auf Seiten 28/29.) und genau im Schnittpunkt von vier Straßen, die aus den vier Himmelsrichtungen auf das Dorf zulaufen.

Von allen Seiten sieht man den Kirchturm, der schon seit 700 Jahren steht. Im Näherkommen fallen hohe Pappeln auf und im Ortsbild selbst einige Fachwerkhäuser mit Walmdächern. Sehenswert ist das Rathaus, das den Dreißigjährigen Krieg ebenso überstanden hat wie das alte Pfarrhaus. Vom Wasserschloß derer von Venningen gibt es heute jedoch nur noch ein Modell, auf den Schloßgrundmauern wurde später der „Dalberger Hof" gebaut. Dagegen ist die schriftliche Kunde von diesem Adelsgeschlecht um so umfangreicher. Das liegt an der Karrierefreudigkeit dieser Familie: Ihre Söhne wurden Bischöfe in Speyer und Basel, Deutschordensmeister zu Mergentheim, Domherren und hohe Verwaltungsbeamte, und einer brachte es auch zum kurpfälzischen Kanzler. – Heute ist der „Doktor" Venningens Repräsentant in aller Welt.

Weyher

728 Einwohner · Verbandsgemeinde Edenkoben

Lagenkarte Seite 112/113

Der Wein

Weinbaubetriebe: 38 im Vollerwerb, 57 im Nebenerwerb

Rebland: 120 ha in den Lagen Michelsberg (50 ha) und Heide (70 ha)

Rebsorten: Silvaner 30%, Riesling 20%, Müller-Thurgau 20%, Portugieser 15%, Kerner 5%, Morio-Muskat 3%, Scheurebe 3%, Ruländer 2%, Traminer 2%

Großlage/Bereich: Ordensgut/Südl. Weinstraße

Weinfest: 2. Wochenende im September

Gästebetten/Gaststätten: 80/4

Der Ort

„Volle Pension im Gasthaus Bachtler und in der Gastwirtschaft ‚Zum Kronprinzen' zu vier Mark. Privatzimmer bei Bürgermeister Weidmann." So schrieb ein Pfalzreiseführer im Jahre 1902 über Weyher. Der Tourismus kam gerade in Mode, und einige wohlhabende Städter bauten sich „Sommersitze" in Weyer, um dort die heißen Tage in Ruhe und Beschau-

lichkeit zu verbringen. Heute sind die Preise für die „volle Pension" zwar erheblich höher, jedoch immer noch recht niedrig. Man ist solide geblieben, wenn sich auch der Reiseverkehr ausgeweitet hat und inzwischen zu einem wichtigen wirtschaftlichen Faktor neben dem Wein geworden ist. Neben dem Wein und mit dem Wein, kann hier gesagt werden, denn Weyher ist ein Weindorf, ein sehr altes dazu.

1200 Jahre Dorfbestehen wurden 1977 gefeiert, mehr als ein Jahrtausend voller Geschichte und Geschichten, wie die Dorfchronik sehr lebendig nachweist. Eine der besonders dramatischen Geschichten ist ein Bericht aus den Jahren 1794 und 1804, der sowohl zur Ortsgeschichte gehört als auch mit dem Wein Verbindung hat: Ein Kommando der französischen Besatzung wollte damals die Kirchenglocken requirieren, machte jedoch nach dem Abseilen eine ausgiebige Weinpause. Die nutzten einige junge Männer aus dem Dorf, um die Glocken in aller Ruhe abzutransportieren und zu vergraben.

Der Bürgermeister Peter Eberle wurde daraufhin als Geisel genommen und furchtbar bedroht für den Fall, daß er die Täter nicht nenne. Er blieb standhaft und wurde schließlich am 19. Dezember 1794 aus der Festung Landau zu seiner Familie entlassen. Am nächsten Morgen um 8.30 Uhr flog das Landauer Zeughaus durch Unachtsamkeit beim Hantieren mit Pulver in die Luft. Ein großer Teil der Umgebung wurde zerstört. Viele Gefangene in den Festungskerkern starben bei der Explosion.

Auf dem Land über den Glocken wurden Reben angepflanzt, und erst 1804, als die Zeiten wieder sicherer waren, wagten die jungen Männer, ihre Glocken auszugraben. Als der Bürgermeister 1819 starb, läuteten die Glocken eine Woche lang täglich eine Stunde zum Gedenken seiner Standhaftigkeit.

Weyhers behäbig-gemütlicher Kirchturm erinnert an diese Geschichte, in der Weyhers Wein eine Hauptrolle gespielt hat, wie sich das Leben des Dorfes immer um den Wein drehte. Noch heute ist der Wein hier bestimmender Faktor, und nie wurde die Gemarkungsfläche intensiver für den Weinbau genutzt. Von den 136 Hektar sind 120 mit Reben bestanden! Die Winzer von Weyher sind im Weinbau so aktiv, daß sie viele Weinbergparzellen in Nachbargemarkungen gekauft haben. Den „Altenforst" in der Gemarkung Burrweiler bewirtschaften sie nahezu allein, und auch in Rhodt und Hainfeld sind sie mit Weinbergbesitz gut vertreten.

Wie anderswo auch ist hier der früher weitverbreitete Gutedel ganz verschwunden, der Tramineranbau stark zurückgegangen. Die bekannten Standardreben Silvaner, Riesling, Müller-Thurgau und Portugieser führen heute den Rebsortenspiegel an. Neuere Züchtungen haben in den Südostlagen des Ortes (unterschiedliche Böden von Sand bis Lehm) nur geringe Anbauanteile erreicht.

Albersweiler

2250 Einwohner · Verbandsgemeinde Annweiler Lagenkarte Seite 115

Der Wein

Weinbaubetriebe: 15 im Vollerwerb, 120 im Nebenerwerb

Rebland: 117 ha in den Lagen Latt (80 ha) und Kirchberg (37 ha)

Rebsorten: Müller-Thurgau 35%, Silvaner 30%, Riesling 15%, Morio-Muskat 6%, Kerner 4%, Scheurebe 3%, Huxel 2%, Ruländer 2%, Portugieser 1%, Weißburgunder 1%, Traminer 1%

Großlage/Bereich: Königsgarten/Südl. Weinstraße

Der Ort

Kopfsteinpflaster und Bruchsteinmauern – ein wenig schönes Mittelalter hat Albersweiler in unsere Zeit hinübergerettet – allen Zerstörungen und manchem gedankenlosen Neuerungswillen zum Trotz. Und unverändert bilden die Weinberge und die bewaldeten Höhen zu den Seiten des Queichtales die schöne Naturkulisse, die vor mehr als einem Jahrtausend einen Mann namens Adelbrath (Adelbrecht, Albrecht) dazu bewogen hat, mit seiner Familie die frühere Heimat zu verlassen, um hier am Rand der Haardt und in einem lieblichen Talausgang zu siedeln.

Ihr Weiler wurde natürlich nach den Siedlern benannt, genauso wie das nahe Kirchlein nach seinem Erbauer, der Kant oder Canto geheißen haben mag. Albrahteswilre und Kanskirchen – so tauchen die Namen in der späteren geschriebenen Geschichte auf, und in der Namensgebung setzte sich schließlich der „Wilre" (Weiler) des Albraht (Albrecht) durch. Das Dorf heißt heute Albersweiler

Bis 1300 war der Ort im Besitz verschiedener Herren, dann kam die südliche Dorfhälfte zu Landau. Die Stadt sah 1538 ein gutes Geschäft winken und verkaufte ihre Hälfte an den Herzog von Zweibrücken. Auf die andere Dorfhälfte, zu der Kanskirchen gehörte, hatte die Familie Scharfeneck Anspruch. Das blieb dann lange so, auch als die Scharfenecks schon längst von Löwenstein hießen.

Für das Dorf hat sich die „Zweiherrschaft" nur übel ausgewirkt. Das war schon im Frieden so, wenn zum Beispiel Verliebte von beiderseits der Grenze heiraten wollten und mit bürokratischen Verwicklungen kämpfen mußten. Das wurde im Krieg (dem „Dreißigjährigen") aber noch viel schlimmer.

Während schon vorher eine Dorfhälfte lutherisch und die andere kalvinisch war, schlugen sich die Löwensteiner und die Zweibrückischen während des langen Krieges auf unterschiedliche Seiten. Ergebnis: 1622 wurden die 38 Häuser der zweibrückischen Seite niedergebrannt, 1634 erlebte die andere Dorfseite ähnliches Unglück.

Nach dem Krieg kamen Pest und Hunger, und 1645 war Albersweiler ein Geisterdorf. Die letzten lebenden Bewohner hatten zeitweise ihre Häuser verlassen, um besser überleben zu können.

Der zweiherrische Unsinn endete 1793 mit dem Einmarsch der französischen Revolutionstruppen. Albersweiler wurde einige Jahre später offiziell französisch.

Auch in friedlichen Zeiten blieb dem Dorf immer das Problem, daß es über zu wenig Land verfügte, um alle Bewohner ernähren zu können. Die Landzerstückelung durch Erbteilung hatte schließlich zur Folge, daß kaum noch eine Familie über genug Grund und Boden verfügte, um sich daraus ernähren zu können. Das galt auch für den Weinbau.

Erst in unserer Zeit führte ein ausreichendes Angebot von Arbeitsplätzen im Ort und der Umgebung einerseits und die Zusammenlegung von Landbesitz andererseits zu einer wirtschaftlich gesunden Grundlage für die Bevölkerung. Heute gibt es in Albersweiler wieder Familien, die von ihrem Weinbau leben können. Die Rebflächen sind ausgeweitet worden, die Weinqualität ist so gesteigert, daß sich der Wein auf Flaschen gut vermarkten läßt. Die seit den Zeiten jenes ersten Weiler-Bauern unverändert schöne Lage am Hang der Haardt hilft sicherlich dabei.

Die Geschichte vom „Nasi Goreng", das ursprünglich aus der Pfalz kommt

Dies ist eine Geschichte um einen einzigen Satz, eine Geschichte aus unserer Zeit. Der Satz wurde in einer Weinrunde bei der Vorbereitung dieses Buches gesprochen. Es ging – natürlich – zunächst um Pfälzer Wein, dann um Pfälzer Speisen, und dabei wiederum um die Frage, warum die Pfälzer mit ihrer „internationalen" Vergangenheit eine so wenig weltläufige Küche haben. In diesem Zusammenhang wurde auch der Riesenanteil erwähnt, den die Pfälzer an den verschiedenen Auswanderungswellen hatten.

„Ja", sagte da Dieter Hörner aus Landau, „die Pfälzer haben doch für internationale Küche gesorgt!" – „Tatsächlich?" – „Ganz einfach: Sie sind mit ihren Rezepten ausgewandert, und dann haben sie in aller Welt gekocht – und jetzt kommen diese Rezepte als ‚Nasi Goreng' zu uns zurück!"

Billigheim-Ingenheim

3769 Einwohner · Verbandsgemeinde Landau-Land

Lagenkarte Seite 116/117

Der Wein

Weinbaubetriebe: 145 im Vollerwerb, 126 im Nebenerwerb

Rebland: 630 ha in den Lagen Mandelpfad (89 ha), Venusbuckel (57 ha) und Steingebiß (68 ha), Pfaffenberg (176 ha), Rosenberg (180 ha) und Sauschwänzel (60 ha)

Rebsorten:
Appenhofen: Müller-Thurgau 41%, Morio-Muskat 14%, Silvaner 13%, Portugieser 6%, Kerner 4%, Scheurebe 3%, Riesling 2%, Ruländer 1%, Huxel 1%, Ortega 1%, Weißburgunder 1%, andere 13%

Billigheim: Morio-Muskat 23%, Müller-Thurgau 21%, Kerner 14%, Silvaner 11%, Huxel 9%, Scheurebe 7%, Bacchus 4%, Ruländer 3%, Portugieser 1%, Weißburgunder 1%, Riesling 1%, andere 5%

Ingenheim: Müller-Thurgau 27%, Morio-Muskat 21%, Riesling 10%, Kerner 10%, Bacchus 9%, Huxel 6%, Silvaner 6%, Portugieser 4%, Scheurebe 3%, Ruländer 1%, Ortega 1%, andere 2%

Mühlhofen: Müller-Thurgau 31%, Morio-Muskat 26%, Huxel 14%, Silvaner 9%, Scheurebe 4%, Bacchus 3%, Portugieser 2%, Weißburgunder 2%, Ruländer 1%, Kerner 1%, Ortega 1%, andere 6%

Großlage/Bereich: Kloster Liebfrauenberg/Südl. Weinstraße

Weinfeste: 2. Sonntag im Juni
2. Sonntag im September
3. Sonntag im Oktober
1. Wochenende im September – Purzelmarkt

Gästebetten/Gaststätten: 15/7

Der Ort

Ein Städtchen, das zeitweise gar Festung war, und drei Dörfer dicht beieinander bilden heute zusammen den Ort Billigheim-Ingenheim. Billigheim ist das Städtchen, Ingenheim, Mühlhofen und Appenhofen die Namen der Dörfer. Sehr alt sind sie alle vier, und einen großen Teil ihres Erlebens haben sie schon viele Jahrhunderte lang in Freud und Leid geteilt – lange vor der Gemeindezusammenlegung unserer heutigen Verwaltungsreformer. Zu den schönen Dingen, die sie gemeinsam feiern konnten, gehörte der „Purzelmarkt" in Billigheim. Der wurde als Jahrmarkt zur Erntezeit geboren, als Billigheim 1450 durch höchstkaiserliche Gnade (Friedrich III.) die Marktfreiheit erhielt.

Da kam viel Volk aus der Umgebung nach Billigheim, und die Gemeinde blühte durch diesen Handel im Herbst ein wenig auf. Vor allem kamen natürlich die Nachbarn aus Ingenheim und Mühlhofen und Appenhofen. Man kannte sich ja. Da gab es dann Reiterspiele zum Fest und viele andere Belustigungen. – Heute feiert die Großgemeinde ihren „Purzelmarkt" gemeinsam, und es gibt Reiterspiele und Baumklettern und Sacklaufen und die Wettläufe der Wasserträgerinnen, das Volkstanzen (älteste Trachtengruppe der Pfalz), das Ringelstechen ... Billigheim-Ingenheim ist im Oktober jedenfalls eine Reise wert. Nicht zu vergessen, daß auch die Ortsteile jeweils noch ihr besonderes Weinfest feiern, wie sie überhaupt ihre besonderen Eigenheiten haben:

Billigheim
Wenn es um diesen uneingestandenen Wettbewerb der frühesten Ortserwähnung geht, dann ist Billigheim ganz vorn: Durch eine Schenkungsurkunde des Klosters Weißenburg gilt heute als gesichert, daß der Ort schon im siebten Jahrhundert umfangreichen Grundbesitz hatte. Über die Verleihung der Marktrechte und der zweifelhaften Ehre, eine Festung zu werden, entwickelte sich das alte „Bolincheime" zu einem betriebsamen Städtchen des Mittelalters. Kurfürst Friedrich der Siegreiche sorgte mit seinem energisch betriebenen Festungsbau, mit Wällen und Gräben und drei Wehrtoren für städtebauliche Attraktion. Er sorgte so auch dafür, daß zum Beispiel Herzog Alexander von Zweibrücken neugierig war, ob er diese Festung nicht doch bezwingen könnte. Er konnte nicht, und gab 1504 ergebnislos auf. – Dennoch: Auch feste Festungen sind vergänglich, und heute ist als markantes Bauwerk nur noch das sogenannte Obertor im jetzt ländlich-friedlichen Landstädtchen erhalten. Natürlich erinnern auch die engen Gassen noch an die Zeit der freien Reichsstadt. Und das vielleicht schönste Dokument des Mittelalters ist zwar schon 1892 entdeckt, aber 1965 erst für die Nachwelt gerettet worden: Wandmalereien in der Kirche, die vor dem Jahr 1400 entstanden sind, und Apostel und Propheten, die Himmelfahrt Christi und das Glaubensbekenntnis auf Spruchbändern zeigen.

Ingenheim
Auch hier eine äußerst farbige Geschichte: Da gab es zum Beispiel die Ritter von Ingenheim, die es am Hof zu Speyer zu einem gewissen Einfluß brachten. Und da war auch diese Geschichte mit der Religion, ärgerlich für die Kurpfalz, aber von einem Kurfürsten selbst eingebrockt. Einer der ihren hatte nämlich dem Wendel von Gemmingen 1509 den Ort Ingenheim übertragen, und als sich die Gemminger im Zuge der Reformation für die Lutherischen entschieden, während die Kurpfalz offiziell fürderhin „reformiert" war. Da wechselten dann die Geistlichen in Ingenheim von lutherisch zu reformiert und umgekehrt, weil die Kurpfalz das sogenannte Patronatsrecht beanspruchte und deswegen in Ingenheim fleißig Pfarrer eigener Wahl einsetzte. Das brachte die Ingenheimer zeitweise arg in Verwirrung. Mehr als hundert Jahre später finden sich noch Aufzeichnungen über Religionsstreitigkeiten in der Kirche und um die Kirche.

Dabei haben die Ingenheimer ansonsten auf religiösem Gebiet durchaus lobenswerte Toleranz geübt. Gab es doch in diesem Ort zeitweise eine der größten jüdischen Gemeinden der Pfalz. Da sind zum Beispiel für 1855 genau

508 Bürger jüdischen Glaubens bei 458 katholischen und 588 evangelischen Christen verzeichnet. – Die tüchtigen Juden haben der Gemeinde laut alter Aufzeichnungen zu einigem Wohlstand – und sich selbst zu recht repräsentativen Bürgerhäusern verholfen. Einige davon stehen heute noch im eher dörflichen Ingenheim.

Mühlhofen
Das Dorf hat sich an der alten Straße zwischen Barbelroth und Billigheim ausgebreitet, und da liegt es unverändert still und „ländlich“ auch heute noch als Ortsteil Billigheim-Ingenheims. Auch in diesem alten Ort gab es früher ein außerordentlich einflußreiches Rittergeschlecht. Auch hier war das berühmte Kloster Weißenburg begütert. Eine Kapelle, eine Mühle und eine Burg standen nahe dem Dorf. Das Mühlrad ist als Erinnerung an diese Zeit noch heute Hauptbestandteil des Ortswappens.

Appenhofen
Ein Bachtal, mehr eine Mulde in der leicht gewellten Landschaft aus Weinbergen, Feldern, Wiesen und Baumgruppen – Appenhofen über dem Kaiserbach liegt abseits des Verkehrs und damit auch abseits des Lärms. Der ehemalige Abtshof („Abbenhoua“) wuchs zu einem mittelalterlichen Dorf, bekam gar eine Ritterherrschaft und wurde schließlich zur Hälfte von seinen adeligen Besitzern an ein anderes Adelsgeschlecht verpfändet. Erst nach über 300 Jahren endete diese mißliche Doppelherrschaft, unter der die Ortsbewohner zu leiden hatten. Viele Äcker und Weinberge waren zu dieser Zeit in ortsfremdem Besitz, und erst in unserer Zeit wurde das Ziel fleißigen Strebens erreicht: Die meisten Weinberge der Gemarkung gehören wieder den Winzern des Dorfes. Wie seit alters her bezieht ein großer Teil der Bevölkerung in diesem hügeligen Weinland zwischen Rheinebene und Wasgau sein Einkommen auch in unserer Zeit aus Weinbau und Landwirtschaft. Zunehmend gewinnt auch der Fremdenverkehr an Bedeutung. Ein Freibad und der schön gelegene Campingplatz tragen dazu bei.

Walsheim

505 Einwohner · Verbandsgemeinde Landau-Land

Lagenkarte Seite 112/113

Der Wein

Weinbaubetriebe: 34 im Vollerwerb, 30 im Nebenerwerb

Rebland: 170 ha in der Lage Forstweg (80 ha) und Silberberg (90 ha)

Rebsorten: Müller-Thurgau 30%, Morio-Muskat 10%, Scheurebe 10%, Huxel 10%, Silvaner 8%, Portugieser 8%, Kerner 8%, Ruländer 3%, Traminer 3%, Faber 3%, Bacchus 3%, Riesling 2%, Spätburgunder 1%, Optima 1%

Großlage/Bereich: Bischofskreuz/Südl. Weinstraße

Weinfest: 2. Wochenende im Juli

Gästebetten/Gaststätten: –/3

Der Ort

„Walsheimer“ gehört nicht zu den Weinberühmtheiten der Pfalz. Der Ort ist klein, sein Weinbau alt, aber erst in unserer Zeit zu seinem heutigen Umfang und zu seiner heutigen Bedeutung gewachsen. Da ist es schon etwas Besonderes, wenn es ein Gedicht über den Walsheimer Wein gibt, das wie eine Fanfare so triumphierend klingt: „Hab ich die Wahl zwischen Wein und Bier, / um meinen Durst zu stillen, / dann laß ich das liebe Gläschen mir / mit „Walsheimer Silberberg“ füllen. / Bei diesem Wein Du alles vergißt, / ich kann ihn tagelang trinken / und wenn die rechte Hand müde ist, / dann heb’ ich das Glas mit der Linken!“

Walsheim bietet zu diesem Zweck eine reiche Sortenauswahl, wie der Rebsortenspiegel (siehe oben) ausweist. Die im Verhältnis zur niedrigen Einwohnerzahl recht hohe Zahl der Winzerbetriebe hat wohl zu dieser Vielfalt beigetragen. Möglicherweise sind die Einwohner auf diesem Gebiet besonders aufgeschlossen.

Dabei hat der Ort selbst seit Jahrhunderten kaum Veränderungen erfahren. Die Einwohnerzahl ist seit rund 150 Jahren nicht mehr gewachsen, und die Struktur des Dorfes immer noch die eines landwirtschaftlichen, heute besonders auf den Weinbau ausgerichteten Gemeinwesens. Ein ruhiger Ort in fruchtbarer Landschaft nördlich Landau.

Birkweiler

708 Einwohner · Verbandsgemeinde Landau-Land

Lagenkarte Seite 115

Der Wein

Weinbaubetriebe: 35 im Vollerwerb, 40 im Nebenerwerb

Rebland: 161 ha in den Lagen Rosenberg (80 ha), Kastanienbusch (58 ha) und Mandelberg (23 ha)

Rebsorten: Müller-Thurgau 25%, Riesling 20%, Silvaner 20%, Morio-Muskat 15%, Portugieser 4%, Ruländer 4%, Traminer 3%, Weißburgunder 2%, Kerner 2%, Bacchus 2%, Scheurebe 2%, sonstige 1%

Großlage/Bereich: Königsgarten/Südl. Weinstraße

Weinfest: 4. Wochenende im Juli

Gästebetten/Gaststätten: 6/3

Der Ort

Birkweiler ist ein schöner und alter Weinort. Das Dorf liegt malerisch am Hang der Haardt, umgeben von Wein und Wald. Im Sommer leuchten seine Häuserfronten vor dem satten Grün der Umgebung. Die Lagennamen passen zu dieser südlichen und fruchtbaren Landschaft. Rosen, Kastanien und Mandeln waren die Namensgeber. Rosen blühen zuhauf im Dorf, Kastanien wachsen im Wald und die Mandeln sowohl im Dorf als auch in der Flur.

Den „Rosenberg" mit seinen sehr unterschiedlichen Bodenarten teilt Birkweiler mit dem Landauer Stadtteil Arzheim. Der „Mandelberg" hat einen lehmigen oder lehmig-sandigen Boden, der „Kastanienbusch" aber ist in bezug auf den Boden eine Ausnahmeerscheinung der Rheinpfalz: Auf Buntsandstein und Rotliegendem wuchsen hier bis vor einigen Jahren überwiegend Silvanerreben.

Inzwischen haben Riesling, Silvaner und Müller-Thurgau annähernd gleiche Anteile am örtlichen Rebsortenspiegel. Sie sind in allen Lagen des Ortes vertreten, ohne daß bis heute geklärt ist, auf welchem Boden welcher Wein am besten gedeiht. Hier läßt sich die unterschiedliche Eignung der verschiedenen Böden für verschiedenen Klimaverlauf (wenig oder viel Regen, wenig oder viel Sonne) besonders gut verfolgen.

Böchingen

691 Einwohner · Verbandsgemeinde Landau-Land Lagenkarte Seite 112/113

Der Wein

Weinbaubetriebe: 15 im Vollerwerb, 50 im Nebenerwerb

Rebland: 217 ha in der Lage Rosenkranz

Rebsorten: Müller-Thurgau 32%, Morio-Muskat 20%, Silvaner 13%, Scheurebe 8%, Bacchus 8%, Kerner 7%, Huxel 4%, Ortega 3%, Ruländer 3%, Portugieser 2%

Großlage/Bereich: Bischofskreuz/Südl. Weinstraße

Weinfest: 2. Wochenende im August

Gästebetten/Gaststätten: –/2

Der Ort

Im Jahre 783 vermachte ein Mann namens Maingold dem Kloster Lorsch Güter in der Gemarkung „Bochinheim". Von daher weiß man ein wenig über das frühe Böchingen. Eine andere urkundliche Erwähnung aus jener Zeit sagt auch etwas über Weinberge im Ort, so daß die Winzer des Dorfes nun auf rund 1200 Jahre Tradition ihrer schönen, gelegentlich harten (und in anderen Zeitabläufen auch brotlosen) Arbeit zurückblicken können. Wie in anderen Orten der Umgebung, so haben die vergangenen Jahrzehnte durch die Arbeit vieler einzelner Winzer auch hier einen Weinaufschwung gebracht, für den wohl in früherer Zeit die Ritter von Scharfeneck gesorgt haben mögen. Ein wenig vom Glanz ihres alten Schlosses ist heute noch zu besichtigen.

Daneben lohnt ein Besuch im Heimatmuseum, dem „Haus der Südostdeutschen". Dieses ungewöhnliche Museum ist der Erinnerung jener Deutschen gewidmet, die zu einem großen Teil auch aus dem Weinbaugebiet der Pfalz nach Ungarn, Jugoslawien und Rumänien auswanderten. Der Hunger hatte sie getrieben. Dort in der „Batschka" und dem „Banat" hofften sie, ihr Auskommen zu finden. 250 Jahre lang wurde das Gebiet von Deutschen immer wieder neu besiedelt. Viele wohnen immer noch dort, ein großer Teil aber schloß sich nach dem zweiten Weltkrieg dem Zug der Rückwanderer an. Viele von ihnen haben mitgewirkt – in tätiger Arbeit oder durch Spenden von Geld und Ausstellungsgegenständen –, dieses Museum zu schaffen.

Eine andere Böchinger Besonderheit ist weniger der Erinnerung als dem Heute und den frohen Stunden der Zukunft zugewandt: Die hier ansässige Sektkellerei knüpft mit ihrem Namen jedoch an die oben erwähnte Vergangenheit: „Schloß Böchingen".

Die Geschichte vom erschröcklichen Hunger eines Gerichts

Es begab sich am Martinitag des Jahres 1701. Das Gericht von Weisenheim am Sand (18 würdige Köpfe) hatte einmal wieder Gericht gehalten. Man setzte sich, wie üblich nach getaner Arbeit, zu Tisch. Und wie üblich würde die Rechnung auf Kosten der Allgemeinheit gehen.

Nun hatten die Gerichtsherren erst kurz zuvor nach der öffentlichen Versteigerung des Weinzehnten kräftig getafelt. Je zwölf Pfund Rind- und Hammelfleisch hatten nachher auf der Rechnung des Wirtes Christof Sahler gestanden.

An diesem Tag sollte es schlimmer kommen. Als die Tafel nach vielen Freß- und Saufstunden aufgelöst war, hatten die Herren 8 Pfund Schweinefleisch, 10 Pfund Hammelfleisch und 19 Pfund Rindfleisch gegessen – ein Kilo Fleisch pro Köpf!

Nachtrag: Erst 1731 kam nach vielen weiteren gewaltigen Gerichts-Mahlzeiten eine ernste Ermahnung zur Mäßigung aus dem Hause des Kurfürsten.

Heuchelheim-Klingen

930 Einwohner · Verbandsgemeinde Landau-Land Lagenkarte Seite 116/117

Der Wein

Weinbaubetriebe: 88 im Vollerwerb, 59 im Nebenerwerb

Rebland: 418 ha in der Lage Herrenpfad

Rebsorten:

Heuchelheim: Müller-Thurgau 25%, Morio-Muskat 16%, Portugieser 14%, Silvaner 12%, Kerner 6%, Scheurebe 5%, Ruländer 4%, Huxel 4%, Weißburgunder 3%, Riesling 2%, Bacchus 2%, andere 7%

Klingen: Müller-Thurgau 22%, Scheurebe 21%, Portugieser 20%, Morio-Muskat 14%, Silvaner 8%, Kerner 5%, Ruländer 4%, Riesling 1%, Weißburgunder 1%, Huxel 1%, Bacchus 1%, andere 2%

Großlage/Bereich: Kloster Liebfrauenberg/Südl. Weinstraße

Weinfest: 2. Wochenende im Juli

Gästebetten/Gaststätten: –/5

Der Ort

Pfalzdichter August Becker beschrieb die Orte im vergangenen Jahrhundert als „stattlich" und in eine fruchtbare Landschaft eingebettet. Seit 1969 sind sie vereint, und die so entstandene neue Gemeinde heißt nun Heuchelheim-Klingen. Sie ist unverändert schön gelegen.

Alt sind beide Ortsteile, Weinbau hatten sie auch schon sehr lange, und wenn man genau wüßte, wieviel Trauben um das Jahr 1000 auf einem Karren aus dem Wingert gefahren wurden, könnte man auch ziemlich genau sagen, wieviel Wein zu jener Zeit in Klingen angebaut wurde. Da gibt es nämlich eine Urkunde, die besagt, daß die Weinbauern im kleinen Klingen damals schon rund 200 Karren Trauben ernteten. Ob der Karren nun für ein Halbstück reichte oder mehr oder weniger brachte – sicher ist, daß man damals schon umfangreichen Weinbau betrieb. Das hat sich bis heute nicht geändert. (Siehe die Daten unter „Der Wein".)

Wahrscheinlich hatten beide Orte in der besagten Zeit schon ihre Rittergeschlechter: die von Klingen und die von Heuchelheim. Arm sind sie beide nicht gewesen. Die Heuchelheimer, die später den Domherrn zu Speyer stellten, besaßen eine Wasserburg, die Brack von Klingen machten über Jahrhunderte als reisende Turnierritter auf sich aufmerksam. In Urkunden ist unter anderem vermerkt, daß diese Könner zu Pferde selbst beim Stuttgarter Turnier dabeiwaren. Auch als Jäger hatten sie offenbar Erfolg, da sie ihren Beinamen nach der Jagdhundart „Bracke" erhalten haben.

Die Schlösser sind nicht mehr, und im Dreißigjährigen Krieg sank vor allem in Klingen viel Fachwerkschönheit in Schutt und Asche.

Dennoch ist so viel auch aus dem 15. und 16. Jahrhundert erhalten geblieben, daß Heuchelheim-Klingen seinen Besuchern immer noch viele dörflich-schöne Anblicke bieten kann. Einer der schönsten ist das alte Gemeindehaus, das ebenso Blumenschmuck hat, wie viele andere Fachwerkhäuser.

Der im Wettbewerb „Unser Dorf soll schöner werden" als Bundessieger (!) ausgezeichnete Ort bietet sehr gute Wandermöglichkeiten in einer stillen Landschaft, die zwischen den großen Verkehrsströmen liegt und manchmal sehr südliche Anblicke bietet.

Bei der Neugründung haben die Orte auch ihr Rebland zusammengelegt. In der sehr großen Einzellage „Herrenpfad" bebaut auch Göcklingen noch einen Anteil. Die Winzer beider Ortsteile haben in dieser Lage überdurchschnittlich viel Rotwein gepflanzt. Der ehemals vorherrschende Silvaner ist zu einem großen Teil durch Müller-Thurgau, Scheurebe und Morio-Muskat ersetzt worden.

Ein großer Teil der Ernte geht in die Gebietswinzergenossenschaft. Was dort und anderswo daraus gekeltert wird, ist unter anderem alljährlich beim Weinfest und ständig in den Gaststätten zu verkosten. Drei gibt es im Ortsteil Heuchelheim und zwei in Klingen. Die Heuchelheimer tragen biedere Namen „Zum Mühlengrund", „Dorfschenke" und „Zum Schwanen", in Klingen wollten die Wirtsleute dagegen offenbar „höher hinaus". „Royal" und „Silberbecher" sind dort die Namen.

Eschbach

625 Einwohner · Verbandsgemeinde Landau-Land

Lagenkarte Seite 115

Der Wein

Weinbaubetriebe: 35 im Vollerwerb, 40 im Nebenerwerb

Rebland: 122 ha in der Lage Hasen

Rebsorten: Müller-Thurgau 36%, Morio-Muskat 27%, Kerner 7%, Riesling 6%, Ruländer 3%, Scheurebe 3%, Silvaner 3%, Bacchus 1%, Weißburgunder 1%, andere 13%

Großlage/Bereich: Herrlich/Südl. Weinstraße

Weinfest: 2. Wochenende im August

Gästebetten/Gaststätten: 30/2

Der Ort

Unten freundliche Ausblicke in Dorfstraßen, auf Fachwerkhäuser und einen Dorfbrunnen mitten auf stillem Platz. Oben martialische Burgruinen in der Größe eines Fußballfeldes. Unten und oben liegen 250 Höhenmeter auseinander, aber das Dorf Eschbach hat das Schicksal seiner Madenburg auf dem Rothenberg über dem Dorf immer wieder teilen müssen. Wenn hier steht „seiner Madenburg", so traf das einige Zeit tatsächlich zu. Das war nach 1811, als 38 Eschbacher Familien sich zusammengetan hatten, um den gesamten Burgkomplex zu erwerben. Sie nutzten die Gebäude als – Steinbruch. Wie es dazu kam, soll hier kurz wiedergegeben sein.

„Castrum beatae Mariae", „Marienburg", „Maidenburg" und schließlich „Madenburg" so hieß die Anlage über Eschbach in den Jahrhunderten ihrer Vergangenheit. Wahrscheinlich war sie auch jene Burg, auf der laut Chronik die Fürsten im Jahre 1076 mit dem gebannten Kaiser Heinrich IV. zusammenkommen wollten. Da also beginnt ihre Geschichte, die dann über das salische Herrscherhaus und viele andere adlige Geschlechter schließlich zum Kurfürst Friedrich dem Siegreichen führte, dessen Hauptmann Friedrich von Rosenberg das schwierige Werk der Burgerstürmung geschafft hatte.

Im Bauernkrieg wurden die Aufständischen zum Räubern und Brennen ohne Widerstand eingelassen, im Dreißigjährigen Krieg aber wurde hier wieder hart gekämpft, und Ludwig der XIV. ließ sie schließlich ganz zerstören. Was danach blieb war eine so ansehnliche Menge Baumaterial, daß 1800 drei Landauer Bürger die Burg ersteigerten, und elf Jahre später die Eschbacher Interessengemeinschaft zugriff. Da waren dann die Verhältnisse umgekehrt: Früher hatten die Eschbacher meist der Burg (ihrem Besitzer) gehört, nun gehörte die Burg den Eschbachern.

Sie wurde in den folgenden Jahrzehnten durch bedeutende Kundgebungen zu einem ähnlichen Symbol der neuen Zeit und neuer Gedanken, wie die nahe Kestenburg (Hambacher Schloß). Dort war es das „Hambacher Fest", hier der „Eschbacher Rutsch" und die flammende Rede Robert Blums, der auf diesem Burgplatz 1848 vor vielen Zuhörern Einheit und Freiheit für ganz Deutschland forderte.

1870 haben Heimatfreunde den Madenburgverein gegründet, der dann die meisten der privaten Schloßanteile aufkaufte und in den Jahrzehnten bis in unsere Tage an der Erhaltung der noch vorhandenen Ruinenteile arbeitete.

Was dieser Verein den Besuchern geschenkt hat, ist immer noch ein ansehnliches Baudenkmal vergangener Größe. Wer das 180 Meter lange Burggelände durch den Nordeingang betritt, geht durch einen in den Felsen gehauenen Graben, kommt in das Gelände des Vorwerks und einen Halsgraben an die fünf bis sieben Meter dicke äußere Schildmauer mit ihren Geschützkammern. Danach folgen der Zwinger und dann die zum Teil aus dem gewachsenen Felsen bestehende und hoch aufragende Ringmauer der inneren Burg. Zu den weiteren baulichen Attraktionen gehört sicherlich auch der 64 Meter tiefe Ziehbrunnen.

Die größte Attraktion ist für viele Besucher einfach die Natur rundum und der überwältigende Blick in den Wasgau auf der einen und die Rheinebene auf der anderen Seite. Ganz nah liegen die Dächer und die Rebzeilen Eschbachs in der Lage „Hasen", in der vor allem Müller-Thurgau aber auch ein ungewöhnlich großer Anteil des bukettreichen Morio-Muskat wachsen. (Siehe „Der Wein".) Von oben wird die herrliche Lage Eschbachs am Rande des Pfälzerwalds deutlich. Das gilt auch für die klimatischen Bedingungen, besonders im Frühjahr, wenn die Blütenpracht der Bäume zwischen den Häusern und in den Weinbergen auszumachen ist.

Impflingen

725 Einwohner · Verbandsgemeinde Landau-Land

Lagenkarte Seite 115

Der Wein

Weinbaubetriebe: 47 im Vollerwerb, 49 im Nebenerwerb

Rebland: 167 ha in der Lage Abtsberg

Rebsorten: Müller-Thurgau 33%, Morio-Muskat 19%, Silvaner 18%, Kerner 6%, Ruländer 6%, Scheurebe 4%, Portugieser 2%, andere 12%

Großlage/Bereich: Herrlich/Südl. Weinstraße

Weinfest: 3. Wochenende im August

Gästebetten/Gaststätten: –/2

Der Ort

Zuerst sieht man nur den Kirchturm, einen eigenwillig geformten Turm, das Wahrzeichen Impflingens. Dann, vielleicht aus einem der Hohlwege in den Weinbergen herauskommend, blickt der Besucher auf die Dächer des Ortes. Man denkt an schönes Mittelalter, sieht Fachwerkidylle, und nur der Verkehr auf der Hauptstraße des Dorfes stört ein wenig. Und wenn es gerade August ist, dann flattern bunte Fahnen an dieser Straße und ein Spruchband spannt sich darüber: „Impflinger Weinfest".

Das kleine Dorf mit seinen schönen Fachwerkhäusern, seinen hell- bis dunkelroten Dächern und seinen Gassen und stillen Winkeln abseits der genannten Straße, hat sich zu einem rechten Weinort entwickelt. Natürlich gibt es auch hier schon lange Weinbau, zumindest seit „Emphilingen" 1135 erstmals in einer Urkunde des Klosters Klingenmünster erwähnt wurde. Über verschiedene Schreibweisen und verschiedene „Zugehörigkeiten" vom „Speyergau" über „Kurpfalz", Österreich und Frankreich entwickelte sich das Impflingen von heute mit seinem großen Müller-Thurgau-, Morio-Muskat- und Silvaner-Anbau, der durch ein breites Rebsortenspektrum zu individueller Geschmacksvielfalt ergänzt wird.

Blick über Impflingen in die Rheinebene.

Knöringen

457 Einwohner · Verbandsgemeinde Landau-Land

Lagenkarte Seite 112/113

Der Wein

Weinbaubetriebe: 7 im Vollerwerb, 17 im Nebenerwerb

Rebland: 175 ha in der Lage Hohenrain

Rebsorten: Müller-Thurgau 30%, Morio-Muskat 10%, Huxel 10%, Scheurebe 10%, Silvaner 8%, Portugieser 8%, Kerner 8%, Ruländer 3%, Traminer 3%, Faber 3%, Bacchus 3%, Riesling 2%, Spätburgunder 1%, Optima 1%

Großlage/Bereich: Bischofskreuz/Südl. Weinstraße

Weinfest: 2. Wochenende im Mai

Gästebetten/Gaststätten: –/2

Der Ort

Die Kirche ist ein Kirchlein, mächtige Fichten reichen fast bis zur Spitze ihres Turmes. Die Baum- und Kirchenidylle steht ein wenig über den Häusern von Knöringen, von weitem jedoch, etwa aus Richtung Nußdorf, sieht man gerade nur die Turmspitze über dem Rebenmeer, denn das Dorf liegt insgesamt in einer Mulde.

Wahrscheinlich hat diese Mulde einem Sippenchef namens Cnoro so gut gefallen, daß er hier seinen Hof gründete und somit der erste Knöringer war. Das muß irgendwann zwischen 500 und 700 gewesen sein; ältere Beurkundungen und die erste Namensgebung des Ortes deuten darauf hin.

Knöringen ist gewachsen, und es hat auch die Kriege um das nahe Landau miterleben müssen, wie es den Einzug der Neuzeit unter anderem mit dem Bau der „Maxbahn" erlebte. Und sicherlich arbeiten heute viele Knöringer in der nahen Stadt ... Der Ort aber hat seinen Charakter als Bauern- und Winzerdorf bewahrt, wenn nun auch Häuser und Straßen und Winkel und Wege nüchterner wirken. Die kleine Kirche ist Erinnerung an beschaulichere Zeit – zum Beispiel an den Zustand vor 150 Jahren, als Knöringens 320 Einwohner in 55 Häusern lebten und zum Dorf außerdem jeweils zwei Kirchen, Wirtschaften und Krämerläden gehörten.

Leinsweiler

445 Einwohner · Verbandsgemeinde Landau-Land Lagenkarte Seite 115

Der Wein

Weinbaubetriebe: 50 im Vollerwerb, 5 im Nebenerwerb

Rebland: 109 ha in der Lage Sonnenberg

Rebsorten: Müller-Thurgau 31%, Silvaner 20%, Morio-Muskat 30%, Riesling 12%, andere 7%

Großlage/Bereich: Herrlich/Südl. Weinstraße

Weinfeste: 1. Wochenende im Juli 1. Wochenende im August.

Gästebetten/Gaststätten: 200 (Feriendorf)/6

Der Ort

Mit seinen alten Häusern und Gassen, seinen Burgen rundum, mit dem Wein und dem Wald, mit zwei großen und berühmten „Höfen" zu beiden Seiten des Ortes ist Leinsweiler eines der großen Ausflugsziele der Rheinpfalz. Die Gastronomie des Ortes belegt das ebenso, wie die Zahl der Gästebetten oder der Besucher der Weinfeste in den Ferienmonaten Juli und August.

Blumen und Reben schmücken einige der alten Fachwerkhäuser, und der schönste Schmuck des Rathauses in der Dorfmitte ist der Brunnen davor, der hier schon seit mehr als 300 Jahren sein Wasser fließen läßt.

Weinfreunde kommen gern nach Leinsweiler, das mit seinen knapp 450 Einwohnern genauso groß ist wie vor 150 Jahren und eine ungebrochene Weinbautradition hat. Rund die Hälfte der Einwohner lebt heute noch vom Wein und mit dem Wein. Da hat sich in den genannten rund 150 Jahren nicht viel geändert, denn ein Grundsteuerkataster von 1839 weist 87 Familien aus, die als „Ackersleute" ihren Unterhalt verdienten. Da gleichzeitig fünf hauptberufliche Küfer genannt wurden, darf man annehmen, daß die meisten dieser „Ackersleute" Winzer waren. Die Zahl und die Größe der heute noch im Ort genutzten Weinkeller spricht ebenso dafür.

Ob der Wein zur Zeit der edlen Dame Landswinda auch schon eine wichtige Einnahmequelle der Bevölkerung war, ist nicht überliefert und schon mehr als 1200 Jahre her. Landswindawilare wurde die erste Siedlung nach ihrer Besitzerin genannt, und so erscheint sie erstmals in der geschriebenen Geschichte.

Das historische Geschehen dieser Region wurde später weniger vom stillen Leinsweiler als von den Burgen im nahen Umkreis bestimmt. Die gab es hier recht zahlreich, was heute dem Fremdenverkehr ungeheuer zugute kommt. Da sind „Münz", „Annebos" und „Trifels" im Hinterland, die mächtige „Madenburg" am Rande des Haardtgebirges und die Feste „Neukastel" die unmittelbar hinter dem Ort liegt. Irgendwann im zwölften Jahrhundert muß sie auf diesem 40 Meter langen und 19 Meter hohen Felsklotz zum „Nit" (Neid) der Feinde (ursprünglich „Nitkastel") aufgetürmt worden sein.

Ein Schloßgut und andere Nebenanlagen gehörten ursprünglich dazu. Sie verschwanden. An ihrer Stelle steht heute der erst im Jahre 1828 erbaut und später von dem Maler Max Slevogt erworbene und erweiterte „Neukasteler Hof", der jetzt meist „Slevogthof" genannt und von vielen Touristen besucht wird.

Auf dem „Neukasteler Hof" gibt es ebenso eine Gaststätte wie auf dem „Leinsweiler Hof", der eine gegenüberliegende Höhe krönt. Wein spielt hier wie dort eine beherrschende Rolle – und innerhalb des Weinangebotes der Gemeinde Leinsweiler sind es drei Rebsorten, die den Anbau im „Sonnenberg" beherrschen: der Müller-Thurgau, der Silvaner, der Riesling und der Morio-Muskat.

Nächste Seite: Die Haardt bei Leinsweiler und Ranschbach.

Ranschbach

643 Einwohner · Verbandsgemeinde Landau-Land

Lagenkarte Seite 115

Der Wein

Weinbaubetriebe: 45 im Vollerwerb, 55 im Nebenerwerb

Rebland: 73 ha in der Lage Seligmacher

Rebsorten: Müller-Thurgau 43%, Morio-Muskat 16%, Kerner 12%, Scheurebe 10%, Silvaner 4%, Ruländer 2%, Riesling 2%, Portugieser 1%, Weißburgunder 1%, andere 9%

Großlage/Bereich: Königsgarten/Südl. Weinstraße

Weinfest: 2. Sonntag im Juli

Gästebetten/Gaststätten: –/1

Der Ort

Ranschbach liegt idyllisch in den Ausläufern der Haardt, den Trifels auf der „Waldseite“ und die „Kleine Kalmit“ auf der „Rebenseite“. Es ist ein Winzerdorf, in der fast alle Familien Weinbau betreiben oder zumindest Verbindung dazu haben.

Aus seiner Geschichte ist nicht viel überliefert, wohl aber aus der Geschichte seines „Kaltenbrunnens“, an deren Ergänzung die Historiker weiterhin arbeiten. Bezeichnend, daß ein Winzer mit seinen Grabungen dazu einen wesentlichen Anstoß gegeben hat.

Der „Kaltenbronn“ war möglicherweise schon zu keltischer Zeit bekannt und besucht. Später wurde jedenfalls eine christliche Wallfahrtsstätte daraus, die Ranschbach viel „Fremdenverkehr“ – und dem 167 Seelen-Ort 1740 eine eigene Pfarrei brachte. Die erste Marienkapelle am Kaltenbrunnen ist in einer Urkunde 1305 erstmals erwähnt.

Die Wallfahrten dauerten bis zum Jahre 1928 an. In jenem Jahr wurde eine „Lourdesgrotte“ errichtet, die dem Besuch neuen Aufschwung gab. Die alte Wallfahrtskirche wurde jedoch – nach eingestellten Probegrabungen vor dem Krieg – erst 1973 in ihren Grundmauern freigelegt. Heute ist der Platz der lange verschwundenen Marien-Wallfahrtskirche auch das Ziel vieler Wanderer.

Ilbesheim

1200 Einwohner · Verbandsgemeinde Landau-Land

Lagenkarte Seite 115

Der Wein

Weinbaubetriebe: 80 im Vollerwerb, 60 im Nebenerwerb

Rebland: 500 ha in den Lagen Rittersberg (400 ha) und Sonnenberg (100 ha)

Rebsorten: Müller-Thurgau 27%, Silvaner 23%, Morio-Muskat 17%, Kerner 11%, Scheurebe 8%, Ruländer 4%, Portugieser 2%, Riesling 1%, andere 7%

Großlage/Bereich: Herrlich/Südl. Weinstraße

Weinfeste: Letztes Wochenende im Juni
Erstes Wochenende im September

Gästebetten/Gaststätten: 35/2

Der Ort

Mit dem Gesicht gegen die Abendsonne auf der kleinen Kalmit stehen, die Kapelle auf dem Berg im Rücken, den Abhang zum Ort vor den Füßen, die Haardtberge sattgrün im Hintergrund und das Gegenlicht auf den Wellen und Hügeln des Reblandes davor und dann auf die Dächer von Ilbesheim blicken und weiter in die friedliche Landschaft der Rheinebene, Dächer und Türme eingestreut in Weinberge, Wiesen und Äcker sehen . . . Ilbesheims kleine Kalmit, dieser Berg vor dem Gebirge, bietet einen der schönsten denkbaren Ausblicke.

Im Frühjahr blüht am Hang der kleinen Kalmit die Küchenschelle, die so nur noch ein zweites Mal in Deutschland vorkommt. Das ist dann ein schöner Anblick schon von unten aus dem Dorf, das selbst wiederum durch sein altes Fachwerkrathaus und einige andere Häuser zum Schauen reizt. Sicher gibt es auch hier nicht mehr die Beschaulichkeit, die solche Anblicke erwarten lassen, aber der Verkehr wird um das Dorf herumgeführt – und der Weinbau ist immer noch für das Dorfleben stark bestimmend.

Auf rund 80 Prozent der Gemarkungsfläche steht Wein. Auf der Restfläche wächst feines Tafelobst, das im Herbst knackig frisch in den Dorfstraßen angeboten wird. Überschüsse werden in über 40 Brennereien zu Obstbranntwein verarbeitet.

Wie stark der Weinbau das Dorfleben bestimmt, zeigt sich nicht nur beim Weinfest im Sommermonat Juni. Bei der außerordentlich großen Zahl von Vollerwerbsbetrieben gibt es einige Selbstmarkter mit individuellem Weinangebot – neben dem umfangreichen Weinsortiment der Gebiets-Winzergenossenschaft, deren Kelterhaus in der Nähe des Ortes liegt.

Auf dem überwiegend hängigen Lehmboden wächst schon seit den Römern Wein. Daß schon die Vorfahren aus der Altsteinzeit diesen Platz bevorzugten, haben einige Funde eindeutig bezeugt.

Im Dreißigjährigen Krieg wäre diese uralte Siedlungstradition beinahe für immer unterbrochen worden: Nach 1635 lag der Ort verlassen und verödet. 70 Jahre später hatten die Ilbesheimer offenbar schon so gut wiederaufgebaut, daß ein König hier Quartier aufschlug. Im spanischen Erbfolgekrieg residierte der österreichische König Josef im Rathaus. Und in diesem, seinem Hauptquartier wurde am 7. 11. 1704 der sogenannte „Ilbesheimer Vertrag“ geschlossen, der die Verhältnisse zwischen Österreich und Bayern regelte. Wahrscheinlich haben die Herren damals ihren Kompromiß mit „Ilbesheimer“ begossen. Der hatte jedoch einen anderen Charakter, als die heutigen Weine des Ortes: Der große Teil der hier angebauten Rebsorten ist erst vor wenigen Jahren oder Jahrzehnten eingeführt worden.

Links: Stimmungsbild im Februar. Nächste Doppelseite Ilbesheim mit der kleinen Kalmit.

Ilbesheim mit der kleinen Kalmit

Frankweiler

1006 Einwohner · Verbandsgemeinde Landau-Land

Lagenkarte Seite 115

Der Wein

Weinbaubetriebe: 31

Rebland: 205 ha in den Lagen Kalkgrube (115 ha) und Biengarten (90 ha)

Rebsorten: Müller-Thurgau 25%, Riesling 17%, Morio-Muskat 15%, Silvaner 10%, Kerner 7%, Ruländer 5%, Portugieser 5%, Huxel 4%, Spätburgunder 4%, Bacchus 3%, Scheurebe 3%, Weißburgunder 1%, Traminer 1%

Großlage/Bereich: Königsgarten/Südl. Weinstraße

Weinfeste: Riesling-Kerwe Anfang Juli
Kastanienblütenfest nach Pfingsten

Gästebetten/Gaststätten: 20/4

Der Ort

Von weitem ein Kirchturm, der aus dem Rebenmeer ragt, wie der Mast eines fernen Schiffes aus endloser Wasserfläche. Dann öffnet sich ein Tal voller Weinberge. Dahinter liegt der Ringelsberg mit seiner Pfälzerwald Vereins-Hütte, und davor sind sehr weiß in der Morgensonne die Häuser von Frankweiler. Genauso kann man bei einer Haardtwanderung dieses Dorf erreichen, und die Landschaft ist tatsächlich wie aus dem Bilderbuch. Daß es hier zudem ein außerordentlich mildes Klima gibt und den „wärmsten Punkt Deutschlands", sagt das benachbarte Gleisweiler in seiner Werbung.

Auch in Frankweiler ist man bestrebt, die schöne Lage, das gute Klima, die weiten Waldungen und natürlich den Wein im Fremdenverkehr zu nutzen. – Beim Wein können die Winzer in Frankweiler ein auch für die Pfalz außerordentlich breites Rebensortiment bieten, Reben, die sowohl auf leichtem Boden (tertiärer Kalk) als auch auf schwerem Boden (toniger Lehm) wachsen.

Siehe auch Foto Seiten 20/21.

Göcklingen

1028 Einwohner · Verbandsgemeinde Landau-Land

Lagenkarte Seite 115

Der Wein

Weinbaubetriebe: 32 im Vollerwerb, 70 im Nebenerwerb

Rebland: 425 ha in der Lage Kaiserberg

Rebsorten: Müller-Thurgau 38%, Silvaner 18%, Morio-Muskat 15%, Kerner 6%, Ruländer 3%, Weißburgunder 2%, Riesling 1%, Portugieser 1%, andere 16%

Großlage/Bereich: Herrlich/Südl. Weinstraße

Weinfeste: 2. Dekade im Juni, Kirchweih jeweils vorletztes Wochenende im August

Gästebetten/Gaststätten: 10/3

Der Ort

Der Ackerbau hat nur noch geringe Bedeutung, die Viehhaltung keinerlei Bedeutung mehr. Von der Flurbereinigung hat dagegen der Weinbau so sehr profitiert, daß Göcklingen heute mehr Wein hervorbringt, als jemals zuvor in seiner langen Geschichte.

Zu dieser Geschichte gehört der hinhaltende Widerstand Göcklingens gegen die französischen Revolutionstruppen, deren Leitspruch „Freiheit, Gleichheit, Brüderlichkeit" in anderen Orten der Pfalz begeistert begrüßt wurde. Die Göcklinger wollten nicht nur nicht französisch werden (viele Nachbarn wollten!), sondern ärgerten die neuen Herrscher mit ihrer konservativen – und landestreuen – Haltung so sehr, daß ihnen schließlich eine Art Geldbuße in Höhe von 20000 Gulden auferlegt wurde. Das war 1797. Erst 1832 konnte diese Schuld endgültig getilgt werden, als man ganze Eichenwälder in der Gemarkung abholzte und das Holz verkaufte. Ein übbriggebliebener Restbetrag reichte noch zur Finanzierung des Gemeindehauses.

Beim Blick von der Madenburg auf Göcklingen fällt die neue „Kaiserberghalle" auf. So heißt dieses Schmuckstück des Dorfes, das recht symbolträchtig auf dem früheren Westwall errichtet wurde. Überhaupt fällt bei dem Blick von der Burg in das Dorf ein gewisser, gediegener Wohlstand auf. Die gepflegten Häuser, viele Neubauten, Obstgärten und die Rebenfluren, das alles strahlt Solidität aus. – Die meisten Betrachter auf der Madenburg, denken bei ihrem Rundblick allerdings weniger an wirtschaftliche Gegebenheiten. Sie kommen unweigerlich ins Schwärmen, wenn sie diesen „Garten Eden" zu ihren Füßen sehen, die weite grüne, fruchtbare Landschaft, in der die Dörfer verteilt und geradezu eingeschmiegt sind, als habe sie ein Landschaftsgestalter im Modell so hingestellt. Das erste Dorf in diesem weiten Blick ist Göcklingen, wie gesagt.

Siebeldingen

1026 Einwohner · Verbandsgemeinde Landau-Land

Lagenkarte Seite 115

Der Wein

Weinbaubetriebe: 17 im Vollerwerb, 45 im Nebenerwerb

Rebland: 165 ha in den Lagen Mönchspfad (21 ha), Im Sonnenschein (63 ha) und Rosenberg (81 ha)

Rebsorten: Silvaner 29%, Müller-Thurgau 25%, Morio-Muskat 15%, Riesling 6%, Kerner 6%, Portugieser 5%, Ruländer 3%, Weißburgunder 2%, Scheurebe 1%, andere 8%

Großlage/Bereich: Königsgarten/ Südl. Weinstraße

Weinfeste: 1. Sonntag im August
Weinkerwe 2. Sonntag im Juni

Gästebetten/Gaststätten: 40/3

Der Ort

Von weitem schon ein nadelspitzer Kirchturm, der aus dem Rebenmeer ragt, dann stille Dorfstraßen, Rebenranken an den Häusern und einladende Schilder, die auf Weingutsbesitz und Weinverkauf aus eigener Erzeugung hinweisen. In diesem Weinort gibt es neben den Winzerbetrieben bedeutende Weinhandels- und Weinkommissions-Unternehmen.

Früher gab es auch Landwirtschaft – sicherlich im Jahre 772 zum Beispiel, als Siebeldingen in einer Urkunde des Klosters Lorsch erstmals als Weinbauort erwähnt wurde. Inzwischen aber bedecken Reben nahezu die ganze für den Anbau freie Gemarkungsfläche.

Es ist eine große Weinvielfalt, die hier angebaut wird – angeführt immer noch von der Traditionstraube der Pfalz, dem Silvaner. Auch der aus dem Silvaner und dem Weißen Burgunder gekreuzte Morio-Muskat hat in Siebeldingen viel Erfolg gehabt. Das war eigentlich zu erwarten, denn Landwirtschaftsrat Peter Morio hat die Sorte als langjähriger Leiter der „Bayrischen Nebenstelle für Rebenzüchtung" in Neustadt entwickelt. Diese Anstalt zog später zum Geilweilerhof bei Siebeldingen um und ist inzwischen zur Bundesforschungsanstalt für Rebenzüchtung geworden.

So haben die Siebeldinger Winzer heute konzentriertes Weinbauwissen „gleich nebenan", und die Spezialisten vom Geilweilerhof können sich die Ergebnisse ihrer Züchtungsversuche in der Winzerpraxis auf der gleichen Gemarkung ansehen. Möglicherweise waren es nicht nur Boden, Klima und Können, die den Siebeldinger Weinen zu einem guten Bekanntheitsgrad verhalfen, sondern auch dieser Erfahrungsaustausch zwischen Forschung und Praxis.

Essingen

Bornheim

Verbandsgemeinde Offenbach

Lagenkarte Seite 112/113

Essingen

183 Einwohner

Weinbaubetriebe: 56 im Vollerwerb, 65 im Nebenerwerb

Rebland: 300 ha in den Lagen Roßberg (150 ha), Sonnenberg (90 ha) und Osterberg (60 ha)

Rebsorten: Müller-Thurgau 35%, Silvaner 20%, Kerner 12%, Morio-Muskat 10%, Scheurebe 8%, Portugieser 5%, Ruländer 5%, Traminer 3%, Riesling 1%, Spätburgunder 1%

Großlage/Bereich: Trappenberg/ Südl. Weinstraße

Gästebetten/Gaststätten: 50/3

Essingens Wein wächst auf Lehm-Löß-Boden im meist flachen, auch sanft geneigten Land rund um die Gemeinde. Der Müller-Thurgau hat die in den sechziger Jahren noch vorherrschende Silvanerrebe vom ersten Platz der Rebstatistik des Ortes verdrängt. Auch der Kerner und die Scheurebe haben gute Verbreitung und gute Anbauergebnisse gefunden.

Vor dem Krieg breitete sich um Essingen noch sehr viel landwirtschaftlich als Acker und Wiese genutzte Fläche. In den Jahren nach dem Krieg verschwand hier aber ein Acker nach dem anderen zugunsten des Weinbaus. Das hat in der wirtschaftlichen Struktur des Dorfes zu derartigen Veränderungen geführt, daß jetzt 56 Familien mit sogenannten Vollerwerbsbetrieben nur vom Weinbau leben, während sich früher jeder Winzer zumindest noch etwas Vieh halten mußte, um existieren zu können.

Dabei ist auch hier der Weinbau nachgewiesenermaßen recht alt. Der Ort liegt für den Weinabsatz verkehrsgünstig an der Straße von Landau nach Speyer – heute gerade so weit abseits, daß der Verkehrslärm in guter Entfernung bleibt.

Bornheim

1000 Einwohner

Weinbaubetriebe: 17 im Vollerwerb, 10 im Nebenerwerb

Rebland: 48 ha in der Lage Neuberg

Rebsorten: Müller-Thurgau 40%, Silvaner 22%, Kerner 12%, Morio-Muskat 10%, Portugieser 2%, Ruländer 2%, Weißburgunder 1%, Scheurebe 1%, andere 10%

Großlage/Bereich: Trappenberg/ Südl. Weinstraße

Gästebetten/Gaststätten: –/3

Das Dorf liegt ein wenig abseits der Straße von Speyer nach Landau nicht weit vor den Toren Landaus. Die Geschichte der nahen Stadt hat in der Vergangenheit immer wieder das Leben der Dorfbewohner beeinflußt, wie es auch heute durch die Verbindung von Arbeit und Wohnen und Einkaufen eine recht enge Verflechtung zwischen der Stadt und dem in seiner flachen, bäuerlich-ländlichen Umgebung liegenden Dorf gibt.

„Born", das ist die Quelle, der Brunnen möglicherweise, aus dem die frühen Bornheimer ihr Wasser schöpften – fränkische Siedler vermutlich. Tatsächlich wird der Ort 1218 „Brunnenheim" genannt. Ein Jahrhundert später begann für das Dorf eine Zeit politischer Wechselbäder, wie sie kaum ein anderer Ort der Pfalz erlebt hat: Das Dorf wurde zweigeteilt, und die beiden Gemeindehälften lebten in der Folge rund 350 Jahre unter wechselnden Herrschaften.

Es begann mit dem Grafen von Zweibrücken auf der einen und den Herrschaften von Ochsenstein auf der anderen Seite. Der Bischof von Speyer und schließlich auch die Kurpfalz gehörten später zu den wechselnden Dorfhälften-Besitzern bis dann Anfang des 18. Jahrhunderts die „Wiedervereinigung" kam.

Hochstadt

2260 Einwohner · Verbandsgemeinde Offenbach

Lagenkarte Seite 112/113

Der Wein

Weinbaubetriebe: 40 im Vollerwerb, 35 im Nebenerwerb

Rebland: 350 ha in der Lage Roter Berg

Rebsorten: Müller-Thurgau 30%, Silvaner 20%, Kerner 15%, Morio-Muskat 10%, Scheurebe 5%, Riesling 4%, Portugieser 1%, Spätburgunder 1%, Ruländer 1%, Weißburgunder 1%, Traminer 1%, andere 11%

Großlage/Bereich: Trappenberg/Südl. Weinstraße

Weinfest: In der Regel im Monat August

Gästebetten/Gaststätten: 45/6

Der Ort

Hochstadt liegt im fränkischen Speyergau, und der Bischof von Speyer ist hier begütert. So steht es – frei übersetzt – in einer Urkunde aus dem Jahre 1006, in der das Dorf erwähnt wird. (Bereits im Jahre 776 gibt es eine erste Erwähnung des Dorfes.) Aus diesen Vermerken geht übrigens hervor, daß der Ortsname keineswegs auf ein „Hoch" nach geographischer Lage oder politischem Ansehen, sondern wahrscheinlich auf einen Siedlungsgründer namens Hoho zurückzuführen ist. „Hohunstater marca" heißt es einmal, als von einer Wiese in dieser Gemarkung gesprochen wird.

Der Ort liegt unverändert im Flachland zwischen Landau und Speyer – allerdings zu einem Teil in einer leichten Senke. Dieser Ortsteil hörte auf den originellen Namen Niederhochstadt. Entsprechend hieß der andere Ortsteil wenige Meter höher Oberhochstadt. Seit 1970 sind die beiden Dörfer vereint und bauen seit 1971, als das neue Weingesetz kam, ihren Wein gemeinsam in der Lage „Roter Berg" an.

Der „Rote Berg", der eher ein sanfter Hügelrücken ist, hat seinen Namen von seinem roten Lehmboden. Müller-Thurgau wächst hier vor allem. Er hat den vorher stark verbreiteten Silvaner vom ersten Platz der Anbaustatistik verdrängt. Auch die nächsten Plätze haben einige neue Rebsorten (Kerner, Morio-Muskat und Scheurebe) erreicht. Es hat sich gezeigt, daß diese Rebsorten auf dem schweren Boden Hochstadts besonders gut gedeihen.

Weingarten

1336 Einwohner · Verbandsgemeinde Lingenfeld

Lagenkarte Seite 112/113

Der Wein

Weinbaubetriebe: 1 im Vollerwerb, 35 im Nebenerwerb

Rebland: 32 ha in der Lage Schloßberg

Rebsorten: Kerner 28%, Müller-Thurgau 25%, Silvaner 11%, Scheurebe 9%, Portugieser 5%, Morio-Muskat 5%, Huxel 4%, Riesling 3%, Spätburgunder 3%, Traminer 2%, Bacchus 2%, Faber 2%, Ortega 1%

Großlage/Bereich: Trappenberg/Südl. Weinstraße

Gästebetten/Gaststätten: –/3

Der Ort

Genau 400 Meter hoch entspringt der Hainbach einem Hang des Haardtgebirges. Nach Osten verläßt er sein stilles Tal, durchquert Weinberge, tritt in die Ebene und fließt gemächlich durch eine sanft gewellte Landschaft. In 118 Meter Meereshöhe erreicht er Weingarten. Der „Schloßberg" über ihm ist hier 136 Meter hoch und mit 18 Metern über dem „Talgrund" die höchste Erhebung des Ortes.

Der „Schloßberg" erinnert an den Dorfadel, von dem nicht mehr als einige Namen, Geschichte und Geschichten geblieben sind. Die Junker von Weingarten machten überörtlich durchaus Karriere, im Ort selber gabe es jedoch häufig Ärger mit den Untertanen. Unter anderem sind die Akten mehrerer Prozesse überliefert, in denen um Nutzungs- und Eigentumsrechte (zum Beispiel im Wald) gestritten wurde. – Das Schloß, das einst den „Berg" krönte, war schon lange Ruine, als vor 200 Jahren die letzten Grundmauern abgetragen wurden.

Auch der Wald hat arg unter den Zeitläufen gelitten. Von der riesigen „Lußhart" (Luß gleich Sumpf und Hart gleich Wald), dem Sumpfwald des frühen Mittelalters ist nach den Kahlschlägen der späteren Herren und Heere nicht mehr allzuviel geblieben, wenn auch Weingarten mit rund 300 Hektar Waldbesitz noch vergleichsweise gut daran ist.

Früher war dieser Wald beliebtes Aufmarschgebiet der Armeen vieler Nationen. Im Krieg von 1688 bis 1697 waren irgendwo in den ausgedehnten Wäldern rund um Weingarten (bis Landau, Neustadt und Speyer) immer Soldaten. Häufig zogen sie durch den Ort oder blieben dort – und hinterließen Armut und Elend. Nach drei Jahren Frieden begann 1700 ein neuer Krieg, und das Dorf hatte wieder zu leiden. 1706 stationierte die französische Armee 80000 Mann bei Speyer. Die Bevölkerung mußte sie versorgen. 1707 rückte die bayrische Armee an. Wieder galt es zu „fouragieren". Neue Heere in den Jahren 1708 und 1709, 1710 schließlich kam der General Cronsfeld in den Weingartener Wald und bat die Bevölkerung zur Verpflegungskasse. 1711 war es nicht viel anders, und 1713 wurde dann durch die Franzosen, die Landau belagerten „alles ruiniert und geplündert", wie ein Zeitgenosse in die Chronik schrieb.

Daß Weingarten diese und andere Schreckensjahrzehnte als beliebter Aufmarschplatz für das befestigte Landau oder auch Station auf dem Weg nach Speyer überstanden hat, spricht für den Lebens- und Aufbauwillen der Bevölkerung.

Nach Kelten, Römern und Alemannen waren es die Franken, die hier gelebt und regiert haben. Die erste urkundliche Erwähnung, die bis heute bekannt ist, wurde rund eineinhalb Jahrhunderte nach Abschluß der fränkischen Besiedlungsepoche im Jahre 771 niedergeschrieben. Damals hieß Weingarten „Wipgarda", was „Weibgarten" bedeutet. 11 Jahre später und immer noch zur Zeit Karl des Großen hatte sich der Name in einer anderen urkundlichen Erwähnung bereits zu Wingartheim gewandelt. Man war halt mit der Namensgebung nicht pingelig, weil die mündliche Übermittlung die Regel und „Schriftliches" die Ausnahme war.

Der schöne Name Weingarten hielt sich dann jedoch bis in unsere Zeit, obwohl das Dorf mit seinen jetzt 32 Hektar Rebland weniger eine Weinbaugemeinde ist und viel mehr von Ackerbau und Viehzucht lebt. Der größere Teil der erwerbstätigen Bevölkerung arbeitet „auswärts" – jeweils über 100 Bewohner in den Städten Speyer und Ludwigshafen.

Die Orientierung nach „draußen" begann im Jahre 1841, als die Eilpost Mannheim – Speyer – Landau mit Pferdewechsel (Relaisstation) in Weingarten eingerichtet wurde. 1905 erhielt Weingarten durch eine kleine Bahnlinie von Speyer nach Geinsheim Bahnanschluß. Das sogenannte „Gäuoder Pfefferminzbähnel" versah 51 Jahre lang seinen Dienst – und ist heute mit „Bahnhofstraße" und ehemaligem Bahnhof eine schöne Erinnerung.

Andere schöne Erinnerungen an die Vergangenheit bieten in Weingarten zahlreiche ältere Häuser. Von den über 300 Wohngebäuden dieses in der fruchtbaren Landschaft nahe Landau ausgebreiteten Dorfes sind rund ein Drittel vor dem ersten Weltkrieg gebaut worden.

Schwegenheim

2241 Einwohner · Verbandsgemeinde Lingenfeld — Lagenkarte Seite 112/113

Der Wein

Weinbaubetriebe: 15 im Nebenerwerb

Rebland: 15 ha in der Lage Bründelsberg

Rebsorten: Müller-Thurgau 47%, Kerner 16%, Silvaner 12%, Bacchus 7%, Mariensteiner 4%, Faber 4%, Ehrenfelser 3%, Ruländer 2%, Huxel 2%, Weißburgunder 1%, andere 2%

Großlage/Bereich: Trappenberg/ Südl. Weinstraße

Gästebetten/Gaststätten: 5/4

Der Ort

Geologisch gesehen liegt Schwegenheim auf der „Niederterrasse" im nördlichen Oberrheintiefland, die sich im wesentlichen während des Diluviums gebildet hat. Praktisch bedeutete das für die frühesten Schwegenheimer, in einem unendlichen Wald mit weitgehend sumpfigem Boden zu wohnen. Daß es diese frühen Schwegenheimer gab, beweisen steinzeitliche Funde auf der Gemarkung. Daß später auch die Römer hier waren, zeigt die archäologische Karte der Pfalz, die für Schwegenheim unter anderem eine römische Ansiedlung verzeichnet. Als Schwegenheim 985 zum erstenmal in einer Urkunde auftaucht, war schon ein großer Teil des Waldes gerodet, so daß Wein und Getreide angebaut werden konnte, aber der „Lußhart" (Luß gleich Sumpf, Hart gleich Wald) bestimmte immer noch das Landschaftsbild. Die Schwegenheimer bezogen aus den reichen Eichenbeständen jahrhundertelang ihr Bauholz für die Fachwerkhäuser des Dorfes.

Leider wurde – überwiegend in den Kriegen – mit diesem schönen Wald Raubbau getrieben. Dennoch ist Schwegenheim auch heute „Waldbesitzer". 315 Hektar stehen noch auf der Gemarkung, und fast die Hälfte davon ist Eichenwald.

Kriegerischer Raubbau wurde während der Kriege auch im Dorf selbst getrieben. Nach dem „Dreißigjährigen" war das Dorf nahezu zerstört und ausgestorben, erhob sich aber aus seinen Trümmern – im Gegensatz zum benachbarten Dunsenheim, an das heute nur noch der Name Dunsenwiesen erinnert. Schwegenheim lag schon für den mittelalterlichen Verkehr sehr günstig an einem Treffpunkt der Fahrwege von Straßburg und Landau. Von hier ging es weiter zum nahen Speyer und zu den fernen Städten Frankfurt und Heidelberg. Schwegenheim war Station und hatte wirtschaftlichen Gewinn davon.

Die Station gibt es nicht mehr, viele Schwegenheimer fahren heute zur Arbeit in das nahe Speyer, aber ein guter Teil lebt noch von Landwirtschaft und Weinbau, und das Gemeinwesen ist wahrscheinlich lebendiger als in den Jahrhunderten der Vergangenheit. Da gibt es die vielen Vereine, das Engagement für öffentliche Aufgaben wie zum Beispiel den Bau eines Radwanderweges (!) und schließlich den lebendig gestalteten und geschriebenen „Schwegenheimer Heimatbrief" als Spiegel und Klammer dörflichen Lebens, dessen Empfänger sich auch aus dem Ausland mit Beiträgen melden.

Lustadt

3006 Einwohner · Verbandsgemeinde Lingenfeld — Lagenkarte Seite 112/113

Der Wein

Weinbaubetriebe: 45 im Nebenerwerb

Rebland: 72 ha in der Lage Klostergarten

Rebsorten: Müller-Thurgau 35%, Silvaner 14%, Morio-Muskat 13%, Kerner 12%, Ruländer 8%, Scheurebe 5%, Weißburgunder 3%, Bacchus 3%, Faber 3%, Portugieser 2%, Huxel 2%

Großlage/Bereich: Trappenberg/ Südl. Weinstraße

Gästebetten/Gaststätten: –/6

Der Ort

Mitternacht am 6. Juni 1969: Bürger aus Niederlustadt und Oberlustadt haben sich im Freien versammelt. Um 0 Uhr wird ein Signal geblasen. Es gibt kein „Nieder-" und „Ober-" mehr. Die Gemeinden sind aus der politischen Landschaft gestrichen. In der nächsten Sekunde wird ein Spruchband gehoben, eine Puppe in der Wiege bekommt symbolisch die Flasche. Lustadt steht auf dem Transparent, Lustadt heißt das Symbolbaby.

Blitzlichter, Hochrufe, ein neuer Ort ist geboren – Verwaltungsvereinfachung nach dem Motto „Aus zwei mach' eins!" Lustadt tritt noch einmal in die Geschichte, wie es 793 in gleich zwei Urkunden zweier Klöster als „Lustater marca" erstmals in der geschriebenen Geschichte auftaucht.

Später gab es die genannten zwei Lustadts, nebeneinanderliegende Dörfer, deren Schicksal immer verknüpft war. Die Lustadter wissen das sehr genau, denn zu ihrer 1200 Jahr-Feier im Jahre 1973 haben sie eine umfangreiche Vergangenheitsbeschreibung veröffentlicht. Da ist von der Burg die Rede, die schon früh im Mittelalter inmitten der umliegenden Fachwerkhäuser stand. Ihre Mauern sind im achtzehnten Jahrhundert endgültig verschwunden, ihr Wassergraben wurde zugeschüttet, heute steht die Turnhalle an dieser Stelle. Da ist auch vom Geschlecht derer von Lustadt und derer von Zeiskam die Rede, die hier ebenso eine Rolle gespielt haben, wie die Herren von Bolanden und später die Johanniter und der Kurfürst.

Eigentlich haben die Johanniter die größte Rolle gespielt. Ihnen gehörte das Dorf über Jahrhunderte, und das machte sich für die Dörfler angenehm bemerkbar, denn die internationalen Verbindungen der Johanniter bewirkten häufig, daß ihre Dörfer in internationalen Verwicklungen verschont blieben. Später stritten sich der Orden und der Kurfürst um den Besitz des Doppeldorfes, wobei der Kurfürst originellerweise selbst Johanniter war. Man einigte sich schließlich kompromißlich, und Lustadt führte künftig beider Zeichen im Wappen.

Bei all dem ging es den Dörflern vergleichsweise recht gut, und sie meinten schließlich, daß man ihre Gemarkung billigerweise den „Rosengarten von Churpfalz" nennen könne. Das war in der Zeit nach 1750 etwa, und Lustadt war als Johanniter-(Doppel-) Dorf so beliebt, daß es größere Zuzugsraten hatte, als andere Pfalzgemeinden. Die Johanniter wollten deshalb nur noch vermögenden Familien den Zuzug gestatten. Die Verwaltung der Kurpfalz versuchte dagegen nachzuweisen, daß arme Leute keine Schande und Plage seien, man müsse nur das vorhandene Land ordentlich nutzen, um alle satt zu machen.

Der zunächst reichlich vorhandene Wald wurde übrigens von allen durchziehenden Armeen hier vor den Toren Landaus fleißig und gegen den Willen der Dorfbewohner genutzt. Die mußten zu allem Überfluß ständig Abholzdienste, Fuhrdienste und Dienste beim Bau von Befestigungsanlagen leisten. Dabei hat der Ort selbst die Kriege vergleichsweise glücklich überstanden. Man sieht das heute noch an den guterhaltenen alten Häusern. Man kann es auch aus der Chronik herauslesen, die nicht nur über die Kriegsereignisse sondern auch über die Feiern der Dorfbewohner Auskunft gibt – bis hin zum alljährlichen Fest der „Loschter Hankeesdricker" in unseren Tagen. Dabei ist der Ortsname wohl kaum auf das Wort „Lust" zurückzuführen (noch keine sichere Deutung), wenn auch Marquard Freher, Lehrer zu Heidelberg und Haus- und Grundbesitzer zu Lustadt 1614 scherzhaft von seinem „Lust-Stättchen" schrieb, in dem „Obst, Safran und Zwiebeln überreich gedeihen".

Das heute in Lustadt gedeihende Obst hat den Ort über eine 1926 gegründete und inzwischen bedeutende Fruchtsaftfirma weit bekanntgemacht. So kommen aus Lustadt nicht nur Müller-Thurgau und Silvaner, sondern auch Traubensaft und Apfelsaft, Johannisbeersaft und viele andere Süßmoste.

Römerberg

6933 Einwohner

Lagenkarte Seite 114

Der Wein

Weinbaubetriebe: 1 im Vollerwerb, 240 im Nebenerwerb

Rebland: 34 ha in den Lagen Schlittberg (13 ha), Alter Berg (9 ha), Narrenberg (8 ha), 4 ha ohne Einzellagen-Bezeichnung

Rebsorten: Riesling 42%, Silvaner 30%, Müller-Thurgau 10%, Portugieser 4%, Traminer 3%, Morio-Muskat 2%, Scheurebe 2%, Kerner 2%, andere 5%

Großlage/Bereich: Trappenberg/Südl. Weinstraße

Gästebetten/Gaststätten: 70/10

Der Ort

Daß sich drei Orte auflösen, um gemeinsam eine neue Gemeinde zu gründen, ist – auch im Zeichen eifriger Verwaltungsreformen – schon recht selten. Daß sich diese Orte in der Ebene dann aber den Namen „Römerberg" geben, jedoch noch ungewöhnlicher. Sc geschehen im Jahre 1969, und der Name ist mehrfach berechtigt.

Berghausen, Heiligenstein und Mechtersheim wurden in jenem Jahr eins. Sie sind sämtlich uralter römischer Siedlungsboden, eine hervorragende Fundgrube der Historiker. Hier, in der Nähe von Speyer, wurde der berühmte Wein gefunden, der heute als der älteste deutsche Wein – eben aus der Römerzeit – im Speyerer Weinmuseum steht. Hier wurden in den Dorfgemarkungen selbst unter anderem ein Winzermesser und eine guterhaltene Statuette ausgegraben. Kein Zweifel, hier im Rhein- und Altrheingebiet waren die Römer nahe ihrer regionalen Zentrale Speyer besonders aktiv. Dafür steht der erste Teil des Ortsnamens. Der zweite Teil hat den gleichen Ursprung wie der Namensteil von Berghausen: Das Dorf wurde so genannt, weil es in der Rheinebene immerhin 20 Meter hoch auf dem Hochufer des Rheins liegt.

Die Speyerer Bürger wählten diesen schönen Platz vor den Toren der Stadt im vergangenen Jahrhundert zu ihrem bevorzugten Ausflugsziel. Von dieser Höhe hatten sie einen schönen Blick auf ihre Stadt.

Inzwischen gehen umgekehrt und arbeitstäglich viele Römerberger nach Speyer, um dort ihren Lebensunterhalt zu verdienen. An ihrer Scholle haben sie jedoch festgehalten, und so konnte sich schließlich die ungewöhnliche Situation ergeben, daß Römerberg im Weinbau zwar nur einen Vollerwerbsbetrieb hat – aber 240 Nebenerwerbswinzer! Und diese Wein-Fans scheuen offenbar nicht die Mühe, die der edle aber nicht ertragreiche Riesling macht. Er ist hier mit hohem Anteil Rebsorte Nummer eins.

Neben dem Wein darf bei den landwirtschaftlichen Produkten Römerbergs nicht die Erdbeere vergessen werden. Sie bedeckt hier riesige Felder. Außerdem gibt es noch beachtliche Pfirsichplantagen, und auch diese beiden Früchte wachsen meist auf dem Boden von Nebenerwerbsbetrieben.

Landau

38000 Einwohner

Lagenkarte Seite 115

Der Wein

Weinbaubetriebe insgesamt: 210 im Vollerwerb, 402 im Nebenerwerb

Rebland insgesamt: 2080 ha

Weinbaubetriebe Kernstadt (mit Queichheim und Mörlheim): 10 im Vollerwerb, 15 im Nebenerwerb

Rebland in der Kernstadt: 99 ha in der Lage Altes Löhl

Rebsorten in der Kernstadt: Silvaner 56%, Müller-Thurgau 28%, Riesling 6%, Morio-Muskat 6%, andere 4%

Großlage/Bereich in der Kernstadt: Königsgarten/Südl. Weinstraße

Weinfeste in der Kernstadt: Maimarkt mit Weindorf – letztes Wochenende im April (10 Tage)
Herbstmarkt mit Weindorf – 2. Wochenende im September (10 Tage)
Fest des Federweißen – 3. Wochenende im Oktober

Hausfronten wie diese mit dem schönen Balkon prägen das Bild Landaus sehr stark mit; Ziegel-Fronten repräsentativer Bürgerhäuser, die häufig von Weinhändlern gebaut wurden.

Gästebetten/Gaststätten in der Kernstadt: 126/310

Die Stadt

Landau, der wirtschaftliche und kulturelle Mittelpunkt der Region Südpfalz, ist eine Weinstadt – mit mehr als anderthalbtausend Hektar Rebfläche eine der größten Deutschlands. – Landau ist eine Gartenstadt – mit Zoo und Parks und vielem Grün in den Straßen; der Augenschein überzeugt. Landau ist eine ehemalige Festungsstadt mit viel Geschichte in rund siebenhundert Jahren. Einige Augenblicke daraus in Kurzform:

Landau ist eine verhältnismäßig junge Siedlung. Erstmals wird der Name 1106 urkundlich erwähnt. Die Ansiedlung gehörte lange Zeit zum Besitztum der Grafen von Leiningen. Nach dem Aussterben der Leininger Linie verlieh König

Rudolf von Habsburg dem aufstrebenden Ort im Jahre 1274 die Stadtrechte und im Jahre 1291 die Reichsfreiheit. Diese Reichsfreiheit erhielt sie 1511 wieder zurück, nachdem sie zwischenzeitlich fast 200 Jahre an die Bischöfe von Speyer verpfändet war und unter deren Verwaltung stand. Die Reichsstadt Landau wurde später 1511 Mitglied des elsässischen Zehn-Städte-Bundes, der Dekapolis.

Im Dreißigjährigen Krieg wurde die Stadt mehrfach von unterschiedlichen Heeren besetzt, zuletzt von denen des Königs von Frankreich. 1661 leisteten die Bürger König Ludwig XIV. den Treueeid. Damit wurde Landau eine französische Stadt. In den Jahren 1680 – 1691 baute der französische Festungsbaumeister Vauban die Stadt zu einer der „stärksten Festungen der Christenheit" aus. Reste dieser Anlage sind heute noch zu sehen.

Von 1702 – 1813 wechselten Stadt und Festung viermal den Besitzer zwischen Frankreich und dem Reich. Landau blieb dann bis zum Jahre 1815 französisch. 1704 erhielt König Joseph I. den Oberbefehl über die vor Landau liegende kaiserliche Belagerungsarmee. Für die Fahrt von Wien nach Landau ließ er sich eigens eine Kutsche bauen, deren Verdeck nach vorn und hinten aufklappbar war. Nach diesem Gefährt wird auch heute noch die offene Kutsche „Landauer" genannt.

1815 stand Landau ein Jahr unter österreichischer Verwaltung und wurde dann an die Krone Bayerns abgegeben.

Nach dem Krieg von 1870/71 fielen endlich die Wälle der Vauban-Festung, und die Stadt konnte wachsen. Ein Kranz von breiten Ringstraßen, von weiträumigen Parkanlagen und neuen Wohnvierteln entstand rings um die Kernstadt. Weil Landau Garnisonsstadt blieb, siedelte sich keine nennenswerte Industrie an. Das merkt man heute noch, weil es den Charakter der Stadt mit geprägt hat.

Zu einer Industriestadt ist Landau also nicht geworden, wohl aber zu einer Stadt der Schulen und Verwaltungen – und zu einem kulturellen Zentrum für die Region. Den Ruf der Gartenstadt hat man hier schon im Jahre 1949 gefestigt, als zur ersten zusammenfassenden Gartenschau nach dem Kriege eingeladen wurde. Blumenkorso, Blumenschmuckwettbewerbe und natürlich auch die im Bereich des ehemaligen Festungsringes angelegten Parks gehören heute zu diesem Bild.

Natürlich sind auch einige Baulichkeiten aus Landaus bewegter Vergangenheit übriggeblieben, die neben dem Wein einen Besuch lohnen. So ist die besagte Herberge „Zum Maulbeerbaum" auch heute noch zu besichtigen. Es gibt noch Tore aus der Festungszeit, den großen Rathausplatz, alte Kirchen und Kapellen und vor allem zahlreiche Bürgerhäuser, Patrizierhäuser aus der Zeit, als Landau schon einmal ein bedeutendes Weinhandelszentrum war.

Arzheim

Arzheim

Ortsteil von Landau

Der Wein

Weinbaubetriebe: 19 im Vollerwerb, 131 im Nebenerwerb

Rebland: 400 ha in den Lagen Seligmacher (240 ha) und Rosenberg (160 ha)

Rebsorten: Silvaner 40%, Müller-Thurgau 30%, Morio-Muskat 15%, Portugieser 5%, andere 10%

Großlage/Bereich: Königsgarten/Südl. Weinstraße

Weinfeste: Fronleichnam bis einschließlich Sonntag Kirchweih – 3. Wochenende im August

Gästebetten/Gaststätten: 10/2

Der Ort

Jahrhundertelang teilte Arzheim die Geschicke Landaus. Das stille Dorf vor den Toren der Stadt wurde im Frieden und im Krieg in das Geschehen um die begehrte und umkämpfte Festung einbezogen. Seit 1972 ist nun Arzheim mit Landau ganz eng verbunden. In jenem Jahr wurde das Dorf mit einigen anderen eingemeindet und brachte auch einen großen Teil der Gemarkung des untergegangenen Nachbardorfes Servelingen mit ein. Nach Aussterben oder Fortzug der Bevölkerung fiel die Gemarkung vor einigen Jahrhunderten nicht Landau zu, sondern wurde zwischen Arzheim und Ranschbach geteilt.

Arzheim erhielt damals den Löwenanteil und verfügte damit über eine beachtliche Fläche, die zum großen Teil für den Weinbau genutzt wurde. Das wirkte sich noch 1972 aus, als das zwischen Landau und der Haardt gelegene Dorf stolze 198 Hektar ausgewiesenen Reblandes in die neue Ehe mit der Stadt einbringen konnte. Fast alle Familien in den eng um die Kirche gescharten Häusern haben Weinbergbesitz, und eine gute Anzahl lebt nur davon (siehe „Der Wein"). Beliebteste Sorte ist hier die traditionelle Pfalzrebsorte Silvaner. Er erbringt in den beiden Lagen des Ortes auf unterschiedlichen Böden (Keuper, Lehm, Ton, Kalkboden, sandiger Lehm) verschiedene Geschmacksnuancen.

Dammheim

Ortsteil von Landau

Der Wein

Weinbaubetriebe: 18 im Vollerwerb, 12 im Nebenerwerb

Rebland: 90 ha in der Lage Höhe

Rebsorten: Silvaner 58%, Müller-Thurgau 26%, Portugieser 6%, Morio-Muskat 5%, andere 5%

Großlage/Bereich: Bischofskreuz/Südl. Weinstraße

Weinfest: 3. Wochenende im August

Gästebetten/Gaststätten: 16/3

Der Ort

Landau war gerade seit einem Jahr Reichsstadt, da bekam der wachsende Ort ein königliches Geschenk obendrein: 1292 schenkte König Rudolf von Habsburg der Stadt Landau seinen Hof vor den Stadtmauern. Der lag in Dammheim, und damit konnten die Landauer künftighin bestimmen, was im Dorf geschehen sollte. Dammheim hatte in seiner Vergangenheit immer wieder enge Verbindungen zur nachbarlichen Stadt, und ein halbes Jahrhundert lang war das Dorf regelrecht Stadtteil von Landau, wie es jetzt seit 1972 wiederum der Fall ist.

Dammheim ist das erste Dorf an der Straße von Landau nach Speyer in der Ebene, die von langen Wellen der Bodenformation lebendiger gestaltet wird. Am Hang einer solchen Welle liegt die Hälfte der Lage „Höhe", während die andere Hälfte flach ist. Auf beiden Teilen steht vorwiegend Silvaner.

Godramstein

Ortsteil von Landau

Der Wein

Weinbaubetriebe: 23 im Vollerwerb, 26 im Nebenerwerb

Rebland: 435 ha in den Lagen Klostergarten (180 ha) und Münzberg (255 ha)

Rebsorten: Müller-Thurgau 40%, Morio-Muskat 20%, Silvaner 10%, Riesling 8%, Portugieser 5%, Neuzüchtungen 17%

Großlage/Bereich: Königsgarten/Südl. Weinstraße

Weinfest: 4. Wochenende im Juli

Gästebetten/Gaststätten –/8

Der Ort

Godramstein, das jetzt durch eigenen Entschluß seiner Bewohner zu Landau gehört, hat als früheres „Reichsdorf" eine reiche Geschichte – und ist älter als die Stadt, deren Teil es wurde. 767 zum erstenmal urkundlich erwähnt, taucht es mit seinen Weinen, seinem Dorfadel und vor allem im Zusammenhang mit kriegerischen Geschehnissen immer wieder in der geschriebenen Geschichte der Region auf. Es entwickelte sich zu einem Großdorf. Die unmittelbare Reichszugehörigkeit, die das damals wichtige Privileg der Zollfreiheit in allen deutschen Staaten garantierte, trug sicherlich dazu bei. 1972 war Godramstein das größte der nach Landau eingemeindeten Dörfer.

Obwohl durch die landschaftlich schöne Lage im Westen von Landau als Wohngemeinde sehr beliebt, ist es als Winzerdorf geprägt. Viele der Vollerwerbsbetriebe sind selbstmarktende Winzer, deren Leistung sich in 30 Gold-, 36 Silber-, 32 Bronze-Preismünzen und einem Staatsehrenpreis innerhalb von 3 Jahren widerspiegelt.

Die fortschrittliche Einstellung der Godramsteiner Winzer zeigt sich nicht zuletzt auch darin, daß schon 1953 mit der Weinbergsflurbereinigung begonnen wurde. Nur wenig mehr als ein Zehntel der Reben stehen hier auf flachem Gelände, der größere Teil auf hängigem oder steilem Weinbergsgelände. Der Boden ist meist toniger Lehm mit viel aktivem Kalkgehalt, was die Voraussetzung für frische und haltbare Weine schafft.

Mörzheim

Ortsteil von Landau

Der Wein

Weinbaubetriebe: 45 im Vollerwerb, 31 im Nebenerwerb

Rebland: 358 ha in der Lage Pfaffenberg

Rebsorten: Müller-Thurgau 32%, Silvaner 20%, Morio-Muskat 10%, Kerner 10%, Scheurebe 10%, andere 18%

Großlage/Bereich: Herrlich/Südl. Weinstraße

Weinfest: 4. Wochenende im August

Gästebetten/Gaststätten: –/3

Der Ort

Als Mörzheim 1972 durch Eingemeindung zu Landau kam, brachte das alte Dorf in die Verbindung mit der jüngeren Stadt unter anderem einige hundert ha Rebland und – eine lange Siedlungsgeschichte ein. Mörzheim wurde bereits in einer Urkunde des Jahres 724 erwähnt.

Das Dorf ist jedoch noch wesentlich älter. Funde auf der Gemarkung beweisen eine Siedlungsgeschichte, die bis in die jüngere Steinzeit hineinreicht. Kurz: Vor 5000 Jahren wohnten schon namenlose Siedler an einem namenlosen Platz, der später Morinesheim und ähnlich und noch viel später schließlich Mörzheim genannt wurde. Irgendwann kamen auch die Römer hierher, blieben Jahrhunderte, und brachten wohl auch die Rebe in den Ort – wenn sie die vorher ansässigen Kelten nicht schon kannten oder (und) nutzten, was ja immer noch nicht ganz geklärt ist.

Später hat Mörzheim gleich vielen anderen Dörfern das meist harte Schicksal der Orte rund um Landau mehr oder weniger geteilt. Vielleicht hat auch Ärger dieser Art dazu beigetragen, daß die Mörzheimer die Französische Revolution begeistert begrüßten und gleich zu Anfang (mit anderen Gemeinden) für einen Anschluß an das Frankreich der „Freiheit, Gleichheit und Brüderlichkeit" stimmten. Zunächst (1793) dämpften noch preußische und österreichische Truppen den revolutionären Eifer, aber dann ging der Bürgerwunsch für rund zwei Jahrzehnte doch in Erfüllung – und auch danach gab es noch einigermaßen geordnete politische Verhältnisse für das Dorf.

In friedlichen Zeiten konnte sich der Weinbau auch in der Hügellandschaft von Mörzheim wie überall in der Rheinpfalz ausweiten – nur fehlte oft der Markt, der die erzeugten Weinmengen aufnehmen konnte. Die Dorfchronik berichtet immer wieder darüber. Zusätzlichen Unmut mußte über Jahrhunderte die „zweiherrische" politische Zuordnung bringen: Das Dorf gehörte mal diesem und mal jenem Besitzer, und lange Zeit auch gleichzeitig mehreren, die natürlich ihre Einfluß-, Gerichts- und andere Grenzen quer durch die Gemeinde zogen.

So haben denn die Mörzheimer Winzer ihre beste Zeit ganz eindeutig in unseren Tagen erreicht. Einige Zahlen mögen das verdeutlichen:

Im Jahr 1763 lebten 350 Einwohner im Dorf. Sie bewirtschafteten 32 ha Weinberge und erzielten Fuderpreise um 60 Gulden. (Die bekanntesten Weine der Mittelhaardt brachten zur gleichen Zeit etwa den doppelten Preis.) 200 Jahre später wohnten im Jahr 1963 genau 925 Menschen im Ort, und die Winzer bewirtschafteten 193 ha Weinberge. Das Fuder kostete im Herbst 300,— DM, im nächsten Jahr aber schon 500,— DM und mehr. Heute wohnen rund 1200 Menschen in diesem Landauer Ortsteil; in der Lage „Pfaffenberg" (als einziger Einzellage des Ortes) sind 358 ha Rebland ausgewiesen, die überwiegend bebaut sind, und die Trauben gehen zu rund 40% an die Genossenschaft, die heute vergleichsweise stabile wirtschaftliche Verhältnisse garantiert. Die Mörzheimer liefern vor allem Silvaner und Müller-Thurgau, die hier in weitgehend hängiger und steiler Lage auf durchweg sandigem Lehmboden wachsen.

Wollmesheim

Ortsteil von Landau

Der Wein

Weinbaubetriebe: 30 im Vollerwerb, 60 im Nebenerwerb

Rebland: 220 ha in der Lage Mütterle

Rebsorten: Müller-Thurgau 35%, Silvaner 25%, Morio-Muskat 20%, Portugieser 5%, andere 15%

Großlage/Bereich: Herrlich/Südl. Weinstraße

Weinfest: 1. Mai – Kirchweih Wochenende auf oder nach Bartholomäus (24. 8.)

Gästebetten/Gaststätten: 10/3

Der Ort

Es gibt Sommertage, da sehen die Autofahrer auf der Straße Pirmasens-Landau kurz vor Landau im hier häufigen Sonnenlicht die Dächer eines Dorfes aus einer Geländewelle rot hinter dem satten Grün der Reben – und hinter einem riesigen Sonnenblumenfeld. Darüber leuchtet dann ein weißer Kirchturm auf dem Hügel. Wenn die Autofahrer Glück haben, steht vielleicht gerade ein junger Mann an der nächsten Haltegelegenheit und verteilt Zettel, auf denen Wollmesheimer Winzer zum Besuch ihres Dorfes einladen.

Die Dächer gehören zu Wollmesheim und der Kirchturm ebenso. Der Turm ist der älteste erhaltene Kirchturm der Pfalz. Er wurde im Jahre 1006 als Wehrturm errichtet, und die Wollmesheimer haben ihn nicht im Dorf gelassen, weil sie sich durch einen unterirdischen Gang dorthin auf die Höhe flüchten konnten, wenn wieder einmal Gefahr drohte.

Auch im Dorf selbst blieb sehr viel erhalten – Fachwerkhäuser und Kopfsteinpflaster, „gemütliche" Gassen und Winkel – und eine dörfliche Ruhe, die hier kurz vor der Stadt um so mehr überrascht. Der Verkehr fließt auf der großen Straße vorbei, und die Besucher können auf der Dorf-Hauptstraße bummeln. Es kommen immer mehr Besucher, die hier Ruhe suchen (Erste Gästebetten werden angeboten) und tatsächlich eines der beschaulichsten und beschaulich-schönen Dörfer der Pfalz finden. Die Wollmesheimer haben das inzwischen offiziell und gleich mehrfach schriftlich bestätigt bekommen: Sie wurden dreimal Sieger im Landeswettbewerb „Unser Dorf soll schöner werden".

Die Aktivität, die sich hier in Dorferhaltung und Dorfgestaltung ausdrückt, führte auch zum Bau eines zeitgemäßen Dorfgemeinschafthauses, in dem selbstverständlich das „Wollmesheimer Mütterle" ausgeschenkt wird. Der Wein aus der großen Lage des Ortes wird von einer im Verhältnis ungewöhnlich großen Zahl der Vollerwerbsbetriebe erzeugt. Er ist zum großen Teil Silvaner, der auf mehr als der halben Rebfläche gepflanzt ist und auf Löß-Lehm-Boden gedeiht. Eine gute Zahl von engagierten Selbstvermarktern macht das Geschmacksbild des „Mütterle" neben den Genossenschaftsweinen besonders farbig.

Nußdorf

Ortsteil von Landau

Der Wein

Weinbaubetriebe: 74 im Vollerwerb, 117 im Nebenerwerb

Rebland: 478 ha in den Lagen Herrenberg (408 ha), Kaiserberg (50 ha) und Kirchenstück (20 ha)

Rebsorten: Müller-Thurgau 36%, Silvaner 15%, Kerner 15%, Scheurebe 10%, Morio-Muskat 10%, Portugieser 5%, andere 9%

Großlage/Bereich: Bischofskreuz/ Südl. Weinstraße

Weinfeste: Weinfest am letzten Wochenende im Juni
Weinkerwe 1. Wochenende im August

Gästebetten/Gaststätten: 12/5

Der Ort

„Wein" und „Pfälzer Bauernkrieg", das sind zwei Begriffe, die Genießern und Geschichtskundigen in ganz Deutschland im Zusammenhang mit dem Namen Nußdorf einfallen. Daß die Nußdorfer selbst außerordentlich geschichtsbewußt sind, dazu hat wohl der kluge und korrekte pfälzische Geschichtsschreiber Georg Lehmann beigetragen, der als Pfarrer im neunzehnten Jahrhundert 30 Jahre lang in Nußdorf gewirkt hat. Der korrekten Geschichtsschreibung dieses klugen Mannes verdankt auch Nußdorf viele Einzelheiten aus der Vergangenheit. Zeugen dieser Vergangenheit sind der römische „Viergötter-Stein" (ein Altar), der in die Kirche als Eckstein eingefügt ist, und der gotische Chor dieser Kirche mit seinen Fresken.

Zu den traurigen Erinnerungen gehört, daß eine Nußdorferin in jenen unseligen Hexenprozessen der Stadt Landau das erste Opfer wurde. Auch das für die Geschichtsschreibung wichtigste Nußdorfer Ereignis nahm keinen guten Ausgang: Bei der Kirchweih am 23. April 1525 begann der pfälzische Bauernkrieg in Nußdorf – mit großer Wahrscheinlichkeit ist der Ort der ersten Absprachen sogar in einem der schönen Fachwerkhäuser des Dorfes zu suchen. Das Haus steht heute noch und wurde erst jüngst von den Nußdorfern restauriert. Ebenso wird eine „Bundschuhflagge" der aufständischen Bauern (allerdings als Nachbildung) noch im Dorf aufbewahrt.

Wie sich das Dorf in die allgemeine Geschichte eingeschrieben hat, so konnte es auch in der Weingeschichte einen Markstein setzen – mit einem außergewöhnlichen Mostgewichtsrekord: 1971 wurde hier eine Trockenbeerenauslese mit einem Mostgewicht von 327 Grad Öchsle gelesen.

Der Rekord kam nicht von ungefähr. Das Engagement der Nußdorfer beim Weinbau wurde in den letzten Jahrzehnten unseres Jahrhunderts immer deutlicher. Während früher der größere Teil der Bevölkerung in der Landwirtschaft arbeitete, spielt diese heute in Nußdorf keine Rolle mehr. Dafür hat sich die Rebfläche in den vergangenen 80 Jahren mehr als verdoppelt. Bedeutend für unsere Verhältnisse, nicht zuletzt im Blick auf die Ölverknappung, sind die Erdölfunde im Bereich der Nußdorfer Gemarkung, die seit 1957 ausgebeutet werden. Zur Zeit sind hier 41 Förderstellen in Betrieb.

Die Nußdorfer Winzer entschlossen sich schon lange, bevor das Weingesetz von 1971 zum verstärkten Qualitätsweinbau mit eigener Vermarktung zwang, die Qualität der örtlichen Weine durch eine Organisation zu fördern. Sie gründeten 1953 eine Qualitätsweinbau-Vereinigung, tauschten ihre Erfahrungen aus und traten miteinander in einen edlen Wettbewerb, dessen Früchte sie alljährlich bei mehreren öffentlichen Weinproben präsentierten.

Auf ihrer großen und durchweg an sanften Hügeln gelegenen Rebfläche gedeihen neben dem Müller-Thurgau, der dominierend ist, sowie Silvaner und Riesling auch Neuzüchtungen.

Herxheim
Rohrbach

Insheim

Verbandsgemeinde Herxheim

Lagenkarte Seite 115

Herxheim

9000 Einwohner

Weinbaubetriebe: 2 im Vollerwerb, 8 im Nebenerwerb

Rebland: 20 ha in der Lage Engelsberg

Rebsorten: Müller-Thurgau 30%, Kerner 20%, Morio-Muskat 20%, Silvaner 8%, Riesling 5%, Scheurebe 5%, Faber 3%, Huxel 2%, Bacchus 2%, Portugieser 2%, Ruländer 2%, Herold 1%

Großlage/Bereich: Herrlich/Südl. Weinstraße

Gästebetten/Gaststätten: 40/30

Herxheim ist mit dem 1974 eingemeindeten Hayna eine recht große Weinbaugemeinde mit einer vergleichsweise kleinen Rebfläche, die nur von 10 Winzern bewirtschaftet wird. Daß hier nur ein kleiner Teil des ausgewiesenen Reblandes mit Reben bebaut ist, liegt nicht etwa an der mangelnden Aktivität der Herxheimer, sondern einfach an der Lage am Rande des Weinbaugebietes und daran, daß die Äcker noch mit gutem wirtschaftlichen Erfolg für Gemüse, Tabak und Zwiebeln genutzt werden. Herxheim ist die größte Tabakanbaugemeinde der Bundesrepublik Deutschland.

Was die Aktivität angeht, so haben die Einwohner des alten Harigisheim (Urkunde von 773) mehrfach besonderen Einsatz und Mut zu neuem Anfang bewiesen. Die Gemeinde ist sowohl im Dreißigjährigen Krieg, als auch in der Folgezeit nahezu ausgelöscht worden – und in folgenden Friedenszeiten immer gesund gewachsen. Das gilt heute noch.

Die Stadt Herxheim ist nicht – wie andere Pfalzorte – durch ihren Wein bekanntgeworden, sondern durch ihr Sandbahnrennen. 1931 haben hier begeisterte Motorradfahrer damit angefangen – und heute sind die Herxheimer Rennen auf der inzwischen erweiterten Rennbahn im Waldstadion weltberühmt, in Fachkreisen aber auch bei Nicht-Fans wohlbekannt.

1701 hatte der Ort genau 1000 Einwohner. 1824 zählte man schon 3127 Herxheimer Köpfe – und beschloß, auf den Mauern der alten Ritterburg derer von Holzapfel eine Schule zu errichten. Inzwischen ist der Schulbau sehr gefördert worden, ebenso wie der Bau von Sportanlagen. Auch ein Rathaus wurde nach dem Kriege neu errichtet.

Insheim

2000 Einwohner

Weinbaubetriebe: 18 im Vollerwerb, 15 im Nebenerwerb

Rebland: 110 ha in der Lage Schäfergarten

Rebsorten: Müller-Thurgau 20%, Silvaner 20%, Morio-Muskat 15%, Kerner 10%, Ruländer 8%, Scheurebe 8%, Portugieser 3%, Spätburgunder 3%, Riesling 1%, Weißburgunder 1%, Traminer 1%, andere (vor allem Huxelrebe) 10%

Großlage/Bereich: Herrlich/Südl. Weinstraße

Weinfest: 4. Wochenende im Oktober

Gästebetten/Gaststätten: 10/5

Der fruchtbare Boden, das milde Klima und die von Unwettern selten heimgesuchte Lage waren die Gründe, warum schon seit der mittleren Steinzeit Siedler an den Hängen des Quadbaches seßhaft wurden. Aufgrund ergiebiger Bodenfunde läßt sich von damals bis heute in Insheim eine lückenlose Besiedlung nachweisen.

Rohrbach

1555 Einwohner

Weinbaubetriebe: 11 im Vollerwerb, 35 im Nebenerwerb

Rebland: 127 ha in der Lage Mandelpfad

Rebsorten: Müller-Thurgau 30%, Morio-Muskat 20%, Scheurebe 15%, Silvaner 10%, Kerner 10%, Huxel 10%, Riesling 5%

Großlage/Bereich: Herrlich/Südl. Weinstraße

Weinfest: Juni oder Juli

Gästebetten/Gaststätten: 10/9

Im Jahre 1720 standen die Reben Rohrbachs nur noch auf 5 Hektar Anbaufläche. 1929 waren es 10, 1939 immerhin 33 Hektar. Der richtige Aufschwung aber kam nach dem Krieg, und Flüchtlinge aus dem Banat in Rumänien hatten einen guten Anteil an diesem Aufschwung. Sie siedelten in Rohrbach, freuten sich, im gewohnten Weinbau arbeiten zu können – und hatten besonderes Interesse an den neuen Rebenzüchtungen. Bis 1965 war die Rebfläche verdoppelt und bis heute kam danach noch einmal eine Verdoppelung.

Bellheim

6953 Einwohner · Verbandsgemeinde Bellheim

Lagenkarte Seite 115

Der Wein

Weinbaubetriebe: 25 im Nebenerwerb

Rebland: 5,77 ha in der Lage Gollenberg

Rebsorten: Silvaner 86%, Müller-Thurgau 13%, Portugieser 1%

Großlage/Bereich: Trappenberg/ Südl. Weinstraße

Gästebetten/Gaststätten: 35/21

Der Ort

„An Äcker, Wald und Wiese isch nit g'schpart". So lautet ein Werbespruch der Gemeinde Bellheim, mit dem das Großdorf in das Neuland des Fremdenverkehrs aufgebrochen ist. Das Wort „Aufbruch" ist so kennzeichnend für die Bellheimer, daß es über vielen ihrer Aktivitäten stehen könnte. Aus dem Bauerndorf der Jahrhundertwende ist innerhalb weniger Jahrzehnte eine der dynamischsten Gemeinden des rheinpfälzischen Weinbaugebietes geworden. Dabei muß erwähnt werden, daß der Weinbau hier mit wenig Rebland am Rande des Weinbaugebietes nur eine kleine Rolle spielt.

Die große Rolle spielen in Bellheim Tabak und Bier. Wer durch die bäuerliche „Gartenlandschaft" von Wiesen, Wäldern und Feldern nach Bellheim kommt, findet diese Behauptung durch den Augenschein bald bestätigt. Wer dabei von Norden anreist, durchquert den „Bellheimer Wald", der 750 Hektar groß und zu einem guten Teil im Besitz der Gemeinde ist. Noch besser ist die Gemeinde mit ihrem Gemarkungsgebiet insgesamt dran: Bei fast der Hälfte der Fläche hat sie als Eigentümer das Sagen – ein Traumziel fast aller deutscher Orts- und Städteplaner.

Daß die Bellheimer ihre Möglichkeiten genutzt haben, zeigt sich unter anderem im Freizeitangebot der Großgemeinde. Da gibt es neben dem geräumigen Freibad einen Waldsportpfad und vergleichsweise großzügige Sportanlagen für so unterschiedliche Sportarten wie den Fußball- und Radsport zum Beispiel. Auf beiden genannten Gebieten ist die Bellheimer Jugend landesweit für besondere Leistungen bekannt.

Flurbereinigung und Waldpflege, Verkehrs- und Grünanlagen, Schulbauten und Sporthalle, die landwirtschaftlichen Produkte der bäuerlichen Umgebung, der Ortskern mit Fachwerkhäusern und die alten Tabakschuppen und nicht zu vergessen der wenige eigene „Ortswein" – auf allen Gebieten beweist diese Gemeinde einen außergewöhnlichen Schwung und Ideenreichtum. Da werden die sogenannten „Reiter- und Brandwiesen" am Ortsrand als „Prärie der Pfalz" vorgestellt und genauso fröhlich-locker heißt es im flotten Ortsprospekt zusammenfassend über einen Bellheim-Ferienaufenthalt: „Keine grandiose Tour, aber unverfälschte, herrliche Natur!"

Zeiskam

1925 Einwohner · Verbandsgemeinde Bellheim

Lagenkarte Seite 112/113

Der Wein

Weinbaubetriebe: 33 im Nebenerwerb

Rebland: 33 ha in der Lage Klostergarten

Rebsorten: Müller-Thurgau 60%, Silvaner 12%, Morio-Muskat 10%, Kerner 5%, Ruländer 4%, Scheurebe 3%, Portugieser 1%, andere 5%

Großlage/Bereich: Trappenberg/ Südl. Weinstraße

Gästebetten/Gaststätten: –/7

Das frische Rebengrün im Mai/Juni

Der Ort

Früher stand in Zeiskam eine Ritterburg, und die Herren dieser Burg, also die von Zeiskam, waren sehr reich. Sie waren als dörfliche Adelsfamilie auch außerordentlich mächtig und konnten es sogar wagen, in einer ihrer Fehden gegen das mächtige Straßburg zu kämpfen. Durch sein Rittergeschlecht mit dem weitgestreuten Besitz, war Zeiskam schon im Mittelalter weit über die Grenzen der Region hinaus bekannt.

Später erlangte das Dorf einen guten Ruf eher durch die Zwiebeln, Gewürzpflanzen und Küchenkräuter, die hier reichlich wuchsen. In den Begriffen jener Zeit muß es so etwas wie ein „pfälzisches Ostindien" oder eine „Gewürzinsel im Rebenmeer" nach Art der Molukken gewesen sein. An diese Zeit erinnern die gekreuzten Zwiebeln im Ortswappen.

Heute wächst auf dem gleichen, überaus ertragreichen Boden immer noch Edles: Der Erzeugungsschwerpunkt liegt jetzt bei Freilandgemüse. Ein neuer Gemüsegroßmarkt am Ortseingang sorgt nun dafür, daß die Zeiskamer Grünprodukte in kurzer Zeit zu den Großmärkten der Städte gelangen. – Früher zogen die „Zeiskamer Samenhändler" selber über Land.

Der Wein hat hier keine so große Verbreitung gefunden, wie in nahegelegenen Orten. Das Gemüse ist einfach zu erfolgreich. Die 33 Hektar Rebland werden von ebenso vielen Winzern im Nebenerwerb bewirtschaftet.

Eine Verbindung zur Ritterzeit ist Zeiskam übrigens geblieben. Ritter waren Reiter, wie das Wort sagt, und die Reiter haben im Dorf nach wie vor großen Zulauf bei ihren „Spielen": Es gibt ein herrlich gelegenes Reiterstadion am Waldrand – und unter anderem ein bekanntes „Pfingstturnier".

Knittelsheim

735 Einwohner · Verbandsgemeinde Bellheim

Lagenkarte Seite 115

Der Wein

Weinbaubetriebe: 37 im Nebenerwerb

Rebland: 11 ha in der Lage Gollenberg

Rebsorten: Müller-Thurgau 55%, Silvaner 30%, Kerner 5%, Scheurebe 5%, andere 5%

Großlage/Bereich: Trappenberg/Südl. Weinstraße

Weinfest: Kirchweih am 1. Sonntag im Oktober

Gästebetten/Gaststätten: 8/4

Der Ort

Knittelsheim, das frühere „Cnutilesheim" (Heim des Cnutil) ist ein ruhig gelegenes Bauerndorf abseits der Straße von Landau nach Bellheim/Germersheim. Hier wird nur noch wenig Weinbau betrieben, und so ist auch nur ein geringer Teil des als Rebland ausgewiesenen Gebietes der Lage „Gollenberg" mit Wein bestanden. In diesem kleinen Weinberg haben auch noch Winzer aus Bellheim und Ottersheim ihre Parzellen. Offenbar macht jedoch auch in diesem einem Gebiet des Ackerbaus und des Gemüsebaus der Umgang mit den Reben so viel Freude, daß 37 Familien des Ortes kleine und kleinste Weingärten im Nebenerwerb bewirtschaften. Sie pflanzen vor allem Müller-Thurgau und Silvaner an. – Für Weinbau und Ackerbau gilt unverändert der Satz einer alten Beschreibung: „Ihre Mark ist sehr fruchtbar, ihr Feldbau ausgezeichnet . . ."

Ottersheim

1459 Einwohner · Verbandsgemeinde Bellheim

Lagenkarte Seite 115

Der Wein

Weinbaubetriebe: 123 im Nebenerwerb

Rebland: 16 ha in der Lage Kahlenberg

Rebsorten: Silvaner 53%, Müller-Thurgau 31%, Kerner 5%, Morio-Muskat 4%, Scheurebe 1%, andere 6%

Großlage/Bereich: Trappenberg/Südl. Weinstraße

Gästebetten/Gaststätten: –/3

Der Ort

In der kleinen Ottersheimer Lage „Kahlenberg" bestimmt noch der Silvaner das Anbaubild. Die früher viel stärker verbreitete Standardsorte der Pfalz gedeiht auf dem Lößboden gut und bedeckt mehr als die Hälfte der Rebfläche. Insgesamt spielt der Weinbau hier in dem leicht welligen Flachland zwischen Landau und dem Rhein keine große Rolle, fast die gesamte Fläche des katastermäßig ausgewiesenen und maximal nutzbaren Reblandes wird für den Anbau von Hackfrüchten und Getreide, Gemüse und Tabak unter anderem genutzt. Das schmucke Dorf war 1970 Landessieger im Wettbewerb „Unser Dorf soll schöner werden".

Die Geschichte vom fairen Pfälzer und dem Moselriesling

Es war im Jahre 1954. Josef Keller, Oberverwaltungsrat aus Speyer, und einer der sehr Aktiven im Weinbau der Rheinpfalz, saß mit zwei Freunden in einer Gaststätte von Bernkastel-Kues an der Mosel. Man aß und trank und sprach natürlich über den Moselwein.

Wie man darüber sprach, und was im einzelnen gesagt wurde, daran konnte sich Josef Keller nicht genau erinnern, als er in die heimische Pfalz zurückgekehrt war, wohl aber hatte er die freundlichen Menschen vom Nebentisch gut in Erinnerung, die sich so angelegentlich für diese Moselwein-Diskussion interessiert hatten.

Zwei Wochen nach der Rückkehr brachte die Post den Kellers ein Paket in's Haus. Inhalt: Zehn Flaschen vom berühmten Josephshöfer, eine Auslese des wunderbaren Jahrgangs 1953. Im Begleitschreiben stand die Erklärung für diese überraschende Sendung: „. . . daß ein Pfälzer so fair über den Moselwein sprechen kann."

Bad Bergzabern

6372 Einwohner · Verbandsgemeinde Bad Bergzabern

Lagenkarte Seite 116/117

Der Wein

Weinbaubetriebe: 11 im Vollerwerb, 5 im Nebenerwerb

Rebland: 70 ha in den Lagen Altenberg (25 ha) und Wonneberg (45 ha)

Rebsorten: Müller-Thurgau 25%, Morio-Muskat 20%, Silvaner 15%, Kerner 15%, Riesling 10%, andere 15%

Großlage/Bereich: Liebfrauenberg und Guttenberg/Südl. Weinstraße

Weinfest: Altstadtfest 1. Sonntag im Juni

Gästebetten/Gaststätten: 2000/22

Der Ort

„Der berühmte Medicus Jacobus Theodorus hat sich von hier Tabernaemontanus geschrieben.“ Dieser Satz schließt die Beschreibung Bergzaberns in Merians „Topographia Germaniae“ (Erstauflage 1645) ab. Tabernaemontanus war Bergzaberner Arzt. Er erregte mit seinen Werken wie „Neues Kräuterbuch“ und „Neuer Wasserschatz“ großes Aufsehen. Er galt viel in der Fachwelt, und er hätte wahrscheinlich an dem Bad Bergzabern unserer Tage große Freude. Denn damals gab es außer Wasser vom Bach im Tal und den Kräutern der Natur – und natürlich der idyllischen Lage in einem Taleinschnitt am Rande der Haardt noch nichts, was den heutigen Titel als „Staatsbad“ gerechtfertigt hätte.

Mit dem Badbetrieb ging es erst 1875 an, als Bergzabern die offizielle Qualifikation als Luftkurort erhielt. Wie genau man die Aufgabe nahm, zeigt eine Bestimmung aus der Ortssatzung, die damals das Peitschenknallen verbat, um die Ruhe der Kurgäste nicht zu stören.

1886 wurde das erste Kurhaus errichtet und 1892 eine erste Kaltwasseranlage nach dem System des Pfarrers Sebastian Kneipp. Der kam wenige Jahre später zu einem Vortrag in den Kurort und war sehr beeindruckt von der Lage der „verträumten Stadt“ in der schönen Landschaft. „Als Kurort sehr geeignet“ befand er.

Das meinten auch die Bergzaberner und erbohrten 1928 die lange ersehnte Heilquelle. Die Anerkennung als Heilbad ließ jedoch noch bis 1964 auf sich warten. Dafür kam zum „Hundertjährigen“ (als Kurort) die Ernennung zum Staatsbad.

Unter den „vier W“, die heute das Leben und das Kurgeschehen Bad Bergzaberns bestimmen, ist immer noch das „Wasser“ des Tabernaemontanus, sind noch Wiesen und Wälder, in denen er hier seine Kräuter fand. Ja, und der Wein, gewissermaßen das verbindende „W“ in dieser Aufzählung, der Wein erfreute damals wie heute Gesunde und Kranke.

Der Ort ist an drei Seiten von Weinbergen an den Haardthängen und in der Rheinebene umgeben, und die vierte Seite bildet das kleine Tal, welches in das Haardtgebirge einschneidet. Darin liegen die Kuranlagen mit dem neuen Thermalbad, der Park und ein kleiner See. Hier ist der Zugang zu Wald, Wiesen, Wasser und zum Wein, der vom kernigen Riesling bis zum bukettreichen Morio-Muskat eine breite Geschmacksauswahl der auf lehmigen bis sandigen Böden gewachsenen Rebsorten bringt.

Nachfolger des Tabernaemontanus mögen ihre Patienten heute zum gesundheitsfördernden (gemessenen) Weingenuß in den gastlichen Stätten der zum Teil autofreien Innenstadt anregen. Der „Wasserschatz“ des Arztvorbildes kann dann unter anderem für den Nachdurst geeignet sein. Im Bewegungsbad und im Sportbadezentrum wird er ohnehin reichlich genutzt.

Bad Bergzabern

Klingenmünster

2753 Einwohner · Verbandsgemeinde Bad Bergzabern

Lagenkarte Seite 116/117

Der Wein

Weinbaubetriebe: 16 im Vollerwerb, 110 im Nebenerwerb

Rebland: 280 ha in der Lage Maria Magdalena

Rebsorten: Müller-Thurgau 30%, Riesling 20%, Silvaner 17%, Portugieser 10%, Ruländer 5%, Morio-Muskat 5%, Kerner 5%, Spätburgunder 3%, Traminer 3%, Weißburgunder 2%

Großlage/Bereich: Kloster Liebfrauenberg/Südl. Weinstraße

Weinfest: 1. Sonntag im August

Gästebetten/Gaststätten: 182/6

Der Ort

Klingenmünsters Weinanbau gibt den Beliebtheitsgrad der Rebsorten in Deutschland wieder: Müller-Thurgau, Riesling und Silvaner führen die örtliche Rebsortenstatistik an. Sie stehen hier auf vergleichsweise leichtem Boden und bedecken auch einen Teil der Hänge zu beiden Seiten des Klingbachtales. Der Berghang unter der Burg Landeck ist dagegen bis zu den Häusern des Ortsrandes bewaldet. Diese Burg und das Kloster Klingenmünster haben den Ort schon im Mittelalter bekanntgemacht. Vom Kloster ist nicht mehr viel geblieben, die ansehnliche Burgruine aber bringt dem staatlich anerkannten Erholungsort auch heute noch zahlreiche Gäste. Früher kamen Reisende hierher, um König oder Grafen oder den Abt des Klosters zu besuchen – oder die jeweiligen Burgherren reisten mit ihrem Troß von einem ihrer anderen Sitze an.

„Zu Landeck auf der Feste saß König Dagobert ..." Für einen Heimatdichter wie August Becker war es leicht, sich die Szene im frühen Mittelalter vorzustellen, die Historiker haben da eher Schwierigkeiten. Es gilt aber als sicher, daß an der Stelle der heutigen, um das Jahr 1200 errichteten Burg bereits eine andere Wehranlage gestanden haben muß.

Lange vor der „neuen" Burg Landeck gab es das Kloster Klingenmünster, eine Benediktinerabtei, die im achten Jahrhundert zum erstenmal erwähnt, im siebten Jahrhundert wahrscheinlich gegründet worden ist. Andere Wehranlagen sind in der Nähe schon vor dem Jahre tausend beurkundet: die Fliehburg auf dem 457 Meter hohen „Heidenschuh" und das „Schlössel" (spätere Bezeichnung), das als ältester Burgbau Deutschlands gilt. Beide Anlagen sind nahe Klingenmünster, und beide sind in Mauer- oder Wallresten heute noch sehenswerte Wanderziele für Klingenmünster-Gäste.

Den schönsten Blick aber hat man von der Burg Landeck, die zum Teil renoviert ist. Da gibt es ein Restaurant, und beim Wein läßt sich geruhsam der Ort betrachten: im Bachtal das blaue Becken des Freischwimmbades im Vordergrund, die Winzerhäuser und Bauernhäuser unter denen auch das Geburtshaus des August Becker („Die Pfalz und die Pfälzer" unter anderem) mit seinem Denkmal davor ist. Und ganz in der Nähe der Burg geht der Blick auf die „Magdalenen-Kapelle", die nach der Maria Magdalena benannt ist und selbst wiederum der heute einzigen Lage des Ortes ihren Namen gegeben hat: „Klingenmünsterer Maria Magdalena", ein klangvoller Name für eine Vielzahl meist reinsortig ausgebauter Weine.

Dierbach

Hergersweiler

Verbandsgemeinde Bad Bergzabern

Lagenkarte Seite 116/117

Dierbach

463 Einwohner

Weinbaubetriebe: 20 im Vollerwerb, 18 im Nebenerwerb

Rebland: 200 ha in der Lage Kirchhöh

Rebsorten: Müller-Thurgau 40%, Morio-Muskat 30%, Silvaner 10%, Kerner 10%, Ruländer 3%, Scheurebe 2%, Riesling 1%, Portugieser 1%, Spätburgunder 1%, andere 2%

Großlage/Bereich: Guttenberg/Südl. Weinstraße

Weinfest: Sonntag nach Laurentius

Gästebetten/Gaststätten: –/2

Hergersweiler

121 Einwohner

Weinbaubetriebe: 22 im Nebenerwerb

Rebland: 50 ha in der Lage Narrenberg

Rebsorten: Müller-Thurgau 30%, Morio-Muskat 30%, Weißburgunder 6%, Riesling 5%, Portugieser 5%, Silvaner 4%, Kerner 4%, Scheurebe 2%, Spätburgunder 2%, Ruländer 2%, Traminer 1%, andere 9%

Großlage/Bereich: Kloster Liebfrauenberg/Südl. Weinstraße

Gästebetten/Gaststätten: –/1

Kapellen-Drusweiler

Kapsweyer

Verbandsgemeinde Bad Bergzabern

Lagenkarte Seite 116/117

Kapellen-Drusweiler

739 Einwohner

Weinbaubetriebe: 20 im Vollerwerb, 20 im Nebenerwerb

Rebland: 110 ha in der Lage Rosengarten

Rebsorten: Müller-Thurgau 40%, Morio-Muskat 20%, Silvaner 10%, Riesling 5%, Portugieser 2%, andere 23%

Großlage/Bereich: Kloster Liebfrauenberg/Südl. Weinstraße

Gästebetten/Gaststätten: –/1

Kapsweyer

900 Einwohner

Weinbaubetriebe: 20 im Nebenerwerb

Rebland: 25 ha in der Lage Lerchenberg

Rebsorten: Müller-Thurgau 40%, Morio-Muskat 30%, Silvaner 15%, Weißburgunder 5%, Traminer 5%, Kerner 5%

Großlage/Bereich: Guttenberg/Südl. Weinstraße

Gästebetten/Gaststätten: –/2

Barbelroth Niederotterbach

Verbandsgemeinde Bad Bergzabern

Lagenkarte Seite 116/117

Barbelroth

587 Einwohner

Weinbaubetriebe: 30 im Nebenerwerb

Rebland: 50 ha in der Lage Kirchberg

Rebsorten: Müller-Thurgau 35%, Morio-Muskat 20%, Silvaner 20%, Portugieser 10%, Riesling 5%, Ruländer 2%, Traminer 2%, Kerner 2%, Scheurebe 2%, Weißburgunder 2%,

Großlage/Bereich: Kloster Liebfrauenberg/Südl. Weinstraße

Gästebetten/Gaststätten –/1

Niederotterbach

260 Einwohner

Weinbaubetriebe: 13 im Vollerwerb, 7 im Nebenerwerb

Rebland: 40 ha in der Lage Eselsbuckel

Rebsorten: Müller-Thurgau 40%, Silvaner 20%, Morio-Muskat 14%, Kerner 10%, Riesling 5%, Portugieser 5%, Scheurebe 5%, Ruländer 1%

Großlage/Bereich: Guttenberg/Südl. Weinstraße

Weinfest: 2. Sonntag im September Kirchweih

Gästebetten/Gaststätten: –/1

Dörrenbach

1068 Einwohner · Verbandsgemeinde Bad Bergzabern

Lagenkarte Seite 116/117

Der Wein

Weinbaubetriebe: 5 im Vollerwerb, 55 im Nebenerwerb

Rebland: 140 ha in der Lage Wonneberg

Rebsorten: Morio-Muskat 25%, Riesling 20%, Silvaner 20%, Müller-Thurgau 15%, Kerner 6%, Weißburgunder 5%, Portugieser 3%, Ruländer 3%, Traminer 3%

Großlage/Bereich: Guttenberg/Südl. Weinstraße

Weinfeste: 1. Wochenende im Juni, 2. Sonntag im Oktober
4. Sonntag im Juli, ab Mitte September bis Ende Oktober an jedem Wochenende

Gästebetten/Gaststätten: 235/5

Der Ort

Kleinod, „Schmuckstück von einem Dorf" – solche Bezeichnungen fallen dem Besucher Dörrenbachs sehr schnell ein. „Dornröschen der Pfalz" nennen die Dörrenbacher ihren Ort selber. Wie auch immer: Schön ist es hier am Rande der Haardt-Weinberge und schon mitten im dichten Waldgebiet. Schön ist der Ort, wenn man mit dem Wagen von der Hauptstraße zwischen Bad Bergzabern und Schweigen abbiegt und über eine stille und kurvige Straße hineinfährt. Schön ist er auch, wenn man vom nahen „Stäffelbergsturm" auf die Dächer hinuntersieht.

Gute Luft, Edelkastanienwälder, viel Fachwerk, viele mächtige Bruchsteinmauern, Wehrtürme und eine Kirche, ein mittelalterliches Ellenmaß ebenso in Stein gehauen wie ein Rundmaß, das wohl die Größe eines Brotes oder Käses für die Zehntabgaben festlegen sollte.

Nur wenige der Feriengäste oder Wochenendbesucher des Ortes wissen, wie sehr die Dörrenbacher um den Erhalt ihrer baulichen Schönheiten kämpfen mußten, wie oft sie wiederaufbauen mußten. Ihre erste große Tat mit Stein und Kelle leisteten sie, als die Guttenburg der Staufer in Trümmer gesunken war: Die Dörfler erhielten damals die Erlaubnis, ihren Friedhof mit Mauern zu umgeben und zu einer Bauernburg auszubauen. Sie errichteten ein Viereck mit runden Türmen an den Ecken und dem Turm der Kirche als Bergfried. Dörrenbacher Standfestigkeit und dieses friedliche Zusammenleben – wahrscheinlich erzieht die schöne Lage im Wald dazu, die friedvolle Landschaft. Und es ist wohl die erbaute und erkämpfte Dorfschönheit selbst, die Dörrenbachs Bewohner anregt, ihren Ort mit seinen Anlagen und in seinem Blumenschmuck immer wie „frisch geputzt" aussehen zu lassen: tatsächlich ein appetitliches Dornröschen.

Niederhorbach

Oberotterbach

Verbandsgemeinde Bad Bergzabern

Lagenkarte Seite 116/117

Niederhorbach

393 Einwohner

Weinbaubetriebe: 25 im Vollerwerb, 20 im Nebenerwerb

Rebland: 160 ha in der Lage Silberberg

Rebsorten: Müller-Thurgau 40%, Morio-Muskat 30%, Silvaner 15%, Kerner 5%, Ruländer 2%, Weißburgunder 2%, Scheurebe 2%, andere 4%

Großlage/Bereich: Kloster Liebfrauenberg/Südl. Weinstraße

Gästebetten/Gaststätten: –/1

Die Zeiten, da die Gewannenamen, wie „Teufelslücke" und „Galgenberg", „Kutletthohl" und „Narrenberg", Teil des Alltags waren, diese Zeiten sind vorbei. Und auch die Zeit des „feurigen Elias", der fauchend und schnaufend seine Wägelchen auf der Bahnlinie Winden – Bergzabern zog und die Pferde scheu machte und die Hühner aufregte, auch diese Zeiten sind vorbei. Abgeschlossen ist wohl auch die Diskussion, ob die Ober- und Unterdörfler nun wirklich grundverschiedenen Wesenszuges seien. „Bettelmanns Umkehr" aber hat auch jetzt noch seine Bedeutung . . .

„Bettelmanns Umkehr" ist ein Punkt an der Straße nach Bad Bergzabern, eine Doppelkurve auf dem Hügelrücken. Hier, so erzählen die älteren Niederhorbacher, hätte sich früher so mancher Vagant entschlossen, dem friedlichen Dorf nun doch nicht endgültig Lebewohl zu sagen, sondern umzukehren und die Gastfreundlichkeit und Großzügigkeit der Niederhorbacher noch einige Zeit in einem anderen Haus zu genießen. Heute ist „Bettelmanns Umkehr" immer wieder der Punkt, an dem die Einwohner die Dächer ihres geliebten Dorfes erblicken, wenn sie „von außerhalb" kommen.

Die Hauptstraße, die den Dorfrand berührt, ist laut, das Dorf selbst aber genießt in der flachen Talmulde des Horbaches eine beschauliche Ruhe. In diesem Tal wachsen Getreidesorten und Rebsorten und Feldfrüchte.

Und wer hier auf den jetzt asphaltierten Wegen wandert, in deren Pfützen „man früher leicht ertrinken konnte" (Niederhorbacher Zitat), der spürt etwas von der schöpferischen Muße, die den örtlichen Gesangverein einmal sogar dazu gebracht hat, mit einer schnell gegründeten Laienspielgruppe Stücke einzuüben und als „Wanderbühne" regelrecht über Land zu ziehen.

Oberotterbach

1032 Einwohner

Weinbaubetriebe: 30 im Vollerwerb, 70 im Nebenerwerb

Rebland: 150 ha in der Lage Sonnenberg

Rebsorten: Müller-Thurgau 30%, Morio-Muskat 15%, Kerner 10%, Silvaner 8%, Riesling 5%, Ruländer 5%, Weißburgunder 5%, Scheurebe 5%, Traminer 3%, Portugieser 2%, andere 12 %

Großlage/Bereich: Guttenberg/Südl. Weinstraße

Gästebetten/Gaststätten: –/7

Oberotterbach ist das erste Dorf an der Deutschen Weinstraße auf dem Weg von Bad Bergzabern nach Schweigen. Diese für den Fremdenverkehr recht günstige Lage will man im Dorf durch verstärkte Anstrengungen künftig besser nutzen. Oberotterbach beteiligt sich am Wettbewerb „Unser Dorf soll schöner werden", baut seinen zweiten Dorfplatz mit Weinpergola und Dorflinde und weiteren Anlagen aus und lädt mit Bänken und Tischen an Wanderwegen zum Verweilen. Das soll dem Umsatz der ungewöhnlich zahlreichen Gaststätten ebenso zugute kommen wie den Winzern selbst und natürlich auch den Obstbauern zum Beispiel, die ihre Produkte zum Teil an der Dorfstraße anbieten.

In der großen Lage „Sonnenberg", in der auch Winzer aus Schweigen-Rechtenbach und Schweighofen Gemarkungsanteile bewirtschaften, haben die zur Zeit genau 100 Winzer des Ortes eine Rebfläche von 150 Hektar. Aus einem dieser 100 Betriebe kam 1965 die deutsche Weinkönigin.

Wie alt die Verbindung des Dorfes zum Wein ist, dafür gibt es möglicherweise einen guten Beweis: Auf Oberotterbacher Germarkung wurde neben anderen „Römerfunden" ein kleiner Opfertempel entdeckt. Vielleicht haben die eifrigen Weinbauern schon in jenen ersten Jahrhunderten nach Christus auf einem flacheren, gerodeten Teil der Dorfgemarkung Wein gezogen. – Für spätere Jahrhunderte, als das Schloß Guttenberg (dreieinhalb Kilometer westlich, nahe der Otterbach-Quelle) seine Hochblüte hatte, ist viel Weinbauüberlieferung vorhanden. Der Großlagenname „Guttenberg" erinnert an diese Zeit. Oberotterbachs „Sonnenberg" gehört zu dieser Großlage.

Gleiszellen-Gleishorbach

853 Einwohner · Verbandsgemeinde Bad Bergzabern

Lagenkarte Seite 116/117

Weinbaubetriebe: 20 im Vollerwerb, 80 im Nebenerwerb

Rebland: 140 ha in den Lagen Kirchberg (80 ha) und Frühmess (60 ha)

Rebsorten: Silvaner 25%, Müller-Thurgau 20%, Morio-Muskat 15, Kerner 15%, Riesling 10%, Scheurebe 4%, Weißburgunder 3%, Traminer 1%, Portugieser 1%, Ruländer 1%, andere 5%

Großlage/Bereich: Kloster Liebfrauenberg/Südl. Weinstraße

Weinfeste: 2. Wochenende im September

3. Wochenende im Oktober (Freitag – Montag)

Gästebetten/Gaststätten: 73/5

Autofahrer, die hierher kommen, haben den Ort als Ziel. Durchgangsverkehr gibt es nicht. Die beiden Ortsteile liegen zu beiden Seiten eines Tals, das am Hang der Haardt im Wald endet und sich nach Osten zum Rebenmeer des Hügellandes der Ebene öffnet. Eine ideale Lage für einen Erholungsort, und genau das ist Gleiszellen-Gleishorbach.

Mit einem Dorfbrunnen, der noch ständig fließt, mit alten Fachwerkhäusern und Pflastergassen, mit einer Weinbau-Lichtung mitten im Wald, mit vielen Edelkastanien und vielen Walnußbäumen bietet das Dorf weitere Voraussetzungen für den Ferienaufenthalt. Dazu kommt die Nähe von Klingenmünster auf der einen und Bad Bergzabern auf der anderen Seite (Freibäder und Kureinrichtungen). Dazu kommt vor allem die weithin bekannte romantische Gasse der Straußwirtschaften in Gleiszellen. In dieser Gasse schenken mehrere Winzerbetriebe Tür an Tür ihren Wein aus, bieten Spezialitäten zum Essen an und wetteifern mit der Fachwerkschönheit ihrer Häuser.

Einmal im Jahr wird die ganze Gasse gesperrt für einen großen Festplatz mit Tischen und Bänken. Da ist man dann in der Intimität der mittelalterlichen Gassenkulisse eine große Feierfamilie, genießt Musik und Speise und natürlich viele Weine aus Probiergläschen und Halbliterschoppen. Und am nächsten Morgen weckt nicht Autolärm die Zecher, sondern Hahnenschrei, der hier noch taltypisch ist.

Gleiszellen-Gleishorbach

Oberhausen

418 Einwohner · Verbandsgemeinde Bad Bergzabern | Lagenkarte Seite 116/117

Der Wein

Weinbaubetriebe: 20 im Vollerwerb, 30 im Nebenerwerb

Rebland: 100 ha in der Lage Frohnwingert

Rebsorten: Müller-Thurgau 30%, Morio-Muskat 20%, Silvaner 10%, Kerner 10%, Scheurebe 5%, Ruländer 4%, Riesling 2%, Portugieser 2%, Weißburgunder 2%, Traminer 2%, Spätburgunder 1%, andere 12%

Großlage/Bereich: Kloster Liebfrauenberg/Südl. Weinstraße

Gästebetten/Gaststätten: –/1

Die „Wappenschmiede" in Pleisweiler-Oberhofen liegt in einem kleinen Tal am Rand des Haardtgebirges und ist zu einem beliebten Ausflugziel geworden. Das Gemeindehaus von Oberhausen im ebenen Land nahe der französischen Grenze gehört mit seinem ungewöhnlichen Turm zu den Besonderheiten der Region.

Pleisweiler-Oberhofen

788 Einwohner · Verbandsgemeinde Bad Bergzabern | Lagenkarte Seite 116/117

Der Wein

Weinbaubetriebe: 33 im Vollerwerb, 25 im Nebenerwerb

Rebland: 197 ha in der Lage Schloßberg

Rebsorten: Müller-Thurgau 35%, Morio-Muskat 15%, Silvaner 15%, Kerner 5%, Ruländer 5%, Scheurebe 5%, Portugieser 3%, Riesling 2%, Traminer 1%, Weißburgunder 1%, andere (Bacchus, Faber, Schönburger) 13%

Großlage/Bereich: Kloster Liebfrauenberg/Südl. Weinstraße

Weinfeste: Letztes Wochenende im Juli, 1. Wochenende im Oktober

Gästebetten/Gaststätten: 66/7

Der Ort

Das Doppeldorf hat die besten Voraussetzungen für den Weinbau und die besten Voraussetzungen für den Fremdenverkehr – und nutzt beide Chancen. Die Zahl der Gästebetten steigt weiter, und ein immer größerer Anteil des hier erzeugten Weins wird im Ort an die weinfreudigen Besucher vermarktet.

Ein Ortsteil liegt unmittelbar an der Deutschen Weinstraße (nördlich kurz vor Bad Bergzabern) und schon am Abhang der Haardt. Der andere Ortsteil beginnt ein wenig abseits der Durchgangsstraße im vorgelagerten, welligen Flachland. In beiden Ortsteilen gibt es eine rührige Gastronomie, im flachen Teil des Doppelortes liegen Straußwirtschaften nebeneinander in einer Dorfstraße, die sich gegenseitig auch mit lukullischen Angeboten nach Art der Gegend übertreffen – und außerordentlich gut besucht sind.

Insgesamt wirkt sich im Fremdenverkehr des Dorfes natürlich das nahe Bad Bergzabern aus. Viele Kurgäste wohnen entweder im Dorf oder machen von Bad Bergzabern aus ihre „Weinausflüge" hierher.
Natürlich hat auch das Dorf selbst mit alten Fachwerkhäusern, romantischen Innenhöfen, seiner alten Wappenschmiede in einem Talausgang der Haardt und mit seiner – auch an ein altes Wasserschloß geknüpften – Tradition, Sehenswertes zu bieten. Der Weinwanderweg zum Deutschen Weintor führt hier vorbei, und über den auch nach der frühen Flurbereinigung (Beginn 1953) noch schönen Weinbergsanlagen beginnt der große Pfälzerwald.

Schweigen-Rechtenbach

1335 Einwohner · Verbandsgemeinde Bad Bergzabern

Lagenkarte Seite 116/117

Schweigen ist durch sein wuchtiges Weintor in vielen Veröffentlichungen bekannt geworden. Das viel freundlichere links abgebildete „Tor“ steht am Weinlehrpfad vor einem Laubengang aus Reben und vor der Kulisse des Ortes, in dem die unten gezeigte Bank zur Rast einlädt.

Der Wein

Weinbaubetriebe: 25 im Vollerwerb, 100 im Nebenerwerb

Rebland: 170 ha in der Lage Sonnenberg

Rebsorten: Müller-Thurgau 30%, Morio-Muskat 15%, Riesling 10%, Traminer 10%, Silvaner 5%, Portugieser 5%, Spätburgunder 5%, Ruländer 5%, Weißburgunder 5%, Kerner 5%, Scheurebe 5%

Großlage/Bereich: Guttenberg/Südl. Weinstraße

Weinfeste: Rebenblütenfest 1. Wochenende im Juli
Weinfest letztes Wochenende im August
Erntefest letztes Wochenende im Oktober

Gästebetten/Gaststätten: 210/12

Der Ort

Besonderheiten und Attraktionen gibt es in Schweigen-Rechtenbach zuhauf. Zuerst natürlich der Wein: Hier werden alle Rebsorten mit guten Anteilen an- und ausgebaut, die den guten Ruf der traditionellen Pfalzweine tragen. Riesling und Silvaner, Traminer und Ruländer, Weißburgunder und Spätburgunder und schließlich auch der Portugieser sind mit jeweils mindestens fünf Prozent im Rebsortenspiegel vertreten. Dazu die originelle Wein-Spezialität, daß Schweigener Winzer auf Elsässer Boden deutschen Wein anbauen.

Neben dieser flüssigen Rebsorten-Vergleichsinformation bietet Schweigen-Rechtenbach im ersten deutschen Weinlehrpfad Weininformation für das Auge. Und damit die Sache nicht gar so trockenlehrhaft ist, sorgen originelle Skulpturen für Abwechslung und Erheiterung. Eine davon ist das wohl einzige Reblausdenkmal der Welt – eine lustige Schweißarbeit aus alten Ackergeräte-Teilen.

Und dann das „Weintor“, das „Deutsche Weintor“. Ganz und gar nicht weinlich-beschwingt, sondern wuchtig und trutzig wurde es 1936 wenige hundert Meter von der französischen Grenze entfernt gebaut. Eine Attraktion ist es zweifellos, schon weil der Besucher von der Galerie in acht Meter Höhe bei klarem Wetter über Weißenburg hinweg die Türme des Straßburger Münsters sehen kann, ebenso den Schwarzwald und den Dom von Speyer. Und im ehemals zerstörten Anbau lädt jetzt die Winzergenossenschaft in hervorragend gestalteten Räumen zum Weinprobieren ein.
Dennoch: Es gibt Bürger hier, die das Weintor lieber in Form einer Brücke über der Grenze stehen sehen möchten, so sehr haben sie diese Grenze hassen gelernt. Heute ist sie kein ernsthaftes Problem mehr. Da passieren täglich bald 10000 Menschen den Schlagbaum. Da kaufen die Bewohner von Schweigen-Rechtenbach drüben in Wissembourg (Weißenburg) ein und die Wissembourger hier. Da gibt es den Elsaß-Tourismus, von dem auch Schweigen-Rechtenbach mit steigender Übernachtungszahl genauso profitiert, wie von der Tatsache, daß es nun einmal am Beginn (oder Ende) des berühmtesten deutschen Weinwanderweges liegt.
Das ist heute, wie gesagt, eine friedliche Zeit, wie sie der Ort in seiner langen Geschichte nur selten erlebt hat. Meistens gab es Krieg, Raub, Mord und Brand. Dabei hatte alles mit den zunächst wohl auch friedlichen Klosterbrüdern des berühmten Klosters Weißenburg begonnen. Um 650 herum wurde das Benediktinerkloster in der Nähe des ehemaligen Römerkastells „Concordia“ gegründet. Es besaß von Anfang an schon die Germarkungen von Schweigen und Rechtenbach und gab sie unterschiedlichen Herren zum Lehen. So entwickelten sich die Dörfer unterschiedlich, aber in Kriegen traf sie das gleiche Schicksal.

Einer dieser brutalen Einschnitte in die Gemeindeentwicklung ist im Jahre 1460 ausführlich beschrieben worden. In jenem Sommer wurde Rechtenbach derart niedergebrannt, daß „kaum noch acht Häuser stehen blieben, von denen aber noch wenigstens die Schlösser abgelöst wurden“. So berichtet die Chronik aus dem Sommer jenes Jahres und aus dem Herbst: Am 16. Oktober drangen die „Kurpfälzischen“ und die „Leininger“ in Schweigen ein, schlugen die Faßböden ein, ließen den Most auslaufen, stürzten die Bütten um und steckten das Dorf in Brand.

Im Dreißigjährigen Krieg übernahmen Soldaten aus vieler Herren Ländern das Zerstörungswerk, später waren es dann Nationen, die sich hier immer wieder kriegerisch begegneten: Deutschland und Frankreich. Lange Zeit gehörten Schweigen und Rechtenbach nach französischem Sieg zu Frankreich und eine Zeitlang Wissembourg auch zu Deutschland. Da hieß es dann wieder Weißenburg. In dieser Zeit kauften Schweigener Winzer Gelände zwischen Schweigen und dem Nachbarort, das sie heute zum Teil noch – in Frankreich jetzt – bewirtschaften

Schweighofen

601 Einwohner · Verbandsgemeinde Bad Bergzabern

Lagenkarte Seite 116/117

Der Wein

Weinbaubetriebe: 25 im Nebenerwerb

Rebland: 100 ha in den Lagen Sonnenberg (45 ha) und Wolfsberg (55 ha)

Rebsorten: Müller-Thurgau 50%, Morio-Muskat 25%, Kerner 6%, Weißburgunder 6%, Riesling 5%, Silvaner 3%, Traminer 2%, Portugieser 2%, Ruländer 1%

Großlage/Bereich: Guttenberg/Südl. Weinstraße

Gästebetten/Gaststätten: –/1

Der Ort

Nahe Schweigen liegt Schweighofen unmittelbar an der französischen Grenze. Früher war das Dorf ein Teil von Altenstadt. Die Trennung kam 1790, als Schweighofen zu einem eigenständigen Dorf gewachsen war.

Heute ist Altenstadt Nachbarort im Elsaß – einer jener blinden Zufälle einer Geschichte, die diesen Grenzorten auch viel Leid gebracht hat.

Das Anwachsen des Dorfes ging damals auch nach der Trennung von Altenstadt weiter. Es entstanden die Weiler „Neuhof", „Windhof" und „Haftelhof". Die Gemarkung vermochte die darauf wohnenden Menschen jedoch nicht mehr zu ernähren. Zahlreiche Familien wanderten aus, zwölf zogen nach Rußland, um dort einen neuen Start zu versuchen.

Heute ist die Situation wesentlich besser. Weinbau und auch viel Landwirtschaft werden im Nebenerwerb betrieben. Ausreichendes „Auskommen" nach friedlicher Entwicklung hat unter anderem dazu geführt, daß Schweighofen 1965 Bundessieger-Würde im Wettbewerb „Unser Dorf soll schöner werden" errang.

Steinfeld

1850 Einwohner · Verbandsgemeinde Bad Bergzabern

Lagenkarte Seite 116/117

Der Wein

Weinbaubetriebe: 12 im Nebenerwerb

Rebland: 10 ha in der Lage Herrenwingert

Rebsorten: Müller-Thurgau 60%, Kerner 25%, Morio-Muskat 15%,

Großlage/Bereich: Guttenberg/Südl. Weinstraße

Gästebetten/Gaststätten: 10/4

Der Ort

Den Freischaren der Revolution von 1848 haben die Steinfelder ebenso Widerstand geleistet, wie den braunen Scharen des dritten Reiches. Für ihre erfolgreiche Königstreue wurden sie vom bayrischen König reich beschenkt. Das aberwitzige Vorhaben der nationalsozialistischen Weltenplaner, die so leicht über Bürgerwillen hinweggingen, war mit Kriegsschluß hinfällig: Steinfeld war auserkoren, „Musterdorf" zu sein, und im Zuge dieser Maßnahme sollte auch ein Teil der Dorfbevölkerung zwangsweise nach Lothringen umgesiedelt werden. Teil eins des Planes wurde zu einem Teil durchgeführt: 136 Wohngebäude und 233 landwirtschaftliche und gewerbliche Gebäude wurden mutwillig abgerissen. Mit dem versprochenen Wiederaufbau ließ man sich Zeit, später hatte man dann keine Zeit mehr. Gegen die Umsiedelung leisteten die Steinfelder hinhaltenden Widerstand. Eine der staatlichen Zwangsmaßnahmen war dann, daß die gesamte landwirtschaftliche Fläche enteignet wurde. Erst nach dem Krieg erhielten alle Landwirte ihr Eigentum zurück. Zu diesem Zeitpunkt waren durch Kriegseinwirkung auch noch die stehengebliebenen Häuser weitgehend zerstört worden, so daß die Steinfelder buchstäblich bei Null anfangen mußten.

Sie haben ihr Dorf wieder aufgebaut, und sie haben neben der Landwirtschaft hier am Rande des Bienwaldes auch einige Hektar Boden mit Reben bepflanzt, mit Silvaner vorwiegend. Sie sind kein „Musterdorf" geworden, aber alle Einwohner können auch so recht gut ernährt werden, und es ist nicht zu erwarten, daß wieder einmal viele von ihnen vor Hunger und anderen üblen Zuständen fliehen müssen, so wie 1817 bei der Massenauswanderung nach Rußland und nach 1854, als viele Steinfelder nach Amerika gingen. Die Steinfelder hoffen auf andauernden Frieden.

Kandel Minfeld Freckenfeld

Lagenkarte Seite 116/117

Kandel

7522 Einwohner

Der Wein

Weinbaubetriebe: 17 im Nebenerwerb

Rebland: 10 ha in der Lage Galgenberg

Rebsorten: Müller-Thurgau 40%, Morio-Muskat 20%, Scheurebe 8%, Silvaner 5%, Riesling 2%, andere 25%

Großlage/Bereich: Guttenberg/ Südliche Weinstraße

Gästebetten/Gaststätten: 74/22

Der Ort

Eines der Fachwerkhäuser im Ort heißt nach der Form seines Tores offiziell „Fachwerkhaus Dampfnudeltor", und der Wald hinter dem Ort hat auch solch einen freundlich-märchenhaften Namen: Der Bienwald mit seiner Länge von 25 Kilometern und einer Breite von 12 Kilometern ist eines der letzten größeren Waldgebiete in der Rheinpfalz-Ebene. „Bienwaldstadt Kandel" heißt der Ort in seiner Werbung, und der schöne, noch nicht „überlaufene" Bienwald mit seinen zahlreichen, ebenen Wanderwegen mit seinen Maiglöckchenfeldern im Frühjahr und seiner Ruhe selbst in der Hochsaison, ist der große Anziehungspunkt für die Besucher des Landstädtchens.

Die Wohnlichkeit des Ortes ist ein anderer Anziehungspunkt, und auch die hier bestimmende weltoffene Art macht den Besuch sicher reizvoll: Kandel liegt nur wenige Kilometer von der französischen Grenze entfernt, die Verbindung zum Elsaß ist eng, aber die Aktivitäten der Gemeinde zielen darüber hinaus auf eine gesamteuropäische Verständigung. Für solches Bemühen wurde Kandel bereits mehrfach ausgezeichnet. Daß neben den offiziellen Partnerschaften und anderen Aktivitäten auch im Ort selbst europäisch gelebt – und gegessen wird, zeigt ein Blick in das umfangreiche Gaststätten-Verzeichnis. Da gibt es Gastronomen aus Jugoslawien, Italien, Griechenland und der Türkei.

Natürlich gibt es noch eine starke pfälzische Gastronomie und ein wenig auch den kulinarischen Einfluß aus dem Elsaß. Und wenn auf den Feldern am Ort der Tabak weiter verbreitet ist als der Wein – man befindet sich hier am Rande der Weinlandschaft –, so gibt es doch auch Kandeler Wein aus der Lage „Galgenberg": Müller-Thurgau und den würzigen Morio-Muskat vor allem.

Freckenfeld

1315 Einwohner

Der Wein

Weinbaubetriebe: 4 im Vollerwerb, 24 im Nebenerwerb

Rebland: 60 ha in der Lage Gräfenberg

Rebsorten: Müller-Thurgau 35%, Silvaner 15%, Morio-Muskat 15%, Riesling 5%, Portugieser 5%, Weißburgunder 5%, Kerner 4%, Scheurebe 4%, Ruländer 3%, andere 9%

Großlage/Bereich: Guttenberg/ Südl. Weinstraße

Weinfest: 1. Wochenende im September

Gästebetten/Gaststätten: –/4

Der Ort

Freckenfeld liegt abseits des großen Verkehrs als langgezogenes Straßendorf vor dem Nordrand des Bienwaldes und auch nahe der französischen Grenze. In der Gemeindegemarkung gibt es noch sehr viel Ackerland, aber der Weinbau hat auch hier einen Aufschwung erlebt. Die Rebsorte, die ihn getragen hat, ist vor allem der Müller-Thurgau, der den Silvaner als führende Rebsorte ablöste. Daneben sind fast alle der Rheinpfalz bekannten Rebsorten mit nennenswerten Anteilen vertreten.

Minfeld

1485 Einwohner

Der Wein

Weinbaubetriebe: 5 im Vollerwerb, 14 im Nebenerwerb

Rebland: 34 ha in der Lage Herrenberg

Rebsorten: Müller-Thurgau 43%, Morio-Muskat 25%, Silvaner 5%, Ruländer 5%, Weißburgunder 4%, Scheurebe 3%, andere 15%

Großlage/Bereich: Guttenberg/ Südl. Weinstraße

Gästebetten/Gaststätten: –/2

Der Ort

Minfeld liegt nahe der französischen Grenze am Rande des rheinpfälzischen Weinbaugebietes. Das Dorf unterscheidet sich in seiner Anlage eindeutig von den hier üblichen Straßendörfern: Es ist rechteckig. Der Grund dafür liegt in der wehrhaften Vergangenheit der Minfelder. Nachdem die Mönche von Selz 1051 auf dem Kirchberg, dem heutigen Kirchenstandplatz ihr Kirchlein errichtet hatten, folgte 300 Jahre später der Bau einer Wasserburg im Ort. Soldaten wurden stationiert, Reiter hatten von hier aus die umliegenden Dörfer zu schützen.

Von der Burg ist heute nichts mehr geblieben. Die erste Anlage wurde schon 100 Jahre nach ihrer Erbauung von Kurfürst Friedrich I. erobert und geschliffen. Die geschlossene Anordnung der Häuser im Rechteck aber ist geblieben, und auch der in seinen Anfängen noch Jahrhunderte ältere Kirchenbau hat die Zeitläufe überstanden. Er enthält unter anderem einige der wertvollsten Malereien der Pfalz aus dem 14. und 15. Jahrhundert.

Geblieben ist bis heute der dörfliche Charakter, obwohl jetzt viele Einwohner ihr Brot außerhalb des Dorfes verdienen. Der Ackerbau und vor allem die weithin bekannte Viehzucht ernähren jedoch noch viele Bauernfamilien. Auch im Weinbau gibt es einige Vollerwerbsbetriebe, die auf dem vorherrschenden Lößlehmboden sehr viel Müller-Thurgau anbauen. In Minfeld war man von vornherein für die neue Rebsorte offen, wie man auch heute noch gerne Neuzüchtungen versucht. Vielleicht ist diese Einstellung aus der Dorftradition zu erklären. Der Ort hat im Lauf seiner Geschichte zahlreiche Zuwanderer anderer Landstriche aufgenommen, zuletzt nach dem vergangenen Krieg, vorher unter anderem flüchtende Hugenotten. Ein Blick in das Namensregister macht eine Herkunftsvielfalt deutlich, die sich auch im Rebsortenspiegel beweist.

Steinweiler Winden

Vollmersweiler

Verbandsgemeinde Kandel

Lagenkarte Seite 116/117

Steinweiler

1600 Einwohner

Der Wein

Weinbaubetriebe: 12 im Vollerwerb, 19 im Nebenerwerb

Rebland: 4 ha in der Lage Rosenberg

Rebsorten: Müller-Thurgau 40%, Silvaner 30%, Riesling 13%, Morio-Muskat 10%, Kerner 3%, Scheurebe 3%, Portugieser 1%

Großlage/Bereich: Kloster Liebfrauenberg/Südl. Weinstraße

Gästebetten/Gaststätten: 15/2

Der Ort

Rund ein Jahrtausend lang seit der ersten urkundlichen Erwähnung im Jahre 968 war Steinweiler ein reines Bauerndorf. Auch heute gibt es noch keine Industrie im Ort, aber dennoch hat sich die Dorfstruktur innerhalb zweier Jahrzehnte nach dem Krieg völlig gewandelt: Steinweiler wurde zu einer modernen Wohngemeinde.

Die meisten Einwohner arbeiten auswärts – zum Beispiel im nahen Landau – und von auswärts ziehen Neubürger zu, die den Wohnwert des Dorfes schätzen.

Vollmersweiler

175 Einwohner

Der Wein

Weinbaubetriebe: 9 im Vollerwerb, 8 im Nebenerwerb

Rebland: 12 ha in der Lage Krapfenberg

Rebsorten: Müller-Thurgau 50%, Silvaner 20%, Morio-Muskat 10%, Kerner 10%, Scheurebe 5%, andere 5%

Großlage/Bereich: Guttenberg/Südl. Weinstraße

Der Ort

Vollmersweiler ist eines der kleinsten Dörfer der Pfalz und eines jener Dörfer dazu, die abseits des Verkehrs ruhig gelegen sind. Hier lebt man unverändert größtenteils von der Landwirtschaft. Bauern bewirtschaften auch Rebland und umgekehrt Winzer auch Ackerland. Ein Weiler tatsächlich, in dem sich ländliche Muße und Dorfgemeinschaft seit vielen Jahrhunderten erhalten konnten.

Winden

840 Einwohner

Der Wein

Weinbaubetriebe: 1 im Vollerwerb, 27 im Nebenerwerb

Rebland: 5 ha in der Lage Narrenberg

Rebsorten: Müller-Thurgau 50%, Silvaner 20%, Morio-Muskat 20%, Portugieser 10%

Großlage/Bereich: Kloster Liebfrauenberg/Südl. Weinstraße

Weinfest: zu variablen Terminen

Gästebetten/Gaststätten: 2/2

Der Ort

Eine Frankensiedlung auf der Wiese, „Winenden" hieß das Dorf ursprünglich – „Siedlung in den Weiden" frei übersetzt. Die Römer waren jedoch auch schon dort, und selbst aus der lange davor liegenden Hallstattzeit sind Funde in der Gemarkung nachgewiesen.

Später, als die Geschichte für uns aufgeschrieben wurde, zeigte sich Winden immer wieder als solides, „gutsituiertes" Bauerndorf.

Auch als Eisenbahnknotenpunkt bekam das kleine Dorf eine gewisse Bedeutung – nicht jedoch als Weinort. Es liegt am Südostrand des rheinpfälzischen Anbaugebietes, und der Obstbau hat hier einen großen Erfolg – vor allem seit mit der Flurbereinigung in Winden eine Muster-Edelobstanlage entstand. In einem einzigen Jahr wurden siebentausend Bäume gepflanzt!

Teil IV

Alle Genossenschaften des Anbaugebietes in kurzen Portraits – Entwicklung der „Weinpfalz“ in den Jahren seit 1971 – wirtschaftliche Angaben – Zukunftsaussichten mit Blick auf die Weine von morgen – Nüchternes über Weinbesonderheiten – Register – Verzeichnis der Geschichten des Buches – Inhaltsverzeichnis – Zusammenfassung der Lagenkarten . . .

Die Winzergenossenschaften

Viele Winzer der Rheinpfalz sind heute genossenschaftlich zusammengeschlossen. Die leistungsfähigen Genossenschaften sind in den vergangenen Jahren zu einem bedeutenden Wirtschaftsfaktor des Anbaugebietes geworden. Sie vermarkten ihre Weine weitgehend auf der Flasche. Da es sich in allen Fällen um Genossenschaften aus einem begrenzten Teil des Anbaugebietes handelt (Schwerpunkte bei bestimmten Lagen und Rebsorten), haben sie durchaus individuellen Charakter. Aus diesem Grunde sollen sie auf den folgenden Seiten einzeln in kurzen Portraits und in alphabetischer Reihenfolge vorgestellt werden:

Winzergenossenschaft Bockenheim-Kindenheim

Diese Erzeugergemeinschaft ist gewissermaßen eine „erste Adresse" für Rotwein-Freunde: Rund 35 Prozent der von den 75 Mitgliedern bepflanzten Fläche ist mit Rotweinreben bestanden. Der Portugieser hat dabei vor dem Spätburgunder und der Heroldrebe den weitaus größten Anteil. (Er wird hier auch als Weißherbst ausgebaut.)

Die mit einem Gründungsdatum von 1954 sehr junge und vergleichsweise kleine Genossenschaft hat sich also zu einem Teil auf den Rotwein spezialisiert. Eine andere Form der individuellen Ausrichtung ist das Bestreben der sortenreinen Abfüllung. Das gilt für die drei Rotwein-Rebsorten ebenso wie für die wesentlich zahlreicheren Weißweinsorten, bei denen jedoch vier Rebsorten vorherrschen: Der Müller-Thurgau hat einen Anteil von 19, der Silvaner von 18, Riesling von 10 und Morio-Muskat ebenfalls von 10 Prozent. Ruländer und Traminer, Kerner und Scheurebe, Ehrenfelser und Huxelrebe erbringen zusammen nicht ganz zehn Prozent dieser an der Weinstraße gelegenen Genossenschaft.

Winzerverein Deidesheim

Mit dem Gründungsjahr 1898 ist der Winzerverein Deidesheim die älteste Genossenschaft der Rheinpfalz. Ähnlich wie in anderen Weinbauorten bestanden auch in Deidesheim Winzerverein und eine später gegründete Genossenschaft viele Jahre nebeneinander. 1966 fusionierten die beiden Organisationen unter dem älteren Namen.

Heute erlebt diese „Riesling-Genossenschaft" (70 Prozent Riesling-Anteil) ihre Hochblüte mit einer fast einhundertprozentigen Weinvermarktung auf der Flasche und einer Absatzstruktur mit einem Verhältnis „Hälfte/Hälfte" bei Endverbraucher und Wiederverkäufer.

Neben dem Riesling bauen die 420 Mitglieder auf rund 200 Hektar Rebland nur vom Müller-Thurgau (14 Prozent) sowie Ruländer (3 Prozent), Scheurebe (3 Prozent) und Kerner (2 Prozent) nennenswerte Anteile an. Weißburgunder, Gewürztraminer und Silvaner werden in geringen Mengen als Spezialitäten geführt. Der Rotweinanteil ist mit 5 Prozent Portugieser vergleichsweise niedrig, die Spezialisierung – und Zurückhaltung bei Neuzüchtungen – eindeutig. Es bleibt in diesem Zusammenhang zu ergänzen, daß die Genossenschaft auf 1,6 Hektar zusätzlichem eigenem Rebland Spitzenqualitäten verschiedener Rebsorten erzeugt.

Zum Jahresumsatz von rund 6 Millionen DM tragen auch die eigene Hausgaststätte und der „Riesling-Keller" bei, der bei Weinproben bis zu 150 Weinfreunden Platz bietet.

Gebiets-Winzergenossenschaft Deutsches Weintor

Es begann erst 1956 mit einer Versammlung in der Gaststätte „Zur Kleinen Kalmit", die in Ilbesheim liegt und nach dem nahen Berg benannt ist. So hieß auch die Gebiets-Winzergenossenschaft, die damals gegründet wurde und zunächst nur 86 Mitglieder hatte. Was dann folgte, war eine so unerhört dynamische Entwicklung, daß die Planer der Genossenschaft zeitweise Mühe hatten, das schnelle Wachstum technisch zu bewältigen. Nach mehreren Zugängen anderer Genossenschaften und einer Fusion im Jahre 1966 unter dem neuen Namen „Deutsches Weintor" ist diese Erzeugergemeinschaft heute die größte der Rheinpfalz.

1300 Weinbaubetriebe mit 5000 Hektar Rebland in 42 Orten liefern ihre Trauben in den Annahmestellen der Genossenschaft ab. 30 Millionen Liter Faßraum stehen dafür zur Verfügung. Eine Situation wie 1964, als die Kapazität nicht ausreichte, um die reiche Ernte einer sprunghaft gewachsenen Zahl von Mitgliedsbetrieben aufzunehmen, ist nun nicht mehr möglich. – Die Genossenschaft beeindruckt durch eine Organisation auf der Höhe der Zeit.

Mindestens ebenso beeindruckend wie Größe und Technik ist die Qualität der Weine. Dabei erinnern insbesondere die „trockenen" Weine durch die besondere Art und Note an das benachbarte Elsaß. Das sind kräftige Weine, die auch auf dem deutschen Markt immer mehr Freunde finden. Bemerkenswert ist ebenso, daß der Restzuckergehalt bei den süßen Weinen langsam zurückgeht.

Reisende, die das an Ort und Stelle nachprüfen wollen, haben dazu im Gebäude am Deutschen Weintor in Schweigen eine gute Gelegenheit. Die Genossenschaft hat dort mit wertvollen Materialien einen großen Probensaal von einer strengen Schönheit eingerichtet, der zusammen mit dem ebenfalls gut gestalteten Verkaufs- und Lagerraum den Stil des wuchtigen Bauwerks in einem freundlicheren Maße weiterführt.

Dort werden nun Weine zahlreicher Rebsorten zum Verkosten angeboten. Insgesamt 45 zählt der Rebsortenspiegel auf, das Schwergewicht liegt jedoch bei folgenden 14 Sorten: Müller-Thurgau, Morio-Muskat, Silvaner, Kerner, Faber, Ruländer, Huxelrebe, Scheurebe, Riesling, Weißer Burgunder, Bacchus, Portugieser, Ortega und Spätburgunder. (Reihenfolge nach dem Ernteergebnis 1979.) Der Rebsortenspiegel zeigt bereits die starke Konzentration auf Weißwein. Der Rotweinanteil liegt unter 5 Prozent. – Daran wird sich auch künftig nicht viel ändern, wohl aber in der Rebsortenwahl: Weine der traditionellen Geschmacksrichtung werden gegenüber den bukettreichen Sorten wieder stärker bevorzugt.

Winzergenossenschaft Erpolzheim

Erpolzheim ist einer der kleinen Weinorte an der Weinstraße. Der Wein ist hier wichtigster Wirtschaftsfaktor – und beim Wein wiederum hat die Winzergenossenschaft eine Ausnahmestellung: 80 Prozent des hier erzeugten Weines wird von ihr als Erzeugerabfüllung ausgebaut.

100 Mitglieder gehören zu der 1934 gegründeten Erzeugergemeinschaft. Sie besitzen zusammen 120 Hektar Rebland in der Gemarkung – und auf dieser Fläche hat sich durch Tradition und Entwicklung eine Weinbesonderheit ergeben: Die Erpolzheimer haben vor allem zwei Rebsorten angebaut: Portugieser und Riesling. Anders gesagt: Hier ist eine „Rotwein- und Riesling-Spezialitäten-Genossenschaft", die auf diesen beiden Gebieten (20 Prozent Anteil Portugieser, 30 Prozent Riesling) überdurchschnittlich viel bieten kann. Dazu gibt es im Sortenspiegel 15 Prozent Silvaner und – gewissermaßen als Ergänzung der Wein-Angebotspalette – die Qualitätssorten Ruländer, Weißer Burgunder und Kerner.

Winzergenossenschaft Edenkoben

Die Winzer der Genossenschaft in Edenkoben haben sich auf Weißwein – und dabei wiederum auf sechs Rebsorten konzentriert. Mit einem Anteil von rund 30 Prozent bauen sie noch recht viel Silvaner an, der im Weinangebot der Genossenschaft für die milde – und hier überdurchschnittlich volle – Geschmacksrichtung steht. Mit 27 beziehungsweise 12 Prozent folgen Müller-Thurgau und Riesling auf den nächsten Plätzen des Rebsortenspiegels.

Die Rotweinsorte Portugieser ist mit 8 Prozent vertreten. Der Ruländer, der ebenso wie alle anderen sortenrein ausgebaut wird, hat heute einen Anteil von 5 Prozent, der dem der Neuzüchtung Kerner entspricht.

Weitere Sorten – vor allem Neuzüchtungen – haben zusammen einen Anteil von 12 Prozent. Auch sie werden bei entsprechender Qualität sortenrein ausgebaut.

Das Qualitätsstreben der Edenkobener Genossenschaft hat sich in den vergangenen Jahren in Form von zahlreichen Prämierungen ausgezahlt – und natürlich auch im Verkauf: 95 Prozent der Weine können heute auf der Flasche vermarktet werden.

Angefangen haben die Edenkobener im Jahre 1925. Damals haben sich 22 Winzer aus dem Ort zusammengesetzt, um eine Erzeugergemeinschaft zu gründen, die heute nach wie vor ortsgebunden ist, inzwischen aber 177 Mitglieder hat. Sie liefern ihre gesamte Ernte von 180 Hektar Rebland ab. Das sind rund 3 Millionen Kilogramm Trauben jährlich.

Forster Winzerverein

Er ist nicht nur klein und fein, dieser Forster Winzerverein, er ist auch schön. Sein hübsches, altes und blumenbewachsenes Haus steht an der Forster Hauptstraße, die ein gütiges Schicksal in Form neuer Verkehrsplanung (Umgehungsstraße) davor bewahrt hat, weiterhin Durchfahrtstraße sein zu müssen. Ein alter Gutshof ist das mit allem, was dazugehört: mit Torbogen und Schmiedeeisen, mit Innenhof und Treppenaufgang – und schließlich auch mit einer recht beliebten Gaststätte, in der die Weine der Genossenschaft nahe der „Quelle" probiert werden können.

115 Mitglieder und 60 Hektar Rebfläche sowie 75 Prozent Riesling-Anteil sind die wesentlichen Kennzahlen dieser Genossenschaft, die aus der Not heraus Ende des ersten Weltkrieges gegründet wurde und ihren Mitgliedern in der Vergangenheit ebenso Erfolg gebracht hat, wie er heute angesichts der anhaltenden Nachfrage nach hochwertigen Rieslingweinen weiterhin vorgezeichnet erscheint.

Winzergenossenschaft Friedelsheim

Schon im Jahre 770 wurde Friedelsheim als Weinort urkundlich erwähnt. 1141 Jahre später fanden sich die Nachfahren der damals nicht namentlich genannten Winzer zu einer Gemeinschaftsaufgabe zusammen: Sie gründeten eine Genossenschaft, die ihren Sitz im benachbarten Bad Dürkheim hatte.

Auch Deidesheim und Forst sind nahe, und unter den berühmten Großlagen-Namen dieser Gemeinden stehen viele der Genossenschaftsweine in der Preisliste. In dieser Liste fällt zudem die klare Gliederung nach Jahrgängen auf. Auch die trokkenen Weine (rot und weiß) sind gesondert genannt.

120 Mitglieder (darunter 28 Vollerwerbsbetriebe) der Friedelsheimer Genossenschaft bauen auf 130 Hektar Weinbergsfläche vor allem Weißwein an. Der hier bevorzugte Riesling liegt mit einem Anteil von 25 Prozent an der Spitze der Statistik. Müller-Thurgau und der rote Portugieser folgen mit 16 beziehungsweise 15 Prozent. Weitere Rebsorten, die mit mehr als einem Prozent Anteil vertreten sind: Silvaner (12), Kerner (6), Traminer (6), Ruländer (5), Scheurebe (5), Morio-Muskat (3) und Spätburgunder (3).

Winzergenossenschaft Haardt

Haardt liegt an der Haardt, also an jenem Nord-Süd-Gebirgszug, der die „Weinpfalz" nach Westen begrenzt. Der Ort gehört zum Bereich „Mittelhaardt/Deutsche Weinstraße", und sein Name ist gewissermaßen Programm – Weinprogramm. Er steht in Verbindung mit den vier Lagennamen auf vielen Flaschen der Genossenschaft, die hier örtlich rund 100 Winzerfamilien erfaßt.

Die Winzergenossenschaft im heutigen Neustadter Stadtteil Haardt ist mehr als 75 Jahre alt. Nur wenig jünger sind einige ihrer schönen, alten Holzfässer, die zwischen 600 und 7000 Liter Wein fassen. Natürlich gibt es auch hier moderne, größere Lagerbehälter, denn insgesamt können im Keller der vergleichsweise kleinen Genossenschaft einschließlich Flaschenlager doch etwa 1,5 Millionen Liter Wein gelagert werden . . .

Die Trauben kommen von 80 Hektar Genossenschaftsland. Sie sind zu 80 Prozent weiß, zu 20 Prozent rot. In der Mengenstatistik steht der Riesling mit 25 Prozent Anteil vor Silvaner und Kerner mit je 20 Prozent und anderen Sorten wie Optima, Bacchus, Morio-Muskat, Reichensteiner, die zusammen 15 Prozent Anteil erreichen. Soviel zu den „Weißen". Beim Rotwein dominiert der pfalztypische Portugieser mit 12 Prozent als Vierter des Gesamt-Rebsortenspiegels vor der Heroldrebe mit 5 und dem farbstarken Dornfelder mit 3 Prozent.

Weinfreunde können die Genossenschaftsweine im gerade neu gestalteten Probierraum verkosten. Dieser Umbau in Sachen Schönheit und Gemütlichkeit war ein Geschenk, das sich die Mitglieder zum „Fünfundsiebzigjährigen" selbst gemacht haben.

Winzergenossenschaft Hambacher Schloß

1902 als kleine Erzeugergemeinschaft gegründet, ist die Winzergenossenschaft Hambacher Schloß heute eines der führenden Weinbauunternehmen der „Weinstadt" Neustadt. Genossenschaften sind von Grund auf demokratische Institutionen, und da lag es nahe, den Namen des Schlosses zu wählen, dessen Geschichte mit der Geschichte der deutschen Demokratie durch die erste größere öffentliche Verlautbarung demokratischen Bürgerwillens eng verknüpft ist. 235 Weinbaubetriebe aus den Weinorten Hambach, Diedesfeld (beides Ortsteile von Neustadt) und Neustadt stehen heute in der Mitgliederliste der Genossenschaft. 110 Hektar Rebland werden in den genannten Gemarkungen bewirtschaftet.

Mit einem Anteil von 27 Prozent Rotwein an der Gesamterzeugung können die Winzer vom „Hambacher Schloß" der Wiederentdeckung des deutschen Rotweins erfreut entgegensehen. Die Rotweinsorte ist hier der Portugieser, der ebenso wie fast alle Weißweine sortenrein ausgebaut wird.

Bei dem Weißwein-Anteil von 73 Prozent dominieren Müller-Thurgau, Silvaner und Riesling (in dieser Reihenfolge) vor Standardsorten, wie Ruländer, Traminer und Weißer Burgunder, sowie Neuzüchtungen, wie Kerner, Scheurebe, Morio-Muskat, Ehrenfelser, Perle, Huxelrebe, Faber, Ortega, Mariensteiner und der roten Heroldrebe.

Um auch einen Eindruck von Kapazität und technischen Möglichkeiten dieser Genossenschaft zu geben: 2,5 Millionen Liter Faßraum stehen zur Verfügung. Das

Flaschenlager nimmt 250000 Flaschen auf. Über die Haupt-Traubenannahmestation können täglich bis zu 150000 Kilogramm Trauben angenommen und verarbeitet werden. Die Flaschenreinigungs- und Abfüllanlage liefert stündlich bis zu 2000 gefüllte, verkorkte und voll ausgestattete (Etiketten usw.) Weinflaschen.

Winzergenossenschaft Herrenberg-Honigsäckel

Am Ortseingang von Ungstein (Richtung Bad Dürkheim) fällt ein schönes Wirtshausschild mit der Jahreszahl 1938 auf. Die „Winzergaststätte Herrenberg" gehört der örtlichen Winzergenossenschaft und ist ebenso sichtbar Zeichen des Erfolges und Stolzes der 170 Genossenschaftsmitglieder wie die zahlreichen Auszeichnungen für den Wein, die das neue Probezimmer im Genossenschaftsgebäude zieren. Zahlreiche goldene Kammerpreismünzen und Große Preise der DLG-Bundesweinprämierung sind dort ebenso zu sehen wie die seltenen Ehrenpreise des Bundesministers für Ernährung.

Seit dem Gründungsjahr 1903 bemüht man sich in der Genossenschaft um Qualität, alte Unterlagen weisen darauf hin. Das Bemühen um einen hohen Weinstandard gilt heute sowohl dem Weißwein wie dem Rotwein und ist auf drei Hauptrebsorten konzentriert: auf Riesling, Portugieser und Silvaner, die mit jeweils rund 20 Prozent im Rebsortenspiegel vertreten sind. Daneben werden auf den 202 Hektar Genossenschafts-Rebland noch Müller-Thurgau, Kerner, Ruländer und Scheurebe, sowie mit kleineren Anteilen auch Morio-Muskat, Traminer, Weißer Burgunder und Huxelrebe angebaut.

Winzergenossenschaft Herxheim am Berg

Im Jahre 1937 gegründet, ist die Winzergenossenschaft Herxheim am Berg eine örtliche Erzeugergemeinschaft geblieben, aber auf 93 Mitglieder angewachsen, die heute zusammen 140 Hektar Rebland besitzen. Nach mehreren Erweiterungen von Keller und Kelterhaus konnten die Herxheimer Winzer 1978 auch neue Verkaufs- und Probierräume einweihen.

Zwar stehen nur auf 22 Hektar des Genossenschaftslandes Rotweinreben, aber die vorherrschende Rotweinsorte Portugieser folgt mit etwa 15 Prozent Anteil hinter dem Silvaner (24 Prozent) nahezu gleichauf neben Riesling und Müller-Thurgau.

Mit kleineren Anteilen um 5 Prozent sind noch Morio-Muskat, Kerner, Ruländer und Weißburgunder vertreten. Die Anteile anderer Rebsorten addieren sich zu 9 Prozent.

Herxheim am Berg gehört zu den Winzergenossenschaften, die einen Teil ihres Weinmostes noch im Holzfaß ausbauen.

Winzergenossenschaft Königsbach-Neustadt

„Es sollen in Zukunft mehr Mitglieder ihre Trauben in den Lagen der I. Klasse länger als gewöhnlich am Stock hängen lassen, um dadurch besonders hervorragende Spitzenweine zu erzielen." Dieser Satz stammt aus den „frühen Jahren" der Winzergenossenschaft Königsbach-Neustadt, als die Erzeugergemeinschaft noch „Winzerverein Königsbach" hieß. Erst im Jahre 1978 kam der Zusammenschluß mit der Winzergenossenschaft Neustadt.

Heute gehören 320 Winzer aus acht Ortschaften dazu. Sie lesen ihre Trauben in bekannten Lagen wie etwa dem Neustadter Rebstöckel, der Gimmeldinger/Königsbacher Meerspinne, dem Deidesheimer Hofstück, dem Ruppertsberger Nußbien, dem Königsbacher Reiterpfad, Ölberg, Idig und der Mussbacher Eselshaut. 180 Hektar Rebfläche besitzen sie insgesamt.

Wenn man nach weißem und rotem Wein aufschlüsselt und dann wiederum nach Prozenten unterteilt, ergibt sich folgendes Bild: 87 Prozent Weißwein, 13 Prozent Rotwein. Bei den weißen Sorten führt der Riesling (31 Prozent) vor Silvaner (24), Müller-Thurgau (18), Kerner (13) und einigen anderen Rebsorten mit zusammen 14 Prozent.

Beim Rotwein liefert der Portugieser mit 72 Prozent den Hauptanteil vor der Heroldrebe, dem Spätburgunder und dem Dornfelder.

Fast alle Weine der Genossenschaft werden heute auf der Flasche vermarktet, und die stärkste Abnehmergruppe bilden die Endverbraucher, die sich ihre Weine meist selbst abholen. Viele Besucher kehren dann „nebenan" in der Hausgaststätte ein, die einen weiten Blick über das Weinland bietet, in dem die hier verkosteten Tropfen wachsen.

Winzergenossenschaft Kallstadt

Sie haben ein „Weinstudio" und eine „Wein-Pipeline", sie sind wesentlich an der berühmten Probe der 100 Weine beteiligt und können Saumagen sowohl zum Essen als auch zum Trinken anbieten. Der Reihe nach: 1902 schlossen sich Winzer in Kallstadt zu einer Genossenschaft zusammen. Das war damals im Dezember, und in der Folgezeit zeigte sich, daß dieses „Weihnachtsgeschenk", das sich die Winzer selber gemacht hatten, eine gute Idee war. 1909 taten sich andere Kallstadter Winzer zu einem Winzerverein zusammen, und 1965 beschlossen die beiden Organisationen, künftig zum Wohle ihrer rund 200 Mitglieder gemeinsam zu wirtschaften.

Da inzwischen zwei Kellereien im Ort bestanden, kam man auf den Gedanken, zu rationeller Nutzung eine unterirdische Wein-Pipeline anzulegen. Die gibt es inzwischen und wird von Kellerei zu Kellerei gut genutzt.

Das Weinstudio mit einer Schatzkammer war einer der weiteren erfolgreichen Kallstadt-Einfälle: Ein Probierraum von romantisch-lockerem Zuschnitt, der für die Besucher der Genossenschaft über's Jahr geöffnet ist. Die Probe der 100 Weine ist eine andere Möglichkeit, einmal jährlich an vier bis 5 Tagen (um den 1. Mai) sehr preiswert die Weine der Genossenschaft mit den Weinen einiger Weingüter in der Festhalle des Ortes zu verkosten.

Unter den Weinen der Genossenschaft dominieren Silvaner und Riesling, Müller-Thurgau und Portugieser mit Anteilen von 23, 20, 17 und 15 Prozent. Zum Rebsortenspektrum gehören noch Kerner und Scheurebe, Ruländer, Morio-Muskat, Gewürztraminer, Kanzler, Siegerrebe, Huxelrebe und Weißer Burgunder, aber nur die beiden erstgenannten erreichen Anteile über der 5 Prozent-Grenze. – Die Genossenschafter sind entschlossen, den Anbau auf ihren 200 Hektar Rebland auf die vier meistvertretenen Rebsorten Riesling, Silvaner, Müller-Thurgau und Portugieser weiterhin zu konzentrieren. – Die säuremilden Weine werden ihnen dabei durch die kalksteindurchsetzten Böden garantiert, und der trinkbare „Saumagen“ wird dank der originellen Lagenbenennung nach wie vor in den Hausgaststätten zum eßbaren „Saumagen“ serviert.

Winzerkeller Leiningerland

Das Adelsgeschlecht von Leiningen hat lange das Geschehen in der Region um Grünstadt bestimmt. Geblieben ist bis heute der Name „Leiningerland“, von dem die 1933 gegründete Genossenschaft ihren Namen hat.

90 Mitglieder mit einer in den „Leiningerland“-Gemarkungen von Grünstadt, Asselheim, Sausenheim, Mühlheim, Obrigheim, Bissersheim und Neuleiningen verteilten Gesamtrebfläche von 80 Hektar gehören heute zur Genossenschaft. Sie liefern ihre Traubenernte an die Kellerei in Grünstadt, die sich um ein hohes Qualitätsniveau der Weine durch eine differenzierte Qualitätsbezahlung des Lesegutes bemüht.

Das reiche Rebsortenangebot umfaßt neben den Standardsorten Müller-Thurgau, Riesling, Scheurebe, Morio-Muskat, Silvaner, Traminer, Ruländer und Weißburgunder (in dieser Mengenreihenfolge) auch die Neuzüchtungen Kerner, Huxelrebe und Kanzler. Der Rotweinanteil wird überwiegend vom Portugieser gestellt, daneben gibt es – wiederum in der Mengen-Reihenfolge – Heroldrebe, Dornfelder, Spätburgunder und St. Laurent.

Der Weingeschmack wird hier sehr stark von den unterschiedlichen Böden beeinflußt. Kalkstein, schwerer Lehm, sandiger Lehm, Tonmergel und Ton sind natürlich auch für eine zunehmend verbesserte Standortwahl der Rebsorten entscheidend. Dabei spielt die Möglichkeit des trockenen Ausbaus der Weine eine immer größere Rolle: Die „Leininger“ haben sich auf trockene Weine ebenso spezialisiert wie auf die aufwendige Eisweingewinnung.

Leistadter Winzerverein

Der erste Weltkrieg war gerade zu Ende gegangen, die wirtschaftliche Not auch in den Weinbaugegenden spürbar, da setzten sich in Leistadt bei Bad Dürkheim einige Männer zusammen, um einen Winzerverein zu gründen. – Inzwischen ist Leistadt ein Ortsteil Bad Dürkheims, aber die örtliche Erzeugergemeinschaft keltert unverändert einen Großteil der Leistadter Weine. Sie ist inzwischen auf 163 Mitglieder angewachsen und verfügt nun über eine Rebfläche von 120 Hektar.

Im Jahresdurchschnitt ernten die Mitglieder des Winzervereins rund 1,3 Millionen Kilogramm Trauben. 400000 Kilogramm davon sind Rotweintrauben: Der Portugieser führt hier mit einem Anteil von rund 25 Prozent den Rebsortenspiegel an. Er wird sowohl als „herzhafter, trockener“ wie auch als „milder Rotwein“ (mit Restsüße) oder als Weißherbst ausgebaut.

Riesling und Silvaner sind die Hauptrebsorten bei den Weißweinen mit je 20 Prozent, der Müller-Thurgau ist mit 15 Prozent vertreten. Unter den Rebsorten mit kleineren Anteilen findet man Ruländer, Gewürztraminer, Morio-Muskat, Kerner, Scheurebe, Huxelrebe, Bacchus und andere Neuzüchtungen.

Winzerverein Liebfrauenberg eG

Sie haben einen schönen Kreuzbogen-Keller und ein kleines „Weinmuseum“, eine „Vinothek“ mit Flaschen aus allen Jahrgängen seit 1911. Besucher erfreuen sich an dem Anblick der alten Flaschen – zum Trinken sind sie nicht gedacht. Sie sollen vielmehr Dokument für die Geschichte des Winzervereins von Freinsheim sein. Der wurde im Jahrgang der ältesten Flasche gegründet: 1911. Seine Faßkapazität beträgt sieben Millionen Liter und es werden nur Weine aus Freinsheimer Einzellagen ausgebaut.

280 Hektar Rebland besitzen die 320 Mitglieder des Winzervereins rund um das mit seinen mächtigen Stadtmauern und zahlreichen Türmen mittelalterlich wirkende Freinsheim. Auf diesem Rebland stehen weitgehend die bekannten und bewährten Sorten, auf die sich die Winzer hier konzentrieren, während die neueren Züchtungen nur mit verschwindend geringen Anteilen vertreten sind.

Die „großen Drei“ des deutschen Rebengartens, Riesling, Silvaner und Müller-Thurgau sind im Rebsortenspiegel dieser Erzeugergemeinschaft mit jeweils rund 20 Prozent Anteil vertreten. Auf etwa einem Viertel der Weinberge wachsen zudem Portugieserreben. Unter den 15 Prozent restlicher Sorten sind neben den Rotweinen Spätburgunder und Heroldrebe unter anderen Weißweinen auch die Scheurebe und der Kerner.

Winzerverein Meckenheim

Das erste eigene Kellerinventar zahlte die Genossenschaft 1923 (ein Jahr nach der Gründung) in Naturalien: 20 Fuder Weißwein und 5 Fuder Rotwein anstelle der damals wertlosen „Inflationsmark". Je ein Fuder Wein wurde als Jahresmiete für die folgenden 10 Jahre festgelegt.

Inzwischen hat sich sowohl in der Mitgliederzahl als auch bei der Einrichtung von zeitgemäßen Kellerei- und Verwaltungsgebäuden in Neustadt-Mußbach sehr viel getan: 280 Mitglieder mit 171 Hektar Rebfläche liefern ihre gesamte Traubenernte ab, und dafür stehen nun 4 Millionen Liter Faßraum und ein Flaschenlager zur Verfügung, das zusätzlich noch rund eine Million Liter Wein aufnehmen kann.

Der Weingroßhandel, Weinhandlungen, Gastwirte und Weinfreunde aus ganz Deutschland beziehen aus diesem Keller ihren Wein – Weißwein vor allem. Auf 132 Hektar stehen (in der Reihenfolge ihrer Verbreitung) Müller-Thurgau, Silvaner, Riesling, Kerner und Gewürztraminer. Gerade der Kerner und Gewürztraminer gedeihen in den Weinbaulagen der Gemeinde Meckenheim in den tiefgründigen Böden besonders gut. Speziell bei diesen Sorten kommt dadurch das Bukett dezent zum Vorschein.

Rotweinreben sind mit etwa 22 Prozent im Rebsortenspiegel vertreten, und im Weinangebot fällt hier neben dem Portugieser die Heroldrebe auf. Der Winzerverein Meckenheim trägt wesentlich dazu bei, diesen leichten, durchaus kernigen und bei guter Entwicklung auch rassigen Rotwein einer Portugieser-Limberger-Züchtung bekannt zu machen.

Winzergenossenschaft Weinbiet Mußbach/Gimmeldingen

Eine Genossenschaft und eine Aufnahmesperre, eine zweite Genossenschaft und ein Zusammenschluß und schließlich eine dritte, die sich dem Zusammenschluß anschließt, das alles gehört zur Geschichte der „Weinbiet". Und zwei berühmte und gut zu vermarktende Lagennamen gehören auch dazu:

Zunächst zur ersten Genossenschaft. Das war der 1902 gegründete Winzerverein Mußbach, der schon im Gründungsjahr zwei bedeutende Schritte tat: Er richtete fünf Qualitätsklassen für das angelieferte Traubengut seiner Mitglieder ein – und eröffnete eine eigene Gaststätte, die natürlich Genossenschaftswein ausschenkte. – Die Gaststätte „Winzerstuben" gibt es heute noch, und nach wie vor werden auch die Trauben nach ihrer Qualität bewertet – inzwischen elektronisch.

Zur zweiten Genossenschaft: Die wurde 1920 gegründet, weil die erste wegen fehlender zusätzlicher Lagerkapazität eine Aufnahmesperre erlassen hatte. 1968 vereinigten sich die beiden örtlichen Genossenschaften, und die Nachbargenossenschaft aus Gimmeldingen schloß sich an.

Nahezu 300 Mitgliedsbetriebe mit über 200 Hektar Rebland wirtschaften nun gemeinsam – gewissermaßen unter den Weinfahnen ihrer bundesweit bekannten „Mußbacher Eselshaut" und „Gimmeldinger Meerspinne". Dem Verbraucher wird unter diesen Namen weitgehend Weißwein angeboten. Die Genossenschaft verfügt über einen Rotweinanteil von etwa 10 Prozent. Dagegen ist jeweils rund ein Viertel des gesamten Reblandes mit Riesling, Müller-Thurgau und Kerner bestanden. Der Silvaner-Anteil liegt heute noch bei etwa 10 Prozent.

Niederkirchener Winzerverein

Der 1901 gegründete Winzerverein vermarktet heute von 420 Mitgliedern die Mosternte von 380 Hektar Rebland. Diese Fläche ist außer auf Niederkirchener Lagen zum größeren Teil die berühmten Mittelhaardter Weinorte Deidesheim, Forst und Ruppertsberg verteilt.

Der Sortenspiegel zeigt eine Konzentration auf den Riesling mit der Hälfte der Gesamternte. Es folgen der Müller-Thurgau mit 24, der Silvaner mit 8 Prozent und noch einmal 10 Prozent erbringen die Neuzüchtungen wie Kerner und Scheurebe. Der Anbauanteil der Portugieserrebe beträgt 8 Prozent. Insgesamt wurden 1979 4,5 Millionen Liter Most geerntet.

Diese Menge wird in den Kellern des Winzervereins ausgebaut, wobei dem Besucher einige schön geschnitzte Böden großer Holzfässer auffallen. Die Weinliste im Probierraum oder der rustikalen Hausgaststätte zeigt ein großes Riesling-Angebot – und beweist die Prämierungserfolge des Winzervereins.

Gebietswinzergenossenschaft Palmberg

Die Kellereianlagen stehen an einem Hügel, der für die Genossenschaft namensgebend war: Hier „Am Palmberg" pflückten die Gläubigen Weidenzweige, die dann geweiht als „Palmzweige" bei Prozessionen mitgeführt wurden. So kam die umliegende Gewanne ebenso zu ihrem Namen wie der Wein aus heute zwölf umliegenden Ortschaften zu seiner Erzeugerbezeichnung.

„Palmberg" wurde 1958 gegründet, hatte dann mit dem „59er" gleich einen phantastischen Start, mußte die Kapazität inzwischen mehrfach erweitern und kann nun weit über zehn Millionen Liter Wein aufnehmen. Die erste Traubenfahrzeug-

Kippanlage wurde hier installiert, und die erste großtechnische Hochkurzzeiterhitzung für Rotwein zur vollen Betriebsreife gebracht.

Die Genossenschaftswinzer (heute 300 mit 320 Hektar Rebland) standen mit ihrem Rotwein hier vor dem gleichen Problem, wie alle anderen deutschen Rotweinerzeuger: Sie mußten ihre Rotweine verbraucherfreundlich tiefdunkel anbieten. Um dabei von ausländischen Deckrotweinen unabhängig zu werden, begann Palmberg zehn Jahre nach der Gründung mit der Entwicklung einer Hochkurzzeiterhitzung der Rotweinmaische, bei der mehr Farb- und Aromastoffe aus der Beerenschale gewonnen werden können. Heute ist dieses Verfahren im Palmberg-Betrieb so ausgereift, daß für die Rotweine (19 Prozent Ernteanteil) kein Deckrotwein mehr gebraucht wird und im Gegenteil sogar Deckrotwein aus eigenen Trauben an andere Großerzeuger abgegeben werden kann.

Die Verantwortlichen der Genossenschaft setzen auf ein breites Weinsortiment und bieten aus einer Vielzahl von 15 verschiedenen Traubensorten rund 130 unterschiedliche Kreszenzen an. Viele dieser Weine tragen den durch die Gebietswinzergenossenschaft besonders bekanntgemachten Lagennamen Palmberg.

Gebiets-Winzergenossenschaft Rietburg

Weg vom reinen Mengendenken bei der Weinerzeugung, hin zur Qualität – in ausreichender Menge. Mit diesen Grundgedanken setzten sich 1958 rund 80 Winzer aus vier Gemeinden des heutigen Bereiches Südliche Weinstraße zusammen, um eine Genossenschaft zu gründen. Schon beim Start hatten sie die damals im Weinbau noch ungewöhnliche Vorstellung, daß der Konzentration auf der Nachfrageseite auch ein entsprechend großes Angebot gegenüberstehen müßte. Darum auch die für eine Winzergenossenschaft recht neue überörtliche Gründung.

Das Konzept der „Rietburg-Winzer" war außerordentlich erfolgreich: 1150 Winzer aus allen Weinbaugemeinden, die zwischen Neustadt und Landau liegen, haben bis heute 1600 Hektar Rebland in die Genossenschaft eingebracht, die in ihren Kellereien (Zentrale in Rhodt unter der Rietburg) inzwischen 25 Millionen Liter Wein lagern kann.

Und auch die Saat des Qualitätsdenkens ist so aufgegangen, wie es die Planer erhofft haben: Mehr als tausend Auszeichnungen auf regionaler Ebene und im bundesweiten Vergleich der Weinprämierungen sind ein deutlicher Beweis dafür.

Dank ihrer großen Anbaufläche ist diese Erzeugergemeinschaft in der Lage, auch großen Abnehmern in den einzelnen Rebsorten ausreichend große Weinmengen anbieten zu können. Das gilt selbst für den Traminer, der hier als Spezialität ausgebaut wird. Auch der Rotwein (Portugieser und Spätburgunder mit zusammen 5 Prozent) kann bei dem breiten Weißweinangebot noch als Besonderheit gelten. Müller-Thurgau und Silvaner haben mit 30 und 20 Prozent die größten Anbauanteile, Morio-Muskat, Kerner, Ruländer, Riesling und Scheurebe folgen mit Anteilen zwischen sieben und zehn Prozent. Alle Flaschenweine sind als „Erzeugerabfüllungen" gekennzeichnet. Die „trockenen Weine" haben einen Umsatzanteil von nahezu 20 Prozent erreicht – ein breites Angebot für viele Wein-Wünsche!

Ruppertsberger Winzerverein „Hoheburg"

Diese Genossenschaft ist das geblieben, was sie schon bei der Gründung war: ein wirtschaftlicher Zusammenschluß auf örtlicher Ebene mit dem Ziel größerer sozialer Sicherheit. Seit der Gründung sind alle Winzer zur Ablieferung ihrer gesamten Ernte verpflichtet, und nach wie vor kommt diese Ernte fast ausschließlich aus Ruppertsberger Gemarkung.

190 Winzer mit 185 Hektar Rebland liefern jetzt ihr Lesegut ab. „Linsenbusch", „Nußbien", „Reiterpfad" und die namensgebende „Hoheburg" sind die Einzellagen, unter denen hier fast ausschließlich Weißwein angeboten wird. Der Rotweinanteil liegt bei nur sieben Prozent und entspricht dem des Portugieser.

Unter den Weißweinsorten dominiert der Riesling mit 38 Prozent. Silvaner und Müller-Thurgau folgen im Sortenangebot mit jeweils 18 Prozent. Der Kerner konnte hier innerhalb weniger Jahre einen 10-Prozent-Anteil erreichen. Ruländer, Traminer und Ehrenfelser sind mit jeweils zwei bis drei Prozent im Rebsortenspiegel der „Hoheburg" vertreten.

Winzergenossenschaft Vier Jahreszeiten Kloster Limburg

Die Genossenschaft ist so alt wie dieses Jahrhundert. Sie hat 326 Hektar Rebland und 270 Mitglieder. Sie baut zahlreiche Rebsorten an und die Weine fast durchweg sortenrein aus. Sie nimmt sehr engagiert an den Weinprämierungen der Landwirtschaftskammer Rheinland-Pfalz und der Deutschen Landwirtschaftsgesellschaft (DLG) teil und ist dabei außerordentlich erfolgreich. In dem modernen Kellereigebäude in Bad Dürkheim gibt es einen soliden und großzügigen Probierraum, aber ein guter Teil der Genossenschaftsweine kann auch in drei Hausgaststätten der Genossenschaft verkostet werden. Die liegen alle in der gleichen Straße des Kurortes und tatsächlich nur wenige Meter auseinander.

Auf 60 Hektar des Genossenschaftsgeländes stehen Rotweinreben (Anbauanteil rund 18 Prozent): Portugieser, Heroldrebe und Spätburgunder. Beim Weißwein gibt es eine breite Rebsortenpalette vom Riesling über Traminer, Silvaner, Müller-Thurgau, Ruländer und Weißer Burgunder bis zu den Neuzüchtungen Morio-Muskat, Scheurebe, Huxelrebe, Bacchus, Ortega, Kerner und Ehrenfelser. In dem nach dem technischen Stand unserer Zeit eingerichteten Keller wird ein guter Teil der hochwertigen Weine auch heute noch in großen, schönen und gutgepflegten Holzfässern ausgebaut.

Etwa 20 Prozent der angebotenen Weine sind bereits trocken oder halbtrocken. Sie werden in der Weinpreisliste ebenso gesondert aufgeführt, wie das Weinsortiment jeder einzelnen Prädikatsstufe bis hin zu einem umfangreichen Angebot in den Kategorien „Beerenauslese" und „Trockenbeerenauslese".

Winzergenossenschaft Wachtenburg-Luginsland

300 Winzer, 320 Hektar Weinberge und ein Genossenschafts-Alter, das der Jahreszahl unseres Jahrhunderts entspricht. Die 1900 gegründete Winzergenossenschaft Wachenheim hat solche klaren Kennzahlen, zu denen wohl auch die Angabe über den vorhandenen Faßraum paßt: 5 Millionen Liter (zusätzlich Lagermöglichkeit für 800000 Flaschen). Interessant dabei ist, daß der Wein hier je nach Menge und Qualität des Mostes außer in Stahltanks und Zementbehältern auch in Holzfässern gelagert wird.

Die Holzfässer der Wachenheimer Genossenschaftswinzer sind unter dem Gebäudekomplex um einen großen Hof am Südeingang von Wachenheim ebenso ansehens- wie die Weine mit den teilweise berühmten Lagennamen probierenswert. (Einige davon gibt es in der Hausgaststätte „Luginsland".)

Unter ihren Gewächsen bieten die Wachenheimer einen weit überdurchschnittlich hohen Riesling-Anteil. Die deutsche Edelrebe führt hier den Sortenspiegel mit 50 Prozent an. Die andere Hälfte des Reblandes ist zu 13 Prozent mit dem roten Portugieser, zu 11 Prozent mit Müller-Thurgau, zu 8 Prozent mit Silvaner, zu 6 Prozent mit Kerner und zu jeweils 4 Prozent mit Traminer und Morio-Muskat bestanden. Die verbleibenden vier Prozent teilen sich verschiedene Rebsorten, darunter der Ruländer und die Scheurebe.

Winzergenossenschaft Sonnenberg

Sie begannen im Jahre 1938 und waren zu 38. Sie hatten sich entschlossen, eine Winzergenossenschaft zu gründen. Ihre Zahl war ein Zufall. Viele der Gründungsmitglieder sind heute noch dabei, inzwischen ist aber die Mitgliederzahl der Genossenschaft in Weisenheim am Berg auf 116 angewachsen. Die Weinbergsfläche liegt nun bei 100 Hektar, der Wein wird zu 100 Prozent auf der Flasche vermarktet, und davon zu 60 Prozent direkt an den Endverbraucher.

Zwei Erweiterungsbauten, eine Rekordernte von zwei Millionen Kilogramm Trauben sowie ein Staatsehrenpreis im Jahre 1977 markieren wichtige Entwicklungen der Nachkriegszeit.

Die Winzer vom „Sonnenberg" ordnen ihre Rebsorten gern nach den großen Geschmacksrichtungen. So ergibt sich für sie folgender Rebsortenspiegel von Rebengruppen: Silvaner, Müller-Thurgau, Bacchus und Morio-Muskat erbringen zusammen 35 Prozent Anteil am Gesamtaufkommen. Die Rotweinsorten liegen zusammengenommen ebenso bei 20 Prozent wie Riesling und der rieslingähnliche Ehrenfelser zusammen. Kerner und Scheurebe erreichen zusammen 15 Prozent Anteil. Den Rest von 10 Prozent teilen Traminer, Siegerrebe, Kanzler, Huxelrebe und Ortega.

Winzerverein „Zum Ritter von Dalberg"

Auf dem Berg liegt die Kropsburg, im Tal darunter einer der schönsten Orte des Weinbaugebietes Rheinpfalz: St. Martin. Auf der Burg lebten früher die Ritter von Dalberg, im Ort ist heute der Sitz des Winzervereins, der seinen Namen von den alten Rittern hat. Millionen Weinflaschen machen diesen Namen und damit den von St. Martin in ganz Deutschland bekannt.

1902 haben einige Männer im Ort beherzt – gewissermaßen ritterlich – einen Winzerverein gegründet. 1927 folgten andere mit einer Genossenschaft. Seit 1964 stehen sie im gemeinsamen Streben um Qualität und Erfolg zusammen.

Rund 160 Mitglieder bringen nun im Herbst ihre gesamte Traubenernte ein. Auf 58 Hektar Rebfläche kultivieren sie vor allem Müller-Thurgau, der mit 32 Prozent Anteil im Rebsortenspiegel führt. Riesling, Silvaner und Kerner folgen etwa gleichauf mit jeweils 15 bis 18 Prozent Anteil. Weitere Rebsorten sind Portugieser (5 Prozent), Morio-Muskat (4 Prozent), Ruländer (3 Prozent), Heroldrebe (2 Prozent), Bacchus und Faber (jeweils unter 2 Prozent) sowie kleine Bestände von Scheurebe, Ehrenfelser, Traminer, Huxel, Weißer Burgunder, Optima und Kanzler.

Winzergenossenschaft Weisenheim am Sand

70 Mitglieder, 70 Hektar und im Jahresdurchschnitt rund eine Million Kilogramm Trauben, das sind einige der Kenndaten dieser örtlichen Winzergenossenschaft. Gegründet wurde sie 1936. Damals hatten sich 50 Winzer aus dem Ort zusammengetan, um vor allem ihre Rieslingweine, die hier in Weisenheim am Sand wegen des Bodens einen besonderen (spritzigen) Charakter haben, und ihre Portugieserweine gemeinsam zu vermarkten. Zum Lagern mietete man zunächst das „Kaiserhaus" im nahen Freinsheim an.

Damals verkauften die Weisenheimer ihren Wein zum großen Teil im Fuder und vor allem an den Großhandel. Inzwischen besitzt die Winzergenossenschaft ein eigenes Kellereigebäude und die Absatzstruktur hat sich geändert: Fast die Hälfte des hier gekelterten Weins wird auf der Flasche vermarktet.

Mit 30 Prozent Rotwein hat diese Genossenschaft einen vergleichsweise hohen Rotweinanteil (Portugieser, Spätburgunder und Dornfelder). Nach Rebsorten aufgeführt sieht die Reihenfolge der Anbauanteile heute so aus: Müller-Thurgau, Riesling, Portugieser, Scheurebe, Silvaner, Kerner, Weißer Burgunder, Morio-Muskat, Ruländer, Traminer, Spätburgunder, Huxelrebe, Siegerrebe, Bacchus und Dornfelder.

Der Aufstieg eines Anbaugebietes

Natürlich gab es schon die immer wieder zitierten „drei großen B" der Rheinpfalz: Bassermann-Jordan, Bürklin-Wolf und von Buhl. Natürlich gab es auch einige andere Weinbaubetriebe mit eigener Vermarktung und großen Namen. Die große Menge des Weines aus dem Anbaugebiet Rheinpfalz ging aber Jahrhunderte lang namenlos in den Handel. Sie floß als Verschnittwein vor allem an die Mosel und wurde dann vom Verbraucher unter Moseletikett getrunken. Das war durchaus legal – bis 1971.

Damals kam das neue Weingesetz und schränkte den übergebietlichen Verschnitt derart ein, daß er für viele große Weinerzeuger wirtschaftlich uninteressant wurde. Ein großer Teil der Rheinpfalz-Winzer wurde plötzlich gezwungen, neue Absatzwege zu suchen.

In Wein-Deutschland erwartete man nun, daß die Rheinpfalz den Massenwein-Bereich abdecken würde – von einigen Ausnahmen abgesehen. Und zunächst sah es auch so aus, als die Anbieter dieses Gebietes in den ersten Jahren nach dem großen Einschnitt in der deutschen Weinbaugeschichte mit vielen billigen Weinen niedrigen Qualitätsniveaus auf den Markt kamen. – Man bedenke: Viele Winzer mußten nach 1971 erstmals lernen, wie man hochwertigen Prädikatswein im eigenen Faß ausbaut. Sie hatten bis dahin weitgehend Most an Kommissionäre und Händler verkauft.

Sie haben schnell gelernt, sehr schnell, und sie haben die inzwischen zusätzlich bebaute Rebfläche nicht zum Anbau von Massenwein genutzt, sondern die Edelsorten ganz besonders gepflegt. Und gerade in diesen Jahren läßt sich wieder an der Anbaustatistik ablesen, daß der Rheinpfalz-Trend eindeutig in die Richtung des Weins mit hoher Qualität geht – nicht etwa zur Erzeugung von noch mehr anspruchslosem Massenwein. Riesling, Scheurebe, Kerner und die „Spezialitäten" Traminer, Ruländer und Spätburgunder haben heute gute Anbauchancen.

1972 gab es mit dem 71er keinen Start bei Null, aber „nahe Null" lag dieser Start schon. Er war äußerst erfolgreich: Die Winzer konnten nicht nur ihren Wein im Markt unterbringen, sie konnten sogar noch expandieren und die Rebfläche des Anbaugebietes in den seit 1971 vergangenen Jahren um rund 5000 Hektar auf über 21 000 Hektar erweitern. Die Ausweitung kam – vor allem in den jüngst vergangenen Jahren – überwiegend den Reben aus dem oberen Bereich der Qualitätsskala zugute. Gleichzeitig konnte auch der Hektarertrag gesteigert werden – in den zurückliegenden zwanzig Jahren um mehr als die Hälfte.

Heute wird der Wein der Rheinpfalz nach grober Einteilung zu etwa der Hälfte durch den Handel und zu je einem Viertel von den Genossenschaften und selbstmarktenden Erzeugerbetrieben vermarktet.

Als Beispiel für Prämierungserfolge Zahlen aus dem Jahr 1976, in dem vorwiegend der 75er zur Prämierung anstand. Damals erhielten 1,3 Prozent der Weine aus dem Anbaugebiet die goldene Preismünze, 2,8 Prozent die silberne Preismünze und 2 Prozent die bronzene Preismünze. 1,3 Prozent hatten keinen Prämierungserfolg. Etwa ein Fünftel dieser Weine nahm dann auch an der DLG-Weinprämierung auf Bundesebene teil. Rund ein Drittel konnte dabei mit dem „Großen Preis" ausgezeichnet werden.

Zusammengefaßt: Die Rheinpfalz hat in weniger als zehn Jahren den Anschluß an die traditionellen Qualitätsweinbaugebiete mit großem Selbstvermarktungsanteil erreicht – und damit auch ein entsprechendes Preisniveau für hochwertige, sortenreine Weine aus den Edel-Rebsorten.

Es bleibt noch zu sagen, daß dieser überraschende Aufstieg eines Weinbaugebietes vor allem einer Anzahl von Winzern und „Wein-Offiziellen" zu verdanken ist, die seit der „Stunde Null" (1971) verstärkt und unbeirrt für den Qualitätsgedanken eingetreten sind. Gut für die Rheinpfalz, daß ihnen so viele Weinbaubetriebe gefolgt sind, daß sie mit dieser Unterstützung den erhofften Weintrend durchsetzen konnten. Inzwischen sind auch die letzten Zweifler überzeugt, und in Orten, die erst nach 1971 ihre Premiere in Spät- oder Auslese-Weinen erlebten, werden heute ganz selbstverständlich hochwertige Weine aller Prädikatsstufen ausgebaut.

Zusammenhänge zwischen Witterungsverlauf und Reife verschiedener Rebsorten am Beispiel des Jahres 1979

1979 war kein Spitzenjahr, aber die Winzer der Rheinpfalz können mit diesem Jahr sehr zufrieden sein: Das Ergebnis war sowohl nach Erntemenge als auch nach dem ausgeglichenen Ertrag in den verschiedenen Qualitätsstufen erfreulich – wirtschaftlich gesehen äußerst marktgerecht. Das bemerkte der einzelne Betrieb nach dem Abfüllen des Jahrgangs, und das sagt die Statistik für das ganze Anbaugebiet.

Während der Beginn der Reifephase etwas verzögert war, verlief die Reife im September und Oktober sehr zügig. Beim Riesling hat dieser Reifeverlauf einen guten Anteil von Kabinettweinen gebracht (rund die Hälfte der Ernte) und mit 20 Prozent Anteil auch ausreichend Spät- und Auslesen.

Auch für den Ruländer war es ein „Prädikatswein-Jahr". Mit nur 10 Prozent Qualitätswein, 40 Prozent Kabinett und 50 Prozent Spät- und Auslesen haben die Ruländer-Freunde Grund zu freudiger Erwartung.

Noch besser lagen die Ergebnisse bei dem im Anbaugebiet weit verbreiteten Kerner: Kein Tafelwein, kein QBA, aber 100 Prozent Prädikatsweine, davon 35 Prozent Kabinett.

Bei dem früh gelesenen Portugieser (Lese Ende September) gab es dagegen kaum Kabinett und keine Spät- oder Auslesen. Rund 90 Prozent der Ernte lagen im Qualitätsweinbereich, und nur 10 Prozent schafften die Hürde zum Kabinett.

Interessant ist ein Vergleich im Reifeverlauf der letzten Wochen vor der Lese bei den verschiedenen Rebsorten. Während der Riesling in der Woche vom 3. 9. bis zum 10. 9. einen Mostgewichts-Sprung von 11 Grad machte, gewann der Morio-Muskat in der gleichen Woche nur 6 Grad Öchsle. Dagegen konnte dieser in der ersten Oktoberwoche sein 79er Rekordergebnis erzielen: 9 Grad. In der gleichen Woche erreichte der Riesling nur bescheidene 2 Grad und die Scheurebe stagnierte völlig: In der darauffolgenden Woche wurde der Morio-Muskat weitgehend (und mit vergleichsweise niedrigen Mostgewichten) gelesen, der Riesling gewann noch einmal 5 Grad Öchsle hinzu, die Scheurebe 7.

Dazu gehören die statistischen Angaben über den Klimaverlauf: Der Oktober war im Berichtsjahr mit 11 Grad Celsius im Monatsmittel um ein Grad wärmer als normal. Er hatte ein wenig mehr Sonnenscheinstunden als im langjährigen Durchschnitt und deutlich weniger Regen. (Siehe eine der folgenden Tabellen.)

Wichtiger Faktor für die Beurteilung eines Jahrgangs ist auch die Säure. Beim Riesling, der wohl am ehesten mit dem Begriff Säure in Verbindung gebracht wird, lagen die Werte der Rheinpfalz zwischen 9 und 12 Gramm je Liter. Das sind für die Rieslingfreunde gute Werte. Gerade bei dieser Rebsorte bringt ja ein zuviel an Säure häufig kellertechnische Probleme. Zum Vergleich einige Säure-Ergebnisse der durchschnittlichen Obergrenze in anderen Anbaugebieten: Mosel Saar Ruwer hatte 1979 mit bis zu 13 Gramm Säure ebenfalls zufriedenstellende Werte. An der Ahr wurden bis zu 14 Gramm gemessen, an der Nahe endete die Säuregewichts-Spanne bei 15 und im Mittelrhein-Gebiet erst bei 17 Gramm.

Bundesforschungsanstalt für Rebzüchtung – Geilweilerhof

Nahe Siebeldingen und ein wenig abseits der Deutschen Weinstraße liegt der Geilweilerhof, eine Gruppe moderner und älterer Bauten um einen romantisch umrankten Turm. Ursprünglich ein römisches Hofgut, später eine fränkische Weinbausiedlung mit dem schönen Namen Calardiswilre entstand hier schließlich ein großes Klostergut der Zisterzienserabtei Eußerthal. – Im Jahre 1947 wurde das ehemalige Klostergut zum Sitz der Bundesforschungsanstalt für Rebenzüchtung bestimmt.

Über Aufgabe und Arbeit der Forschungsanstalt gibt ein kurzer Text des Geilweilerhofes Auskunft:

„Die Aufgabe der Bundesforschungsanstalt besteht darin, Entscheidungshilfen für die Durchführung politischer Maßnahmen zu erarbeiten. Eine spezielle Aufgabe ist die Züchtung neuer Rebsorten, die den herkömmlichen Sorten im Hinblick auf Qualität, Widerstandsfähigkeit gegenüber Parasiten und schädigenden Umwelteinflüssen sowie Ertragssicherheit überlegen sind. Hierzu werden auf den Versuchsflächen des Geilweilerhofes nahe Siebeldingen (46 ha), dem Langenscheiderhof bei Albersweiler (15 ha), dem Hofgut Erlasee in Franken (110 ha) und dem Versuchsgut in Wicker (Main-Taunus-Kreis, 1,5 ha) die durch Kreuzungszüchtung neu entwickelten Sämlinge auf ihre Leistungseigenschaften geprüft. Zur Unterstützung der umfangreichen Züchtungsarbeiten betreibt die Anstalt Züchtungsforschung bei Reben, das heißt es werden wissenschaftliche Grundlagen zur Früherkennung von Leistungseigenschaften bei neuen Sorten entwickelt.

Die Vertiefung der Kenntnisse zur Vererbung wichtiger Merkmale, die Entwicklung neuer Zuchtmethoden, die Erarbeitung von Prüfmethoden für die Klima-, Pilz-, Reblaus- und Virusresistenz sowie die Analyse qualitätsbestimmender Inhaltsstoffe der Weinbeere, vor allem Zucker, Säuren, Aromastoffe, stellen Schwerpunkte innerhalb des Forschungsbereiches der Anstalt dar. Zu den neuen klassifizierten Sorten der Bundesforschungsanstalt, die inzwischen in der Weinbaupraxis eine weite Verbreitung gefunden haben, gehören Morio-Muskat, Bacchus, Domina und Optima. In die Sortenliste eingetragen wurden die neuen Sorten Forta, Gloria, Comtessa und Diana."

Welche Rebsorten bauen die Winzer morgen an?

Die Rebsorten von heute sind zum großen Teil auch die Rebsorten von morgen, ganz einfach, weil die Reben 20 Jahre und mehr im Ertrag stehen. Winzer müssen langfristig planen. Dennoch lassen sich anhand der Zahlen im Weinbaukataster und der Angaben über die jährlichen Neuanpflanzungen Rückschlüsse auf kurzfristige Trends und auf die Favoriten für die kommenden Jahre ziehen, wenn man gleichzeitig Marktchancen bestimmter Rebsorten und die „Stimmung" bei den Winzern beachtet.

So wagten Eingeweihte im Jahre 1970 der Rebsorte Kerner einen Rheinpfalz-Erfolg zu prophezeien. Damals gab es gerade 48 Hektar Weinland, die mit dieser Neuzüchtung bepflanzt waren, und bei den Ernteergebnissen der jungen Rebsorte lag nur wenig Aussagekräftiges vor. Dennoch: Winzer und Verbraucher erkannten damals bereits den Vorteil dieser Sorte: Gute Reife mit relativ hohen Mostgewichten bei traditionellem Charakter (Rieslingfamilie). Die „Stimmung" war gut, und fünf Jahre später stand der Kerner in der Pfalz bereits auf einer neunzehnmal größeren Anbaufläche. Der Siegeszug geht auch heute noch weiter. Der Kerner ersetzt mehr und mehr den neutraleren Silvaner und wird häufig anstelle des Müller-Thurgau angebaut.

Auch die offiziell für die Weinqualität engagierten Stellen des Anbaugebietes sind mit dieser Entwicklung zufrieden, verbindet doch der Kerner so unvereinbar erscheinende Begriffe wie Volkstümlichkeit und Qualität – und wirtschaftlichen Anbau miteinander. – Andererseits wird nicht übersehen, daß der Silvaner – gerade als trockener Wein zu Speisen – heute eine gute Chance hat. Für solche weiße Edel-Rebsorten wie den Ruländer und den Traminer gilt das nicht. Dennoch sind auch hier Zuwachsraten zu verzeichnen, allerdings in wesentlich bescheidenerem Maße: Die Anbauflächen beider Rebsorten konnten in den zurückliegenden Jahren um jeweils grob die Hälfte gesteigert werden. Der Ruländer steht heute auf über 600 Hektar, der Traminer auf über 400 Hektar.

Der würzige Morio-Muskat, eine Neuzüchtung, die nur in der Rheinpfalz einen außergewöhnlichen Erfolg erzielen konnte, dürfte seinen Anbauhöhepunkt im Jahre 1976 erreicht haben. Seitdem geht seine Anbaufläche zurück, und die Neuanpflanzungen der jüngsten Zeit sprechen für einen weiteren stetigen Rückgang. Dieser Trend entspricht auch der derzeit verstärkten Nachfrage nach kernigeren Weinen.

Einen ähnlich verblüffenden Aufstieg wie der Kerner, erlebte in der Rheinpfalz nur die Neuzüchtung Scheurebe, die in ihren besten Qualitäten hochedle Weine hervorbringen kann. Andere weiße Neuzüchtungen stagnieren seit Jahren oder haben nur sehr bescheidene Zuwachsraten

Auf dem Rotweinsektor ist in der Rheinpfalz kein Neuzüchtungsstar abzusehen. Hier dominiert unangefochten die Traditionsrebsorte Portugieser. Sie bedeckt rund 85 Prozent aller mit Rotweinreben bepflanzten Weinberge der Rheinpfalz. Aus dieser Zahl ergibt sich bereits, daß der Rotweinanteil des Gebietes insgesamt sinkt (in zehn Jahren um rund 1000 Hektar auf heute etwa 2200). Den Rotweinfreunden mag der stetige Anstieg des hochwertigen Spätburgunder ein Trost sein (Verdoppelung in zehn Jahren auf heute rund 150 Hektar).

Zusammengefaßt: Die Pfälzer Winzer stellen sich langfristig immer noch mehr auf stärkeren Weißweinabsatz ein, obwohl sie gerade einen kleinen Rotwein-Boom erleben. Gute Chancen haben nach den Anbauergebnissen dieser Jahre zukünftig offenbar nur die Qualitätsrebsorten mit Riesling-Verwandtschaft. Die im Charakter klarer definierten Kerner und Scheurebe ersetzen mehr und mehr den Silvaner – und künftig möglicherweise auch den Müller-Thurgau. – Die „Spezialitätentrinker" mit hohem Anspruch können sich auf ein breiteres Angebot von Rheinpfälzer Ruländer, Gewürztraminer und Spätburgunder freuen.

Hilfen zum Nachschlagen

Die folgenden neun Seiten enthalten Hilfen zum Nachschlagen. Um dem Leser das Auffinden bestimmter Stellen im Buche zu erleichtern, ist der Inhalt nach unterschiedlichen Gesichtspunkten in mehreren Verzeichnissen geordnet.

✳

Im Verzeichnis der Geschichten sind nebenstehend alle im Buch verstreuten Erzählungen und Kurzberichte historischer Ereignisse und Schwänke zusammengefaßt. Sie beginnen im Buch jeweils mit der Überschrift „Die Geschichte . . .“

✳

Im Verzeichnis nach Seitenzahlen ist jeweils die erste Seite eines Informationsabschnittes aufgeführt.

✳

Im Verzeichnis nach Stichworten (Register) sind Begriffe zusammengefaßt, die an einer Stelle oder an mehreren Stellen des Buches erläutert werden.

✳

Im Verzeichnis der Lagenkarten sind den Flußläufen aufwärts folgend die Kartenausschnitte wiedergegeben. Zu jedem Kartenausschnitt werden die darin gezeigten Weinbaugemeinden genannt.

✳

Im Verzeichnis der politischen Gemeinden sind zu den Gemeindenamen die zugehörigen Kartenausschnitte genannt. Die dabeistehende Seitenzahl sagt, auf welcher Seite des Buches der betreffende Kartenausschnitt abgebildet ist.

✳

Im alphabetischen Ortsverzeichnis sind auch die Ortsteile aufgeführt. Die zugehörige Zahl nennt die Seite, auf der die genannte Gemeinde vorgestellt wird.

Register
(Ohne Ortsnamen)

Verzeichnis der Geschichten

Die Geschichte vom Wendel Metzger, der Metzger war und zum „König des Queichtals" wurde

Als Kind war er so arm, daß er Hunger leiden mußte. Als er starb, hinterließ er ein Vermögen im Wert von 100000 Gulden, was damals allgemein als eine bemerkenswerte Summe galt. Im armen Dorf Albersweiler aber erschien dieser Besitz als schier unglaublich.

Er hieß Johann Wendel Metzger (auch Mezger geschrieben), kam aus Böchingen und lernte durch Vermittlung des Pfarrers Söhne aus Rhodt das Metzgerhandwerk. Er begann als Knecht, heiratete später (als engagierter evangelischer Christ) die wohlhabende (katholische) Witwe Maria Juliana Neff, geborene Auerbach – und entfaltete eine außerordentliche Aktivität im Dorf.

Er baute eine Mühle, besaß eine andere, baute ein Gasthaus, besaß ein zweites. Er begann einen regen Holzhandel nach Landau. Er legte Ziegelhütten an und sorgte dafür, daß guter Wein aus Albersweiler gut gehandelt werden konnte. Er förderte den Ackerbau durch Verbesserungen und den Handel durch bessere Straßen.

Man machte ihn zum Oberschultheißen, und er revanchierte sich, indem er seine Aktivität noch mehr zum Wohle des Gemeinwesens einsetzte. Er war auch der eigentliche Motor der lutherischen Gemeinde, sammelte Geld für den Kirchenbau selbst in Stockholm, stiftete Orgel, Glocken und Altargerät, versorgte den Pfarrer und machte Armenstiftungen, die erst von der Inflation des Jahres 1923 aufgezehrt wurden.

Als engagierter Protestant achtete er die Katholiken (seine Frau blieb katholisch) und ließ das Geld für die Armen gleichmäßig beiden Konfessionen zukommen.

Wendel Metzger war bei allem seinem Tun keineswegs ein Asket sondern liebte das Leben und war gastfreundlich. Pfarrer Johann Christian Schmidt schrieb über ihn: „Dieser merkwürdige Mann übte die größte Gastfreiheit aus und auch bei seinem Leben machte er sich mit seinem Vermögen Freunde . . ."

Johann Wendel Metzger starb am 26. November 1760 im Alter von 65 Jahren. Die Leute von Albersweiler nannten den dynamischen Mann aus ihrer Mitte den „König des Queichtales".

Inhalt nach Seitenzahlen

(Ortsnamen siehe besonderes Verzeichnis)

Lagenkarten und Weinbaugemeinden

Karte 1 · Seite 104

Morschheim
Kirchheimbolanden
Bolanden
Rittersheim
Gauersheim
Stetten
Albisheim
Einselthum
Zellertal
Bubenheim
Immesheim
Ottersheim/Zellertal
Rüssingen

Karte 2 · Seite 106

Bockenheim
Kindenheim
Obrigheim
(Ortsteil von Mühlheim)
Sausenheim
(Ortsteil von Grünstadt)
Mertesheim
Asselheim
(Ortsteil von Grünstadt)
Neuleiningen
Kleinkarlbach
Battenberg
Bobenheim am Berg
Weisenheim am Berg
Dackenheim
Herxheim am Berg
Freinsheim
Weisenheim am Sand
Lambsheim
Großkarlbach
Bissersheim
Kirchheim
Laumersheim
Gerolsheim
Heßheim
Obersülzen
Dirmstein
Heuchelheim bei Frankenthal
Großniedesheim
Kleinniedesheim

Karte 3 · Seite 108

Leistadt
(Ortsteil von Bad Dürkheim)
Kallstadt
Erpolzheim
Ungstein
(Ortsteil von Bad Dürkheim)
Bad Dürkheim
Ellerstadt
Friedelsheim
Hochdorf-Assenheim
Rödersheim-Gronau
Gönnheim
Wachenheim
Forst
Niederkirchen
Deidesheim
Ruppertsberg
Meckenheim

Karte 4 · Seite 110

Königsbach
(Ortsteil von Neustadt)
Gimmeldingen
(Ortsteil von Neustadt)
Mußbach
(Ortsteil von Neustadt)
Haardt
(Ortsteil von Neustadt)
Neustadt
Hambach
(Ortsteil von Neustadt)
Diedesfeld
(Ortsteil von Neustadt)
Lachen-Speyerdorf
(Ortsteil von Neustadt)
Duttweiler
(Ortsteil von Neustadt)
Geinsheim
(Ortsteil von Neustadt)

Karte 5 · Seite 112

Maikammer
Kirrweiler
St. Martin
Edenkoben
Rhodt unter Rietburg
Weyher
Hainfeld
Burrweiler
Gleisweiler
Flemlingen
Böchingen
Walsheim
Roschbach
Edesheim
Venningen
Großfischlingen
Kleinfischlingen
Knöringen
Essingen
Bornheim
Hochstadt
Zeiskam
Lustadt
Weingarten
Freimersheim
Altdorf
Böbingen
Schwegenheim

Karte 6 · Seite 114

Römerberg

Karte 7 · Seite 115

Frankweiler
Godramstein
(Ortsteil von Landau)
Albersweiler
Siebeldingen
Birkweiler
Arzheim
(Ortsteil von Landau)
Ranschbach
Nußdorf
(Ortsteil von Landau)
Dammheim
(Ortsteil von Landau)
Landau
Wollmesheim
(Ortsteil von Landau)
Ilbesheim
Leinsweiler
Eschbach
Göcklingen
Mörzheim
(Ortsteil von Landau)
Impflingen
Insheim
Rohrbach
Herxheim
Herxheimweyher
Ottersheim
Knittelsheim
Bellheim

Karte 8 · Seite 116

Klingenmünster
Heuchelheim-Klingen
Billigheim-Ingenheim
Rohrbach
Steinweiler
Gleiszellen-Gleishorbach
Pleisweiler-Oberhofen
Niederhorbach
Bad Bergzabern
Dörrenbach
Kapellen-Drusweiler
Oberhausen
Barbelroth
Hergersweiler
Winden
Dierbach
Oberotterbach
Schweigen-Rechtenbach
Schweighofen
Kapsweyer
Steinfeld
Niederotterbach
Vollmersweiler
Freckenfeld
Minfeld
Kandel

Auf welcher Karte finde ich . . .?

Alphabetisches Verzeichnis der Weinbaugemeinden

Auskunft

Weinfeste werden zum großen Teil zu festen Terminen aber mit wechselnden Daten gefeiert. (Beispiele: 1. Sonntag nach Pfingsten oder: letztes Wochenende im Oktober) In diesem zweiten Band der Reihe GESAMTWERK DEUTSCHER WEIN ist auf eine Weinfest-Liste verzichtet worden, weil die Weinwerbeorganisationen der Rheinpfalz Terminlisten mit Weinfesten mit den jeweils aktuellen Daten bereithalten. Ansprechpartner in solchen und anderen Fragen rund um den Wein gibt es bei den drei nachfolgenden Adressen:

Rheinpfalz-Weinpfalz
Friedrich-Ebert-Straße 11-13
6730 Neustadt
Ruf 0 63 21/75 83

Mittelhaardt/Deutsche Weinstraße
Weinstraße 32
6705 Deidesheim
Ruf 0 63 26/12 34

Südliche Weinstraße
Westbahnstraße 13
6740 Landau
Ruf 0 63 41/1 42 91

Bei diesen Adressen gibt es auch Auskunft über Weinseminare oder Möglichkeiten, einen Weinkeller zu Probierzwecken zu besuchen oder eine Hütte im Weinberg oder Wald zu privaten Festen zu mieten.

Mit Archivaufnahmen, Grafiken, Stichen, Flurkarten, historischen Fundstücken trugen zur Gestaltung dieses Buches, vor allem zur Illustration der „Jahrhundertpost", bei:

Heimatmuseum Edenkoben
Historisches Museum der Pfalz, Speyer
Weingut Bassermann-Jordan, Deidesheim
Weingut Fuhrmann, Pfeffingen bei Ungstein
Weingut Mossbacherhof, Forst
Schlütersche Verlagsanstalt, Hannover
(Rengertsche Buchhandlung, Halle)
Dr. Fritz Schumann, Ungstein
Heimatmuseum, Bad Dürkheim
Weingut/Restaurant Hahnhof, Deidesheim
Weingut August Schneider, Rhodt
Braunsche Universitätsbuchhandlung und
Antiquariat, Karlsruhe

Universitätsbuchhandlung E. F. Winter, Heidelberg
(Faksimile Birghan, Neustadt)
Matthaeus Merian, Frankfurt
(Faksimile Bärenreiter, Kassel)